国学经典

宋 涛/主编

中国历史上第一部纪传体通史

史记

辽海出版社

【第五卷】

前　言

　　"史记"本来是古代史书的通名，司马迁称自己的著作为《太史公书》，班固把它记录在《汉书·艺文志》里，便直写"《太史公》百三十篇"。就是后汉时应劭的《风俗通义》和荀悦的《汉纪》提到这书也只称它为"太史公记"，还没有把"史记"的名词专门隶属给司马迁。直到唐朝编撰《隋书》，才正式把"《史记》一百三十卷"列为"史部"中的头一部，下注"目录一卷，汉中书令司马迁撰"。于是"史记"之名便由通名演化为专名。

　　《史记》的记事，上起轩辕，下至汉武帝太初年间，是一部纪传体通史。它包括本纪、表、书、世家、列传五个部分，共一百三十篇，五十余万字，是一部博大精深、前无古人的历史著作，也是我国文学史上最伟大的文学著作之一。

　　《史记》在史学的成就，首先表现在司马迁创设了一种全新的具有影响力的记事体例。司马迁在写史时，首先掌握了他那时代里所认可的历史上的政治中心人物，所以他把黄帝以下一直到他当代的帝王，编成《五帝本纪》等十二篇。这些"本纪"在详载帝王事迹的同时，把同一时代社会上发生的重大变化也有计划地编排进去，贯穿起来，基本上成为有系统的编年大事记。其次把"并时异世，年差不明"的事迹，仿周代史官谱牒的体制，编成《三代世表》等十篇。于是历代相传的世系，列国间交涉纠纷的关系，主要职官的更迭等繁复混杂的事项都给这纵横交织的表格排列得头绪分明，眉目清疏了。再次，创立《礼书》《乐书》《律书》《历书》《天官书》《封禅书》《河渠书》《平准书》等八篇。这些"书"，不仅仅是"朝章国典"，还包括天文、地理、政治、经济、风俗、艺术等种种知识。还有，创编了"世家"三十篇。把春秋、战国和汉初主要王侯、外戚的传世本末写成了各个不同的国别史。最后是《伯夷列传》等人物传记七十篇，总称"列传"。列传基本上是描写各个人物生活的"专传"，但对于那些业绩相连、彼此相关的人物，写成了叙述多人的"合传"。还有些人，或者行事的作风相类似，或者品质的气味差不多，便"以类相从"地作成了若干篇"类传"。每篇末了，又大都附有"论赞"。

　　《史记》是一部反映我国古代三千年社会发展的通史，是我国先秦文化的集大成者，司马迁在研究总结先秦文化方面做出了巨大贡献。但是司马迁更伟大更重要的贡献在于他对秦汉之际和对西汉社会前期的研究。

综观《史记》各体，"纪"是年代的标准，"传"是人物的动态，"世家"是纪传合体的国别史，"表"和"书"是贯穿事迹演化的总线索。它们之间互相联系、互相补充，而以"本纪"和"列传"作为经纬线，由此贯穿分别组织安排，成为古代修史的范式，一直被以后历代史学家所推崇。在吸收继承以往解作的基础上，我们重新注解了《史记》，用以帮助读者认知《史记》。

关于原文：

原文参照前代版本，编注对原著的错漏、衍文等，用［　］、〈　〉等符号做了整理，对原文直接予以引用，不再注出。对文中的难以辨识字、残字，注文中参照有关史料补充注解。

关于注释：

①为便于读者阅读，编注者把原文各卷分成若干段落，在段落后作注释。

②对原文中古地名，注出今地名。

③对原文中官职、典籍、制度择要注释。

④对今人不易理解的词语作注释。

⑤对原文中的难字、生僻字注现代汉语拼音并解释。

中国是文化悠久的民族，垂统五千年，就因为有深厚的根本，固能承前启后，传之久远。《史记》的博大精深和它在史学与文学上的伟大成就使我国历史的本源再现。故此，鲁迅曾称赞《史记》为"史家之绝唱，无韵之《离骚》"。

目 录

史

记

目 录

韩信卢绾列传第三十三

韩王信者，故韩襄王孽孙也，长八尺五寸①。及项梁之立楚后怀王也②，燕、齐、赵、魏皆已前王，唯韩无有后③，故立韩诸公子横阳君成为韩王，欲以抚定韩故地④。项梁败死定陶，成奔怀王⑤。沛公引兵击阳城⑥，使张良以韩司徒降下韩故地⑦，得信，以为韩将⑧，将其兵从沛公入武关⑨。

【注释】

①韩襄王：名仓，战国韩第十六代君主，前311—前296年在位。孽孙：庶出的孙子。长八尺五寸：身高八尺五寸。汉制1尺约合今0.23米。②项梁（？—前208年）：下相（今江苏省宿迁市西南人），楚国贵族的后裔。秦二世元年（前209年），他与侄儿项羽一起斩杀秦会稽守殷通，在吴（今江苏省苏州市）起兵。详见《项羽本纪》。楚后怀王：项梁为了号召起义群众，立战国楚怀王的孙子熊心为王，仍称楚怀王。③楚、齐、赵、魏皆已前王：秦二世元年七月，陈胜在大泽乡（今安徽省宿州市东南）起义，自立为楚王。随着，武臣自立为赵王，田儋自立为齐王，韩广自立为燕王，魏咎被陈胜立为魏王。第二年，陈胜死，项梁又立熊心为楚怀王。这样，被秦灭亡的六国，除韩国外，都有了王。王（wàng），称王。④诸公子：庶出的公子。横阳君成：韩成，曾封为横阳君。⑤定陶：今山东省定陶县西北。奔：逃亡到。⑥沛公：秦二世元年九月，刘邦在沛县（今江苏省沛县）起兵，被部下尊为沛公。楚人称县令为公。引兵：带兵。阳城：县名。在今河南省登封市东南。⑦张良（？—前168年）：字子房，城父（今河南平顶山市西北）人。祖父和父亲在韩国做过相国。降（xiáng）下：攻克。⑧以为：把……做。⑨将（jiàng）：统率。武关：在今陕西省商南县东南丹江上。

沛公立为汉王，韩信从入汉中①，乃说汉王曰②："项王王诸将近地③，而王独远居此，此左迁也④。士卒皆山东人，跂而望归⑤，及其锋东乡⑥，可以争天下。"汉王还定三秦⑦，乃许信为韩王，先拜信为韩太尉⑧，将兵略韩地。

【注释】

①汉中：郡名。辖今陕西省秦岭以南和湖北省西北部地区，治所在南郑（今陕西省汉中市）。②说（shuì）：游说；向人申述观点和根据，使听从自己的意见。③王（wàng）诸将：封诸将为王。④左迁：降职。⑤山东：战国、秦、汉时代称崤山或华山以东广大地域为山东，不同如今"山东省"的概念。跂（qì）：踮着脚尖。⑥东乡（xiàng）：向东进军。乡，通"向"。⑦还定三秦：汉元年八月，刘邦采纳韩信的建议，从汉中回兵关中，平定三秦。⑧太尉：官名。秦、汉的太

尉是全国军事首脑，与丞相、御史大夫合称"三公"。

项籍之封诸王皆就国①，韩王成以不从无功，不遣就国，更以为列侯②。及闻汉遣韩信略韩地，乃令故项籍游吴时吴令郑昌为韩王以距汉③。汉二年，韩信略定韩十余城。汉王至河南④，韩信急击韩王昌阳城。昌降，汉王乃立韩信为韩王，常将韩兵从。三年，汉王出荥阳⑤，韩王信、周苛等守荥阳。及楚败荥阳⑥，信降楚，已而得亡⑦，复归汉，汉复立以为韩王，竟从击破项籍⑧，天下定。五年春，遂与剖符为韩王，王颍川⑨。

【注释】

①就国：到达所封的地方。②更以为列侯：改封为列侯。列侯，秦汉二十等爵位的最高级，又叫彻侯、通侯。③吴令：吴县（今江苏省苏州市）县令。距：通"拒"。抵抗。④河南：此为黄河之南。塞王司马欣降汉，国除，其地建为河南郡，郡治雒阳（今河南洛阳市东北）。⑤荥（xíng）阳：县名。在今河南省荥阳市东北。这里曾经是楚汉战争的一个重要战场。⑥败：攻破。⑦已而：不久。亡：逃。⑧竟：终于。⑨符：兵符朝廷封拜诸侯将相的凭证。用金、玉、铜或竹、木制成，双方各执一半，合起来可以验真假。王（wàng）颍川：领有颍川郡。

明年春，上以韩信材武①，所王北近巩、洛②，南迫宛、叶③，东有淮阳，皆天下劲兵处④，乃诏徙韩王信王太原以北⑤，备御胡，都晋阳⑥。信上书曰："国被边⑦，匈奴数入⑧，晋阳去塞远⑨，请治马邑⑩。"上许之，信乃徙治马邑。秋，匈奴冒顿大围信⑪，信数使使胡求和解⑫。汉发兵救之，疑信数间使，有二心⑬，使人责让信⑭。信恐诛，因与匈奴约共攻汉⑮，反，以马邑降胡，击太原。

【注释】

①上：皇上，指当时汉高祖刘邦。材武：有雄才武略。②巩：邑名，在今河南巩义市西南。③宛（yuān）：邑名，今河南南阳市。叶（shè）：今河南叶县。④劲兵处：可以驻扎强大军队的地方。⑤诏：皇帝颁发的文告。徙：调任。太原：郡名。治所在晋阳（今山西省太原市西南）。⑥胡：中国古代对北方和西方各民族的泛称，此处指匈奴。⑦被：覆盖。引申为包括。⑧匈奴：古北方游牧部族名。数（shuò）：频繁；屡次。⑨去：距离。塞（sài）：边界上险要的地方。⑩治：地方政府所在地，如县治、郡治。这里用如动词。马邑：县名。即今山西省朔县。⑪冒顿（mò dú）：匈奴单于名。单（chán）于，匈奴国王的称号。⑫数使使（shuò shǐ shǐ）：多次派使者出使。⑬间（jiàn）：私下；背地里。⑭责让：追究。让，责备。⑮因：于是。

七年冬，上自往击，破信军铜鞮①，斩其将王喜。信亡走匈奴。其将白土人曼丘臣、王黄等立赵苗裔赵利为王②，复收信败散兵，而与信及冒顿谋攻汉。匈奴使左右贤王将万余骑与王黄等屯广武以南③，至晋阳，与汉兵战，汉大破之，追至于离石④，复破之。匈奴复聚兵楼烦西北⑤，汉令车骑击破匈奴。匈奴常败走，汉乘胜追北⑥，闻冒顿居代谷⑦，高皇帝居晋阳，使人视冒顿⑧，还报曰"可击"。上遂至平城⑨。上出白登⑩，匈奴骑围上，上乃使人厚遗阏氏⑪。阏氏乃说冒顿曰："今得汉地，犹不能居⑫；且两主不相厄⑬。"居七日⑭，胡骑稍引去⑮。时天大雾，汉使人往来，胡不觉。护军中尉陈平言上曰⑯："胡者全兵⑰，请令强弩傅两矢外向⑱，徐行出围。"入平城，汉救兵亦到，胡骑遂解去。汉亦罢兵归。韩信为匈奴将兵往来击边^⑲。

【注释】

①铜鞮（dī）：县名。在现在山西省沁县南。②白土：县名。在今内蒙古鄂尔多斯市境准格尔旗。苗裔：后代。③左右贤王：左贤王和右贤王。贤王是匈奴单于下面的最高职官。冒顿夺取单于位以后，自己统率中部，又分置左右贤王统领东、西两部。匈奴语"贤"的发音为"屠耆"，所以又译作屠耆王。骑（jì）：量词。屯：驻扎。广武：县名。在今山西省代县西南。④离石：县名。即今山西省吕梁市离石区。⑤楼烦：县名。在今山西省宁武县。⑥追北：追击败逃的军队。北，败逃。⑦代谷：地名。在今河北蔚县东北。⑧视：侦察。⑨平城：县名。在今山西省大同市东北。城东有白登山。⑩出：登上；出现在。⑪遗（wèi）：赠送；贿赂。阏氏（yān zhī）：单于的正妻。⑫今：即。犹：还是。⑬厄：迫害。⑭居七日：过了七天。居，停留。⑮稍：渐。引去：退去。⑯陈平（？—前178年）：阳武（今河南省原阳县东南）人。言上：向皇上建议。⑰胡者全兵：意思是胡人要保全自己的兵力，不会死战。⑱弩（nǔ）：用机括发箭的弓。傅：通"附"。⑲将（jiàng）兵：带领军队。击边：骚扰边境。

汉十年，信令王黄等说误陈豨^①。十一年春，故韩王信复与胡骑入居参合^②，距汉^③。汉使柴将军击之^④，遗信书曰^⑤："陛下宽仁^⑥，诸侯虽有畔亡^⑦，而复归，辄复故位号，不诛也^⑧。大王所知。今王以败亡走胡，非有大罪，急自归！"韩王信报曰："陛下擢仆起闾巷，南面称孤^⑨，此仆之幸也。荥阳之事，仆不能死，囚于项籍^⑩，此一罪也。及寇攻马邑，仆不能坚守，以城降之，此二罪也。今反为寇将兵，与将军争一旦之命^⑪，此三罪也。夫种、蠡无一罪，身死亡^⑫；今仆有三罪于陛下，而欲求活于世，此伍子胥所以偾于吴也^⑬。今仆亡匿山谷间，旦暮乞贷蛮夷，仆之思归，如痿人不忘起^⑭，盲者不忘视也，势不可耳。"遂战。柴将军屠参合^⑮，斩韩王信。

【注释】

①信令王黄等说误陈豨：韩信叫王黄等人游说陈豨反汉，害了陈豨。事见下文。②参合：县名。在今山西省阳高县南。③距：通"拒"。④柴将军：柴武。⑤遗（wèi）：给。⑥陛（bì）下：对君主的专称。⑦畔：通"叛"。⑧辄复故位号：总是恢复原来的职位和封号。诛：杀。⑨擢（zhuó）：提拔。仆：自称的谦辞。闾（lú）巷：街巷。借指平民。南面：古代以面向南为尊位，帝王的座位向南，故称居帝王位为"南面"。孤：诸侯王表示谦让的自称。⑩囚于项籍：指楚汉荥阳之战中韩信降楚的事。于，被。⑪一旦之命：早晚难保的性命。一旦，一时。⑫夫：语首助词。种、蠡（lǐ）：文种和范蠡。⑬伍子胥（？—前484年）：名员，春秋末期吴国大夫。偾（fèn）：僵仆。⑭痿（wěi）人：瘫痪的人。⑮屠参合：血洗参合城。

信之入匈奴，与太子俱^①；及至颓当城^②，生子，因名曰颓当。韩太子亦生子，命曰婴^③。至孝文十四年^④，颓当及婴率其众降汉。汉封颓当为弓高侯，婴为襄城侯。吴楚军时^⑤，弓高侯功冠诸将^⑥。传子至孙，孙无子，失侯。婴孙以不敬失侯^⑦。颓当孽孙韩嫣，贵幸，名富显于当世。其弟说，再封，数称将军，卒为案道侯^⑧。子代，岁余坐法死。后岁余，说孙曾拜为龙额侯，续说后。

【注释】

①太子：韩国太子，指韩信的儿子。俱：一起。②颓当：城名。③命：起名。④孝文十四年：汉文帝十四年（前166年）。据《惠景间侯者年表》载，韩颓当和韩婴降汉并封侯是在孝文十六年（前164年）。⑤吴楚军时：指吴楚七国之乱。⑥冠（guàn）：位在第一。⑦这两句与《惠学间侯者年表》的记载有出入。⑧再封：两次受封。

卢绾者，丰人也①，与高祖同里②。卢绾亲与高祖太上皇相爱③，及生男，高祖、卢绾同日生，里中持羊酒贺两家。及高祖、卢绾壮，俱学书，又相爱也。里中嘉两家亲相爱，生子同日，壮又相爱，复贺两家羊酒。高祖为布衣时④，有吏事辟匿⑤，卢绾常随出入上下。及高祖初起沛，卢绾以客从⑥，入汉中为将军，常侍中⑦。从东击项籍，以太尉常从，出入卧内。衣被饮食赏赐，群臣莫敢望。虽萧、曹等⑧，特以事见礼⑨，至其亲幸⑩，莫及卢绾。绾封为长安侯。长安，故咸阳也。

【注释】

①丰：邑名。即今江苏省丰县。②同里：同乡。里，古代基层行政单位。③亲：父。太上皇：刘邦称帝以后尊他的父亲为太上皇。④布衣：平民的穿着，常用以指代平民。⑤吏事：涉及官吏的事，指违法行为。辟：通"避"。⑥客：门客。相当于后世的幕僚。⑦常侍中：经常陪伴在刘邦身边。⑧萧、曹：萧何（？—前193年），沛县人。曹参（？—前190年），沛县人。曾做沛县狱吏。⑨特：只是。见：被。⑩至：至于。

汉五年冬，以破项籍①，乃使卢绾别将，与刘贾击临江王共尉②，破之。七月还，从击燕王臧荼③，臧荼降。高祖已定天下，诸侯非刘氏而王者七人。欲王卢绾，为群臣觖望。④及虏臧荼，乃下诏诸将相列侯，择群臣有功者以为燕王。群臣知上欲王卢绾，皆言曰："太尉长安侯卢绾常从平定天下，功最多，可王燕。"诏许之。汉五年八月⑤，乃立卢绾为燕王。诸侯王得幸莫如燕王。

【注释】

①以：通"已"。②别将：另带军队。刘贾：高祖堂兄。共尉：共敖的儿子。③臧荼（tú）：本为燕将，前206年被项羽立为燕王。④七人：即楚王韩信、韩王韩信、衡山王吴芮、淮南王英布、梁王彭越、赵王张耳、燕王臧荼。觖（jué）望：不满而埋怨。觖，不满。⑤汉五年八月：汉初因袭秦制，以十月为岁首，所以上文"汉五年冬"是这年的开始，此处"汉五年八月"已近这年的岁末了。

汉十一年秋，陈豨反代地，高祖如邯郸击豨兵①，燕王绾亦击其东北。当是时②，陈豨使王黄求救匈奴。燕王绾亦使其臣张胜于匈奴，言豨等军破。张胜至胡，故燕王臧荼子衍出亡在胡，见张胜曰："公所以重于燕者，以习胡事也。燕所以久存者，以诸侯数反，兵连不决也。今公为燕欲急灭豨等，豨等已尽，次亦至燕，公等亦且为虏矣③。公何不令燕且缓陈豨而与胡和④？事宽⑤，得长王燕；即有汉急⑥，可以安国。"张胜以为然⑦，乃私令匈奴助豨等击燕。燕王绾疑张胜与胡反⑧，上书请族张胜⑨。胜还，具道所以为者。燕王寤⑩，乃诈论它人⑪，脱胜家属，使得为匈奴间⑫，而阴使范齐之陈豨所⑬，欲令久亡，连兵勿决。

【注释】

①汉十一年秋：本篇下文"陈豨传"以及《高祖本纪》所载陈豨反叛的时间

都作"汉十年九月"。如：往。邯郸：赵国的都城，即今河北省邯郸市。②是：此。③且：将。④且：暂且；姑且。⑤事宽：事情留有余地。⑥即：如果。⑦然：是；对。⑧与（yù）：结交。⑨族：族灭。⑩寤：通"悟"。清醒；明白。⑪论：定罪。⑫间（jiàn）：间谍。⑬之：到。

汉十二年，东击黥布①，豨常将兵居代，汉使樊哙击斩豨。其裨将降②，言燕王绾使范齐通计谋于豨所。高祖使使召卢绾，绾称病。上又使辟阳侯审食其、御史大夫赵尧往迎燕王③，因验问左右④。绾愈恐，闭匿，谓其幸臣曰："非刘氏而王，独我与长沙耳。往年春，汉族淮阴⑤，夏，诛彭越⑥，皆吕后计。今上病，属任吕后⑦。吕后妇人，专欲以事诛异姓王者及大功臣。"乃遂称病不行。其左右皆亡匿。语颇泄，辟阳侯闻之，归具报上，上益怒。又得匈奴降者，降者言张胜亡在匈奴，为燕使。于是上曰："卢绾果反矣！"使樊哙击燕。燕王绾悉将其宫人家属骑数千居长城下，候伺，幸上病愈，自入谢⑧。四月，高祖崩⑨，卢绾遂将其众亡入匈奴，匈奴以为东胡卢王。绾为蛮夷所侵夺，常思复归。居岁余，死胡中。

【注释】

①黥布（？—前195年）：本叫英布。六（今安徽省六安市东北）人。②裨（pí）将：副将。③审食其（yí jī）：吕后的亲信。以舍人身份随刘邦起兵，多年做吕后的侍臣。赵尧：原为御史大夫周昌手下一名年轻的小吏，后调到皇宫做刘邦的侍卫。④左右：近臣；心腹。⑤往年：去年。族淮阴：族灭淮阴侯。淮阴侯即韩信。⑥彭越：（？—前196年）：秦末起兵。楚汉战争中率三万人归刘邦，封梁王。⑦属（zhǔ）：通"嘱"。托付。⑧候伺：等待观望。幸：希冀；想望。谢：请罪。⑨崩：称帝王死为崩。

高后时①，卢绾妻子亡降汉②，会高后病，不能见，舍燕邸③，为欲置酒见之。高后竟崩，不得见。卢绾妻亦病死。

孝景中六年④，卢绾孙他之，以东胡王降，封为亚谷侯。

【注释】

①高后：吕后。名雉，刘邦的正妻。②妻子：妻和子。③舍：安排住宿。邸：诸侯王设在京都的馆舍，供进京朝见皇上时住宿用。④孝景中六年：汉景帝中元六年（前144年）。景帝在位十六年，曾两次改元，因而十六年分为三段：第一段七年（前156—前150年），史称前元；第二段六年（前149—前144年），史称中元；第三段三年（前143—前141年），史称后元。

陈豨者，宛朐人也①，不知始所以得从②。及高祖七年冬，韩王信反，入匈奴，上至平城还，乃封豨为列侯③，以赵相国将监赵、代边兵④，边兵皆属焉。

【注释】

①宛朐（yuān qú）：县名。在今山东省曹县西北。②不知始所以得从：不知道起初凭什么得以跟随。③乃封豨为列侯：《高祖功臣侯者年表》说是攻破臧荼以后在高祖六年正月封陈豨为阳夏侯，与此处说法不同。④赵相国：应为代相国。将监：既是统帅，又是监军。将，统率。监，监督。边兵：边防军。上"边"字为衍文。

豨常告归过赵①，赵相周昌见豨宾客随之者千余乘②，邯郸官舍皆满③。豨所以待宾客如布衣交，皆出客下。豨还之代④，周昌乃求入见⑤。见上，具言豨宾客盛甚，擅兵于外数岁⑥，恐有变。上乃令人覆案豨客居代者财物诸不法事⑦，多连引豨。豨恐，阴令客通使王黄、曼丘臣所。及高祖十年七月，太上皇崩，使人召豨，豨称病甚。九月，遂与王黄等反，自立为代王⑧，劫略赵、代。

【注释】

①常：通"尝"。曾经。告归：请假回乡探亲。②乘（shèng）：一车四马为一乘。③官舍：官府办的旅店。④之：到。⑤求入见：请求进京拜见（皇上）。⑥擅兵：掌握军队。⑦覆案：调查审讯。⑧自立为代王：当时已经没有代王。

上闻，乃赦赵、代吏人为豨所诖误劫略者①，皆赦之。上自往，至邯郸，喜曰："豨不南据漳水，北守邯郸，知其无能为也。"赵相奏斩常山守、尉②，曰："常山二十五城，豨反，亡其二十城③。"上问曰："守、尉反乎？"对曰："不反。"上曰："是力不足也。"赦之，复以为常山守、尉。上问周昌曰："赵亦有壮士可令将者乎？"对曰："有四人。"四人谒④，上谩骂曰⑤："竖子能为将乎⑥？"四人惭伏。上封之各千户，以为将。左右谏曰："从入蜀、汉，伐楚，功未遍行⑦，今此何功而封？"上曰："非若所知⑧！陈豨反，邯郸以北皆豨有，吾以羽檄征天下兵⑨，未有至者，今唯独邯郸中兵耳。吾胡爱四千户封四人⑩，不以慰赵子弟！"皆曰："善。"于是上曰："陈豨将谁？"曰："王黄、曼丘臣，皆故贾人⑪。"上曰："吾知之矣。"乃各以千金购黄、臣等⑫。

【注释】

①诖（guà）误：贻误；连累。②守（shòu）：一郡的行政长官。尉：一郡的军事长官。③亡：丢失。④谒（yè）：拜见。⑤谩（màn）骂：辱骂。⑥竖子：小子。⑦功未遍行：《汉书·高帝纪》作"赏未遍行"，当是。⑧若：你（们）。⑨羽檄（xí）：插上羽毛表示紧急的公文。⑩胡：何。爱：吝惜。⑪贾（gǔ）人：坐地经商的商人。⑫购：悬赏征求；收买。

十一年冬，汉兵击斩陈豨将侯敞、王黄于曲逆下①，破豨将张春于聊城②，斩首万余。太尉勃入定太原、代地③。十二月，上自击东垣④，东垣不下，卒骂上；东垣降⑤，卒骂者斩之，不骂者黥之⑥。更命东垣为真定。王黄、曼丘臣其麾下受购赏之⑦，皆生得，以故陈豨军遂败。

【注释】

①曲逆：县名。在今河北省完县东南。②聊城：县名。即今山东省聊城市西北。③太尉勃：周勃（？—前169年），沛人。④东垣：县名。在今河北省石家庄市东。⑤降：攻克。⑥黥之：《高祖本纪》作"原之"。⑦麾下：部下。麾（huī），军旗。

上还至洛阳。上曰："代居常山北①，赵乃从山南有之，远②。"乃立子恒为代王③，都中都④。代、雁门皆属代⑤。

【注释】

①常山：本名恒山，中国五岳中的北岳，在河南省曲阳县西北。历史上，汉代避文帝刘恒讳，宋代避真宗赵恒讳，曾两度改名常山。今山西恒山，定为北岳是清朝的事。②赵乃从山南有之，远：赵国要从常山以南去统治它，太远了。

③子恒：皇子刘恒（前 203—前 157 年），薄姬所生，高祖十一年立为代王。④中都：县名。在今山西省平遥县西南。⑤雁门：郡名。地当今山西省和内蒙古自治区交界地区，治所在善无（今山西省右玉县南）。

高祖十二年冬，樊哙军卒追斩豨于灵丘①。

【注释】

①灵丘：县名。即今山西省灵丘县东。邻接河北省。

太史公曰：韩信、卢绾非素积德累善之世①，徼一时权变②，以诈力成功③，遭汉初定，故得列地④，南面称孤。内见疑强大⑤，外依蛮貊以为援⑥，是以日疏自危⑦，事穷智困，卒赴匈奴，岂不哀哉！陈豨，梁人，其少时数称慕魏公子⑧；及将军守边⑨，招致宾客而下士，名声过实。周昌疑之，疵瑕颇起⑩，惧祸及身⑪，邪人进说，遂陷无道⑫，於戏悲夫⑬！夫计之生孰成败于人也深矣！

【注释】

①世：身世，引申为其人。②徼：同"侥"。侥幸。权变：权宜机变。这里指机遇，时势。③以：凭。诈力：机智勇敢。④列：通"裂"。⑤见：被。⑥蛮貊（mò）：泛指少数民族。⑦日疏：一天天疏远。⑧魏公子：战国时代魏国公子无忌，魏昭王的儿子，封信陵君。⑨将（jiàng）军：统率军队。⑩疵瑕（cī xiá）：本指人身上的痣粒和玉块上的斑点，比喻人的缺点、过失。⑪及：临；到。⑫无道：封建时代所称"十恶"之一，是一种很严重的罪行，多指王侯官吏犯上作乱、逆情背理、妄杀无辜等。⑬於戏（wū hū）：通"呜呼"。

田儋列传第三十四

田儋者，狄人也①，故齐王田氏族也②。儋从弟田荣③，荣弟田横，皆豪，宗强④，能得人。

【注释】

①儋：音 dān。狄：县名。在今山东省高青县东南。②齐王田氏族：齐国是前 11 世纪周王朝分封的诸侯国之一，开国君主是吕尚（姜姓，吕氏，名尚）。春秋末年，君权逐渐旁落到大臣陈氏（即田氏）手里。前 386 年，周天子承认田和为齐侯，姜姓齐国变成了田姓齐国。田儋就是齐王族田氏的后裔。详见《齐太公世家》《田敬仲完世家》。③从弟：堂弟。④豪：地方上有威望的人物。宗强：宗族强大。

陈涉之初起王楚也①，使周市略定魏地②，北至狄，狄城守。田儋详为缚其奴③，从少年之廷④，欲谒杀奴⑤。见狄令，因击杀令，而召豪吏、子弟曰⑥："诸侯皆反秦自立，齐，古之建国⑦；儋，田氏，当王。"遂自立为齐王，发兵以击周市。周市军还去，田儋因率兵东，略定齐地⑧。

【注释】

①陈涉之初起王楚也：秦二世元年（前209年）七月，陈涉率领戍卒起义反秦，自立为王，国号"楚"。陈涉，名胜，字涉，阳城（今河南省登封市东南）人。王（wàng）：君临一国。动词。②市（fú）：通"祓"。略：夺取。③详：通"佯"。假装。④从少年之廷：让（一伙）年轻人跟随着到官府。在文言中，"跟随某某"和"使某某跟随"都作"从某某"。之，往；到。⑤欲谒（yè）杀奴：想以杀奴相谒告。谒，拜见。⑥豪吏：有户望有权势的长吏。子弟：指年轻人。⑦诸侯皆反秦自立：当时自立为王的除楚王陈涉外，有武臣自立为赵王，韩广自立为燕王等。古之建国：古代受封而建立的国家。⑧因：于是。东：向东。

秦将章邯围魏王咎于临济，急①。魏王请救于齐，齐王田儋将兵救魏②。章邯夜衔枚击③，大破齐、魏军，杀田儋于临济下。儋弟田荣收儋余兵走东阿④。

【注释】

①章邯（？—前205年）：秦朝将领，曾率兵镇压陈涉、项梁起义军。魏王咎：魏咎。战国末年被封于宁陵，故又叫宁陵君。临济：邑名。在今河南省封丘县东。②将（jiàng）兵：统率军队。③枚：状如筷子的小棒，两端有绳带，可以系在颈上。④东阿（ē）：县名。在今山东省东阿县西南。

齐人闻王田儋死，乃立故齐王建之弟田假为齐王①，田角为相，田间为将，以距诸侯②。

【注释】

①齐王建：战国齐的最后一个国君，公元前264—前221年在位。②距：通"拒"。抵抗。

田荣之走东阿，章邯追围之。项梁闻田荣之急，乃引兵击破章邯军东阿下①。章邯走而西②，项梁因追之。而田荣怒齐之立假，乃引兵归，击逐齐王假③。假亡走楚④，齐相角亡走赵，角弟田间前求救赵⑤，因留不敢归。田荣乃立田儋子市为齐王，荣相之⑥，田横为将，平齐地。

【注释】

①引兵：带兵。②走而西：向西逃跑。③逐：驱赶。④亡走楚：逃亡到楚。楚，指楚军。当时楚军的实际领袖是项梁。⑤角弟田间前求救赵：田角的弟弟田间在此之先已到赵国请救兵。当时的赵王是赵歇，赵军的实际领袖是张耳、陈馀。⑥市：音fú。荣相之：田荣辅佐他（做他的相国）。

项梁既追章邯，章邯兵益盛①，项梁使使告赵、齐②，发兵共击章邯。田荣曰："使楚杀田假③，赵杀田角、田间，乃肯出兵④。"楚怀王曰⑤："田假与国之王⑥，穷而归我⑦，杀之不义。"赵亦不杀田角、田间以市于齐⑧。齐曰："蝮螫手则斩手⑨，螫足则斩足。何者？为害于身也⑩。今田假、田角、田间于楚、赵，非直手足戚也⑪，何故不杀？且秦复得志于天下，则龁龀用事者坟墓矣⑫。"楚、赵不听，齐亦怒，终不肯出兵。章邯果败杀项梁⑬，破楚兵。楚兵东走，而章邯渡河围赵于巨鹿⑭。项羽往救赵，由此怨田荣。

【注释】

①章邯兵益盛：章邯兵力增大。②使使：派遣使者。③使：如果；只要；只有。④乃：就；才。⑤楚怀王：战国楚怀王的孙子熊心。⑥与国：友好国家。与，朋友。⑦穷：困窘；处境艰危。⑧市：交易；做买卖。⑨蝮：蝮蛇。螫（zhē）：蜂、蝎等刺人。⑩为：因为。⑪非直手足戚也：谈不上手足的亲近关系吧。直，通"值"。相当。戚，亲近。⑫龁齕（hé yǐ）：咬。引申为毁伤。用事者：指起兵反秦的首领们。⑬败杀：打败并杀死。⑭巨鹿：县名。在今河北省平乡县西南。

项羽既存赵①，降章邯等②，西屠咸阳③，灭秦而立侯王也，乃徙齐王田市更王胶东④，治即墨⑤。齐将田都从共救赵，因入关⑥，故立都为齐王，治临淄。故齐王建孙田安，项羽方渡河救赵，田安下济北数城⑦，引兵降项羽，项羽立田安为济北王，治博阳。田荣以负项梁不肯出兵助楚、赵攻秦⑧，故不得王；赵将陈馀亦失职⑨，不得王。二人俱怨项王。

【注释】

①存：保存；保全。②降章邯等：使章邯等人投降。③西屠咸阳：向西进军血洗咸阳。④徙：调动。更：改。⑤治即墨：以即墨为治所（王国的都城）。⑥因入关：顺势进入关中。因，从而，顺。⑦下：攻克。⑧负：违；背叛。⑨赵将陈馀亦失职：陈馀（？—前204年），大梁（今河南省开封市）人。详见《张耳陈馀列传》。

项王既归①，诸侯各就国②，田荣使人将兵助陈馀，令反赵地③。而荣亦发兵以距击田都，田都亡走楚。田荣留齐王市，无令之胶东④。市之左右曰⑤："项王强暴，而王当之胶东；不就国，必危。"市惧，乃亡就国。田荣怒，追击杀齐王市于即墨。还，攻杀济北王安。于是田荣乃自立为齐王，尽并三齐之地⑥。

【注释】

①项王既归：项羽分封各灭秦有功的将领为诸侯王，自立为西楚霸王。②就国：到达封国。③令反赵地：让他在赵地反叛项羽。④无令之胶东：不让他到胶东国去。之，到；往。⑤左右：亲信。⑥三齐：项羽把齐地分封给三人为王：田市为胶东王，田都为齐王，田安为济北王，所以叫"三齐"。

项王闻之，大怒，乃北伐齐。齐王田荣兵败，走平原①，平原人杀荣。项王遂烧夷齐城郭②，所过者尽屠之③。齐人相聚畔之④。荣弟横收齐散兵，得数万人，反击项羽于城阳⑤。而汉王率诸侯败楚，入彭城⑥。项羽闻之，乃醳齐而归⑦，击汉于彭城。因连与汉战，相距荥阳⑧。以故田横复得收齐城邑⑨，立田荣子广为齐王，而横相之，专国政——政无巨细皆断于相。

【注释】

①平原：县名。在今山东省平原县南。②夷：削平。城郭：城墙。③所过者：经过的地方。④畔：通"叛"。⑤城阳：古县名。治所在今山东鄄城县东南。⑥彭城：县名。即今江苏省徐州市。⑦醳（shì）：通"释"，放弃。⑧荥（xíng）阳：县名。⑨以故：因此。

横定齐三年，汉王使郦生往说下齐王广及其相国横①。横以为然，解其历下军②。汉将韩信引兵且东击齐③。齐初使华无伤、田解军于历下以距汉④。汉使至，乃罢守战备，纵酒⑤，且遣使与汉平⑥。汉将韩信已平赵、燕，用蒯通计⑦，度平原⑧，袭破齐历下军，因入临淄。齐王广、相横怒，以郦生卖己而亨郦生⑨。齐王广东走高密，相横走博阳，守相田光走城阳⑩，将军田既军于胶东。楚龙且救齐，齐王与合军高密。汉将韩信与曹参破杀龙且，虏齐王广。汉将灌婴追得齐守相田光。至博阳，而横闻齐王死，自立为齐王，还击婴。婴败横之军于嬴下⑪。田横亡走梁，归彭越。彭越是时居梁地，中立，且为汉，且为楚⑫。韩信已杀龙且，因令曹参进兵，破杀田既于胶东，使灌婴破杀齐将田吸于千乘⑬。韩信遂平齐，乞自立为齐假王⑭，汉因而立之。

【注释】

①郦生：郦食其（yì jī）。陈留（今河南省开封市东南）高阳乡人，本为里监门吏，秦末农民战争中归附刘邦，成为其重要谋士。说（shuì）：游说。下：攻克。这里是使降服的意思。②历下：历城之下。历城，邑名。即今山东省济南市。③且：将。④军：驻扎。⑤纵酒：放任（士兵）饮酒。⑥平：媾和。⑦蒯通：即蒯彻，司马迁避汉武帝刘彻名讳改作"通"。⑧度：通"渡"。平原：平原津，当时黄河渡口，在今山东平原县西南。⑨亨（pēng）：通"烹"。古代用鼎锅煮死罪人的酷刑。⑩高密：县名。即今山东省高密市西南。博阳：邑名。即博县，在今山东省泰安县东南。守相：暂时署理相国职务。守犹摄。⑪嬴：邑名。在今山东省莱芜市西北。⑫彭越（？—前196年）：昌邑（今山东省金乡县西北）人。秦末聚众起兵。楚汉战争中归附刘邦，平定梁地（今河南省东南部），封梁王。⑬千乘：县名。在今山东省高青县东北。⑭乞：请求。假王：暂时行使权力的国王。

后岁余，汉灭项籍，汉王立为皇帝，以彭越为梁王。田横惧诛，而与其徒属五百余人入海，居岛中。高帝闻之，以为田横兄弟本定齐，齐人贤者多附焉，今在海中不收，后恐为乱，乃使使赦田横罪而召之。田横因谢曰①："臣亨陛下之使郦生，今闻其弟郦商为汉将而贤，臣恐惧，不敢奉诏②，请为庶人③，守海岛中。"使还报，高皇帝乃诏卫尉郦商曰："齐王田横即至④，人马从者敢动摇者致族夷⑤！"乃复使使持节具告以诏商状⑥，曰："田横来，大者王，小者乃侯耳⑦；不来，且举兵加诛焉。"田横乃与其客二人乘传诣雒阳⑧。

【注释】

①谢：推辞。②奉诏：遵命。③庶人：百姓；平民。④即：倘若；如果。⑤人马从者敢动摇者致族夷：敢动摇其随从人马者将获族夷之罪。致，获得。⑥节：皇帝的使者所操的用以证明身份的信物。具告：细告。具，通"俱"。⑦大者王，小者乃侯耳：最大的位置是王，最小的位置也是侯呢。⑧乘传（zhuàn）：传车的一种，为四匹下等马拉的传车。诣（yì）：到。雒（luò）阳：都邑名。在今河南省洛阳市东北。

未至三十里①，至尸乡厩置②，横谢使者曰："人臣见天子当洗沐。"止留。谓其客曰："横始与汉王俱南面称孤③，今汉王为天子，而横乃为亡虏而北面事之④，其耻固已甚矣⑤。且吾亨人之兄，与其弟并肩而事其主，纵彼畏天子之诏不敢动我，我独不愧于心乎⑥？且陛下所以欲见我者，不过欲一见吾面貌耳。今陛下在雒阳，今斩吾头，驰三十里间，形容尚未能败⑦，犹可观也。"遂自刭⑧，令客奉其头⑨，从使者驰，奏之高帝。高帝曰："嗟乎，有以也夫⑩！起自布衣⑪，兄弟三人更王，岂不贤乎哉！"为之流涕，而拜其二客为都尉，发卒二千人，以王者礼葬田横。

【注释】

①未至三十里：距离目的地（这里指洛阳）三十里。②尸乡：邑名。在今河南省偃师县西。厩（jiù）置：驿站的马房。③南面称孤：即称王。④亡虏：流亡的贱人。亡，流落他乡。虏，奴隶。这里是田横对自己的贱称。⑤固：本来。已：太；过。⑥纵：即使。⑦形容：面目神态。败：变质。⑧自刭（jǐng）：自杀。⑨奉：通"捧"。⑩以：缘故；道理。⑪布衣：古代平民的穿着，借以指平民。

既葬，二客穿其冢旁孔①，皆自刭，下从之②。高帝闻之，乃大惊③，以田横之客皆贤④。吾闻其余尚五百人在海中⑤，使使召之，至⑥，则闻田横死，亦皆自杀。于是乃知田横兄弟能得士也。

【注释】

①穿其冢旁孔：于其冢旁穿孔。②下从之：倒进坑里陪葬。③乃：竟。④以：认为。⑤吾：司马迁自称。⑥至：使者到海岛。

太史公曰：甚矣，蒯通之谋，乱齐骄淮阴①，其卒亡此两人②！蒯通者，善为长短说③，论战国之权变，为八十一首④。通善齐人安期生，安期生尝干项羽⑤，项羽不能用其策。已而项羽欲封此两人，两人终不肯受，亡去。田横之高节，宾客慕义而从横死，岂非至贤！余因而列焉⑥。不无善画者，莫能图，何哉？

【注释】

①骄淮阴：使淮阴骄。淮阴，指淮阴侯韩信。②其：语气副词。两人：指田横和韩信。③善为长短说：想把事情说长就能证明长，想欲把事情说短就能证明它短。意即纵横捭阖，能言善辩。④首：篇。⑤干：求取。⑥列：叙列；论列。

樊郦滕灌列传第三十五

舞阳侯樊哙者①，沛人也②。以屠狗为事，与高祖俱隐③。

【注释】

①舞阳侯：樊哙生前的最后封号。②沛：县名。在今江苏省沛县东。③高祖：即刘邦。西汉王朝的建立者。前202—前195年在位。

初从高祖起丰①，攻下沛。高祖为沛公，以哙为舍人②。从攻胡陵、方与③，还守丰，击泗水监丰下④，破之。复东定沛，破泗水守薛西⑤。与司马尼战砀东⑥，却敌⑦，斩首十五级，赐爵国大夫⑧。常从沛公击章邯，军濮阳⑨，攻城先登，斩首二十三级，赐爵列大夫⑩。复常从，从攻城阳⑪，先登。下户牖⑫，破李由军⑬，斩首十六级，赐上间爵⑭。从攻围东郡守、尉于成武⑮，却敌，斩首十四级，捕虏十一人，赐爵五大夫⑯。从击秦军，出亳南⑰。河间守军于杠里⑱，破之。击破赵贲军开封北^⑲，以却敌先登，斩候一人^⑳，首六十八级，捕虏二十七人，赐爵卿^㉑。从攻破杨熊军于曲遇^㉒。攻宛陵^㉓，先登，斩首八级，捕虏四十四人，赐爵封号贤成君^㉔。从攻长社、辕辕^㉕，绝河津^㉖，东攻秦军于尸^㉗，南攻秦军于犨^㉘。破南阳守齮于阳城^㉙。东攻宛城^㉚，先登，西至郦^㉛，以却敌，斩首二十四级，捕虏四十人，赐重封^㉜。攻武关，至霸上^㉝，斩都尉一人^㉞，首十级，捕虏百四十六人，降卒二千九百人。

【注释】

①丰：邑名。在今江苏省丰县。②舍人：官名。③胡陵：县名。在今山东省鱼台县东南。方与（fáng yǔ）：县名。在今山东省鱼台县西。④泗水：郡名。辖境相当于今江苏省西北部和安徽省东北部，治所在相县（今安徽淮北市西北）。⑤守（shòu）：郡守。郡的行政长官。⑥司马尼（yí）：秦将。砀（dàng）：县名。在今安徽省砀山县南，今河南永城市东北。⑦却：退却。使动用法。⑧国大夫：即官大夫。⑨章邯：秦末少府，九卿之一。濮阳：县名。在今河南省濮阳县西南。⑩列大夫：即公大夫。秦汉时爵位名。⑪城阳：县名。在今山东郓城县东南。⑫户牖：乡名。在今河南省兰考县东北。⑬李由：秦朝丞相李斯的儿子，当时为三川郡守。三川郡，在今河南省西部。郡治雒阳。⑭上间爵：爵位名，不在二十等爵位之内。一作"上闻爵"。⑮东郡：郡名。地在今山东省、河南省交界地区，治所在濮阳（今河南省濮阳县西南）。成武：县名。在今山东省成武县。⑯五大夫：秦汉时第九等爵位名。⑰亳（bó）：古都邑名。⑱河间：郡名。汉高祖设置。秦朝没有河间郡。杠里：地名。在城阳西。⑲开封：县名。在今河南省开封市南。⑳候：军候。古时军队中负责侦察敌情的宫官。㉑卿：古代高级长官或爵位的名称。㉒曲遇（qū yáng）：即曲遇聚，古城镇名。在今河南省中牟县东。㉓宛（yuān）陵：古城镇名。在今河南省新郑市东北。㉔贤成君：封爵以外加的美称。贤成，美名，非地名。㉕长社：古邑名。在今河南省长葛市东北。辕辕（huán yuán）：山名。㉖河津：指平阴津，黄河重要渡口之一。在今河南省孟津县东。㉗尸：尸乡，在今河南省偃师县西。㉘犨（chōu）：古邑名。在现在的河南省鲁山县东南。㉙南阳：郡名。辖境相当于今河南省西南部和湖北省西北部一带。齮（yǐ）：人名，即吕齮。阳城：秦县名。㉚宛（yuān）：县名。今河南省南阳市。㉛郦：县名。在今河南省南阳市北。㉜赐重（chóng）封：增加封赏。㉝霸上：亦作"灞上"，即灞水西白鹿原，在今陕西省西安市东南。㉞都尉：比将军稍低的武官。

项羽在戏下^①，欲攻沛公。沛公从百余骑因项伯面见项羽^②，谢无有闭关事^③。项羽既飨军士^④，中酒^⑤，亚父谋欲杀沛公^⑥，令项庄拔剑舞坐中^⑦，欲击沛公，项伯常屏蔽之。时独沛公与张良得入坐^⑧，樊哙在营外，闻事急，乃持铁盾入到营。营卫止哙，哙直撞入，立帐下。项羽目之，问为谁。张良曰："沛公参乘樊哙^⑨。"项羽曰："壮士。"赐之卮酒彘肩^⑩。哙既饮酒，拔剑切肉食，尽之。项羽曰："能复饮乎？"哙曰："臣死且不辞，岂特卮酒乎^⑪！且沛公先入定咸阳^⑫，暴师霸上^⑬，以待大王^⑭。大王今日至，听小人之言，与沛公有隙^⑮，臣恐天下解^⑯，心疑大王也。"项羽默然。沛公如厕^⑰，麾樊哙去^⑱。既出，沛公留车骑，独骑一马，与樊哙等四人步从，从间道山下归走霸上军^⑲，而使张良谢项羽。项羽亦因遂已^⑳，无诛沛公之心矣。是日微樊哙奔入营谯让项羽^㉑，沛公事几殆^㉒。

【注释】

①戏（xī）下：地名。在今陕西省西安市临潼区东。②项伯：名缠，字伯，项羽的叔父，曾任楚军左尹。③闭关事：指刘邦进入咸阳后，想在关中称王，派兵把守函谷关，不让其他诸侯进入。④飨（xiǎng）：用酒肉款待。⑤中（zhòng）酒：酒酣。⑥亚父：次于父，是一种尊称。⑦项庄：项羽的堂弟。⑧张良：字子房，刘邦的重要谋臣。⑨参乘：即骖乘，也叫陪乘，位于车右。如同后来的近侍警卫。⑩卮（zhī）：古代一种盛酒器。彘（zhì）肩：猪腿。彘，猪。⑪特：独。⑫咸阳：当时的秦都，在今陕西省咸阳市东北。⑬暴（pù）师霸上：这里指驻军霸上，没有进入宫室。⑭大王：当时项羽并未称王，这里是追记。⑮隙：缝隙。这里指不和。⑯解：解体；分裂。⑰如：往。⑱麾：用手示意，叫樊哙出来。⑲间道：小路。⑳遂已：满足了心意。㉑微：非；没有。谯让：谴责。㉒殆：危险。

明日①，项羽入屠咸阳，立沛公为汉王。汉王赐哙爵为列侯，号临武侯②。迁为郎中③，从入汉中④。

【注释】

①明日：《项羽本纪》为"居数日"。②临武：邑名，在今湖南临武县。③迁：提升。④汉中：郡名。

还定三秦①，别击西丞白水北②，雍轻车骑于雍南③，破之。从攻雍、䰓城④，先登。击章平军好畤⑤，攻城，先登陷阵，斩县令、丞各一人⑥，首十一级，虏二十人，迁郎中骑将。从击秦车骑壤东⑦，却敌，迁为将军。攻赵贲，下郿、槐里、柳中、咸阳⑧；灌废丘⑨，最⑩。至栎阳⑪，赐食邑杜之樊乡⑫。从攻项籍，屠煮枣⑬。击破王武、程处军于外黄⑭。攻邹、鲁、瑕丘、薛⑮。项羽败汉王于彭城⑯，尽复取鲁、梁地⑰。哙还至荥阳⑱，益食平阴二千户⑲，以将军守广武⑳。一岁，项羽引而东。从高祖击项籍，下阳夏㉑，虏楚周将军卒四千人。围项籍于陈㉒，大破之。屠胡陵。

【注释】

①三秦：指项羽以原秦王朝的关中地区分封章邯为雍王、司马欣为塞王、董翳为翟王，共三个诸侯国，所以合称为"三秦"。②西：即西县，在今甘肃省天水市西南。③雍：前面的"雍"，指被项羽封为雍王的秦降将章邯。后面的"雍"，原为春秋秦都，汉置雍县，在今陕西省凤翔县南。④䰓（tái）：县名。在今陕西省武功县东北。⑤章平：章邯的弟弟。好畤（zhì）：县名。⑥县令：一县的行政长官。丞：县丞，县令的副手。⑦壤：乡名。在今陕西省武功县东南。⑧郿：县名。在今陕西省眉县东。槐里：县名。在今陕西省兴平市东南。柳中：即细柳。古地名。在今陕西省咸阳市西南渭河北岸。⑨废丘：即槐里。秦代名废丘。⑩最：功劳最大。⑪栎（yuè）阳：县名。在今陕西省西安市临潼区东北。⑫食邑：也叫"采邑"。杜：县名。在今陕西省西安市东南。樊乡：又名樊川，在当时的杜县南，即今西安市长安区南。⑬煮枣：古邑名。在今山东省东明县南。⑭外黄：县名。在今河南省兰考县东南。⑮邹：县名。在今山东邹县。鲁：县名。在今山东省曲阜市。瑕丘：县名。在今山东省兖州市北。薛：邑名，在今山东省滕州市南。⑯彭城：县名。在今江苏省徐州市。⑰鲁：指春秋时鲁国管辖的地区，在今山东省西南部。梁：指战国时魏国管辖的地区，因魏惠王由安邑（今山西夏县西北）迁都大梁（今河南省开封市），所以也称梁地。⑱荥（xíng）阳：县名。在今河南省荥阳市东北。⑲平阴：县名。在今河南省孟津县东北。⑳广武：山名。在今河南省荥阳市东北，东连旧荥泽，西接成皋。㉑阳夏：县名。在今河南省太康县。

㉒陈：县名。在今河南省淮阳县。

项籍既死，汉王为帝，以哙坚守战有功，益食八百户。从高帝攻反燕王臧荼①，虏荼，定燕地②。楚王韩信反③，哙从至陈，取信，定楚。更赐爵列侯，与诸侯剖符④，世世勿绝，食舞阳，号为舞阳侯，除前所食。以将军从高祖攻反韩王信于代⑤。自霍人以往至云中⑥，与绛侯等共定之⑦，益食千五百户。因击陈豨与曼丘臣军⑧，战襄国⑨，破柏人⑩，先登，降定清河、常山凡二十七县⑪，残东垣⑫，迁为左丞相。破得綦毋卬、尹潘军于无终、广昌⑬。破豨别将胡人王黄军于代南⑭，因击韩信军于参合⑮。军所将卒斩韩信，破豨胡骑横谷⑯，斩将军赵既，虏代丞相冯梁、守孙奋、大将王黄、将军、太仆解福等十人⑰。与诸将共定代乡邑七十三。其后燕王卢绾反⑱，哙以相国击卢绾，破其丞相抵蓟南⑲，定燕地，凡县十八，乡邑五十一。益食邑千三百户，定食舞阳五千四百户。从，斩首百七十六级，虏二百八十八人。别⑳，破军七，下城五，定郡六，县五十二，得丞相一人，将军十二人，二千石已下至三百石十一人㉑。

【注释】

①燕王臧荼：臧荼原是燕王韩广的部将，曾随项羽救赵，又跟从入关，被封为燕王，后叛楚归汉，高祖五年，因反叛被俘。②燕：这里指燕王臧荼所统辖的地区，主要在河北省北部。③楚王韩信：韩信先跟随项羽，后投靠刘邦，曾自立为齐王，刘邦改封他为楚王，后降为淮阴侯。④剖符：封功臣时，把表示凭证的符分成两半，朝廷和被封的人各拿一半，以示信用。⑤韩王信：战国韩襄王的后代，曾引兵随刘邦到汉中，后被封为韩王，高祖七年投降匈奴。一般称他为韩王信，以区别于淮阴侯韩信。详见《韩信卢绾列传》。代：指代地，约当今山西东北、河北省西北部。⑥霍人：古邑名。在今山西省繁峙（zhì）县东北。云中：县名。在今内蒙古自治区托克托县东北。⑦绛侯：即周勃，刘邦的重要将领。详见《绛侯周勃世家》。⑧陈豨：刘邦的将领，汉初任赵国的相国。曼丘臣：韩王信的将领，跟随韩王信举兵反叛，战败后潜逃，投降匈奴。⑨襄国：县名。在今河北省邢台市西南。⑩柏人：县名。在今河北省隆尧县西。⑪清河：郡名。地当今河北省中部和山西一部分，治所在元氏（今河北省元氏县西北）。⑫东垣：县名。在今河北石家庄市东北。⑬綦毋卬（qí wú áng）：人名。姓綦毋，名卬。⑭别将：分统另一支军队的将领。⑮参合：县名。在今山西省阳高县南。⑯横谷：县名。在今河北省蔚县西北。⑰太仆：九卿之一。为皇帝或诸侯王掌管车马。⑱卢绾（wǎn）：曾跟随刘邦起兵，汉初被封为燕王，后投降匈奴。⑲抵：人名。蓟（jì）：县名。在今北京市西南隅。⑳别：另外。这里指另率一支军队作战。㉑二千石已下至三百石：按汉朝官吏的俸给共分十五等，年俸万石至百石不等。已：通"以"

哙以吕后女弟吕须为妇①，生子伉，故其比诸将最亲。

【注释】

①吕后：刘邦的妻子。名雉，字娥姁。女弟：妹妹。

先黥布反时①，高祖尝病甚，恶见人，卧禁中②，诏户者无得入群臣③。群臣绛、灌等莫敢入④。十余日，哙乃排闼直入⑤，大臣随之。上独枕一宦者卧⑥。哙等见上流涕曰："始陛下与臣等起丰、沛⑦，定天下，何其壮也！今天下已定，又何惫也！且陛下病甚，大臣震恐，不见臣等计事，顾独与一宦者绝乎⑧？且陛下独不见赵高之事乎⑨？"高帝笑而起。

【注释】

①黥（qíng）布：原名英布。②禁中：宫中。③户者：守卫门户的人。入：使动用法。④降：即绛侯周勃。灌：即灌婴。⑤排闼（tà）：推门。闼，宫中小门。⑥宦者：宦官、太监。⑦陛下：对帝王的尊称。⑧顾：却。⑨赵高：秦朝宦官，任中车府令。

其后卢绾反，高帝使哙以相国击燕。是时高帝病甚，人有恶哙党于吕氏①，即上一日宫车晏驾②，则哙欲以兵尽诛灭戚氏、赵王如意之属③。高帝闻之大怒，乃使陈平载绛侯代将④，而即军中斩哙。陈平畏吕后，执哙诣长安⑤。至则高祖已崩⑥，吕后释哙，使复爵邑。

【注释】

①恶：说人坏话。党：结党。用作动词。②即：如果。一日：一旦。宫车晏驾：是皇帝死亡的一种避讳说法。③戚氏：戚夫人，刘邦的妃嫔，赵王如意的母亲。赵王如意：刘邦的第三个儿子。④陈平：刘邦的重要谋臣，后为丞相。⑤诣（yì）：到。长安：西汉的国都，在今陕西省西安市西北。⑥崩：古代称皇帝死为"崩"。

李惠六年①，樊哙卒②，谥为武侯③。子伉代侯，而伉母吕须亦为临光侯④。高后时用事专权，大臣尽畏之。伉代侯九岁，高后崩。大臣诛诸吕、吕须婘属⑤，因诛伉。舞阳侯中绝数月。孝文帝既立⑥，乃复封哙他庶子市人为舞阳侯⑦，复故爵邑。市人立二十九岁卒，谥为荒侯。子他广代侯。六岁，侯家舍人得罪他广，怨之，乃上书曰："荒侯市人病不能为人⑧，令其夫人与其弟乱而生他广，他广实非荒侯子，不当代后。"诏下吏。孝景中六年⑨，他广夺侯为庶人⑩，国除⑪。

【注释】

①孝惠：刘盈的谥号。孝惠六年，即公元前189年。②卒：死。③谥（shì）：封建时代在人死后按他生前事迹评定褒贬给予的称号。④临光侯：《吕后本纪》作"林光侯"。⑤诸吕：指吕氏诸子弟。婘属：通"眷属"。⑥孝文帝：刘恒。⑦庶子：古时称姬妾所生的儿子为庶子。⑧为人：生殖人，行人道。指性交。⑨孝景：汉景帝刘启，前157—前141年在位。⑩庶人：平民。⑪国：封国。

曲周侯郦商者①，高阳人②。陈胜起时③，商聚少年东西略人④，得数千。沛公略地至陈留⑤，六月余，商以将卒四千人属沛公于岐⑥。从攻长社，先登，赐爵封信成君。从沛公攻缑氏⑦，绝河津，破秦军洛阳东⑧。从攻下宛、穰⑨，定十七县。别将攻旬关⑩，定汉中。

【注释】

①曲周侯：郦商生前的最后封号。曲周，县名，在今河北省曲周县东北。②高阳：地名。在今河南省杞县西南。③陈胜：字涉。秦末农民起义领袖。④略：带强制性的争取。⑤陈留：县名。在今河南省开封市东南。⑥岐：地名。在今河南省开封市陈留镇附近。⑦缑（gōu）氏：一作侯氏。县名。在今河南省偃师县西南。⑧洛阳：古都邑名。在今河南省洛阳市东北。⑨穰：县名。在今河南省邓州市。⑩旬关：古关名。

项羽灭秦，立沛公为汉王。汉王赐商爵信成君①，以将军为陇西都尉②。别将定北地③、上郡④。破雍将军焉氏⑤，周类军枸邑⑥，苏驵军于泥阳⑦。赐食邑武成六千户⑧。以陇西都尉从击项籍军。五月，出巨野⑨，与钟离眛战⑩，疾斗，受梁相国印，益食邑四千户。以梁相国将从击项羽二岁三月，攻胡陵。

【注释】

①信成君：乃封号，非实封地。②陇西：郡名。③北地：郡名。④上郡：郡名。辖境当今陕西省北部及内蒙古自治区旧鄂尔多斯左翼。郡治肤施（今陕西榆林县东南）⑤雍将军：雍王章邯的将军。焉氏（zhī）：县名。在今甘肃省泾川县东。⑥枸邑：县名。在今陕西省旬邑县东北。⑦泥阳：古邑名。宁县东南。⑧武成：县名。在今陕西省华县东北。成，或作"城"。⑨巨野：县名。在今山东省巨野县东北。⑩钟离眛：复姓钟离，名眛。

项羽既已死，汉王为帝。其秋，燕王臧荼反，商以将军从击荼，战龙脱①，先登陷阵，破荼军易下②，却敌，迁为右丞相，赐爵列侯，与诸侯剖符，世世勿绝，食邑涿五千户③，号曰涿侯。以右丞相别定上谷④，因攻代，受赵相国印。以右丞相赵相国别与绛侯等定代、雁门⑤，得代丞相程纵、守相郭同⑥、将军已下至六百石十九人。还，以将军为太上皇卫一岁七月⑦。以右丞相击陈豨，残东垣。又以右丞相从高帝击黥布，攻其前拒⑧，陷两陈，得以破布军，更食曲周五千一百户，除前所食。凡别破军三，降定郡六，县七十三，得丞相、守相、大将各一人，小将二人，二千石已下至六百石十九人。

【注释】

①龙脱：地名。在今河北省徐水县西。②易：易县，地在现在的河北雄县西北。③涿：县名。即今河北省涿州市。④上谷：郡名。辖境相当今河北省西北部。郡治沮阳（今河北怀来县东南）⑤雁门：郡名。郡治善无（今山西右玉县南）。⑥守相：代理丞相。⑦太上皇：汉高祖尊称他的父亲太公为太上皇。⑧前拒：前沿阵地。

商事孝惠、高后时，商病，不治①。其子寄，字况，与吕禄善②。及高后崩，大臣欲诛诸吕。吕禄为将军，军于北军③。太尉勃不得入北军④，于是乃使人劫郦商⑤，令其子况绐吕禄⑥。吕禄信之，故与出游，而太尉勃乃得入据北军，遂诛诸吕。是岁商卒，谥为景侯。子寄代侯。天下称郦况卖交也⑦。

【注释】

①不治：不能理事。②吕禄：吕后的哥哥吕释之的儿子，吕后执政时封他为赵王，后被周勃等杀死。③北军：汉朝守卫京师的部队，因驻在长安城北，所以称"北军"。④太尉：秦和西汉时的最高军事长官。⑤劫：挟制。⑥绐（dài）：欺骗。⑦卖交：出卖朋友。

孝景前三年①，吴、楚、齐、赵反②，上以寄为将军，围赵城，十月不能下。得俞侯栾布自平齐来③，乃下赵城，灭赵，王自杀④，除国。孝景中二年⑤，寄欲取平原君为夫人⑥，景帝怒，下寄吏⑦，有罪，夺侯。景帝乃以商他子坚封为缪侯，续郦氏后。缪靖侯卒⑧，子康侯遂成立。遂成卒，子怀侯世宗立。世宗卒，子侯终根立，为太常⑨，坐法⑩，国除。

【注释】

①前三年：孝景帝前元三年，即公元前 154 年。②吴、楚、齐、赵反：指吴王刘濞、楚王刘戊、赵王刘遂、胶西王刘卬、胶东王刘雄渠、卬川王刘贤、济南王刘辟光等七个诸侯王国联合发动的武装叛乱。齐、胶西、胶东、卬川、济南都是由原齐国分出来的。③栾布：原是彭越的部下，后为臧荼的将领，文帝时任燕国相国，景帝时被封为俞（shū）侯。详见《季布栾布列传》。④王：指赵王刘遂，刘邦的孙子。⑤中二年：孝景中元二年，相当于公元前 148 年。⑥平原君：景帝王皇后母臧儿的尊号。⑦下寄吏：把郦寄交给官吏议罪。⑧缪（mù）靖侯：缪，郦坚的封邑，今地不详。靖侯，郦坚的谥号。⑨太常：官名。⑩坐法：即坐罪。

汝阴侯夏侯婴①，沛人也。为沛厩司御②。每送使客还，过沛泗上亭③，与高祖语，未尝不移日也④。婴已而试补县吏⑤，与高祖相爱。高祖戏而伤婴，人有告高祖。高祖时为亭长⑥，重坐伤人⑦，告故不伤婴⑧，婴证之。后狱覆⑨，婴坐高祖系岁余⑩，掠笞数百⑪，终以是脱高祖⑫。

【注释】

①汝阴侯：夏侯婴生前的最后封号。②厩（jiù）：马房。司御：掌管养马驾车的人。③泗上亭：即泗水亭，在今江苏省沛县东。④移日：日影移动。形容时间很久。⑤已而：不久。试补：试用充任。⑥亭长：当时的乡官。秦时十里设一亭，亭有亭长。⑦重坐伤人：官吏伤人，加重治罪。⑧告：自告；自白。⑨狱覆：狱辞翻覆。⑩系：关押。⑪掠笞（chī）：用竹板、木棍或荆条打人。⑫脱：开脱。

高祖之初与徒属欲攻沛也①，婴时以县令史为高祖使②。上降沛一日③，高祖为沛公，赐婴爵七大夫④，以为太仆。从攻胡陵，婴与萧何降泗水监平⑤，平以胡陵降，赐婴爵五大夫。从击秦军砀东，攻济阳⑥，下户牖，破李由军雍丘下⑦，以兵车趣攻战疾⑧，赐爵执帛⑨。常以太仆奉车从击章邯军东阿、濮阳下⑩，以兵车趣攻战疾，破之，赐爵执珪⑪。复常奉车从击赵贲军开封，杨熊军曲遇。婴从捕虏六十八人，降卒八百五十人，得印一匮⑫。因复常奉车从击秦军雒阳东，以兵车趣攻战疾，赐爵封转为滕公。因复奉车从攻南阳，战于蓝田、芷阳⑬，以兵车趣攻战疾，至霸上。项羽至，灭秦，立沛公为汉王。汉王赐婴爵列侯，号昭平侯⑭，复为太仆，从入蜀、汉⑮。

【注释】

①徒属：服劳役的民夫。②县令史：县令手下掌管文书的小官吏。③上：指刘邦。④七大夫：即公大夫。⑤萧何：刘邦的重要谋臣，辅佐刘邦统一天下，西汉王朝的第一任丞相，被封为酂（cuó）侯。⑥济阳：县名。在今河南省兰考县东北。⑦雍丘：县名。在今河南省杞县。⑧趣（cù）攻：急攻。趣，快，速。⑨执帛：爵位名。⑩东阿：即今山东省阳谷县东北的阿城镇。⑪执珪：爵位名。⑫匮（guì）：匣。⑬蓝田：县名。在今陕西省蓝田县西。芷阳：县名。在今陕西省西安市长安市东。⑭昭平侯：是封号，非实封邑。⑮蜀：郡名。辖境约当今四川省中部。郡治成都（今成都市）汉：即汉中郡。

还定三秦，从击项籍。至彭城，项羽大破汉军。汉王败，不利，驰去。见孝惠、鲁元①，载之。汉王急，马罢②，虏在后③，常蹶两儿欲弃之④。婴常收，竟载之，徐行面雍树乃驰⑤。汉王怒，行欲斩婴者十余，卒得脱，而致孝惠、鲁元于丰。

【注释】

①鲁元：刘邦的女儿，死后谥为鲁元太后，所以称"鲁元"。②罢（pí）：通"疲"。③虏：生俘之敌、奴隶皆曰虏。这里是对敌人的蔑称。④蹶（jué）：《汉书》作"跋"，用脚扒拉开。⑤雍树：当时方言。

汉王既至荥阳，收散兵，复振，赐婴食祈阳①。复常奉车从击项籍，追至陈，卒定楚②，至鲁，益食兹氏③。

【注释】

①祈阳：乡名。《汉书》作"沂阳"。②楚：指项羽统辖的地区。③兹氏：县名。在今山西省汾阳市东南。

汉王立为帝。其秋，燕王臧荼反，婴以太仆从击荼。明年，从至陈，取楚王信。更食汝阴①，剖符世世勿绝。以太仆从击代，至武泉、云中②，益食千户。因从击韩信军胡骑晋阳旁③，大破之。追北至平城④，为胡所围，七日不得通。高帝使使厚遗阏氏⑤，冒顿开围一角⑥。高帝出欲驰，婴固徐行，弩皆持满外向，卒得脱。益食婴细阳千户⑦。复以太仆从击胡骑句注北⑧，大破之。以太仆击胡骑平城南，三陷陈⑨，功为多，赐所夺邑五百户。以太仆击陈豨、黥布军，陷陈却敌，益食千户，定食汝阴六千九百户，除前所食。

【注释】

①汝阴：县名。在今安徽省阜阳市。②武泉：县名。在今内蒙古呼和浩特市东北武川县境。③胡：指匈奴。晋阳：县名。在今山西省太原市西南。④追北：追击逃跑的败兵。平城：县名。在今山西省大同市东北。⑤阏氏（yān zhī）：亦作"焉提"。汉时对匈奴王后的称号。⑥冒顿（mò dú）：匈奴单于（即匈奴王）名。秦二世元年（前209年）杀父头曼自立。他加强内部组织，建立军政制度，大量吞并弱小民族，势力强大。西汉初年，经常南下侵扰，对西汉王朝形成严重威胁。详见《匈奴列传》。⑦细阳：县名。在今安徽省太和县东南。⑧句注：即句注山，又名雁门山、西陉山。在今山西省代县西北，古为北方军事要地。谭其骧《中国历史地图集》标明句注山在今宁武县东。⑨陈：同"阵"。

婴自上初起沛，常为太仆，竟高祖崩。以太仆事孝惠。孝惠帝及高后德婴之脱孝惠、鲁元于下邑之间也①，乃赐婴县北第第一②，曰"近我"，以尊异之。孝惠帝崩，以太仆事高后。高后崩，代王之来③，婴以太仆与东牟侯入清宫④，废少帝⑤，以天子法驾迎代王代邸⑥，与大臣共立为孝文皇帝，复为太仆。八岁卒，谥为文侯。子夷侯灶立，七年卒。子共侯赐立，三十一年卒。子侯颇尚平阳公主⑦。立十九岁，元鼎二年⑧，坐与父御婢奸罪⑨，自杀，国除。

【注释】

①德：感激恩德。用作动词。下邑：县名。在今安徽省砀山县。②县：古代称帝王居住的地方为"县"，即京城。北：北阙。第：前一"第"字指府第，后一"第"字是次第。③代王：刘邦的儿子刘恒，即后来的文帝。④东牟侯：齐悼惠王刘肥的儿子刘兴居。清宫：清理宫室。⑤少帝：吕后把吕氏子冒称惠帝妃嫔所生的儿子刘弘，封为常山王，后立为帝，史称少帝。⑥法驾：皇帝的车驾。代邸：代王的官邸。⑦尚：古代娶皇帝的女儿叫"尚"。平阳，今山西临汾市西南。⑧元鼎：汉武帝刘彻的年号。元鼎二年，即公元前115年。⑨御婢：皇帝赐给的婢女。

颍阴侯灌婴者①，睢阳贩缯者也②。高祖之为沛公，略地至雍丘下，章邯败杀项梁③，而沛公还军于砀，婴初以中涓从击破东郡尉于成武及秦军于杠里④，疾斗，赐爵七大夫。从攻秦军亳南、开封、曲遇，战疾力，赐爵执帛，号宣陵君。从攻阳武以西至雒阳⑤，破秦军尸北，北绝河津，南破南阳守齮阳城东⑥，遂定南阳郡。西入武关，战于蓝田，疾力，至霸上，赐爵执珪，号昌文君。

【注释】

①颍阴侯：灌婴生前的最后封号。颍阴，县名，今河南省许昌市。②睢（suī）阳：县名。在今河南省商丘市南。缯（zēng）：丝织品的总称。③项梁：公元前209年陈胜起义后，他和侄儿项羽起兵反秦。④中涓：官名。皇帝身边亲近的侍臣。杠里，在今山东郓城县南。⑤阳武：县名。在今河南省原阳县东南。⑥南阳：郡名。地在今河南省、湖北省交界地区，治所在宛县（今河南省南阳市）。

沛公立为汉王，拜婴为郎中，从入汉中，十月，拜为中谒者①。从还定三秦，下栎阳，降塞王②。还围章邯于废丘，未拔。从东出临晋关③；击降殷王④，定其地。击项羽将龙且、魏相项他军定陶南⑤，疾战，破之。赐婴爵列侯，号昌文侯，食杜平乡⑥。

【注释】

①中谒者：皇帝身边管传达的官员。②塞王：项羽所封的秦朝降将司马欣。③临晋关：在今陕西省大荔县黄河西岸，是历代秦、晋之间的险要通道。④殷王：项羽所封的赵将司马。⑤定陶：县名。在今山东省定陶县西北。⑥杜：县名。在今陕西省西安市东南。平乡：杜县的乡名。

复以中谒者从降下砀，以至彭城。项羽击，大破汉王。汉王遁而西①，婴从还，军于雍丘。王武、魏公申徒反，从击破之。攻下黄②，西收兵，军于荥阳。楚骑来众，汉王乃择军中可为车骑将者，皆推故秦骑士重泉人李必、骆甲习骑兵③，今为校尉④，可为骑将。汉王欲拜之，必、甲曰："臣故秦民，恐军不信臣，臣愿得大王左右善骑者傅之⑤。"灌婴虽少，然数力战，乃拜灌婴为中大夫⑥，令李必、骆甲为左右校尉，将郎中骑兵击楚骑于荥阳东，大破之。受诏别击楚军后，绝其饷道，起阳武至襄邑⑦。击项羽之将项冠于鲁下，破之，所将卒斩右司马、骑将各一人⑧。击破柘公王武⑨，军于燕西⑩，所将卒斩楼烦将五人⑪，连尹一人⑫。击王武别将桓婴白马下⑬，破之，所将卒斩都尉一人。以骑渡河南⑭，送汉王到雒阳，使北迎相国韩信军于邯郸⑮。还至敖仓⑯，婴迁为御史大夫⑰。

【注释】

①遁：逃跑。②黄：外黄，县名。在现在的河南省民权县西北，兰考县东南。③重泉：县名。在今陕西省蒲城县东南。④校尉：汉代仅次于将军的武官。⑤傅：辅佐。⑥中大夫：御史大夫的顾问官。⑦襄邑：县名。在今河南省睢县。⑧右司马：掌管军马的官员。⑨柘（zhè）：县名。在今河南省柘城县西北。⑩燕：古国名。在今河南省延津县东北。⑪楼烦：古族名。⑫连尹：官名。春秋时楚国主管射箭的官员。⑬白马：县名。在今河南省滑县东。⑭河：黄河。⑮邯郸：古都邑名。即今河北省邯郸市。⑯敖仓：敖，地名。在今河南省荥阳市东北敖山上，即今郑州市西北邙山上。⑰御史大夫：秦、汉时仅低于丞相的中央最高长官。

三年①，以列侯食邑杜平乡②。以御史大夫受诏将郎中骑兵东属相国韩信，击破齐军于历下③，所将卒虏车骑将军华毋伤及将吏四十六人。降下临菑④，得齐守相田光。追齐相田横至嬴、博⑤，破其骑，所将卒斩骑将一人，生得骑将四人。攻下嬴、博，破齐将军田吸于千乘⑥，所将卒斩吸。东从韩信攻龙且、留公于高密⑦，卒斩龙且，生得右司马、连尹各一人，楼烦将十人，身生得亚将周兰⑧。

【注释】

①三年：汉王三年，即公元前204年。②以列侯食邑杜平乡：前已为列侯，食邑杜平乡。③历下：古邑名。即今山东省济南市。④临菑：即临淄。县名。在今山东省淄博市东北。⑤田横：本齐国贵族。楚汉战争中自立为齐王，不久被汉军战败。嬴：县名。在今山东省莱芜市西北。博：即博阳。在今山东省泰安县东南。⑥千乘：县名。在今山东省高青县东北。⑦高密：县名。在今山东省高密市西南。⑧亚将：副将。

齐地已定，韩信自立为齐王，使婴别将击楚将公杲于鲁北，破之。转南，破薛郡长①，身虏骑将一人。攻博阳②，前至下相以东南僮、取虑、徐③。度淮④，尽降其城邑，至广陵。项羽使项声、薛公、郯公复定淮北。婴度淮北，击破项声、郯公下邳⑤，斩薛公，下下邳，击破楚骑于平阳⑥，遂降彭城⑦，虏柱国项佗⑧，降留、薛、沛、酂、萧、相⑨。攻苦、谯⑩，复得亚将周兰。与汉王会颐乡⑪。从击项籍军于陈下，破之，所将卒斩楼烦将二人，虏骑将八人。赐益食邑二千五百户。

【注释】

①薛郡：郡名。②博阳：古邑名。在今山东枣庄市南。③下相：县名。在今江苏省宿迁市西南。僮：古邑名。在今江苏省睢宁县东南。取虑（qiū lú）：古邑名。在今江苏省睢宁县西南。徐：古邑名。在今江苏泗洪县南。④度：同"渡"。⑤下邳：县名。在今江苏省睢宁县西北邳州市西南。⑥平阳：县名。在今山东省邹县西北。⑦"降"应为"围"。⑧柱国：楚国官名，又称上柱国。⑨留：县名。在今江苏省沛县东南。酂（cuó）：县名。在今河南省永城市西北。萧：县名。在今安徽省萧县西北。相：县名。在今安徽省淮北市西北。⑩苦：县名。在今河南省鹿邑县。⑪颐乡：地名。在今河南省鹿邑县东。

项籍败垓下去也①，婴以御史大夫受诏将车骑别追项籍至东城②，破之。所将卒五人共斩项籍，皆赐爵列侯。降左右司马各一人，卒万二千人，尽得其军将吏。下东城、历阳③。渡江，破吴郡长吴下④，得吴守，遂定吴、豫章、会稽郡⑤。还定淮北，凡五十二县。

【注释】

①垓（gāi）下：地名。在今安徽省灵璧县东南沱河北岸。②东城：县名。在今安徽省定远县东南。③历阳：县名。在今安徽省和县。④吴郡：楚汉之际分会稽郡置。吴：县名。在今江苏省苏州市。⑤豫章：郡名。会（kuài）稽郡：郡名。辖境相当今浙江省大部。和江苏南部。郡治吴（今江苏苏州市）。

汉王立为皇帝，赐益婴邑三千户。其秋，以车骑将军从击破燕王臧荼。明年，从至陈，取楚王信。还，剖符，世世勿绝，食颍阴二千五百户，号曰颍阴侯。

以车骑将军从击反韩王信于代，至马邑①，受诏别降楼烦以北六县②，斩代左相，破胡骑于武泉北③。复从击韩信胡骑晋阳下，所将卒斩胡白题将一人④。受诏并将燕、赵、齐、梁、楚车骑，击破胡骑于硰石⑤。至平城，为胡所围，从还军东垣。

【注释】

①马邑：县名。在今山西省朔县。②楼烦：县名。在今山西省宁武县。③武泉：县名。在今内蒙呼和浩特东北武川县。④白题：匈奴的一支。⑤硰（shā）石：古邑名。在今山西省静乐县东北。

从击陈豨，受诏别攻豨丞相侯敞军曲逆下，破之，卒斩敞及特将五人①。降曲逆、卢奴、上曲阳、安国、安平②。攻下东垣。

【注释】

①特将：秦、汉时将领的名称。指统军作战独当一面的将领。②卢奴：县名。在今河北省定县。上曲阳：县名。在今河北省曲阳县西。安国：县名。在今河北省安国市东南。安平：县名。在今河北省安平县。

黥布反，以车骑将军先出，攻布别将于相，破之，斩亚将、楼烦将三人。又进击破布上柱国军及大司马军①。又进破布别将肥诛②。婴身生得左司马一人③，所将卒斩其小将十人，追北至淮上。益食二千五百户。布已破，高帝归，定令婴食颍阴五千户，除前所食邑。凡从得二千石二人，别破军十六，降城四十六，定国一，郡二，县五十二，得将军二人，柱国、相国各一人，二千石十人。

【注释】

①大司马：官名。周代大司马掌管邦政。此为英布所设置。②肥诛：人名。诛，一本作"铢"。③身：亲身，亲自。

婴自破布归，高帝崩，婴以列侯事孝惠帝及吕太后。太后崩，吕禄等以赵王自置为将军，军长安，为乱①。齐哀王闻之②，举兵西，且入诛不当为王者。上将军吕禄等闻之，乃遣婴为大将，将军往击之。婴行至荥阳，乃与绛侯等谋，因屯兵荥阳，风齐王以诛吕氏事③，齐兵止不前。绛侯等既诛诸吕，齐王罢兵归，婴亦罢兵自荥阳归，与绛侯、陈平共立代王为孝文皇帝。孝文皇帝于是益封婴三千户，赐黄金千斤，拜为太尉④。

【注释】

①为乱：《汉书》在"为"前有一"欲"字。②齐哀王：刘襄。齐悼惠王刘肥的儿子。③风（fěng）：通"讽"。示意。④太尉：秦、汉时全国最高军事长官。

三岁，绛侯勃免相就国，婴为丞相，罢太尉官。是岁，匈奴大入北地、上郡①，令丞相婴将骑八万五千往击匈奴。匈奴去，济北王反②，诏乃罢婴之兵。后岁余，婴以丞相卒，谥曰懿侯。子平侯阿代侯③。二十八年卒，子强代侯。十二年，强有罪，绝二岁。元光三年④，天子封灌婴孙贤为临汝侯，续灌氏后。八岁，坐行赇有罪⑤，国除。

【注释】

①北地：郡名。上郡：郡名。辖境相当今无定河流域及内蒙古鄂托克旗等地，治所在肤施（今陕西省榆林县东南）。②济北王：刘兴居。齐悼惠王刘肥的儿子。济北，汉诸侯国，都卢（今山东济南市长清区南）。③阿：应为"何"。《功臣表》、《灌夫传》等都作"何"。④元光：汉武帝刘彻的年号。元光三年，相当

于公元前 132 年。⑤赇（qiú）：贿赂。

太史公曰："吾适丰、沛①，问其遗老，观故萧、曹、樊哙、滕公之家②，及其素③，异哉所闻！方其鼓刀屠狗卖缯之时，岂自知附骥之尾④，垂名汉廷，德流子孙哉？余与他广通⑤，为言高祖功臣之兴时若此云。"

【注释】

①适：往；到。②曹：曹参。③素：平素。这里指平素为人。④附骥之尾：比喻依附他人而成名。⑤通：有交往。

张丞相列传第三十六

张丞相苍者，阳武人也①。好书律历②。秦时为御史，主柱下方书③。有罪，亡归④。及沛公略地过阳武，苍以客从⑤，攻南阳⑥。苍坐法当斩，解衣伏质⑦，身长大，肥白如瓠⑧。时王陵见而怪其美士⑨，乃言沛公，赦勿斩。遂从西入武关，至咸阳⑩。沛公立为汉王，入汉中，还定三秦⑪。陈馀击走常山王张耳，耳归汉⑫，汉乃以张苍为常山守⑬。从淮阴侯击赵⑭，苍得陈馀。赵地已平，汉王以苍为代相，备边寇⑮。已而徙为赵相，相赵王耳。耳卒，相赵王敖⑯。复徙相代王。燕王臧荼反⑰，高祖往击之，苍以代相从攻臧荼有功，以六年中封为北平侯，食邑千二百户⑱。

【注释】

①阳武：县名。在今河南省原阳县东南。②好书律历：爱好诗书、音律、历算。③御史：官名。主柱下方书：从事在殿柱之下收录四方文书的工作。方书，四方文书；一说为方版文书。④亡归：逃跑回家。⑤及：等到；赶上。沛公：刘邦在沛县起兵反秦，自称沛公。略：攻占。以客从：以宾客身份跟随着。宾客相当于后世的幕僚。⑥南阳：郡名。地当今河南省西南部和湖北省西北部交界地区，治所在宛（yuān）县（今河南省南阳市）。⑦坐：指办罪的因由。质：通"锧"。古代执行死刑的刑具，象砧板。⑧瓠（hù）：葫芦瓜。⑨王陵（？—前181年）：沛（今江苏省沛县）人。怪：惊异。⑩武关：在今陕西省商南县东南丹江上。谭其骧《中国历史地图集》标在今商南县南丹江上。咸阳：都邑名。秦朝都城，在今陕西省咸阳市东北。⑪还定三秦：汉元年（前208年）八月，刘邦从汉中回兵关中，平定三秦。⑫陈馀击走常山王张耳，耳归汉：张耳（？—前202年）、陈馀（？—前204年）都是大梁（今河南省开封市）人，为刎颈之交。陈胜起义后，两人投奔起义队伍，跟随武臣平定赵地。巨鹿之战中，张耳被秦兵包围，陈馀不往援救，因生嫌隙。后来张耳随项羽入关破秦，封常山王；陈馀未从入关不得封王，两人矛盾加剧，导致陈馀袭击张耳。张耳被陈馀打败后投奔刘邦，后被刘邦立为赵王。详见《张耳陈馀列传》。⑬常山：郡名。郡治元氏（今河北元氏县西北）。本名

恒山，汉代人避汉文帝刘恒讳改名。守（shòu）：秦官名。一郡的行政长官。汉沿用。⑭淮阴侯：即韩信。⑮为代相：做代王的相国。当时的代王是韩王信。边寇：指匈奴。⑯卒：死。敖：张耳的儿子张敖。⑰臧荼（tú）：本是燕王韩广的将军，因为跟随项羽救赵入关有功，被封为燕王。项羽失败以后，臧荼归汉。汉高祖五年（前202年）七月，臧荼反叛，高祖率军亲征；九月，臧荼被俘。⑱以：于；在。食邑：封侯的领地。

迁为计相①，一月，更以列侯为主计四岁②。是时萧何为相国③，而张苍乃自秦时为柱下史，明习天下图书计籍；苍又善用算律历④，故令苍以列侯居相府，领主郡国上计者⑤。黥布反亡⑥，汉立皇子长为淮南王⑦，而张苍相之。十四年，迁为御史大夫⑧。

【注释】

①计相：汉初设立的临时职官，主管朝廷财政收支。②主计：由计相改名的临时职官。③萧何（？—前193年）：沛人。秦末随刘邦起兵。④善：懂；会。用算：应用数学。律历：乐律和历法。⑤领主郡国上计者：负责管理郡县及诸侯王国呈报朝廷的财政收支统计报表等。⑥黥布（？—前195年）：即英布。六（今安徽省六安市北）人。⑦皇子长：刘长。刘邦最小的儿子。高祖十一年（前196年）封淮南王。文帝前元六年（前174年）因犯罪流放蜀地，途中绝食自杀。详见《淮南衡山列传》。⑧十四年：指淮南王刘长十四年（前183年），也就是高后五年。御史大夫：官名。

周昌者，沛人也。其从兄曰周苛①，秦时皆为泗水卒史②。及高祖起沛，击破泗水守、监③，于是周昌、周苛自卒史从沛公④。沛公以周昌为职志⑤，周苛为客。从入关，破秦。沛公立为汉王，以周苛为御史大夫，周昌为中尉⑥。

【注释】

①从兄：堂兄。②泗水：郡名。汉更名沛郡，治所在相（今安徽淮北市西北）。卒史：官署的属吏。俸禄百石。③监：监御史的省称，秦代驻郡的地方监察官。④自卒史从：以卒史出身的资历跟随。⑤职志：负责管理徽标旗帜的官。⑥中尉：秦、汉时代的武官。

汉王四年，楚围汉王荥阳急①，汉王遁出，去②，而使周苛守荥阳城。楚破荥阳城，欲令周苛将③。苛骂曰："若趣降汉王④！不然，今为虏矣⑤！"项羽怒，亨周苛⑥。于是乃拜周昌为御史大夫，常从，击破项籍。以六年中与萧、曹等俱封⑦：封周昌为汾阴侯；周苛子周成以父死事⑧，封为高景侯。

【注释】

①汉王四年，楚围汉王荥阳急：荥阳是楚汉战争中的重要战场。汉二年（前205年）五月，刘邦在荥阳屯兵拒楚。汉三年四月，项羽重兵包围荥阳；五月，刘邦用计突围，逃出荥阳，留周苛等防守；六月，项羽攻破荥阳，活捉周苛。荥（xíng）阳，县名。在今河南省荥阳市东北。②遁：逃。去：离开。③将（jiàng）：带兵；做将领。④若：你（们）。趣（cù）：赶快。⑤今：即。⑥亨（pēng）：通"烹"。古代用鼎锅煮杀人的酷刑。⑦以：于；在。萧、曹：萧何、曹参。⑧以父死事：凭父亲死于国事。

昌为人强力①，敢直言，自萧、曹等皆卑下之②。昌尝燕时入奏事③，高帝方拥戚姬④，昌还走⑤，高帝逐得，骑周昌项⑥，问曰："我何如主也⑦？"昌仰曰："陛下即桀、纣之主也⑧。"于是上笑之⑨，然尤惮周昌⑩。及帝欲废太子，而立戚姬子如意为太子，大臣固争之，莫能得⑪。上以留侯策即止⑫。而周昌廷争之强，上问其说⑬，昌为人吃⑭，又盛怒，曰："臣口不能言，然臣期期知其不可，陛下虽欲废太子，臣期期不奉诏⑮。"上欣然而笑。既罢，吕后侧耳于东箱听⑯，见周昌，为跪谢曰⑰："微君，太子几废⑱。"

【注释】

①强力：强悍；倔强有力。②皆卑下之：都比不上他。③燕时：闲暇休息的时候燕，通"宴"。安闲。④拥：拥抱。⑤还走：转身就跑。⑥项：脖颈。⑦何如主：什么样的君主。⑧桀、纣：夏代和商代的两个昏暴君主。⑨上：皇上。⑩惮：敬畏；怕。⑪争：通"诤"直言规劝。⑫上以留侯策即止：留侯就是张良。吕后所生的儿子刘盈立为太子以后，刘邦因为宠爱戚姬，生了废除刘盈而立戚姬所生子刘如意为太子的念头。为了保住太子，吕后强迫张良出主意。张良让太子把刘邦向来十分敬重而又屡聘不至的四位隐士（"商山四皓"）想方设法收留到身边。刘邦在病中见太子服侍自己时有这四老陪侍，认为太子"羽翼已成"，便打消了废立的念头。⑬廷争：在朝廷上同皇帝力争。⑭吃（jí）：口吃；说话结巴。⑮期期（qī qī）：形容口吃严重。奉诏：遵命。诏是皇帝发布的书面或口头命令。⑯箱：通"厢"厢房（大厅两旁的侧屋）。⑰跪谢：古人席地而坐，两膝着地，臀部落在小腿上。稍欠身便成了"跪"，挺直腰板叫"长跪"跪和长跪都表示对对方的尊重。⑱微：无。几（jī）：近；险些。

是后戚姬子如意为赵王，年十岁，高祖忧即万岁之后不全也①。赵尧年少，为符玺御史②。赵人方与公谓御史大夫周昌曰③："君之史赵尧，年虽少，然奇才也。君必异之，是且代君之位④。"周昌笑曰："尧年少，刀笔吏耳⑤，何能至是乎！"居顷之⑥，赵尧侍高祖。高祖独心不乐，悲歌，群臣不知上之所以然⑦。赵尧进请问曰⑧："陛下所为不乐，非为赵王年少而戚夫人与吕后有郄邪⑨？备万岁之后而赵王不能自全乎⑩？"高祖曰："然。吾私忧之，不知所出⑪。"尧曰："陛下独宜为赵王置贵强相，及吕后、太子、群臣素所敬惮乃可。"高祖曰："然。吾念之欲如是，而群臣谁可者？"尧曰："御史大夫周昌，其人坚忍质直，且自吕后、太子及大臣皆素敬惮之。独昌可。"高祖曰："善。"于是乃召周昌，谓曰："吾欲固烦公，公强为我相赵王。"周昌泣曰："臣初起从陛下，陛下独奈何中道而弃之于诸侯乎⑫？"高祖曰："吾极知其左迁⑬，然吾私忧赵王，念非公无可者。公不得已强行。"于是徙御史大夫周昌为赵相。

【注释】

①即：如果；倘若。不全：不能保全自己。②符玺御史：掌握皇帝符信印章的御史。③方与（fáng yǔ）公：方与县的一位老人（或说是县令），姓名不详。方与，在今山东鱼台县西。④异：特别看待；优待。是：此（人）。⑤刀笔吏：抄抄写写的吏员。⑥居顷之：过了没多久。⑦所以然：为什么这样；原因。⑧进请问：上前请安探问。⑨郄（xì）：通"隙"。嫌隙；仇怨。⑩备：提防；担心。⑪私：内心；暗地里。不知所出：不知道办法从哪里来。⑫独奈何：怎么为何。⑬左迁：降职。古代尚右，所以左迁是降职。

既行久之，高祖持御史大夫印弄之，曰："谁可以为御史大夫者？"孰视赵尧①，曰："无以易尧②。"遂拜赵尧为御史大夫。尧亦前有军功食邑，及以御史大夫从击陈豨有功③，封为江邑侯。

【注释】

①孰视：注目细看。精审，仔细。②无以易尧：意思是，如果让赵尧做御史大夫，没有谁可以代替他的。易，代替。③陈豨：宛朐（今山东省曹县西北）人。高祖七年封侯，为代国相国，守边。高祖十年反叛，自立为代王。十一年兵败流窜，十二年被追杀。

高祖崩①，吕太后使使召赵王②，其相周昌令王称疾不行。使者三反③，周昌固为不遣赵王④。于是高后患之，乃使使召周昌。周昌至，谒高后⑤，高后怒而骂周昌曰："尔不知我之怨戚氏乎？而不遣赵王，何？"昌既征⑥，高后使使召赵王，赵王果来，至长安月余，饮药而死。周昌因谢病不朝见⑦，三岁而死。

【注释】

①崩：称帝王死为崩。②使使：派遣使者。③三反：三次往返。④固为：坚决地。⑤谒（yè）：拜见。⑥征：召回。⑦谢病：推说有病。谢，推辞。

后五岁①，高后闻御史大夫江邑侯赵尧高祖时定赵王如意之画②，乃抵尧罪③，以广阿侯任敖为御史大夫④。

【注释】

①后五岁：周昌死后五年，也就是高后元年（前187年）。②画：谋划，方案。③抵尧罪：意思是夺去赵尧的爵位，撤销其御史大夫职务以抵他的罪责。抵，当。④广阿：县名，在今河北隆尧县东。

任敖者，故沛狱吏。高祖尝辟吏①，吏系吕后，遇之不谨②。任敖素善高祖，怒，击伤主吕后吏。及高祖初起，敖以客从，为御史，守丰二岁③。高祖立为汉王，东击项籍，敖迁为上党守④。陈豨反时，敖坚守，封为广阿侯，食千八百户。高后时为御史大夫，三岁免，以平阳侯曹窋为御史大夫⑤。高后崩，不与大臣共诛吕禄等⑥。免，以淮南相张苍为御史大夫。

【注释】

①辟吏：躲避吏事。指因犯法而藏匿起来。辟，同"避"。②系（jì）：拘捕。③丰：邑名。即今江苏省丰县。④上党：郡名。⑤曹窋（zhuó）：曹参的儿子。⑥不与大臣共诛吕禄等：据《吕后本纪》载，曹窋参与了诛诸吕事。

苍与绛侯等尊立代王为孝文皇帝①。四年②，丞相灌婴卒③，张苍为丞相。

【注释】

①苍与绛侯等尊立代王为孝文皇帝：吕后去世后，她的侄儿吕产、吕禄等想篡夺政权，太尉周勃、丞相陈平等发兵诛灭诸吕，迎立代王刘恒为帝，就是汉文帝。②四年：汉文帝前元四年（前176年）。③灌婴（？—前176年）：睢（suī）阳（今河南省商丘市）人，早先以贩丝为业。秦末农民战争中追随刘邦，有军功，封侯。文帝初立时为太尉，不久任丞相。

自汉兴至孝文二十余年，会天下初定，将相公卿皆军吏。张苍为计相时，绪正律历①，以高祖十月始至霸上，因故秦时本以十月为岁首，弗革②；推五德之运，以为汉当水德之时，尚黑如故③；吹律调乐，入之音声，及以比定律令，若百工天下作程品④。至于为丞相，卒就之⑤。故汉家言律历者，本之张苍。苍本好书，无所不观，无所不通，而尤善律历。

【注释】

①绪正：整理调度使有秩序。②"以高祖十月始至霸上"句：根据高祖最初是在十月到达霸上接受秦皇投降的，由于旧秦时代本来以十月为一年的开始，就不加改革了。③"推五德之运"句：推算五德运行的规律，认为汉朝正处在水德的时代，就崇尚黑色像先前一样。④"吹律调乐"句：吹奏律管，调整音阶，谱进乐章，以及用它们作类比来确定时令，和天下百工制作的规程模式。⑤至于：直到。卒就之：终于完成了它们。卒，终于。就，成就，完成。

张苍德王陵①。王陵者，安国侯也②。及苍贵，常父事王陵③。陵死后，苍为丞相，洗沐④，常先朝陵夫人上食⑤，然后敢归家。

【注释】

①德王陵：感激王陵的恩德。德，用如动词。②安国：县名，在今河北省安国市。③父事王陵：像对待父亲一样对待王陵。④洗沐：沐浴。⑤上食：伺候饭食。

苍为丞相十余年，鲁人公孙臣上书言汉土德时，其符有黄龙当见①。诏下其议张苍，张苍以为非是，罢之。其后黄龙见成纪②，于是文帝召公孙臣以为博士③，草土德之历制度，更元年④。张丞相由此自绌⑤，谢病称老。苍任人为中候⑥，大为奸利，上以让苍⑦，苍遂病免。苍为丞相十五岁而免。孝景前五年⑧，苍卒，谥为文侯⑨。子康侯代⑩，八年卒。子类代为侯⑪，八年，坐临诸侯丧后就位不敬，国除。

【注释】

①"鲁人公孙臣上书"句：鲁地人公孙臣撰文向皇帝陈说汉朝是处在土德的时代，其验证是会有黄龙出现。见，同"现"。②成纪：县名。在今甘肃省秦安县北。③博士：学官。④草：起稿。汉文帝刘恒在位二十三年分两段，前十六年史称"前元"，后七年史称"后元"。⑤绌：通"黜（chù）"。贬斥。⑥中候：官名。为将作少府（掌治宫室）的属官。⑦让：责备。⑧孝景前五年：汉景帝前元五年（前152年）。⑨卒：古代指大夫死亡或一般人年老寿终。⑩康侯：张苍的儿子张奉，死后谥"康"。⑪子类：张奉的儿子张类。

初，张苍父长不满五尺，及生苍，苍长八尺余①，为侯、丞相。苍子复长。及孙类，长六尺余，坐法失侯。苍之免相后，老，口中无齿，食乳，女子为乳母②。妻妾以百数，尝孕者不复幸③。苍年百有余岁而卒④。

【注释】

①长八尺余：汉制一尺约合今0.23米。②女子：青年妇女。③不复幸：不再同房。④有：通"又"。

申屠丞相嘉者，梁人①，以材官蹶张从高帝击项籍②，迁为队率③。从击黥布军，为都尉④。孝惠时，为淮阳守⑤。孝文帝元年，举故吏士二千石从高皇帝者，悉以为关内侯⑥，食邑二十四人，而申屠嘉食邑五百户。张苍已为丞相，嘉迁为御史大夫。张苍免相，孝文帝欲用皇后弟窦广国为丞相，曰："恐天下以吾私广国[7]。"广国贤有行，故欲相之，念久之，不可。而高帝时大臣又皆多死，馀见无可者[8]，乃以御史大夫嘉为丞相，因故邑封为故安侯[9]。

【注释】

①梁：睢阳，在今河南商丘市南。②材官：勇敢的士兵；特种步兵。蹶张：脚踏机括发射飞箭的强弓，也可以指这种射法或这种射手。③队率：队长。率通"帅"。④都尉：比将军略低的武官。⑤孝惠：汉惠帝刘盈。前194—前188年在位。淮阳：郡、国名。治陈（今河南淮阳县）。高祖十年（前196年）立淮阳国，封皇子刘友。⑥"举故吏士"句：选拔原来追随过高皇帝的二千石级的官吏，全部封为关内侯。⑦私：偏爱。⑧见：觉得；认为。⑨因：沿；就着。故安：县名。战国时为赵之武阳。在今河北省易县东南。

嘉为人廉直，门不受私谒。是时太中大夫邓通方隆爱幸，赏赐累巨万[1]。文帝尝燕饮通家[2]，其宠如是。是时丞相入朝，而通居上傍，有怠慢之礼[3]。丞相奏事毕，因言曰："陛下爱幸臣，则富贵之；至于朝廷之礼，不可以不肃！"上曰："君勿言，吾私之[4]。"罢朝坐府中，嘉为檄召邓通诣丞相府[5]，不来，且斩通。通恐，入言文帝。文帝曰："汝第往，吾今使人召若[6]。"通至丞相府，免冠，徒跣，顿首谢[7]。嘉坐自如，故不为礼，责曰："夫朝廷者，高皇帝之朝廷也。通小臣，戏殿上，大不敬，当斩。吏！今行斩之！"通顿首，首尽出血，不解。文帝度丞相已困通[8]，使使者持节召通，而谢丞相曰[9]："此吾弄臣[10]，君释之。"邓通既至，为文帝泣曰："丞相几杀臣。"

【注释】

①邓通：汉文帝的近臣。巨万：万万。形容数目极大。②燕：通"宴"。安闲；休息。③傍：通"旁"。④私之：私下里批评他。⑤檄（xí）：文告；书面命令。诣（yì）：到。⑥汝：你（们）。第：但；只。今：即。若：你（们）。⑦徒跣（xiǎn）：赤脚步行。顿首谢：磕头请罪。⑧度（duó）：猜测。⑨节：皇帝的使者持以作凭证的信物。谢：告罪；道歉。⑩弄臣：供戏弄的小臣。

嘉为丞相五岁，孝文帝崩，孝景帝即位[1]。二年，晁错为内史[2]，贵幸用事，诸法令多所请变更，议以谪罚侵削诸侯[3]。而丞相嘉自绌所言不用，疾错[4]。错为内史，门东出，不便，更穿一门南出。南出者，太上皇庙壖垣[5]。嘉闻之，欲因此以法错擅穿宗庙垣为门[6]，奏请诛错。错客有语错，错恐，夜入宫上谒，自归景帝[7]。至朝，丞相奏请诛内史错。景帝曰："错所穿非真庙垣，乃外壖垣，故他官居其中[8]，且又我使为之，错无罪。"罢朝，嘉谓长史曰[9]："吾悔不先斩错，乃先请之，为错所卖[10]。"至舍，因欧血而死[11]。谥为节侯。子共侯蔑代，三年卒。子侯去病代，三十一年卒[12]。子侯臾代，六岁，坐为九江太守受故官送有罪，国除。

【注释】

①孝景帝：汉景帝刘启（前188—前141年）。公元前157—前141年在位。详见《孝景本纪》。②晁错（前200—前154年）：文帝时任太子家令，深得太子刘启的信任，号为"智囊"景帝即位，先任内史，后为御史大夫。被杀。内史：京都地区的行政长官。③谪罚：寻找过失加以处罚。④自绌：委屈了自己。绌，通"屈"。疾，同"嫉"。⑤壖（ruán）垣：隙地外沿的矮墙。壖，余地，隙地。

垣，墙。⑥欲因此以法错擅穿宗庙垣为门：想凭这件事用私自打穿皇帝祖庙围墙做门的罪名法办晁错。"以"字倒装文，应该在"法错"的后边，与"擅穿宗庙垣为门"构成介词结构作"法"的状语（后置）。法，依法定罪。动词。⑦自归景帝：向景帝自首。⑧故他官居其中：所以其他的官员住在里面。⑨长（zhǎng）史：官名。⑩卖：出卖；搞鬼。⑪欧：通"呕"。⑫去病：按《惠景间侯者年表》没有去病一代。

自申屠嘉死之后，景帝时开封侯陶青、桃侯刘舍为丞相①。及今上时②，柏至侯许昌、平棘侯薛泽、武强侯庄青翟、高陵侯赵周等为丞相③。皆以列侯继嗣④，娖娖廉谨⑤，为丞相备员而已⑥，无所能发明功名有著于当世者⑦。

【注释】

①开封：地名，在今河南开封市。桃：县名，在今河北衡水市西北。②今上：当今皇上。指汉武帝。③柏至：今地不详。今河南西平西，古为柏国。柏乡，在今河北柏乡县西南。平棘：县名。在今河北赵县南。武强：汉侯邑。在今河南郑州市东北。高陵：今地不详。约在今山东东部古琅邪郡地带。④皆以列侯继嗣：都是凭的列侯继承人身份。⑤娖娖（chuò）：小心拘谨的样子。⑥备员：充数。⑦发明：发扬光大。著：显扬。

太史公曰：张苍文学律历，为汉名相，而绌贾生、公孙臣等言正朔服色事而不遵①，明用秦之颛项历②，何哉？周昌，木强人也③；任敖以旧德用④；申屠嘉可谓刚毅守节矣。然无术学，殆与萧、曹、陈平异矣⑤。

【注释】

①贾生：贾谊。洛阳人。正（zhēng）朔：指一年的最初起点。正，一年的开始；朔，一月或一天的开始。代表历法。服色：指车马、服饰的颜色。②明用秦之颛项（zhuān xū）历：执意要用秦代的颛项历。③木强（jiàng）：质直倔强。④旧德：指任敖早年曾击伤侮辱吕后的秦狱吏。⑤术学：道术和学问。殆：大概；恐怕。

孝武时丞相多甚，不记，莫录其行起居状略，且纪征和以来①。

有车丞相，长陵人也②。卒而有韦丞相代③。韦丞相贤者，鲁人也。以读书术为吏④，至大鸿胪⑤。有相工相之，当至丞相。有男四人，使相工相之，至第二子，其名玄成。相工曰："此子贵，当封⑥。"韦丞相言曰："我即为丞相，有长子，是安从得之⑦？"后竟为丞相，病死，而长子有罪论，不得嗣，而立玄成。玄成时佯狂，不肯立，竟立之，有让国之名。后坐骑至庙⑧，不敬，有诏夺爵一级，为关内侯，失列侯，得食其故国邑。韦丞相卒，有魏丞相代。

【注释】

①这段以下据《索引》说是褚少孙等人补记的。征和：汉武帝年号（前92—前89年）。②车丞相：车千秋。本姓田，长陵（今陕西省咸阳市东）人。③卒而有韦丞相代：韦丞相指韦贤。④书术：书指《诗经》《尚书》等经书；术指乐律、历法之类。⑤大鸿胪：官名，九卿之一。⑥封：封列侯的省称。⑦即：即使；就是。⑧坐：因……犯罪。

魏丞相相者，济阴人也①，以文吏至丞相。其人好武，皆令诸吏带剑，带剑前奏事。或有不带剑者，当入奏事，至乃借剑而敢入奏事②。其时京兆尹赵君③，丞相奏以免罪④，使人执魏丞相⑤，欲求脱罪而不听。复使人胁恐魏丞相，以夫人贼杀侍婢事而私独奏请验之⑥，发吏卒至丞相舍，捕奴婢笞击问之，实不以兵刃杀也。而丞相司直繁君奏京兆尹赵君迫胁丞相⑦，诬以夫人贼杀婢，发吏卒围捕丞相舍，不道⑧；又得擅屏骑士事，赵京兆坐要斩⑨。又有使掾陈平等劾中尚书⑩，疑以独擅劫事而坐之⑪，大不敬⑫，长史以下皆坐死，或下蚕室⑬。而魏丞相竟以丞相病死。子嗣。后坐骑至庙，不敬，有诏夺爵一级，为关内侯，失列侯，得食其故国邑。魏丞相卒，以御史大夫邴吉代。

【注释】

①济阴：郡名。治所在定陶（今山东省定陶县西北）。②至乃：甚至。③京兆尹：京都地区的行政长官。由内史改名。赵君：赵广汉。④丞相奏以免罪：丞相以该当免职的罪名报告皇上。⑤执：挟持。⑥贼杀：残杀。⑦丞相司直：协助丞相检察诸官吏不法事的丞相府要员。繁（音婆 pó）君：繁延寿。⑧不道：封建时代"十恶"之一，是一种很严重的罪行。多指王侯官吏犯上作乱、逆情悖理、妄杀无辜等。又叫"无道"。⑨赵京兆坐要斩：赵京兆因而被判腰斩。⑩使掾（yuàn）：丞相府的属官。劾（hé）：揭发罪行。⑪疑以独擅劫事而坐之：怀疑是（中尚书）主使胁迫魏相的而株连他（中尚书）。中尚书是皇帝身边的亲近要员。⑫大不敬：对天子最大的不尊敬。这是封建时代的重罪之一。⑬蚕室：宫刑监狱。

邴丞相吉者，鲁国人也①。以读书好法令至御史大夫。孝宣帝时，以有旧故②，封为列侯，而因为丞相③。明于事，有大智，后世称之。以丞相病死。子显嗣。后坐骑至庙，不敬，有诏夺爵一级，失列侯，得食故国邑。显为吏至太仆，坐官耗乱④，身及子男有奸赃，免为庶人⑤。

【注释】

①鲁国：在今山东曲阜市一带。②有旧故：汉宣帝刘询幼时在一次宫廷斗争中被牵连下狱，邴吉冒着生命危险保护并收养了他，使他免遭武帝杀害。③因：凭。④太仆：官名，九卿之一，掌皇帝的舆马和马政。坐官耗乱：因为在任上滥用职权挥霍浪费。耗（hào），古同"耗"。⑤身：本人。

邴丞相卒，黄丞相代。长安中有善相工田文者①，与韦丞相、魏丞相、邴丞相微贱时会于客家，田文言曰："今此三君者，皆丞相也。"其后三人竟更相代为丞相，何见之明也。

【注释】

①善相工：高明的相工。

黄丞相霸者，淮阳人也①。以读书为吏，至颖川太守②。治颖川，以礼义条教喻告化之③。犯法者，风晓令自杀④。化大行，名声闻。孝宣帝下制曰⑤："颖川太守霸，以宣布诏令治民，道不拾遗，男女异路，狱中无重囚。赐爵关内侯，黄金百斤。"征为京兆尹而至丞相。复以礼义为治，以丞相病死。子嗣，后为列侯⑥。黄丞相卒，以御史大夫于定国代。于丞相已有《廷尉传》，在《张廷尉》语中⑦。于丞相去，御史大夫韦玄成代。

【注释】

①淮阳：县名，在今河南淮阳县。②颖川：郡名，治所在阳翟（今河南禹县）。③化：转移人心风俗。④风：通"讽"。劝告；暗示。⑤制：帝王的命令。⑥为

列侯：黄霸曾被封为建成侯。⑦《廷尉传》：《史记》无此篇名，不知所指。在《张廷尉》语中：张廷尉指张释之。

韦丞相玄成者，即前韦丞相子也。代父，后失列侯。其人少时好读书，明于《诗》《论语》。为吏至卫尉，徙为太子太傅。御史大夫薛君免①，为御史大夫。于丞相乞骸骨免②，而为丞相，因封故邑为扶阳侯③。数年，病死，孝元帝亲临丧，赐赏甚厚。子嗣后。其治容容随世俗浮沉④，而见谓谄巧。而相工本谓之当为侯代父，而后失之；复自游宦而起⑤，至丞相。父子俱为丞相，世间美之，岂非命哉！相工其先知之。韦丞相卒，御史大夫匡衡代。

【注释】

①薛君：指薛广德。②乞骸骨：封建时代官吏自请退休，称为"乞骸骨"。③扶阳：孟康云"属沛郡"，此为汉侯国，在今安徽萧县西南。④容容：苟且敷衍的样子。⑤游宦：在外做官。

丞相匡衡者，东海人也①。好读书，从博士受《诗》。家贫，衡佣作以给食饮②。才下，数射策不中③，至九，乃中丙科。其经以不中科故明习④。补平原文学卒史⑤。数年，郡不尊敬。御史征之，以补百石属荐为郎⑥，而补博士，拜为太子少傅，而事孝元帝。孝元好《诗》，而迁为光禄勋⑦，居殿中为师，授教左右，而县官坐其旁听⑧，甚善之，日以尊贵。御史大夫郑弘坐事免，而匡君为御史大夫。岁余，韦丞相死，匡君代为丞相，封乐安侯。以十年之间不出长安城门而至丞相，岂非遇时而命也哉！

【注释】

①东海：郡名。②佣作：给人帮工。③数射策不中，多次参加考试没有考中。射策是古代考试方法之一。④丙科：等外名额；备取。⑤补：表示品位的性质，犹今天的"候补"。⑥属：种类；等辈。郎：皇帝侍从官的通称。⑦光禄勋：掌领宿卫侍从的官。⑧县官：指皇帝。夏代国都为王畿内县，故称天子为县官。这里指汉元帝。

深惟士之游宦所以至封侯者，微甚。然多至御史大夫即去者。诸为大夫而丞相次也①，其心冀幸丞相物故也②。或乃阴私相毁害，欲代之。然守之日久不得，或为之日少而得之，至于封侯，真命也夫！御史大夫郑君守之数年不得，匡君居之未满岁，而韦丞相死，即代之矣，岂可以智巧得哉！多有贤圣之才，困厄不得者众甚也。

【注释】

①丞相次：汉代的御史大夫是副相位。②冀幸：希望。物故：死。④郑君：指郑弘。

郦生陆贾列传第三十七

郦生食其者①，陈留高阳人也②。好读书，家贫落魄③，无以为衣食业，为里监门吏④。然县中贤豪不敢役，县中皆谓之狂生⑤。

【注释】

①郦生：即郦食其（lì yì jī）。②陈留：县名。在今河南省开封市东南陈留镇。高阳：古乡名。在今河南省杞县西南。③落魄：通"落泊"。④里监门吏：协助里正管理治安的小吏。⑤狂生：放荡不羁的人。

及陈胜、项梁等起①，诸将徇地过高阳者数十人②，郦生闻其将皆握龊好苛礼自用③，不能听大度之言，郦生乃深自藏匿。后闻沛公将兵略地陈留郊④，沛公麾下骑士适郦生里中子也⑤，沛公时时问邑中贤士豪俊。骑士归，郦生见谓之曰："吾闻沛公慢而易人⑥，多大略，此真吾所愿从游，莫为我先⑦。若见沛公⑧，谓曰'臣里中有郦生，年六十余，长八尺，人皆谓之狂生，生自谓我非狂生'。"骑士曰："沛公不好儒，诸客冠儒冠来者，沛公辄解其冠，溲溺其中⑨。与人言，常大骂。未可以儒生说也。"郦生曰："弟言之⑩。"骑士从容言如郦生所诫者⑪。

【注释】

①陈胜：字涉。项梁：秦末农民起义军首领。贵族出身，战国末楚将项燕之子。陈胜起义后，项梁与其侄项羽杀秦会稽郡守殷通。在吴县（会稽郡治，今江苏省苏州市）起义。②徇（xùn）：略，以武力夺取。③握龊（wò chuò）：器量狭窄。苛礼：苛细烦琐的礼节。自用：自以为是。④沛公：刘邦。⑤麾（huī）下：部下。麾，古代用以指挥军队的旗帜。⑥慢而易人：傲慢，看不起人。⑦莫为我先：没有人替我介绍。⑧若：你。⑨溲溺：（sōu niào）解小便。⑩弟：但；只管。⑪从容：舒缓不迫。

沛公至高阳传舍①，使人召郦生。郦生至，入谒②，沛公方倨床使两女子洗足③，而见郦生。郦生入，则长揖不拜④，曰："足下欲助秦攻诸侯乎⑤？且欲率诸侯破秦也？"沛公骂曰："竖儒⑥！夫天下同苦秦久矣⑦，故诸侯相率而攻秦，何谓助秦攻诸侯乎？"郦生曰："必聚徒合义兵诛无道秦，不宜倨见长者。"于是沛公辍洗⑧，起摄衣⑨，延郦生上坐，谢之。郦生因言六国从横时⑩。沛公喜，赐郦生食，问曰："计将安出？"郦生曰："足下起纠合之众⑪，收散乱之兵，不满万人，欲以径入强秦，此所谓探虎口者也。夫陈留，天下之冲⑫，四通五达之郊也⑬，今其城又多积粟。臣善其令⑭，请得使之，令下足下⑮。即不听，足下举兵攻之，臣为内应。"于是遣郦生行，沛公引兵随之，遂下陈留。号郦食其为广野君⑯。

【注释】

①传（zhuàn）舍：古时供来往行人居住的旅舍、客舍。②入谒（yè）：递上求见的名片。③倨床：坐在床边。④长揖不拜：行一个大的拱手礼而不跪拜。⑤足下：称呼对方的敬辞。⑥竖儒：骂人的话，指无见识的儒生。⑦苦秦：被秦所残害。苦，用如被动。⑧辍（chuò）：停止。⑨起摄衣：起身整理衣服。⑩言六国从（zōng）横时：讲战国时各诸侯国家相互兼并斗争可供借鉴的史事。⑪纠合：一作"乌合"，与下句"散乱"同义，指缺乏组织、训练。⑫冲：交通要道。⑬郊：处所。⑭善其令：与陈留县令友好。⑮令下足下：让他向您投降。下，降服。⑯广野君：郦食其替刘邦谋划扩大势力范围，所以号广野君。

郦生言其弟郦商①，使将数千人从沛公西南略地。郦生常为说客②，驰使诸侯。

【注释】

①郦商：刘邦的重要将领，在楚汉战争和汉初平定诸侯王反叛的战争中屡立战功，被封为曲周侯。②说（shuì）客：游说之士。指善于用言语说动对方的人。

汉三年秋①，项羽击汉，拔荥阳②，汉兵遁保巩、洛③。楚人闻淮阴侯破赵④，彭越数反梁地⑤，则分兵救之。淮阴方东击齐⑥，汉王数困荥阳、成皋，计欲捐成皋以东⑦，屯巩、洛以拒楚。郦生因曰："臣闻知天之天者⑧，王事可成；不知天之天者，王事不可成。王者以民人为天，而民人以食为天⑨。夫敖仓⑩，天下转输久矣，臣闻其下乃有藏粟甚多。楚人拔荥阳，不坚守敖仓，乃引而东，令适卒分守成皋⑪，此乃天所以资汉也。方今楚易取而汉反却⑫，自夺其便⑬，臣窃以为过矣。且两雄不俱立，楚汉久相持不决，百姓骚动⑭，海内摇荡，农夫释耒⑮，工女下机，天下之心未有所定也。愿足下急复进兵，收取荥阳，据敖仓之粟，塞成皋之险，杜大行之道⑯，距蜚狐之口⑰，守白马之津⑱，以示诸侯效实形制之势⑲，则天下知所归矣。方今燕、赵已定⑳，唯齐未下。今田广据千里之齐㉑，田间将二十万之众㉒，军于历城㉓，诸田宗强㉔，负海阻河济㉕，南近楚，人多变诈，足下虽遣数十万师，未可以岁月破也。臣请得奉明诏说齐王，使为汉而称东藩㉖。"上曰："善。"

【注释】

①汉三年：公元前204年。②荥（xíng）阳：战国韩邑，故城在今河南省荥阳市东北，秦置县。③巩：秦置县，故城在今河南省巩义市西南三十里。洛：古都名，秦置洛阳县，县治在今洛阳市东北。④淮阴侯破赵：刘邦在荥阳、成皋（古镇名，在今河南省荥阳市汜水镇）间与项羽相持时，命韩信（汉四年被立为齐王，五年徙为楚王，六年降为淮阴侯，反以谋反罪被杀）抄袭项羽后路，在井陉口（今河北省井陉山上的井陉关）大破赵军，活捉赵王歇，杀赵相陈余。⑤彭越数反梁地：彭越多次在河南开封一带地区反叛项羽，断绝项羽的粮道。彭越：昌邑（今山东省金乡县西北）人。⑥东击齐：指东击齐王田广。⑦东：东撤。动词。⑧天之天：喻指重要事物中最重要的事物。⑨"王者"两句：语出《管子》："王者以民为天，民以食为天，能知天之天者，斯可矣。"天，大。⑩敖仓：秦代在敖山上建立的大粮仓，在荥阳东北。⑪适（zhé）卒：因罪被征发的士兵。⑫却：撤退。⑬自夺其便：自己丧失便利条件。⑭骚动：不安宁。与下句"摇荡"同义。⑮释耒（lěi）：放下农具。耒，耒的木柄。⑯杜大行之道：堵塞、截断大行的交通。⑰距：通"拒"。蜚狐：要隘名。在河北省涞源县北、蔚县东南，为古代河北平

原与北方边郡间的交通咽喉。⑱白马：古渡口名。在今河南省滑县东北古黄河南岸，为古代军事要地。⑲以示诸侯效实形制之势：用来向诸侯显示注重实效，凭借有利地形制服敌手的形势。⑳燕、赵已定：韩信破赵后，用赵降将李左车的计策，示燕以形势，派使者往燕，说燕王臧荼投降。㉑田广：齐王田荣之子。㉒田间：应为田解。《史记·田儋列传》："齐初使华无伤、田解军于历下以距汉，汉使至，乃罢守战备。"《史记志疑》："田间已于汉二年八月奔赵，是时齐方欲杀之，安得为田广将兵历下乎？"㉓历城：即历下，在今山东省济南市。㉔诸田宗强：田族（齐国王族姓田）各支势力强大。㉕负海阻河济：背靠大海（渤海）倚仗黄河，济水为阻隔。㉖东藩：东面的属国。

乃从其画①，复守敖仓，而使郦生说齐王曰："王知天下之所归乎？"王曰："不知也。"曰："王知天下之所归，则齐国可得而有也；若不知天下之所归，即齐国未可得保也。"齐王曰："天下何所归？"曰："归汉。"曰："先生何以言之？"曰："汉王与项王戮力西面击秦②，约先入咸阳者王之③。汉王先入咸阳，项王负约不与而王之汉中④。项王迁杀义帝⑤，汉王闻之，起蜀汉之兵击三秦⑥，出关而责义帝之处⑦，收天下之兵，立诸侯之后。降城即以侯其将，得赂即以分其士，与天下同其利，豪英贤才皆乐为之用。诸侯之兵四面而至，蜀汉之粟方船而下⑧。项王有倍约之名⑨，杀义帝之负⑩；于人之功无所记，于人之罪无所忘；战胜而不得其赏，拔城而不得其封；非项氏莫得用事⑪；为人刻印，刓而不能授⑫；攻城得赂，积而不能赏。天下畔之⑬，贤才怨之，而莫为之用。故天下之士归于汉王，可坐而策也⑭。夫汉王发蜀汉，定三秦；涉西河之外⑮，援上党之兵⑯；下井陉，诛成安君⑰；破北魏⑱，举三十二城：此蚩尤之兵也⑲，非人之力也，天之福也⑳。今已据敖仓之粟，塞成皋之险，守白马之津，杜太行之阪㉑，距蜚狐之口，天下后服者先亡矣。王疾先下汉王，齐国社稷可得而保也；不下汉王，危亡可立而待也。"田广以为然，乃听郦生，罢历下兵守战备，与郦生日纵酒。

【注释】

①画：计谋。②戮力：并力；合力。③咸阳：古都邑名。在今陕西省咸阳市东北。公元前350年，秦孝公自栎（yuè）阳（今陕西省西安市临潼区北）迁都到这里。④汉中：郡名。约当今陕西省秦岭以南和湖北省西北部。郡治南郑（今陕西汉中市）。⑤迁杀义帝：秦末农民起义时，项梁立战国末楚怀王的孙熊心为王，仍称楚怀王，秦亡后，项羽自立为西楚霸王，表面上尊怀王为义帝，让他迁都长沙郴县，在迁徙途中，暗令英布、吴芮、共敖击杀义帝。⑥蜀汉：约当今四川中部和陕西南部。⑦关：指函谷关，古关名。在今河南省灵宝市东北。⑧方船：两船相并。⑨倍约：违背协议。倍，通"背"。⑩负：负义。罪过。⑪用事：掌权。⑫刓（wán）同"玩"。抚摩。⑬畔：通"叛"。⑭坐而策：不费力地驱使。⑮西河：在今陕西大荔县，因这一带位于黄河西岸故名西河。涉西河：指汉二年（公元前205年）刘邦派韩信率军从西河临晋关上游偷渡黄河破魏豹事。外，黄河以西、以南皆称外，以北、以东称内。⑯援上党之兵：即统领上党之兵。上党之兵原属魏豹，魏豹破，归属韩信。援，拔，牵引，征用。上党：秦郡名。辖今山西东南部。郡治壶关（今山西长治市北）。⑰成安君：赵相陈馀的封号。⑱北魏：项羽封魏王豹为西魏王，其地在河东（今山西南部），位于黄河以北，故这里称北魏。⑲蚩尤：传说中九黎族的首领，在神话中地位近似战神。⑳福：赐福；保佑。㉑太行之阪（bǎn）：太行之阪，即羊肠阪道（在今山西晋城市天井关南），地形险要。

淮阴侯闻郦生伏轼下齐七十余城①，乃夜度兵平原袭齐②。齐王田广闻汉兵至，以为郦生卖己③，乃曰："汝能止汉军，我活汝④；不然，我将亨汝⑤！"郦生曰："举大事不细谨，盛德不辞让⑥。而公不为若更言⑦！"齐王遂亨郦生，引兵东走。

【注释】

①伏轼：俯身在车轼（车前的横木）上。②度兵平原：使军队从平原渡口过黄河。度，通"渡"。动词。平原，平原津。渡口名，在今山东省平原县西南。③卖：欺哄。④活汝：让你活。活，使动用法。⑤亨（pēng）：通"烹"。⑥举大事不细谨，盛德不辞让：成就大事的人不拘小节，有很高道德的人不推辞别人的责难。让：责备。⑦而：你；你的。若：你。

汉十二年①，曲周侯郦商以丞相将兵击黥布有功②，高祖举列侯功臣③，思郦食其。郦食其子疥数将兵，功未当侯，上以其父故，封疥为高梁侯④。后更食武遂⑤，嗣三世。元狩元年中⑥，武遂侯平坐诈诏衡山王取百斤金⑦，当弃市⑧，病死，国除也。

【注释】

①汉十二年：公元前195年。②黥布：即英布六县（今安徽省六安市）人。③举：举拔；分封。④高梁：古邑名。在今山西省临汾市东北。⑤武遂：汉置县。在今河北武强县西北（此据谭其骧《中国历史地图集》，旧说在武强县东北）。⑥元狩：汉武帝年号（前122—前117年）。⑦坐诈诏：由于假冒诏书而犯罪。衡山王：刘邦孙刘勃的封号。⑧当：判罪。

陆贾者，楚人也①。以客从高祖定天下，名为有口辩士②，居左右，常使诸侯。

【注释】

①楚：国名。芈（mǐ）姓，始祖鬻熊。②口辩：能言善辩。

及高祖时，中国初定①，尉他平南越②，因王之。高祖使陆贾赐尉他印为南越王。陆生至，尉他魋结箕倨见陆生③。陆生因进说他曰："足下中国人，亲戚昆弟坟墓在真定。今足下反天性，弃冠带④，欲以区区之越与天子抗衡为敌国⑤，祸且及身矣。且夫秦失其政，诸侯豪桀并起，唯汉王先入关，据咸阳。项羽倍约，自立为西楚霸王，诸侯皆属，可谓至强。然汉王起巴、蜀，鞭笞天下⑥，劫略诸侯⑦，遂诛项羽灭之。五年之间，海内平定，此非人力、天之所建也。天子闻君王王南越，不助天下诛暴逆⑧，将相欲移兵而诛王，天子怜百姓新劳苦，故且休之，遣臣授君王印，剖符通使⑨。君王宜郊迎，北面称臣⑩，乃欲以新造未集之越⑪，屈强于此⑫。汉诚闻之，掘烧王先人冢⑬，夷灭宗族，使一偏将将十万众临越，则越杀王降汉，如反覆手耳。"

【注释】

①中国：我国古代华夏族建国于黄河南北的中原地区，自称为"中国"，而称四周的少数民族地区为四方。②尉他（tuó）：一作"尉佗"。南越：古代南方越人的一支，也称南粤。分布在今广东、广西和湖南省南部地区。③魋结（zhuī jì）：通"椎髻"。④弃冠带：指抛弃中原地区的穿戴习俗。冠带，帽子和带子。⑤抗衡：即两衡相对抗。比喻敌对。衡，车辕上的横木。⑥鞭笞：用鞭子打人。这里意为驱使。⑦劫略：以威力征服和控制。⑧暴逆：指凶暴和背信弃义的人。⑨剖符：把表示凭证的符分成两半，朝廷和受封的人各执一半，以示信用。⑩北

面：古代君主南面而坐，臣子朝见君主则面向北方，所以向人称臣便叫"北面"。⑪新造：新建立。未集：未安定。⑫屈强（jué jiàng）：通"倔强"。刚强不屈。这里指态度强硬。⑬冢（zhǒng）：坟墓。

于是尉他乃蹶然起坐①，谢陆生曰："居蛮夷中久②，殊失礼义。"因问陆生曰："我孰与萧何、曹参、韩信贤③？"陆生曰："王似贤。"复曰："我孰与皇帝贤？"陆生曰："皇帝起丰沛④，讨暴秦，诛强楚，为天下兴利除害，继五帝三皇之业⑤，统理中国。中国之人以亿计⑥，地方万里，居天下之膏腴⑦，人众车舆⑧，万物殷富，政由一家，自天地剖泮未始有也⑨。今王众不过数十万，皆蛮夷，崎岖山海间，譬若汉一郡，王何乃比于汉！"尉他大笑曰："吾不起中国，故王此。使我居中国，何渠不若汉⑩？"乃大说陆生⑪，留与饮数月。曰："越中无足与语，至生来，令我日闻所不闻。"赐陆生橐中装直千金⑫，他送亦千金⑬。陆生卒拜尉他为南越王，令称臣奉汉约。归报，高祖大悦，拜贾为太中大夫⑭。

【注释】

①蹶（guì）然：惊起的样子。②蛮夷：我国古代对南方各族的泛称，有时也用来指四方的外族。③萧何：刘邦的重要谋臣，西汉王朝的第一任丞相。曹参：刘邦的得力将领，萧何死后继任丞相。④丰：古邑名，秦时属沛县，汉置县（今江苏省丰县）。沛（pèi）：县名，在今江苏沛县。⑤五帝：传说中的上古五个帝王。⑥亿：极言其多，非实指。⑦膏腴（yú）：肥沃。⑧众：多。舆：通"舆"两手对举之车，手推车。⑨天地剖泮：开天辟地。⑩渠（jù）：通"遽"。遂，岂。⑪说：通"悦"。⑫橐中装：指旅行袋中所装的珠宝之类。⑬他送：赠送的其他物品。⑭太中大夫：在皇帝左右掌议论的官员。

陆生时时前说称《诗》《书》①。高帝骂之曰："乃公居马上而得之，安事《诗》《书》！"陆生曰："居马上得之，宁可以马上治之乎？且汤、武逆取而以顺守之②，文武并用，长久之术也。昔者吴王夫差、智伯极武而亡③；秦任刑法不变，卒灭赵氏④。乡使秦已并天下⑤，行仁义，法先圣，陛下安得而有之？"高帝不怿而有惭色⑥，乃谓陆生曰："试为我著秦所以失天下，吾所以得之者何，及古成败之国。"陆生乃粗述存亡之征⑦，凡著十二篇。每奏一篇，高帝未尝不称善，左右呼万岁，号其书曰《新语》⑧。

【注释】

①《诗》《书》：《诗经》和《尚书》。儒家经典。②汤武逆取而以顺守之：陆贾从儒家正统观念出发，认为商汤、周武王以诸侯身分凭武力夺取王位，是逆取；即位后，"偃武修文"，以"仁义之道"治理国家，是顺守。③夫差（fū chā）：春秋末期吴国国君，在位二十三年（前495—前473年），曾带兵攻破越国国都（今浙江会稽）后又大败齐军，与晋争霸，最终被越国战败，自杀身死。智伯：一作"知伯"。春秋末期晋国大夫，为当时晋国六卿（韩氏、赵氏、魏氏、范氏、中行氏、知氏）之一。④赵氏：指秦王朝。秦始皇祖先的一支造父曾被封于赵城，因此姓赵。⑤乡使：假使，当初。乡，通"向"。⑥不怿（yì）：不高兴。⑦征：事物初表露的迹象。⑧《新语》：今本分两卷，共十二篇。

孝惠帝时①，吕太后用事②，欲王诸吕，畏大臣有口者③，陆生自度不能争之，乃病免家居④。以好畤田地善⑤，可以家焉⑥。有五男，乃出所使越得橐中装卖千金，分其子，子二百金，令为生产。陆生常安车驷马^⑦，从歌舞鼓琴瑟侍者十人，宝剑直百金，谓其子曰："与汝约：过汝，汝给吾人马酒食，极欲、十日而更。所死家，得宝剑车骑侍从者。一岁中往来过他客，率不过再三过^⑧，数见不鲜^⑨，无久恩公为也^⑩。"

【注释】

①孝惠帝：刘盈。刘邦的儿子。前194—前188年在位。②吕太后：吕雉。刘邦的正妻。汉惠帝之母，详见《吕太后本纪》。③有口者：指能据理力争的人。④病免：因病辞官。⑤好畤（zhì）：汉置县，在今陕西省乾县东。⑥家：安家。动词。⑦安车驷马：用四匹马拉的适合老年人乘坐的舒适的车辆。⑧率（shuài）大概；大抵。⑨数见不鲜：谓常相见则惹人厌。⑩恩（hùn）：打扰，烦劳。

吕太后时，王诸吕，诸吕擅权，欲劫少主^①，危刘氏。右丞相陈平患之^②，力不能争，恐祸及己，常燕居深念^③。陆生往请，直入坐，而陈丞相方深念，不时见陆生。陆生曰："何念之深也？"陈平曰："生揣我何念？"陆生曰："足下位为上相^④，食三万户侯，可谓极富贵无欲矣。然有忧念，不过患诸吕、少主耳。"陈平曰："然。为之奈何？"陆生曰："天下安，注意相；天下危，注意将。将相和调，则士务附^⑤；士务附，天下虽有变，即权不分。为社稷计，在两君掌握耳。臣常欲谓太尉绛侯^⑥，绛侯与我戏，易吾言^⑦。君何不交欢太尉，深相结？"为陈平画吕氏数事。陈平用其计，乃以五百金为绛侯寿^⑧，厚具乐饮；太尉亦报如之。此两人深相结，则吕氏谋益衰。陈平乃以奴婢百人，车马五十乘，钱五百万，遗陆生为饮食费^⑨。陆生以此游汉廷公卿间，名声藉甚^⑩。

【注释】

①少主：惠帝皇后无子，假装怀孕，以后宫妃嫔之子冒充己子，立为太子。②陈平：刘邦的重要谋臣，封曲逆侯。惠帝、吕后时任丞相，因吕氏专权，不治事。③燕居：静居；闲居。④上相：秦汉时以右为尊，陈平为右丞相，所以称他为上相。⑤务附：亲近归附。⑥太尉绛侯：指周勃。⑦易：轻视。⑧寿：祝福。动词。⑨遗（wèi）：馈赠。⑩藉甚：狼藉得很。藉，狼藉，纵横交错杂乱。

及诛诸吕，立孝文帝^①，陆生颇有力焉。孝文帝即位，欲使人之南越。陈丞相等乃言陆生为太中大夫，往使尉他，令尉他去黄屋称制^②，令比诸侯^③，皆如意旨。语在《南越》语中^④。陆生竟以寿终^⑤。

【注释】

①孝文帝：刘恒。刘邦子。前179—前157年在位。②黄屋：古代帝王乘坐的车子用黄色丝绸做车盖，叫作"黄屋"。③比：并列；等同。④《南越》语：指《史记·南越列传》。⑤寿终：年老正常死亡。

平原君朱建者^①，楚人也。故尝为淮南王黥布相，有罪去，后复事黥布。布欲反时，问平原君，平原君止之，布不听而听梁父侯^②，遂反。汉已诛布，闻平原君谏不与谋，得不诛。语在《黥布》语中^③。

【注释】

①平原君：朱建的封号，非封邑名。②梁父侯：史已失名。③语在黥布语中：《史记·黥布列传》未载朱建谏黥布事。

平原君为人辩有口①，刻廉刚直，家于长安。行不苟合②，义不取容③。辟阳侯行不正④，得幸吕太后⑤。时辟阳侯欲知平原君⑥，平原君不肯见。及平原君母死，陆生素与平原君善，过之。平原君家贫，未有以发丧⑦，方假贷服具⑧，陆生令平原君发丧。陆生往见辟阳侯，贺曰："平原君母死。"辟阳侯曰："平原君母死，何乃贺我乎？"陆贾曰："前日君侯欲知平原君，平原君义不知君，以其母故。今其母死，君诚厚送丧，则彼为君死矣。"辟阳侯乃奉百金往税⑨。列侯贵人以辟阳侯故，往税凡五百金。

【注释】

①有口：有口才。②苟合：无原则的附和。③取容：曲从讨好，取悦于人。④辟阳侯：审食其（yì jī），刘邦的同乡，长期侍奉吕后，深受吕后宠幸，官至左丞相。⑤得幸：受到宠爱。⑥知：结交。⑦发丧：举办丧事。⑧服具：指办丧事所用的各种仪仗、服饰、棺具等。⑨税：赠送。特指赠送丧礼。

辟阳侯幸吕太后，人或毁辟阳侯于孝惠帝，孝惠帝大怒，下吏，欲诛之。吕太后惭，不可以言。大臣多害辟阳侯行①，欲遂诛之。辟阳侯急，因使人欲见平原君。平原君辞曰："狱急，不敢见君。"乃求见孝惠幸臣闳籍孺②，说之曰："君所以得幸帝，天下莫不闻。今辟阳侯幸太后而下吏，道路皆言君谗③，欲杀之。今日辟阳侯诛，旦日太后含怒④，亦诛君。何不肉袒为辟阳侯言于帝⑤？帝听君出辟阳侯，太后大欢。两主共幸君，君贵富益倍矣。"于是闳籍孺大恐，从其计，言帝，果出辟阳侯。辟阳侯之囚，欲见平原君，平原君不见辟阳侯，辟阳侯以为倍己，大怒。及其成功出之，乃大惊。

【注释】

①害：痛恨。②闳（hóng）籍孺：《史记·佞幸列传》记载：高帝时有籍孺，惠帝时有闳孺。③道路：借指"世人"。④旦日：明日。⑤肉袒：解开上衣，露出肉体，表示请罪。

吕太后崩①，大臣诛诸吕，辟阳侯于诸吕至深，而卒不诛。计画所以全者，皆陆生、平原君之力也。

【注释】

①崩：隐喻帝王死，犹之山陵崩塌。

孝文帝时，淮南厉王杀辟阳侯①，以诸吕故，文帝闻其客平原君为计策，使使捕欲治。闻吏至门，平原君欲自杀。诸子及吏皆曰："事未可知，何早自杀为？"平原君曰："我死祸绝，不及而身矣。"遂自刭②。孝文帝闻而惜之，曰："吾无意杀之。"乃召其子，拜为中大夫③。使匈奴，单于无礼④；乃骂单于，遂死匈奴中。

【注释】

①淮南厉王杀辟阳侯：汉高帝十一年（前196年），封其子刘长为淮南王。厉王，是刘长死后的谥号。②自刭（jǐng）：以刀割颈自杀。③中大夫：皇帝备顾问的官名。④单于（chán yú）：匈奴君主的称号。

初①，沛公引兵过陈留，郦生踵军门上谒曰②："高阳贱民郦食其，窃闻沛公暴露③，将兵助楚讨不义，敬劳从者，愿得望见，口画天下便事。"使者入通，沛公方洗，问使者曰："何如人也？"使者对曰："状貌类大儒，衣儒衣，冠侧注④。"沛公曰："为我谢之，言我方以天下为事，未暇见儒人也。"使者出谢曰："沛公敬谢先生，方以天下为事，未暇见儒人也。"郦生瞋目案剑叱使者曰⑤："走! 复入言沛公，吾高阳酒徒也，非儒人也。"使者惧而失谒⑥，跑拾谒，还走，复入报曰："客，天下壮士也，叱臣，臣恐，至失谒。曰'走! 复入言，而公高阳酒徒也'。"沛公遽雪足杖矛曰⑦："延客入!"

【注释】

①初: 起初。叙事过程中表示追溯已往之词。②踵（zhǒng）军门: 到军营门前。③暴（pù）露: 指奔走于战场，冒犯风雨寒暑。暴，日晒。露，露淋。④侧注: 儒冠。一名高山冠。⑤瞋（chēn）目: 发怒时睁大眼睛。⑥失谒: 因恐惧将手中的名片失落在地。⑦雪: 揩拭。

郦生入，揖沛公曰："足下甚苦，暴衣露冠，将兵助楚讨不义，足下何不自喜也①? 臣愿以事见，而曰'吾方以天下为事，未暇见儒人也'。夫足下欲兴天下之大事而成天下之大功，而以目皮相②，恐失天下之能士。且吾度足下之智不如吾③，勇又不如吾。若欲就天下而不相见; 窃为足下失之。"沛公谢曰："乡者闻先生之容④，今见先生之意矣。"乃延而坐之，问所以取天下者。郦生曰："夫足下欲成大功，不如止陈留。陈留者，天下之据冲也⑤，兵之会地也⑥，积粟数千万石，城守甚坚。臣素善其令，愿为足下说之。不听臣，臣请为足下杀之，而下陈留。足下将陈留之众，据陈留之城，而食其积粟，招天下之从兵⑦; 从兵已成，足下横行天下，莫能有害足下者矣。"沛公曰："敬闻命矣。"

【注释】

①自喜: 自爱，自重。②以目皮相: 只看表面。③度（duó）: 估计。④乡（xiàng）: 通"向"，以往。⑤据冲: 义同"要冲"。⑥兵之会地: 军事家必争之地。⑦招: 招募。从兵: 跟从抗秦之兵。从，随从，跟从。

于是郦生乃夜见陈留令，说之曰："夫秦为无道而天下畔之，今足下与天下从则可以成大功。今独为亡秦婴城而坚守①，臣窃为足下危之。"陈留令曰："秦法至重也，不可以妄言，妄言者无类②，吾不可以应。先生所以教臣者，非臣之意也，愿勿复道。"郦生留宿卧，夜半时斩陈留令首，逾城而下报沛公。沛公引兵攻城，县令首于长竿以示城上人③，曰："趣下④，而令头已断矣! 今后下者必先斩之!"于是陈留人见令已死，遂相率而下沛公。沛公舍陈留南城门上，因其库兵，食积粟，留出入三月，从兵以万数，遂入破秦。

【注释】

①婴城而坚守: 指靠着城防死守。婴: 以城自绕。②无类: 无遗类。③县: 通"悬"。④趣（cù）下: 赶快投降。趣，疾，快。下，降。

太史公曰: 世之传郦生书，多曰汉王已拔三秦，东击项籍而引军于巩洛之间，郦生被儒衣往说汉王①。乃非也。自沛公未入关，与项羽别而至高阳，得郦生兄弟。余读陆生《新语》书十二篇，固当世之辩士。至平原君子与余善②，是以得具论之③。

【注释】

①被: 穿着。②平原君子: 其名不详。③具论: 完备地叙述。

傅靳蒯成列传第三十八

阳陵侯傅宽①，以魏五大夫骑将从②，为舍人③，起横阳④。从攻安阳、杠里⑤，击赵贲军于开封⑥，及击杨熊曲遇、阳武⑦，斩首十二级⑧，赐爵卿⑨。从至霸上⑩，沛公立为汉王⑪，汉王赐宽封号共德君⑫。从入汉中⑬，迁为右骑将⑭。从定三秦⑮，赐食邑雕阴⑯。从击项籍⑰，待怀⑱，赐爵通德侯⑲。从击项冠、周兰、龙且⑳，所将卒斩骑将一人敖下㉑，益食邑㉒。

【注释】

①阳陵侯：傅宽最后的封号。阳陵：县名。在今陕西省高陵县西南。②魏：国名。楚汉之际建立，在今山西西南部，都平阳（今临汾市西南）。国王先后为魏咎、魏豹。五大夫：爵位名。③舍人：家臣。战国及汉初王公贵官左右亲近的随从官员。④横阳：邑名。在今河南省商丘市西南。⑤安阳：邑名。在今山东省曹县东北。杠里：县名。在今山东省鄄城县南。⑥赵贲（bēn）：秦将。开封：县名。在今河南省开封市西南。⑦杨熊：秦将。曲遇：即曲遇聚。邑名。在今河南省中牟县东。阳武：县名。在今河南省原阳县东南。⑧首级：秦制以斩敌多少论功晋级，后称斩下的人头为"首级"。⑨卿：官爵名。帝王、诸侯所属的高级长官称卿。⑩霸上：亦作"灞上"。地名。在今陕西省西安市东南。⑪沛公：刘邦初起兵于沛（今江苏省沛县）称沛公。⑫共（gōng）德君：美号。食禄比照封君，无邑。⑬汉中：郡名。在今陕西省南部和湖北省西北部，治所在南郑（今陕西省汉中市）。⑭迁：调任；升任。右：古时尚右，在同名的官职中，右为上。⑮三秦：指项羽在关中分封的雍、塞、翟三个王，这三个诸侯国均原秦地，故合称"三秦。"⑯食邑：古代帝王、诸侯赐给臣下为世禄的封地。雕阴：县名。在今陕西省富县北。⑰项籍：项羽名籍。⑱怀：县名。在今河南省武陟县西南。⑲通德侯：封爵的美号。无封邑。⑳项冠：项羽的将领。龙且（jū）：齐国人。㉑敖下：敖仓之下。敖仓，旧址在今河南省郑州市西北邙山上。㉒益：增加。

属淮阴①，击破齐历下军②，击田解③。属相国参④，残博⑤，益食邑。因定齐地，剖符世世勿绝⑥，封为阳陵侯，二千六百户，除前所食。为齐右丞相⑦，备齐⑧。五岁，为齐相国⑨。

【注释】

①淮阴：指韩信。淮阴（今江苏省淮安市淮阴区西南）人。初属项羽，继归刘邦，被任为大将。②历下：邑名。在今山东省济南市。③田解：齐王田广的将领，驻军历下。④参、即曹参。⑤博：邑名。在今山东省泰安市东南。⑥剖符：古代帝王分封诸侯或功臣，把表示凭证的符卷（竹符或铁卷）分成两半，双方各

执一半，以示信用。⑦为齐右丞相：担任齐王韩信的右丞相。⑧备齐：因齐王田广、相田横未投降，故屯兵防备。⑨为齐相国：担任齐王刘肥的相国。

四月①，击陈豨②，属太尉勃③，以相国代丞相哙击豨④。一月⑤，徙为代相国⑥，将屯⑦。二岁，为代丞相，将屯。

【注释】

①四月：指汉高帝十一年（前196年）四月。②陈豨（xī）：宛朐（今山东省菏泽市西南）人。③太尉：武官名。与丞相、御史大夫并称三公。为全国最高军事长官。勃：指周勃。④哙：即樊哙。沛县人。初随刘邦起兵，以军功封贤成君。⑤一月：指高帝十二年一月。⑥代：汉初封国名。地在今山西省北部，河北省西北部和内蒙古自治区东南部，建都代县（今河北省蔚县东北），后徙都中都（今山西省平遥县西南）。⑦将屯：统领驻防军队。

孝惠帝五年卒①，谥为景侯②。子顷侯精立，二十四年卒。子共侯则立，十二年卒。子侯偃立，二十一年，坐与淮南王谋反③，死，国除。

【注释】

①孝惠帝五年：相当于公元前190年。孝惠，汉惠帝刘盈，前194—前188年在位。②谥（shì）：君主时代帝王、贵族、大臣等死后，根据他的生前事迹所给予的表示褒贬的称号。③坐：由于（特指犯罪的因由）。淮南王（前179—前122年）：刘安。

信武侯靳歙①，以中涓从②，起宛朐③。攻济阳④，破李由军⑤。击秦军亳南、开封东北⑥，斩骑十人将一人⑦，首五十七级，捕虏七十三人，赐爵封号临平君⑧。又战蓝田北⑨，斩车司马二人⑩，骑长一人⑪，首二十八级，捕虏五十七人。至霸上。沛公立为汉王，赐歙爵建武侯⑫，迁为骑都尉⑬。

【注释】

①信武侯：靳歙（jìn xī）最后的封号。②中涓：亦作"涓人"。③宛朐（yuān qú）：县名。在今山东省菏泽市西南。④济阳：邑名。在今河南省兰考县东北。⑤李由：秦丞相李斯之子，任三川郡（今河南省西部）守。⑥亳（bó）：都邑名。在今河南省商丘市南。⑦骑千人将：号为千人的骑将。⑧临平君：食禄比封君的美号。⑨蓝田：县名。在今陕西省蓝田县西。⑩司马：掌军政和军赋的官员。⑪骑长：骑兵之长。⑫建武：县名。⑬都尉：武官名。职位比将军略低。

从定三秦。别西击章平军于陇西①，破之，定陇西六县，所将卒斩车司马、候各四人②，骑长十二人。从东击楚③，至彭城。汉军败还，保雍丘④，去击反者王武等⑤。略梁地⑥，别将击邢说军菑南⑦，破之，身得说都尉二人，司马、候十二人，降吏卒四千六百八十人。破楚军荥阳东⑧。三年，赐食邑四千二百户。

【注释】

①章平：雍王章邯之弟。陇西：郡名。地在今甘肃省东部，治所在狄道（今临洮县南）。②候：军候。担任侦察工作的军官。③楚：指项羽。④雍丘：县名。在今河南省杞县。⑤王武：原属项羽，在外黄（今河南省民权县西北）被汉军击破，降汉。⑥梁：战国时魏惠王迁都大梁（今河南省开封市），此后，河南省东部称梁地。⑦邢说（yuè）：项羽的将领。菑（zī）：县名。在今河南省民权县东北。

⑧荥（xíng）阳：县名。在今河南省荥阳市东北。

别之河内①，击赵将贲赫军朝歌②，破之，所将卒得骑将二人，车马二百五十四。从攻安阳以东，至棘蒲③，下七县。别攻破赵军，得其将司马二人，候四人，降吏卒二千四百人。从攻下邯郸④，别下平阳⑤，身斩守相⑥，所将卒斩兵守、郡守各一人⑦，降邺⑧。从攻朝歌、邯郸，及别击破赵军，降邯郸郡六县。还军敖仓，破项籍军成皋南⑨，击绝楚饷道⑩，起荥阳至襄邑⑪。破项冠军鲁下⑫，略地东至缯、郯、下邳⑬，南至蕲、竹邑⑭。击项悍济阳下⑮。还击项籍陈下⑯，破之。别定江陵⑰，降江陵柱国、大司马以下八人⑱，身得江陵王⑲，生致之雒阳⑳，因定南郡㉑。从至陈，取楚王信㉒，剖符世世勿绝，定食四千六百户，号信武侯。

【注释】

①之：往；去。河内：地区名。春秋战国时，黄河以北地区称河内。②贲（féi）赫：殷王司马的将领。朝歌：都邑名。在今河南省淇县。③棘蒲：邑名。在今河北省大名县西北。④邯郸：都邑名。在今河北省邯郸市。⑤平阳：邑名。在今河北临漳县西南。⑥守相：代理相国。⑦兵守：即领兵郡守，指郡尉。⑧邺：县名。在今河北省临漳县西南。⑨成皋：邑名。在今河南省荥阳市汜水镇。⑩饷道：运送军粮的道路。⑪襄邑：县名。在今河南省睢县。⑫鲁：县名。在今山东曲阜市。⑬缯、郯、下邳：均县名。缯在今山东省枣庄市东北，郯在今山东省郯城县北，下邳在今江苏省邳州市西南。⑭蕲（qí）：县名。在今安徽省宿州市东南。竹邑：县名。在今安徽省宿州市北。⑮项悍：项羽的部属。⑯陈：县名。在今河南省淮阳县。⑰江陵：县名。即今湖北省江陵县。⑱柱国：官名。战国时楚置。大司马：武官名。⑲江陵王：指项羽所封临江王共敖之子共尉。⑳雒阳：都邑名。在今河南省洛阳市东北。㉑南郡：郡名。㉒楚王信：即淮阴侯韩信。

以骑都尉从击代，攻韩信平城下①，还军东垣②。有功，迁为车骑将军，并将梁、赵、齐、燕、楚车骑，别击陈豨丞相敞③，破之，因降曲逆④。从击黥布有功⑤，益封定食五千三百户。凡斩首九十级，虏百三十二人；别破军十四，降城五十九，定郡、国各一，县二十三；得王、柱国各一人，二千石以下至五百石三十九人⑥。

【注释】

①韩信：战国韩襄王的后代，曾领兵随刘邦入汉中。②东垣：县名。在今河北石家庄市东。③敞：侯敞。陈豨自立为代王时，任侯敞为丞相。④曲逆：县名。在今河北省顺平县东南。⑤黥布：六县（今安徽省六安市）人。⑥二千石（shí）：秦汉官阶以俸禄的多少计算。除三公号称万石（实际年俸四千二百斛）外，其余官吏二千石（月俸一百二十斛，一斛即一石，皆为十斗）递减至百石（月俸为十六斛）为止。

高后五年①，歙卒，谥为肃侯。子亭代侯。二十一年，坐事国人过律②，孝文后三年③，夺侯，国除。

【注释】

①高后五年：前183年。高后，汉高帝皇后吕雉。②事：役使。过律：超过法律规定。③孝文后三年：前161年。孝文：汉文帝刘恒。

蒯成侯緤者①，沛人也②，姓周氏③。常为高祖参乘④，以舍人从起沛。至霸上，西入蜀、汉⑤，还定三秦，食邑池阳⑥。东绝甬道⑦，从出度平阴⑧，遇淮阴侯兵襄国⑨，军乍利乍不利⑩，终无离上心。以缫为信武侯，食邑三千三百户。高祖十二年⑪，以缫为蒯成侯，除前所食邑。

【注释】

①蒯（kuǎi）成侯：周缫（xiè）最后的封号。蒯成：乡聚名。在今陕西省宝鸡市东。②沛：县名。在今江苏省沛县。③姓周氏："姓"为标志家族系统的称号，"氏"为姓的分支。④参乘（shèng）：即"骖乘"，亦称陪乘。为近侍警卫，居东厢右侧。⑤蜀：郡名。地在今四川省中西部，治所在成都（今成都市）。汉：指汉中郡。⑥池阳：县名。在今陕西省泾阳县西北。⑦甬道：两侧筑有墙壁的通道，用来输送军粮，以防敌人劫夺。⑧平阴：渡口名。在今河南省孟津县东北。⑨襄国：县名。在今河北省邢台市。⑩乍：忽然。⑪高祖十二年：前195年。

上欲自击陈豨，蒯成侯泣曰："始秦攻破天下①，未尝自行。今上常自行，是为无人可使者乎②？"上以为"爱我"，赐入殿门不趋③，杀人不死。

【注释】

①始：原先；从前。②使：派遣。③趋：快步走。古代臣见君时应小步快走，以示敬意。

至孝文五年①，缫以寿终②，谥为贞侯。子昌代侯，有罪，国除。至孝景中二年③，封缫子居代侯。至元鼎三年④，居为太常⑤，有罪，国除。

【注释】

①孝文五年：前175年。②寿终：老死。③孝景中二年：前148年。孝景：汉景帝刘启。④元鼎三年：前114年。元鼎，汉武帝年号。⑤太常：官名。九卿之一。掌宗庙礼仪。

太史公曰：阳陵侯傅宽，信武侯靳歙皆高爵，从高祖起山东①，攻项籍，诛杀名将，破军降城以十数，未尝困辱，此亦天授也。蒯成侯周缫操心坚正②，身不见疑，上欲有所之，未尝不垂涕，此有伤心者然③，可谓笃厚君子矣④。

【注释】

①山东：地区名。战国、秦、汉时，通称崤山或华山以东为山东。②操心坚正：心志坚定不移。③然：如此；这样。④笃厚：诚实忠厚。

刘敬叔孙通列传第三十九

刘敬者①，齐人也②。汉五年③，戍陇西④，过洛阳⑤，高帝在焉⑥。娄敬脱挽辂⑦，衣其羊裘⑧，见齐人虞将军曰⑨："臣愿见上言便事⑩。"虞将军欲与之鲜衣⑪，娄敬曰："臣衣帛⑫，衣帛见；衣褐⑬，衣褐见：终不敢易衣⑭。"于是虞将军入言上。上召入见，赐食。

【注释】

①刘敬：本姓娄，后受赐姓刘。②齐：国名。姜姓，战国时为大臣田氏所取代。③汉五年：汉高帝五年，公元前202年。④戍：驻防；守备。陇西：郡名。地在今甘肃省东部，治所在狄道（今临洮县南）。⑤洛阳：都邑名。"洛"本作"雒"。⑥高帝（前256—前195年）：汉高帝。刘邦。焉：相当于"于此"。兼词。⑦挽：牵拉。辂（lù）：绑在车辕上以备人牵拉的横木。⑧衣（yì）：穿着。动词。裘：毛皮衣。⑨虞将军：汉高帝将领。生平不详。⑩臣：古人自称的谦辞，不限于对君主。上：皇上。指汉高帝。便事：《汉书》同传作"便宜"，犹言应办的事，特指对国家有利的事。⑪鲜衣：华美的衣服。⑫帛：丝织品的总称。⑬褐（hè）：兽毛或粗麻制成的短衣，古时贫贱人穿着。⑭不敢：有"不愿意"或"不屑于"的意思。

已而问娄敬，娄敬说曰①："陛下都洛阳②，岂欲与周室比隆哉③？"上曰："然。"娄敬曰："陛下取天下与周室异。周之先自后稷④，尧封之邰⑤，积德累善十有余世⑥。公刘避桀居豳⑦。大王以狄伐故⑧，去豳，杖马箠居岐⑨，国人争随之。及文王为西伯⑩，断虞、芮之讼⑪，始受命⑫，吕望、伯夷自海滨来归之⑬。武王伐纣⑭，不期而会孟津之上八百诸侯⑮，皆曰纣可伐矣，遂灭殷⑯。成王即位⑰，周公之属傅相焉⑱，乃营成周洛邑⑲，以此为天下之中也，诸侯四方纳贡职⑳，道里均矣，有德则易以王㉑，无德则易以亡。凡居此者，欲令周务以德致人㉒，不欲依阻险㉓，令后世骄奢以虐民也。及周之盛时，天下和洽㉔，四夷乡风㉕，慕义怀德，附离而并事天子㉖，不屯一卒㉗，不战一士㉘，八夷大国之民莫不宾服㉙，效其贡职㉚。及周之衰也，分而为两㉛，天下莫朝，周不能制也。非其德薄也，而形势弱也。今陛下起丰击沛㉜，收卒三千人，以之径往而卷蜀、汉㉝，定三秦㉞，与项羽战荥阳，争成皋之口㉟，大战七十，小战四十，使天下之民肝脑涂地㊱，父子暴骨中野㊲，不可胜数，哭泣之声未绝，伤痍者未起㊳，而欲比隆于成、康之时㊴，臣窃以为不侔也㊵。且夫秦地被山带河㊶，四塞以为固㊷，卒然有急㊸，百万之众可具也㊹。因秦之故，资甚美膏腴之地㊺，此所谓天府者也㊻。陛下入关而都之㊼，山东虽乱㊽，秦之故地可全而有也。夫与人斗，不搤其亢㊾，拊其背㊿，未能全其胜也。今陛下入关而都(51)，案秦之故地(52)，此亦搤天下之亢而拊其背也。"

【注释】

①说（shuì）：用话劝说别人使听从自己的意见。②陛下：对帝王的尊称。③周室：周王朝。姬姓。④后稷：古代周部族的始祖，名弃。他善于种植庄稼，曾在尧、舜时代做过农官，教民耕种。⑤尧：传说中父系氏族社会后期部落联盟领袖。封：帝王把爵位或土地赏赐臣子。邰（tái）：邑名。在今陕西省武功县西南。⑥有（yòu）：通"又"。用在整数和零数之间。⑦公刘：周族领袖，相传为后稷曾孙，夏代末年率领周族迁到豳（bīn。今陕西省彬县东北），观察地形水利，开垦荒地，安定居处。桀（jié）：夏朝末代君主。⑧太王：周族领袖，名古公亶（dǎn）父，相传为后稷十二代孙。他因戎、狄族侵逼，迁到岐山下的周（今陕西省岐山县北），建筑城郭宫室，设置官吏，改革风俗，开垦荒地，发展农业生产，使周族逐渐强盛。⑨杖马箠（chuí）：意思是赶着马匹行进。杖，执持，动词。箠，

鞭子。⑩文王为西伯：周文王姬昌，是商代末年周族领袖，商纣时作西伯（西方诸侯的首长）。他统治期间，国势强盛，建设丰邑（今西安市长安区西南）作为国都。⑪断虞、芮（ruì）之讼：周文王时，虞、芮二国争田，文王用自己国内民众普遍谦让的榜样感化了他们，促使他们自动平息了争端，并归附于周。虞国，姬姓，地在今山西省平陆县北；芮国，姬姓，地在今山西芮城县西。另一说在今陕西省大荔县境，恐非。⑫受命：承受天命。⑬吕望：姜姓，吕氏，名尚，一名牙。伯夷：商代末年孤竹君长子，墨胎氏。孤竹君曾经想要用次子叔齐作继承人，孤竹君死后，叔齐让位，伯夷不受，结果兄弟俩都投奔周国。孤竹国，在今河北卢龙县一带。⑭武王：周武王。姬发。他继承其父文王遗志，联合许多部族，推翻商纣，建立周朝。纣（zhòu）：商朝末代君主。⑮孟津：古黄河渡口名。在今河南省孟津县东北。相传周武王曾在此盟会诸侯并渡过黄河进攻商纣。⑯殷：商朝第二十位国王盘庚从奄（今山东省曲阜市）迁都到殷（今河南省安阳市西北），共经十二王，时间颇长，因而商也被称为殷，或兼称商殷、殷商。⑰成王：周成王。姬诵。⑱周公：姬旦。周武王之弟。因采邑在周，称为周公。⑲成周洛邑：周公营建洛邑作为东都，分筑王城和成周城，王城在今河阳市西部，周平王从镐京迁都于此；成周城在今洛阳市东部，周敬王又从王城迁都于此。又相对于"宗周镐京"而统称"成周洛邑"。⑳贡职：也称贡赋、贡税，指土贡和赋税。土贡是指臣民或藩属向君主进献的土产、珍宝和其他财物，是赋税的原始形式。㉑王（wàng）：统一天下，成就王业。动词。㉒务：务必；必须。致：招引；团结。㉓阻险：同"险阻"。指山川艰险梗塞的地势。㉔洽：协和；和睦。㉕四夷：指四方各部族。这是古代对华夏族以外各族的贬称。下文"八夷"与此相类似。乡（xiàng），通"向"。㉖附离：使离者相附。事：侍奉；服事。动词。㉗卒：古代指步兵。㉘士：古代指战车上的射手。㉙莫：没有人。无指代词。宾服：诸侯或属国按时进贡朝见皇帝，表示服从。㉚效：献出。㉛分而为两：指战国后期，周朝的直属领地分裂成为西周、东周两个小国。㉜起丰沛：刘邦是沛县丰邑人，初起兵时曾称沛公。㉝卷蜀、汉：汉元年（前206年），项羽分封诸侯，立刘邦为汉王，领有巴郡（今四川省东部）、蜀郡（今四川省中西部）、汉中郡（今陕西省南部、湖北省西北部），建都南郑（今陕西省汉中市）。㉞定三秦：项羽分封诸侯时，把秦国本土关中地区分为三国，封秦朝降将章邯为雍王，领有今陕西省西部和甘肃省东部地区；司马欣为塞王，领有今陕西省东部地区；董翳为翟王，领有今陕西省北部地区：合称三秦。㉟与项羽战荥阳，争成皋（gāo）之口：项羽（前232—前202年），项籍的表字，泗水郡下相县（今江苏省宿迁市西南）人。陈胜起义后，他随叔父项梁在吴县（今江苏省苏州市）起兵响应。荥阳，县名，在今河南省荥阳市东北。成皋，邑名，原名虎牢，有险关，在今荥阳市汜水镇。公元前205年至前203年，刘邦和项羽曾经在这个地区展开激烈的争夺战，进行多次战略决战。㊱肝脑涂地：形容流血惨死。㊲暴（pù）骨：暴露尸骨。中野：旷野之中。㊳伤痍（yí）：创伤。㊴成、康之时：周成王、康王（姬钊）的时代，自从周公建立了周朝的典章制度，又主张"明德慎刑"以缓和阶级矛盾，他们都相继推行这种政策，加强了统治，旧史称为"成康之治"。㊵侔（móu）：相等。㊶且夫（fú）：提起连词。秦地：指战国时秦国本土，主要指今陕西省中部地区，有时也包括甘肃省东部和陕西省全境。被山带河：倚靠华山，濒临黄河。㊷四塞（sài）：四面都有天险，可作屏障。㊸卒（cù）然：突然；忽然。卒，通"猝"。㊹具：完备；齐备。㊺资：凭借；依靠。㊻天府：称自然条件优越，形势险固，物产丰富的地方。㊼关：指函谷关，旧址在今河南省灵宝市东北。㊽山东：战国、秦、汉时代，通称崤山或华山以东为山东，一般专指黄河流域，有时也泛指战国时秦国以外的六国领土。㊾搤：通"扼"。卡；掐。亢（gāng）：通"吭"。咽喉。比喻要害处。㊿拊（fǔ）：拍；轻击。51今：有"如果"的意思。假设连词。52案：通"按"。据有。

高帝问群臣，群臣皆山东人，争言周王数百年①，秦二世即亡，不如都周②。上疑未能决。及留侯明言入关便③，即日车驾西都关中④。

【注释】

①王（wàng）：统治天下。动词。②周：指东周都城洛阳。东周王朝在此挂名统治了五百多年。③留侯（？—前186年）：张良。颍川郡城父县（今河南平顶山市西北）人。④车驾：皇帝外出时所乘的车马，因用为皇帝的代称。西都：西行定都。连动结构。关中：秦朝建都咸阳（今咸阳市东北），汉朝建都长安（今西安市西北），因这个地区位于函谷关以西、散关以东、武关以北、萧关以南，处四关之中，故称关中。

于是上曰："本言都秦地者娄敬，'娄'者乃'刘'也。"赐姓刘氏①，拜为郎中②，号为奉春君③。

【注释】

①赐姓：古代帝王常将自己的姓氏赏赐功臣，以表示恩宠，并扩大自己的势力。②拜：用一定的礼节授予官职、爵位。郎中：官名。始于战国。③奉春君：春季是一年的开始，因为他创议建都关中，所以称为奉春君。

汉七年，韩王信反①，高帝自往击之。至晋阳②，闻信与匈奴欲共击汉③，上大怒，使人使匈奴④。匈奴匿其壮士肥牛马⑤，但见老弱及羸畜⑥。使者十辈来，皆言匈奴可击。上使刘敬复往使匈奴，还报曰："两国相击，此宜夸矜见所长⑦。今臣往，徒见羸瘠老弱⑧，此必欲见短，伏奇兵以争利⑨。愚以为匈奴不可击也⑩。"是时汉兵已逾句注⑪，二十余万兵已业行⑫。上怒，骂刘敬曰："齐虏！以口舌得官⑬，今乃妄言沮吾军⑭。"械系敬广武⑮。遂往，至平城⑯，匈奴果出奇兵围高帝白登⑰，七日然后得解。高帝至广武，赦敬，曰："吾不用公言，以困平城。吾皆已斩前使十辈言可击者矣。"乃封敬二千户，为关内侯⑱，号为建信侯⑲。

【注释】

①韩王信：战国韩襄王后代，在楚汉战争中，刘邦立为韩王，领地原在颍川（今河南省中部），后迁到太原（今山西省北部）。②晋阳：县名，在今山西省太原市西南。③匈奴：北方部族名，秦汉时期强盛起来，游牧民族，也称胡。④使（shì）匈奴：出使匈奴。使，名词用作动词。⑤匿：隐藏。⑥见（xiàn）：通"现"。显现；出示。羸（léi）：瘦弱。⑦夸矜（jīn）：同"矜夸"。夸耀；炫耀。⑧徒：但；只。瘠：瘦。⑨奇兵：出奇制胜的军队。⑩愚：愚见。自谦之辞。⑪是：此；这。指示代词。句（gōu）注：山名。在今山西省代县西北。⑫已业：同"业已"。已经。业，事已为而未成。⑬虏：俘虏；奴隶。转为对敌对者的蔑称。口舌：指言辞、说话。⑭沮（jǔ）：阻止；败坏。⑮械：桎梏（zhì gù）；木制的镣铐。广武：县名。在今代县西南。⑯平城：县名。在今山西省大同市东北。⑰白登：山名。在今大同市东北。⑱关内侯：爵位名。⑲建信：县名。在今山东省高青县西北。

高帝罢平城归，韩王信亡入胡①。当是时，冒顿为单于②，兵强，控弦三十万③，数苦北边④。上患之，问刘敬。刘敬曰："天下初定，士卒罢于兵⑤，未可以武服也。冒顿杀父代立，妻群母⑥，以力为威，未可以仁义说也。独可以计久远子孙为臣耳⑦，然恐陛下不能为。"上曰："诚可⑧，何为不能⑨！顾为奈何⑩？"刘敬对曰⑪："陛下诚能以適长公主妻之⑫，厚奉遗之⑬，彼知汉適女送厚，蛮夷必慕以为阏氏⑭，生子必为太子，代单于。何者？贪汉重币⑮。陛下以岁时汉所余彼所鲜数问遗⑯，因使辩士风谕以礼节⑰。冒顿在，固为子婿；死，则外孙为单于。岂尝闻外孙敢与大父抗礼者哉⑱？兵可无战以渐臣也⑲。若陛下不能遣长公主，而令宗室及后宫诈称公主⑳，彼亦知，不肯贵近，无益也。"高帝曰："善。"欲遣长公主。吕后日夜泣㉑，曰："妾唯太子、一女㉒，奈何弃之匈奴！"上竟不能遣长公主，而取家人子名为长公主㉓，妻单于。使刘敬往结和亲约㉔。

【注释】

①亡：逃亡；流亡。②冒顿（mò dú，？—前174年）：姓挛鞮（dī）。公元前209年杀父头曼自立。③控弦：张弓；弯弓。指射手。④数（shuò）：频繁；屡次。副词。苦：困苦；苦害。使动用法。⑤罢（pí）：通"疲"。兵：战争。⑥妻（qì）：以之为妻。意动用法。⑦独：仅，只。副词。"以计"下疑有缺文如"俾""令"之类。表示限止的语气助词。⑧诚：如果；果真。副词。⑨何为：为何；为什么。⑩顾：特；但。转折连词。奈何：怎么；怎么办。⑪对：回答。用于卑幼辈对尊长辈。⑫適（dí）：通"嫡"。宗法社会中称正妻为嫡，称正妻所生的子女为嫡出或仅冠以嫡字。妻（qì）：以女嫁人。动词。⑬奉遗（wèi）：恭敬地赠送。⑭蛮夷：古代对外族的贬称。慕：仰慕；敬爱。阏氏（yān zhī）：匈奴王后的称号。⑮币：礼物；财物。古时对金、玉、钱、璧、帛、皮皆称币。⑯岁时：一年中的季节。鲜（xiǎn）：少；不多。问遗：慰问并赠送。⑰辩士：能言善辩之士。⑱大父：祖父；外祖父。抗礼：用彼此平等的礼节对待。⑲无：不。否定副词。臣：使之臣服。使动用法。⑳宗室：同一祖宗的贵族，指帝王的宗族。㉑吕后（前241—前180年）：吕雉。砀郡单父（shàn fǔ）县（今山东省单县）人。汉高祖皇后。㉒妾：古代妇女自称的谦辞。太子：指汉惠帝刘盈。一女：指鲁元公主。㉓家人子：汉代平民家女子被选入宫廷后尚未获得职号者的称呼。㉔和亲：原意是和好亲善，以后成为一个历史政治概念，指汉族王朝和少数民族首领或少数民族首领相互之间具有一定政治目的的通婚姻。

刘敬从匈奴来，因言："匈奴河南白羊、楼烦王①，去长安近者七百里②，轻骑一日一夜可以至秦中。秦中新破，少民，地肥饶，可益实。夫诸侯初起时③，非齐诸田④，楚昭、屈、景莫能兴⑤。今陛下虽都关中，实少人，北近胡寇，东有六国之族⑥，宗强，一日有变，陛下亦未得高枕而卧也。臣愿陛下徙齐诸田，楚昭、屈、景、燕、赵、韩、魏后，及豪桀名家居关中⑦。无事，可以备胡；诸侯有变⑧，亦足率以东伐。此强本弱末之术也⑨。"上曰："善。"乃使刘敬徙所言关中十余万口⑩。

【注释】

①河南：秦、汉时对今内蒙古自治区河套一带的称呼。白羊：匈奴的一部。②长安：汉高帝五年设县，后定都于此。③夫（fú）：那（些）。指示代词。④齐诸田：战国时，齐国王族姓田；诸田，指田氏各支派。⑤楚昭、屈、景：楚国王族本为芈姓，熊氏。⑥六国之族：指战国时期东方六国王族的后代，即下文

所历数者。⑦桀（jié）：通"杰"。⑧诸侯：指此时的异姓诸王英布、彭越、张敖、卢绾、吴芮等。⑨强本弱末：加强中央政权，削弱地方势力。强，弱，使动用法。⑩此句意为"徙所言（者于）关中（凡）十余万口"。《资治通鉴》对这件事就是这样叙述的。

叔孙通者①，薛人也②。秦时以文学征③，待诏博士④。数岁，陈胜起山东⑤，使者以闻⑥，二世召博士诸儒生问⑦："楚戍卒攻蕲入陈，于公如何？"博士诸生三十余人前曰⑧："人臣无将⑨，将即反，罪死无赦。愿陛下急发兵击之。"二世怒，作色⑩。叔孙通前曰："诸生言皆非也。夫天下合为一家，毁郡县城，铄其兵⑪，示天下不复用。且明主在其上，法令具于下，使人人奉职，四方辐辏⑫，安敢有反者⑬！此特群盗鼠窃狗盗耳⑭，何足置之齿牙间⑮。郡守尉今捕论⑯，何足忧。"二世喜曰："善。"尽问诸生，诸生或言反⑰，或言盗。于是二世令御史案诸生言反者下吏⑱，非所宜言。诸言盗者皆罢之⑲。乃赐叔孙通帛二十匹⑳，衣一袭㉑，拜为博士。叔孙通已出宫，反舍㉒，诸生曰："先生何言之谀也㉓？"通曰："公不知也，我几不脱于虎口㉔！"乃亡去，之薛㉕，薛已降楚矣。及项梁之薛㉖，叔孙通从之。败于定陶，从怀王。怀王为义帝㉗，徙长沙㉘，叔孙通留事项王㉙。汉二年，汉王从五诸侯入彭城㉚，叔孙通降汉王。汉王败而西㉛，因竟从汉。

【注释】

①叔孙通：姓叔孙，名通，一名何。②薛：战国时齐邑，地在今山东省滕县南；秦代设郡，地在今山东省中南部，治所在鲁县（今曲阜市）。③文学：文章博学；文献典籍。④待诏：候命；等待任用。博士：学官名。始于战国，秦和汉初沿设，其职责为备古今史事顾问和保管书籍。⑤陈胜（？—前208年）：字涉，汝南郡阳城县（今河南省登封市）人。⑥闻：上闻；上报。⑦二世（前230—前207年）：秦二世皇帝。嬴胡亥。秦始皇少子。儒生：通晓儒家经典的读书人。⑧前：走上前。动词。⑨将：意在图谋叛乱。《公羊传·庄公》说："君亲无将，将而诛焉。"这就是封建时代的所谓"诛心之论"。⑩作色：变脸色。⑪铄（shuò）：熔化。兵：武器。⑫辐辏（còu）：车辐凑集到毂（gǔ）上，比喻人或物聚集在一起。⑬安：谁；哪里；怎么。疑问代词。⑭特：只；不过。鼠窃狗盗：小偷小抢。⑮齿牙：指言谈、议论。⑯郡守尉：郡守，官名，始设于战国时，起初是防守边郡的武官，后来逐渐成为地方长官。⑰或：有人；有的。虚指代词。⑱御史：官名。春秋、战国时始设，其职责是掌管文书和记事，秦代御史兼有弹劾纠察的职权。案：通"按"。考问；查究。下吏：交给执法的官吏（审问办罪）。⑲罢：作罢；不予查究。⑳匹：计算布帛的单位，古代以长四丈为一匹。㉑一袭：一套。㉒反：通"返"。㉓谀（yú）：奉承；谄媚。㉔几（jī）：几乎；将近。虎口：比喻危险的境地。㉕之：前往；去到。动词。㉖项梁（？—前208年）：项羽叔父。㉗怀王为义帝：项梁战死后，楚怀王进驻彭城（今江苏省徐州市），与项羽有矛盾。㉘长沙：郡名。地在今湖南省中南部，治所在临湘（今长沙市）。㉙项王：指项羽。㉚从：使之从己。使动用法。五诸侯：指常山王张耳、河南王申阳、韩王郑昌、魏王魏豹、殷王司马卬（áng）。㉛西：西行。动词。

叔孙通儒服①，汉王憎之，乃变其服，服短衣②，楚制③，汉王喜。

【注释】

①儒服：意思是穿着儒生服装。名词作谓语用。②服：穿着。动词。③楚制：楚地的式样。

叔孙通之降汉，从儒生弟子百余人，然通无所言进①，专言诸故群盗壮士进之。弟子皆窃骂曰："事先生数岁，幸得从降汉，今不能进臣等，专言大猾②，何也？"叔孙通闻之，乃谓曰③："汉王方蒙矢石争天下④，诸生宁能斗乎⑤？故先言斩将搴旗之士⑥。诸生且待我，我不忘矣。"汉王拜叔孙通为博士，号稷嗣君⑦。

【注释】

①进：推荐。②大猾：大刁徒；大奸贼。③谓：告诉。④蒙：冒犯。矢石：箭和擂（léi）石。古代射击武器。⑤宁（nìng）：岂；难道。⑥搴（qiān）：拔取。⑦稷嗣君：有三说：一、赞扬叔孙通的道德学问足以继承齐国稷下的流风余韵。稷下是战国时齐国都城临淄稷门附近地区，是当时各学派荟萃的中心。二、稷嗣是邑名。三、刘邦希望叔孙通能够像后稷辅佐唐尧一样辅佐自己。

汉五年，已并天下，诸侯共尊汉王为皇帝于定陶①，叔孙通就其仪号②。高帝悉去秦苛仪法③，为简易。群臣饮酒争功，醉或妄呼，拔剑击柱，高帝患之。叔孙通知上益厌之也④，说上曰："夫儒者难与进取，可与守成。臣愿征鲁诸生⑤，与臣弟子共起朝仪⑥。"高帝曰："得无难乎⑦？"叔孙通曰："五帝异乐⑧，三王不同礼⑨。礼者，因时世人情为之节文者也⑩。故夏、殷、周之礼所因损益可知者⑪，谓不相复也⑫。臣愿颇采古礼与秦仪杂就之。"上曰："可试为之，令易知，度吾所能行为之⑬。"

【注释】

①诸侯：指楚王韩信、韩王韩信、淮南王英布、梁王彭越、原衡山王吴芮、赵王张敖、燕王臧荼。②就：成就；制定。他动词。③悉：尽量；全部。仪法：礼仪规则。④益：稍稍；逐渐。⑤鲁：国名。姬姓。地在今山东省西南部，建都曲阜（今曲阜市）。⑥朝仪：朝会的礼仪。⑦得无：能不；该不会。表示反问。⑧五帝：传说中的上古帝王，有三说：一、黄帝、颛顼（zhuān xū）、帝喾（kù）、唐尧、虞舜；二、太皞、炎帝、黄帝、少昊、颛顼；三、少昊、颛顼、帝喾、唐尧、虞舜。乐：乐制；乐教。⑨三王：夏禹、商汤、周文王（或包括周武王）。礼：广义指礼制，即规定人们行动的法则、规范、仪式的总称；狭义指礼仪，即祭祀、丧葬、军旅、朝会、冠婚等方面的仪式。⑩因：根据；适应。⑪夏：我国历史上第一个朝代，相传为夏后氏部落领袖禹的儿子启所建立的奴隶制国家，先后建都阳城、安邑（今山西省夏县西北）等地，传到桀，被商汤灭亡。约当前21世纪至前16世纪左右。⑫谓：说；说明。⑬度（duó）：推测；估计。动词。

于是叔孙通使①，征鲁诸生三十余人。鲁有两生不肯行，曰："公所事者且十主②，皆面谀以得亲贵。今天下初定，死者未葬，伤者未起，又欲起礼乐。礼乐所由起，积德百年而后可兴也。吾不忍为公所为。公所为不合古，吾不行。公往矣，无污我③！"叔孙通笑曰："若真鄙儒也④，不知时变⑤。"

【注释】

①使（shì，今读shǐ）：奉派作使者。动词。②且：将近。③无：莫；不要。禁戒副词。④若：你（们）。鄙：鄙陋；固执不通。⑤时变：时势的变化。

遂与所征三十人西，及上左右为学者与其弟子百余人为绵蕞野外[1]。习之月余，叔孙通曰："上可试观。"上既观，使行礼，曰："吾能为此。"乃令群臣习肄[2]，会十月[3]。

史

记

【注释】

①左右：指近臣。为学：素有学术修养。绵蕞（zuì）：古代演习朝会礼仪时，牵引绳索以表示演习处所称它为绵，树立茅草以表示尊卑位次称它为蕞。②习肄（yì）：学习；练习。③会：举行朝会。动词。

汉七年，长乐宫成[1]，诸侯、群臣皆朝十月。仪：先平明[2]，谒者治礼[3]，引以次入殿门，廷中陈车、骑、步卒、卫宫[4]，设兵，张旗志[5]。传言"趋"[6]。殿下郎中侠陛[7]，陛数百人。功臣列侯、诸将军、军吏以次陈西方，东乡[8]；文官丞相以下陈东方[9]，西乡。大行设九宾[10]，胪句传[11]。于是皇帝辇出房[12]，百官执职传警[13]，引诸侯王以下至吏六百石以次奉贺[14]。自诸侯王以下莫不振恐肃敬[15]。至礼毕，复置法酒[16]。诸侍坐殿上皆伏抑首[17]，以尊卑次起上寿[18]。觞九行[19]，谒者言"罢酒"。御史执法举不如仪者辄引去[20]。竟朝置酒[21]，无敢谨哗失礼者[22]。于是高帝曰："吾乃今日知为皇帝之贵也。"乃拜叔孙通为太常[23]，赐金五百斤。

【注释】

①长乐宫：西汉主要宫殿之一。②先（xiàn）：在先；在前。③谒者：官名。春秋、战国时始设，替君主掌管传达。秦、汉沿设，属于郎中令，掌管傧赞事宜。④陈：排列。车：指战车（包括驾马和人员）。骑（jì）：骑兵（包括一人一马）。⑤志：通"帜"。⑥趋：快步走。表示敬意。⑦侠：通"挟""夹"。⑧列侯：爵位名。秦、汉二十等爵位的最高一级为彻侯，后改通侯，又称列侯。将军：武官名。战国时始设，至汉代有各种名号的将军。军吏：指将军下属的佐人员。乡（xiàng）：通"向"。⑨丞相：官名。⑩大行：官名。西周时始设，原称大行人；汉初称典客，后改名大行，也作大行令。掌管交际礼仪。九宾：有三说：一、九种规格不同的礼节，二、九个接待宾客的官员，三、九种地位不同的礼宾官员。⑪胪（lú）句（gōu）传：从上传语告下为胪；下传语告上为句。⑫辇（niǎn）：古代指由人推拉的车子，秦、汉以后特指皇帝、后妃乘坐的车子。⑬职：通"帜"。《汉书》同传作"戟"，也可通。传警：传呼警戒。⑭诸侯王：汉代所封的王，其地位相当于古代的诸侯，故又连称诸侯王。六百石（shí）：汉代官吏俸禄等级，实际每月得七十斛。这里作为官阶的代称。⑮振：通"震"。⑯法酒：朝廷的正式宴会。⑰抑：屈；俯。⑱上寿：敬酒祝福。⑲觞（shāng）：盛酒器。这里是敬酒的意思。⑳举：凡。辄：就；总是。㉑竟朝：行朝会礼自始至终。㉒谨（huān）哗：大声说笑或叫喊。㉓太常：官名。秦代设奉常，掌管宗庙礼仪；汉初沿设，景帝时改称太常。

叔孙通因进曰[1]："诸弟子儒生随臣久矣，与臣共为仪，愿陛下官之[2]。"高帝悉以为郎[3]。叔孙通出，皆以五百斤金赐诸生。诸生乃皆喜曰："叔孙生诚圣人也[4]，知当世之要务[5]。"

【注释】

①进：进言。②官：任命他们做官。使动用法。③郎：帝王侍从官的通称。④生："先生"的省称，指才学之士。诚：真正；的确。副词。⑤当世之要务：照应前文，指战争时期和和平时期的不同任务。

刘敬叔孙通列传第三十九

汉九年，高帝徙叔孙通为太子太傅①。汉十二年，高祖欲以赵王如意易太子②，叔孙通谏上曰③："昔者晋献公以骊姬之故废太子④，立奚齐，晋国乱者数十年，为天下笑。秦以不蚤定扶苏⑤，令赵高得以诈立胡亥，自使灭祀⑥，此陛下所亲见。今太子仁孝，天下皆闻之；吕后与陛下攻苦食啖⑦，其可背哉⑧！陛下必欲废適而立少，臣愿先伏诛⑨，以颈血污地。"高帝曰："公罢矣⑩，吾直戏耳⑪。"叔孙通曰："太子天下本，本一摇天下振动，奈何以天下为戏！"高帝曰："吾听公言。"及上置酒，见留侯所招客从太子入见⑫，上乃遂无易太子志矣。

【注释】

①徙：迁调；提升。太子太傅：官名。②高祖：汉高帝刘邦的庙号。赵王如意：刘如意，封赵王。③谏：规劝。用于卑幼辈对尊长辈。④晋献公：姬诡诸。⑤蚤：通"早"。扶苏：秦始皇长子。他因劝阻秦始皇镇压儒生，被派往上郡（今陕西省北部、内蒙古自治区南部一带）监督边防驻军。⑥灭祀：灭绝后代。祀，祭祀。⑦攻苦食啖（dàn）：经历苦难，饮食粗淡。攻，冒犯。啖，通"淡"，清淡。⑧其：岂；难道。⑨伏诛：受死刑。⑩罢：作罢；算了。⑪直：但；只。副词。⑫留侯所招客：指东园公、甪（lù）里先生、绮里季、夏黄公。

高帝崩①，孝惠即位②，乃谓叔孙生曰："先帝园陵寝庙③，群臣莫能习④。"徙为太常，定宗庙仪法⑤。及稍定汉诸仪法⑥，皆叔孙生为太常所论著也⑦。

【注释】

①崩：古代称皇帝死为崩，意思是借"山陵崩"做比喻。②孝惠（前216年—前188年）：汉惠帝，刘盈。③先帝：称去世的皇帝。园：帝王的墓地。陵：帝王的坟墓。④莫能习：不熟悉。莫，否定副词。⑤宗庙：帝王、诸侯祭祀祖先的处所。⑥稍：逐渐。⑦论著（zhù）：议论著述。

孝惠帝为东朝长乐宫①，及间往来②，数跸烦人③，乃作复道④，方筑武库南⑤。叔孙生奏事，因请间⑥，曰："陛下何自筑复道，高寝衣冠月出游高庙⑦？高庙，汉太祖⑧，奈何令后世子孙乘宗庙道上行哉⑨？"孝惠帝大惧，曰："急坏之。"叔孙生曰："人主无过举⑩。今已作，百姓皆知之，今坏此，则示有过举。愿陛下为原庙渭北⑪，衣冠月出游之，益广多宗庙，大孝之本也。"上乃诏有司立原庙⑫。原庙起，以复道故。

【注释】

①东朝长乐宫：这时惠帝住在未央宫，地址在当时长安城西南角上；吕后住在长乐宫，地址在该城东南角上。②间（jiàn）往：在正式朝拜以外，中间小谒见。③跸（bì）：帝王出行时，开路清道，禁止通行。④复道：也称阁道。在高楼间修建的架空的通道。⑤方：正当；正好。武库：储藏武器的库房，是未央宫的组成部分之一。⑥请间（jiàn）：请空隙的时候。⑦这句话的意思是"您怎么擅自修建复道于高寝衣冠每月出游高庙的通道上面"。⑧汉太祖：汉朝的始祖。⑨宗庙道：即指汉高帝衣冠出游的通道。⑩人主：国君。过举：错误的行动。⑪原庙：正庙以外的别庙。原，再。渭北：渭河北岸。渭河流经当时长安城西北。⑫诏：皇帝颁发的命令文告。这里作动词用。有司：指官吏。设官分职，各有专司，所以称为有司。

孝惠帝曾春出游离宫①，叔孙生曰："古者有春尝果②，方今樱桃孰，可献，愿陛下出，因取樱桃献宗庙。"上乃许之。诸果献由此兴③。

【注释】

①离宫：帝王正宫以外临时居住的宫室。②春尝果：古代帝王在春季鲜果成熟时最先享用，并进献宗庙祭祀祖先。③果献：向宗庙进献果品的典礼。

太史公曰：语曰"千金之裘①，非一狐之腋也②；台榭之榱③，非一木之枝也；三代之际④，非一士之智也"。信哉！夫高祖起微细，定海内⑤，谋计用兵，可谓尽之矣。然而刘敬脱挽辂一说，建万世之安，智岂可专邪⑥！叔孙通希世度务制礼⑦，进退与时变化⑧，卒为汉家儒宗⑨。"大直若诎，道固委蛇"⑩，盖谓是乎⑪！

【注释】

①语曰：引用别人的话而不具体交代出处时，常常这样引起。裘：毛皮衣。②腋：胳肢窝。特指兽腋下的毛皮。③榭（xiè）：建在台上的高屋。榱（cuī）：椽子。④三代之际：意思是说夏、商、周三代盛世的功业。⑤海内：古代传说我国的四周都有大海环绕，所以称全国范围为四海之内或海内。⑥邪（yé）：通"耶"。表疑问的语气助词。⑦希世度（duó）务：迎合世俗，考虑事务。⑧进退：去留。⑨卒：终于；到底。儒宗：儒家大师。⑩大直若诎（qū），道固委蛇（wēi yí）：引语本于《老子》。意思是说，最正直的人，并非顽固死硬。⑪盖：有"大概""也许"的意思。疑商副词。

季布栾布列传第四十

季布者，楚人也①。为气任侠②，有名于楚。项籍使将兵③，数窘汉王④。及项羽灭，高祖购求布千金⑤，敢有舍匿⑥，罪及三族⑦。季布匿濮阳周氏⑧。周氏曰："汉购将军急，迹且至臣家⑨，将军能听臣，臣敢献计；即不能，愿先自刭⑩。"季布许之。乃髡钳季布⑪，衣褐衣⑫，置广柳车中⑬，并与其家僮数十人⑭，之鲁朱家所卖之⑮。朱家心知是季布，乃买而置之田，诫其子曰："田事听此奴，必与同食。"朱家乃乘轺车之洛阳⑯，见汝阴侯滕公⑰。滕公留朱家饮数日。因谓滕公："季布何大罪，而上求之急也⑱？"滕公曰："布数为项羽窘上，上怨之，故必欲得之。"朱家曰："君视季布何如人也？"曰："贤者也。"朱家曰："臣各为其主用，季布为项籍用，职耳⑲。项氏臣可尽诛邪？今上始得天下，独以己之私怨求一人⑳，何示天下之不广也！且以季布之贤而汉求之急如此，此不北走胡即南走越耳㉑。夫忌壮士以资敌国，此伍子胥所以鞭荆平王之墓也㉒。君何不从容为上言邪㉓？"汝阴侯滕公心知朱家大侠，意季布匿其所㉔，乃许曰："诺。"待间㉕，果言如朱家指㉖。上乃赦季布。当是时，诸公皆多季布能摧刚为柔㉗。朱家亦以此名闻当世。季布召见，谢㉘，上拜为郎中㉙。

【注释】

①楚：国名。芈（mǐ）姓。始祖鬻（yù）熊。②为气：好逞意气。任侠：以"侠义"自任；凭借气力打抱不平。③项籍：项羽名籍。④汉王：公元前206年，项羽立刘邦为汉王。⑤购求：悬赏征求。⑥舍匿（nì）：收留隐藏。⑦三族：一说指父母、兄弟、妻子；一说指父族、母族、妻族。⑧濮阳：县名。在今河南省濮阳县西南。⑨迹：追踪。动词。⑩自刭（jǐng）：割颈自杀。⑪髡（kūn）钳：古代刑罚名。⑫衣（yì）褐衣：穿上粗布衣服。⑬广柳车：运载货物的大车。一说为载棺材的丧车。⑭家僮（tóng）：私家蓄养的奴婢。⑮朱家：鲁（今山东省曲阜市）人，汉初著名游侠。⑯轺（yáo）车：一马驾驶的轻便车。洛阳：都邑名。在今河南省洛阳市东北。⑰汝阴侯：即夏侯婴。⑱上：皇上。指汉高帝。⑲职：职分内的事。⑳独：仅；只。㉑不北走胡即南走越：不是向北逃奔匈奴，便是向南逃奔南越。㉒伍子胥鞭荆平王：伍子胥之父伍奢、兄伍尚为楚平王所杀，伍子胥逃亡吴国。后伍子胥帮助吴王阖闾夺得王位，辅佐阖闾率领吴军攻破楚国郢都，伍子胥掘楚平王墓，出其尸，鞭之三百。以报父仇。荆，楚国的别称。㉓从容（cōng róng）：自然地；仿佛不是有意地。㉔意：料想。㉕待间（jiān）：等待机会。㉖指：通"旨"，旨意。㉗多：推重。㉘谢：认错；谢罪。㉙拜：用一定的礼节授予官职。郎中：官名。战国始设，汉代沿设，属郎中令。

孝惠时①，为中郎将②。单于尝为书嫚吕后③，不逊，吕后大怒，召诸将议之。上将军樊哙曰④："臣愿得十万众，横行匈奴中⑤。"诸将皆阿吕后意⑥，曰"然"。季布曰："樊哙可斩也！夫高帝将兵四十余万众，困于平城⑦，今哙奈何以十万众横行匈奴中，面欺！且秦以事于胡⑧，陈胜等起⑨。于今创痍未瘳⑩，哙又面谀，欲摇动天下。"是时殿上皆恐，太后罢朝⑪，遂不复议击匈奴事。

【注释】

①孝惠：汉惠帝刘盈，前194—前188年在位。②中郎将：官名。统领皇帝侍卫的官。③单（chán）于：匈奴君主的称号。嫚：侮辱。④樊哙：沛县（今属江苏）人。⑤横行：纵横驰骋，无所阻挡。⑥阿（ē）：迎合；附和。⑦困于平城：汉七年（前200年），韩王信勾结匈奴在太原谋反，汉高帝带兵往击，在平城（今山西省大同市东北）被匈奴冒顿（mò dú）单于围困七日，后用陈平计脱围。⑧以事于胡：因为对匈奴用兵。⑨陈胜：秦末农民起义军领袖。⑩创痍（yí）未瘳（chōu）：创伤还没有医治好。痍，创伤。瘳，病愈。⑪罢朝：停止朝会。

季布为河东守①，孝文时②，人有言其贤者，孝文召，欲以为御史大夫③。复有言其勇，使酒难近④。至，留邸一月⑤，见罢。季布因进曰："臣无功窃宠⑥，待罪河东⑦。陛下无故召臣⑧，此人必有以臣欺陛下者⑨；今臣至无所受事，罢去，此人必有以毁臣者⑩。夫陛下以一人之誉而召臣，一人之毁而去臣，臣恐天下有识闻之⑪，有以窥陛下也⑫。"上默然惭，良久曰："河东吾股肱郡⑬，故特召君耳。"布辞之官⑭。

【注释】

①河东：郡名。地在今山西省西南部，治所在安邑（今夏县西北）。②孝文：汉文帝刘恒。前179—前157年在位。③御史大夫：官名。④使酒难近：过饮任性，难以成为皇帝的亲近大臣。⑤邸：客馆。⑥窃宠：窃取宠信。谦辞。⑦待罪：听

候治罪。⑧陛下：臣下对帝王的尊称。陛本为宫殿的台阶，群臣对帝王说话，不敢直指，故呼在陛下者告之，因卑达尊之意。⑨"此人必有以臣欺陛下者"，应理解为"此人必有以誉臣在欺陛下者"。"誉臣"，与后一分句中的"毁臣"相对举。⑩毁：毁谤。⑪有识：指有见识的人。⑫窥：窥测；洞察。⑬股肱（gōng）：比喻左右得力的辅佐。股，大腿；肱：手臂。⑭辞之官：辞别皇上，回到河东郡守的原任。

楚人曹丘生①，辩士②，数招权顾金钱③。事贵人赵同等④，与窦长君善⑤。季布闻之，寄书谏窦长君曰："吾闻曹丘生非长者⑥，勿与通⑦。"及曹丘生归，欲得书请季布⑧。窦长君曰："季将军不说足下⑨，足下无往。"固请书，遂行。使人先发书，季布果大怒，待曹丘。曹丘至，即揖季布曰⑩："楚人谚曰'得黄金百斤，不如得季布一诺'，足下何以得此声于梁、楚间哉⑪？且仆楚人⑫，足下亦楚人也。仆游扬足下之名于天下⑬，顾不重邪⑭？何足下距仆之深也⑮！"季布乃大说，引入，留数月，为上客，厚送之。季布名所以益闻者，曹丘扬之也。

【注释】

①曹丘生：犹言曹丘先生。②辩士：擅长辞令的人。③招权：借重权势。④赵同：指受汉文帝宠幸的宦官赵谈。⑤窦长君：汉文帝窦皇后的哥哥。⑥长者：性情谨厚的人。⑦通：交往。⑧请：进见。⑨说（yuè）：通"悦"。足下：称对方的敬辞。⑩揖：行拱手礼，表示不卑不亢。⑪梁楚：泛指战国时梁国（魏国的别称）和楚国旧地。⑫仆：自称的谦辞。⑬游扬：四处宣扬。⑭重：有力。⑮距：通"拒"。

季布弟季心，气盖关中①，遇人恭谨②，为任侠，方数千里，士皆争为之死。尝杀人，亡之吴③，从袁丝匿④。长事袁丝⑤，弟畜灌夫、籍福之属⑥。尝为中司马⑦，中尉、郅都不敢不加礼⑧。少年多时时窃籍其名以行⑨。当是时，季心以勇，布以诺，著闻关中。

【注释】

①关中：古地区名。②恭谨：谦恭谨慎。③吴：汉初封国。在今江苏省、浙江省、安徽省一带，都广陵（今江苏省扬州市西北）。④袁丝：即袁盎，字丝。历任齐相、吴相。详见《袁盎晁错列传》。⑤长事：用对待兄长的礼节对待。⑥畜（xù）：养育；对待。灌夫：汉景帝时以军功任中郎将。武帝时任太仆，后徙为燕相，因事获罪免官。终因忤丞相田蚡，被杀。详见《魏其武安侯列传》。籍福：田蚡的门客。⑦中司马：官名。中尉（掌京都治安的武官）下属的辅佐官员。⑧郅都：汉景帝时任济南太守，后提升为中尉。⑨窃籍（jiè）其名：偷偷地假借他的名义。籍，通"借"，假托。

季布母弟丁公①，为楚将。丁公为项羽逐窘高祖彭城西②，短兵接③，高祖急，顾丁公曰："两贤岂相厄哉④！"于是丁公引兵而还，汉王遂解去。及项王灭，丁公谒见高祖⑤。高祖以丁公徇军中⑥，曰："丁公为项王臣不忠，使项王失天下者，乃丁公也。"遂斩丁公，曰："使后世为人臣者无效丁公！"

【注释】

①丁公：丁固。薛（今山东省滕州市南）人。②彭城：县名。在今江苏省徐州市。项羽建都地。③短兵：指短柄兵器刀剑等。④厄：为难；迫害。⑤谒（yè）见：进见。⑥徇（xùn）：对众宣示。

栾布者，梁人也。始梁王彭越为家人时①，尝与布游②。穷困，赁佣于齐③，为酒人保④。数岁，彭越去之巨野中为盗⑤，而布为人所略卖⑥，为奴于燕⑦。为其家主报仇，燕将臧荼举以为都尉⑧。臧荼后为燕王，以布为将。及臧荼反，汉击燕，虏布。梁王彭越闻之，乃言上，请赎布以为梁大夫⑨。

【注释】

①彭越：昌邑（今山东省金乡县西北）人。②游：交游；来往。③赁（lìn）佣：受人雇佣。齐：国名。战国七雄之一。地在今山东省北部和东部。④保：佣工。⑤巨野：即巨野泽，在今山东省巨野县东北。⑥略：劫持。⑦燕（yān）：国名。地在今河北省北部和辽宁省西端。⑧臧荼：秦末燕王韩广的部将。都尉：武官名。战国始设，职位比将军略低。⑨赎布：替栾布赎罪。

使于齐①，未还，汉召彭越，责以谋反②，夷三族。已而枭彭越头于雒阳下③，诏曰④："有敢收视者⑤，辄捕之⑥。"布从齐还，奏事彭越头下⑦，祠而哭之⑧。吏捕布以闻⑨。上召布，骂曰："若与彭越反邪⑩？吾禁人勿收，若独祠而哭之，与越反明矣。趣亨之⑪。"方提趣汤⑫，布顾曰："愿一言而死。"上曰："何言？"布曰："方上之困于彭城，败荥阳、成皋间⑬，项王所以不能遂西⑭，徒以彭王居梁地⑮，与汉合从苦楚也⑯。当是之时，彭王一顾⑰，与楚则汉破⑱，与汉而楚破。且垓下之会⑲，微彭王⑳，项氏不亡。天下已定，彭王剖符受封㉑，亦欲传之万世。今陛下一征兵于梁，彭王病不行，而陛下疑以为反，反形未见㉒，以苛小案诛灭之㉓，臣恐功臣人人自危也。今彭王已死，臣生不如死，请就亨。"于是上乃释布罪，拜为都尉㉔。

【注释】

①齐：汉初封国名。②责以谋反：以谋反罪责罚彭越。③枭（xiāo）：悬头示众。雒（luò）阳：即洛阳。④诏：皇帝颁发的命令、文告。⑤收视：收殓看顾。⑥辄：立即。⑦奏：报告。⑧祠：祭祀。⑨闻：使人知道。指报告皇上。⑩若：你（们）。⑪趣（cù）亨（pēng）之：赶快烹杀栾布。⑫提：举起。趣（qù）：向着。汤：滚水。⑬荥（xíng）阳：县名。在今河南省荥阳市东北。成皋：邑名。在今河南省荥阳市汜水镇。⑭遂西：顺利西进。⑮徒：迁。⑯合从（zōng）：即合纵。这里指联合。苦：使动用法。⑰一顾：偏重一边。⑱与：亲附；支援。⑲垓下：地名。在今安徽省灵璧县东南。⑳微：非；无。㉑剖符：把表示凭证的符（用金、玉、铜、竹或木制成）分成两半，受封者和朝廷各执一半，以示信用。㉒见（xiàn）：通"现"。显露。㉓苛小：苛求小事。㉔拜：授予官职或爵位。

孝文时，为燕相，至将军。布乃称曰①："穷困不能辱身下志②，非人也；富贵不能快意③，非贤也。"于是尝有德者厚报之，有怨者必以法灭之。吴、楚反时④，以军功封俞侯⑤，复为燕相。燕齐之间皆为栾布立社，号曰栾公社。

【注释】

①称：宣称；扬言。②辱身下志：委屈自己的心意。③快意：心意满足。④吴、楚反：汉景帝三年（前154年），吴王刘濞、楚王刘戊等七个诸侯国发动武装叛乱，史称"吴楚七国之乱"。⑤军功：指栾布带兵平定了齐地的胶西、胶东、菑川、济南等国。俞（shū）：县名。在今山东省平原县西南。

景帝中五年薨①。子贲嗣②，为太常③，牺牲不如令④，国除⑤。

【注释】

①景帝中五年：相当公元前145年。②嗣：继承。③太常：官名，九卿之一。④牺牲：古代祭祀用牲畜的通称。⑤国除：封国被废除。

太史公曰：以项羽之气，而季布以勇显于楚①，身屡典军搴旗者数矣②，可谓壮士。然被刑戮③，为人奴而不死，何其下也！彼必自负其材④，故受辱而不羞，欲有所用其未足也⑤，故终为汉名将。贤者诚重其死⑥。夫婢妾贱人感慨而自杀者⑦，非能勇也，其计画无复之耳⑧。栾布哭彭越，趣汤如归者，彼诚知所处，不自重其死。虽往古烈士⑨，何以加哉！

【注释】

①显：显扬、闻名。②屡（jù）军搴（qiān）旗：战胜敌军拔取敌旗。屡，践踏。③被刑戮：遭受刑罚，指被髡钳。④自负其材：相信自己的材力。⑤用其未足：发挥他还没有施展的才能。⑥重：看重；珍惜。⑦感慨：感触愤慨。⑧计画无复之：谋虑无法实现。⑨烈士：指重义轻生或有志于建功立业的人。

袁盎晁错列传第四十一

袁盎者，楚人也①，字丝②。父故为群盗，徙处安陵③。高后时④，盎尝为吕禄舍人⑤。及孝文帝即位⑥，盎兄哙任盎为中郎⑦。

【注释】

①楚：国名。芈（mǐ）姓，始祖鬻（yù）熊。西周时立国于荆山一带，建都丹阳（今湖北省秭归县东南）。②字：表字；别名。③安陵：县名。在今陕西省咸阳市东北。④高后：即吕后。汉高帝皇后吕雉。汉惠帝死后，她临朝称制，直接掌握政权。死后诸吕发动叛乱。⑤吕禄：吕后侄，先后被封为胡陵侯、武信侯、赵王，并统率北军（京城卫戍部队）。吕后死后，吕禄等图谋叛乱，被太尉周勃等诛杀。舍人：家臣。战国及汉初王公贵官家均置。⑥孝文帝：汉文帝刘恒。前179—前157年在位。详见《孝文本纪》。⑦中郎：官名。担任宿卫侍从，首长称中郎将。任：保举。汉制，凡职位在二千石以上的官员，任职满三年的，可保举自己的儿子或同胞兄弟一人为郎。

绛侯为丞相①，朝罢趋出②，意得甚。上礼之恭③，常自送之。袁盎进曰："陛下以丞相何如人④？"上曰："社稷臣⑤。"盎曰："绛侯所谓功臣，非社稷臣。社稷臣主在与在，主亡与亡⑥。方吕后时，诸吕用事，擅相王，刘氏不绝如带⑦。是时绛侯为太尉，主兵柄⑧，弗能正⑨。吕后崩，大臣相与共畔诸吕⑩，太尉主兵，适会其成功⑪，所谓功臣，非社稷臣。丞相如有骄主色，陛下谦让，臣主失礼，窃为陛下不取也⑫。"后朝，上益庄⑬，丞相益畏。已而绛侯望袁盎曰⑭："吾与而兄善⑮，今儿廷毁我⑯！"盎遂不谢。

【注释】

①绛侯：周勃。沛县（今属江苏）人。②朝：古代诸侯见帝王、臣子见国君，称"朝"。趋：快走。③上：皇上。④陛下：臣下对帝王的尊称。⑤社稷臣：关系国家安危的大臣。社稷，土神和谷神，古代君主所祭，因此常用社稷代表国家。⑥主在与在，主亡与亡：指社稷臣与国君祸福与共。国君在时，与国君共同管理政事；国君虽亡，仍不废其政。⑦不绝如带：像带子一样连接着，几乎断绝。比喻局面危急。⑧柄：权柄。⑨正：匡正扶救。⑩畔：通"叛"。⑪适：恰好。⑫窃：谦敬副词。⑬庄：严肃。⑭望：怨恨，责怪。⑮而：尔；你。⑯儿：小子（骂人的话）。毁：诋毁；毁谤。

及绛侯免相之国①，国人上书告以为反，征系清室②，宗室诸公莫敢为言，唯袁盎明绛侯无罪。绛侯得释，盎颇有力。绛侯乃大与盎结交。

【注释】

①之：往；到。动词。国：封国。②清室：也作"请室"。

淮南厉王朝①，杀辟阳侯②，居处骄甚。袁盎谏曰："诸侯大骄必生患③，可适削地④。"上弗用。淮南王益横。及棘蒲侯柴武太子谋反事觉⑤，治⑥，连淮南王，淮南王征，上因迁之蜀⑦，辒车传送⑧。袁盎时为中郎将，乃谏曰："陛下素骄淮南王，弗稍禁，以至此，今又暴摧折之⑨。淮南王为人刚，如有遇雾露行道死，陛下竟以为天下之大弗能容，有杀弟之名，奈何？"上弗听，遂行之。

【注释】

①淮南厉王：刘长。汉高帝少子。淮南，封国名。厉王，谥号。②辟阳侯：审食其（yì jī），吕后的宠臣。官至左丞相。③诸侯：西周、春秋时分封的各国国君称诸侯，汉代的封国国王相当于古代的诸侯。④适（zhé）：通"谪"。惩罚。⑤棘蒲侯：柴武的封号。棘蒲：邑名。在今河北大名县西北。⑥治：追查惩办。⑦迁：流放。蜀：郡名。地在今四川省西部，治所在成都（今成都市）。⑧辒（jiàn）车：囚车。⑨暴：猛烈。

淮南王至雍①，病死，闻，上辍食②，哭甚哀。盎入，顿首请罪③。上曰："以不用公言至此。"盎曰："上自宽，此往事，岂可悔哉！且陛下有高世之行者三，此不足以毁名。"上曰："吾高世行三者何事？"盎曰："陛下居代时④，太后尝病⑤，三年，陛下不交睫⑥，不解衣，汤药非陛下口所尝弗进。夫曾参以布衣犹难之⑦，今陛下亲以王者修之⑧，过曾参孝远矣。夫诸吕用事，大臣专制⑨，然陛下从代乘六乘传驰不测之渊⑩，虽贲育之勇不及陛下⑪。陛下至代邸⑫，西向让天子位者再，南面让天子位者三。夫许由一让⑬，而陛下五以天下让，过许由四矣。且陛下迁淮南王。欲以苦其志，使改过，有司卫不谨⑭，故病死。"于是上乃解，曰："将奈何？"盎曰："淮南王有三子，唯在陛下耳。"于是文帝立其三子皆为王。盎由此名重朝廷。

【注释】

①雍：汉置县。在今陕西省凤翔县东南。②辍（chuò）：停止。③顿首：叩头。④代：封国名。汉十一年（前196年），刘邦封刘恒为代王。地辖今山西省北部、

河北省西部。治所在中都（今山西平遥县西南）。⑤太后：指汉文帝母薄太后。⑥交睫（jié）：合眼。睫：眼睫毛。⑦曾参：春秋末鲁国武城（今山东省费县西南）人。⑧修：实行。⑨专制：独断专行。⑩乘传（shèng zhuàn）：四匹下等马驾的传车。传，指驿站或驿站的车马。⑪贲育：指孟贲、夏育，皆古代勇士。⑫代邸：代王在京城的官邸。⑬许由：传说尧要把君位让给他，他逃跑到箕山下，农耕而食。⑭有司：职有专司。

袁盎常引大体慷慨，宦者赵同以数幸[1]，常害袁盎，袁盎患之。盎兄子种为常侍骑[2]，持节夹乘[3]，说盎曰："君与斗，廷辱之，使其毁不用[4]。"孝文帝出，赵同参乘[5]，袁盎伏车前曰："臣闻天子所与共六尺舆者，皆天下豪英。今汉虽乏人，陛下独奈何与刀锯余人载[6]！"于是上笑，下赵同。赵同泣下车。

【注释】

①赵同：本名赵谈，司马迁为避父司马谈名讳改。②种：袁种。③持节夹乘：手持符节在皇帝左右护卫。④毁：毁谤。⑤参乘：坐在车右陪同乘车的侍卫。⑥刀锯余人：受过宫刑的人，指宦官。

文帝从霸陵上[1]，欲西驰下峻阪[2]。袁盎骑，并车揽辔[3]。上曰："将军怯邪？"盎曰："臣闻千金之子坐不垂堂[4]，百金之子不骑衡[5]，圣主不乘危而徼幸[6]。今陛下骋六骓[7]，驰下峻山，如有马惊车败，陛下纵自轻，奈高庙、太后何？"上乃止。

【注释】

①霸陵：县名。在今陕西西安东北。②峻阪（bǎn）：高峻的山坡。③揽辔（pèi）：挽住马缰绳。④垂堂：靠近屋檐处。⑤骑：靠着。衡：楼台边的栏杆。⑥徼幸：希望偶然获得成功或免去不幸。⑦骓（fēi）、古代驾车的马，在中间的叫服，在两旁的叫骓。

上幸上林[1]，皇后、慎夫人从[2]。其在禁中[3]，常同席坐。及坐，郎署长布席[4]，袁盎引却慎夫人坐[5]。慎夫人怒，不肯坐。上亦怒，起，入禁中。盎因前说曰："臣闻尊卑有序则上下和。今陛下既已立后，慎夫人乃妾，妾主岂可与同坐哉！适所以失尊卑矣。且陛下幸之[6]，即厚赐之。陛下所以为慎夫人，适所以祸之[7]。陛下独不见'人彘'乎[8]？"于是上乃说[9]，召语慎夫人[10]。慎夫人赐盎金五十斤。

【注释】

①幸：封建时代帝王到达某地称"幸"。②皇后：指窦皇后。慎夫人：汉文帝妾。③禁中：即宫中。因宫中门户均有卫士把守，非侍御者不能入，故称。④郎署：上林苑中侍卫皇帝的官署。⑤引却：拉向后退。⑥幸：宠爱。⑦祸：使动用法。⑧人彘（zhì）：人猪。⑨说（yuè）：通"悦"。⑩语（yù）：告诉。

然袁盎亦以数直谏，不得久居中，调为陇西都尉[1]。仁爱士卒，士卒皆争为死。迁为齐相[2]。徙为吴相[3]，辞行，种谓盎曰："吴王骄日久[4]，国多奸。今苟欲劾治[5]，彼不上书告君，即利剑刺君矣。南方卑湿，君能日饮，毋何，时说王曰毋反而已[6]。如此幸得脱。"盎用种之计，吴王厚遇盎。

【注释】

①陇西：郡名。都尉：武官名。辅佐郡守，并掌握全郡军事。②迁：调动；提升。齐：封国名。建都临菑（今山东省淄博市东北）。③吴：封国名。建都广

陵（今江苏省扬州市）。④吴王：刘濞（bì）。⑤劾（hé）治：揭发罪行，予以惩罚。⑥说（shuì）：劝说。

盎告归，道逢丞相申屠嘉①，下车拜谒②，丞相从车上谢袁盎。袁盎还，愧其史，乃之丞相舍上谒③，求见丞相。丞相良久而见之。盎因跪曰："愿请间④。"丞相曰："使君所言公事⑤，之曹与长史掾议⑥，吾且奏之；即私邪，吾不受私语。"袁盎即跪说曰⑦："君为丞相，自度孰与陈平、绛侯⑧？"丞相曰："吾不如。"袁盎曰："善，君即自谓不如。夫陈平、绛侯辅翼高帝⑨，定天下，为将相，而诛诸吕，存刘氏；君乃为材官蹶张⑩，迁为队率⑪，积功至淮阳守⑫，非有奇计攻城野战之功。且陛下从代来，每朝，郎官上书疏⑬，未尝不止辇受其言⑭，言不可用置之，言可受采之，未尝不称善。何也？则欲以致天下贤士大夫。上日闻所不闻，明所不知，日益圣智；君今自闭钳天下之口而日益愚⑮。夫以圣主责愚相，君受祸不久矣。"丞相乃拜曰："嘉鄙野人，乃不知，将军幸教。"引入与坐，为上客。

【注释】

①申屠嘉：梁（今河南省东部）人。②拜谒：进见上级时，行拜礼。③上谒：送上名片。④请间：请求隔开旁人，单独接见。⑤使：假使。⑥曹：古代分科办事的官署。掾（yuàn）：古代属官的通称。⑦跪：《汉书》作"起"，是对的。⑧陈平：阳武（今河南省原阳县）人。⑨辅翼：辅佐护卫。⑩材官：勇武的步卒。蹶张：脚踏强弓，使它张开。⑪队率：小军官。⑫淮阳：郡名。地在今河南省东部，治所在淮阳（今淮阳县）。⑬书疏：给皇上的报告。⑭辇（niǎn）：原指人推挽的车，秦、汉后特指帝、后所乘坐的车。⑮闭钳：封闭；关住。

盎素不好晁错①，晁错所居坐，盎去；盎坐，错亦去：两人未尝同堂语。及孝文帝崩，孝景帝即位②，晁错为御史大夫③，使吏案袁盎受吴王财物④，抵罪⑤，诏赦以为庶人⑥。

【注释】

①晁错：颍川（今河南省禹县）人。②孝景帝：汉景帝刘启。前157—前141年在位。③御史大夫：官名。秦汉时仅次于丞相的中央长官。主掌监察、执法，兼管重要文书图籍。④案：通"按"。查核。⑤抵罪：因犯罪受到应得的惩罚。⑥庶人：西周时对农业劳动者的称呼。

吴楚反①，闻，晁错谓丞史曰②："夫袁盎多受吴王金钱，专为蔽匿，言不反。今果反，欲请治盎宜知计谋。"丞史曰："事未发，治之有绝。今兵西乡③，治之何益！且袁盎不宜有谋。"晁错犹与未决④。人有告袁盎者，袁盎恐，夜见窦婴⑤，为言吴所以反者，愿至上前口对状⑥。窦婴入言上，上乃召袁盎入见。晁错在前，及盎请辟人赐间⑦，错去，固恨甚⑧。袁盎具言吴所以反状，以错故，独急斩错以谢吴⑨，吴兵乃可罢。其语具在《吴事》中⑩。使袁盎为太常⑪，窦婴为大将军⑫。两人素相与善。逮吴反，诸陵长者长安中贤大夫争附两人⑬，车随者日数百乘。

【注释】

①吴楚反：汉初所封同姓诸侯，逐渐形成割据势力。②丞史：御史大夫的辅佐官。御史大夫有两丞。丞史，谓丞及史。③西乡（xiàng）：向西进发。乡，通"向"。

④犹与：通"犹豫"。⑤窦婴：观津（今河北省武邑县东南）人，窦太后堂侄。⑥对状：即对质。指受审问时陈述事状。⑦辟（bì）人赐间：避开旁人，给予单独接见。辟，通"避"。⑧固：通。⑨独：只有。⑩《吴事》：指《吴王濞列传》。⑪太常：官名。九卿之一。⑫大将军：将军的最高称号，职掌统兵征战。⑬诸陵：指长安附近的长陵、安陵、霸陵等县。

及晁错已诛，袁盎以太常使吴。吴王欲使将，不肯。欲杀之，使一都尉以五百人围守盎军中。袁盎自其为吴相时，尝有从史从史尝盗爱盎侍儿①，盎知之，弗泄，遇之如故。人有告从史，言"君知尔与侍者通"，乃亡归。袁盎驱自追之，遂以侍者赐之，复为从史。及袁盎使吴见守②，从史适为守盎校尉司马③，乃悉以其装赍置二石醇醪④，会天寒，士卒饥渴，饮酒醉，西南陬卒皆卧⑤，司马夜引袁盎起，曰："君可以去矣，吴王期旦日斩君⑥。"盎弗信，曰："公何为者？"司马曰："臣故为从史盗君侍儿者。"盎乃惊谢曰："公幸有亲⑦，吾不可以累公。"司马曰："君弟去⑧，臣亦且亡，辟吾亲⑨，君何患！"乃以刀决张⑩，道从醉卒隧直出⑪。司马与分背，袁盎解节毛怀之⑫，杖，步行七八里，明，见梁骑⑬，骑驰去，遂归报。

【注释】

①从史：从属的官吏。只随从主官，不掌专职。侍儿：婢女。②见守：被看守。③校尉司马：校尉（位次于将军的武官）属下掌军政和军需的官员。④装赍（jī）：随身携带的财物。⑤陬（zōu）：隅；角落。⑥期：约定。⑦亲：父母。⑧弟：但；只管。⑨辟（bì）：通"避"。隐藏。使动用法。⑩决张（zhàng）：决开军营帐幕。⑪隧：道路。⑫节：使臣所持的信物，又称旌节。节毛：即节旌。⑬梁：封国名。地在今河南省东部和安徽省交界处，治所在睢阳（今河南省商丘市南）。

吴楚已破，上更以元王子平陆侯礼为楚王①，袁盎为楚相。尝上书有所言，不用。袁盎病免居家②，与闾里浮沉③，相随行，斗鸡走狗。雒阳剧孟尝过袁盎④，盎善待之。安陵富人有谓盎曰："吾闻剧孟博徒⑤，将军何自通之⑥？"盎曰："剧孟虽博徒，然母死，客送葬车千余乘，此亦有过人者。且缓急人所有⑦。夫一旦有急叩门，不以亲为解⑧，不以存亡为辞，天下所望者，独季心、剧孟耳⑨。今公常从数骑，一旦有缓急，宁足恃乎！"骂富人，弗与通。诸公闻之，皆多袁盎⑩。

【注释】

①平陆侯礼：楚元王刘交的儿子刘礼，初封平陆侯。②病免：称病辞职。③闾（lú）里：乡里。浮沉：随俗上下。④雒阳：都邑名。在今河南省洛阳市东北。⑤博徒：专爱赌博的人。⑥通：结交；往来。⑦缓急：偏义复词，用"急"字义。⑧解：解说推脱。⑨季心：季布之弟，著名游侠，以勇气闻名关中，曾因杀人，躲藏在袁盎家。⑩多：推崇；赞美。

袁盎虽家居，景帝时时使人问筹策①。梁王欲求为嗣②，袁盎进说，其后语塞③。梁王以此怨盎，曾使人刺盎。刺者至关中④，问袁盎，诸君誉之皆不容口⑤。乃见袁盎曰："臣受梁王金来刺君，君长者，不忍刺君。然后刺君者十余曹⑥，备之！"袁盎心不乐，家又多怪，乃之棓生所问占⑦。还，梁刺客后曹辈果遮刺杀盎安陵郭门外⑧。

【注释】

①筹策：计谋策略。②梁王：刘武。汉景帝弟。③语塞：因袁盎等大臣的谏阻，"求为嗣"的议论被阻止。④关中：秦都咸阳，汉都长安，这个地区位于四关（东函谷、西散关、南武关、北萧关）之中，故称关中。⑤不容口：口不能容。⑥曹：辈。⑦栖（péi）生：术数士。⑧遮：拦住。郭：外城。

晁错者，颍川人也。学申商刑名于轵张恢先所①，与雒阳宋孟及刘礼同师②。以文学为太常掌故③。

【注释】

①申商：指申不害和商鞅，都是战国时法家的代表人物。张恢先：即张恢先生。先，即"先生"之意。②宋孟：人名。刘礼：人名。③太常掌故：太常的属官。

错为人峭直刻深①。孝文帝时，天下无治《尚书》者②，独闻济南伏生故秦博士③，治《尚书》，年九十余，老不可征④，乃诏太常使人往受之。太常遣错受《尚书》伏生所。还，因上便宜事⑤，以《书》称说⑥。诏以为太子舍人、门大夫、家令⑦。以其辩得幸太子，太子家号曰"智囊"。数上书孝文时，言削诸侯事，及法令可更定者。书数十上，孝文不听，然奇其材⑧，迁为中大夫⑨。当是时，太子善错计策，袁盎诸大功臣多不好错。

【注释】

①峭直：严正刚直。刻深：苛刻严峻。②治：研究。《尚书》：儒家经典之一，亦称《书经》。相传由孔丘编选而成。③济南：郡名。地在今山东省中西部，治所在东平陵（今章丘市西）。伏生：伏胜。西汉今文《尚书》的最早传授者。博士：官名。④征：征聘；征召。⑤便宜事：便国宜民之事。⑥称说：称引解说。⑦太子舍人、门大夫、家令：均太子的属官。⑧奇：奇特。意动用法。⑨中大夫：官名。掌议论，备顾问。

景帝即位，以错为内史①。错常数请间言事，辄听，宠幸倾九卿②，法令多所更定。丞相申屠嘉心弗便，力未有以伤。内史府居太上庙壖中③，门东出，不便，错乃穿两门南出，凿庙壖垣。丞相嘉闻，大怒，欲因此过为奏请诛错。错闻之，即夜请间，具为上言之④。丞相奏事，因言错擅凿庙垣为门，请下廷尉诛。上曰："此非庙垣，乃壖中垣，不致于法。"丞相谢。罢朝，怒谓长史曰："吾当先斩以闻，乃先请，为儿所卖，固误。"丞相遂发病死。错以此愈贵。

【注释】

①内史：官名。秦始设，掌治京畿地方，相当于后世的京兆尹。②九卿：秦汉时，中央九个行政官职的总称。③太上庙：指汉高帝父太上皇庙。壖（ruán）：同"堧"。余地；空地。此指太上庙内外墙之间的空地。④具：通"俱"。完全。

迁为御史大夫，请诸侯之罪过，削其地，收其枝郡①。奏上，上令公卿列侯宗室集议②，莫敢难③，独窦婴争之，由此与错有郤④。错所更令三十章，诸侯皆喧哗疾晁错⑤。错父闻之，从颍川来，谓错曰："上初即位，公为政用事，侵削诸侯，别疏人骨肉，人口议多怨公者，何也？"晁错曰："固也。不如此，天子不尊，宗庙不安。"错父曰："刘氏安矣，而晁氏危矣，吾去公归矣！"遂饮药死⑥，曰："吾不忍见祸及吾身。"死十余日，吴楚七国果反，以诛错为名。及窦婴、袁盎进说，上令晁错衣朝衣斩东市⑦。

【注释】

①枝郡：诸侯国边缘上的郡。②公卿：原指三公九卿，后来泛指朝廷的大臣。列侯：爵位名。宗室：皇族。③莫：没有谁。无指代词。④郤（xì）：通"隙"。嫌隙；隔阂。⑤疾：痛恨。⑥药：指毒药。⑦衣（yì）朝衣：穿着朝服。东市：汉代长安市街，常作为执行死刑的地方。

晁错已死，谒者仆射邓公为校尉①，击吴楚军为将。还，上书言军事，谒见上。上问曰："道军所来，闻晁错死，吴楚罢不②？"邓公曰："吴王为反数十年矣，发怒削地，以诛错为名，其意非在错也。且臣恐天下之士噤口③，不敢复言也！"上曰："何哉？"邓公曰："夫晁错患诸侯强大不可制，故请削地以尊京师④，万世之利也。计画始行，卒受大戮⑤，内杜忠臣之口，外为诸侯报仇，臣窃为陛下不取也。"于是景帝默然良久，曰："公言善，吾亦恨之⑥。"乃拜邓公为城阳中尉⑦。

【注释】

①谒者：官名。②不（fǒu）：通"否"。③噤（jìn）：闭口不言。④京师：首都。此指朝廷。⑤卒：竟。⑥恨：悔恨。⑦城阳：封国名。中尉：武官名。掌管王国军事。

邓公，成固人也①，多奇计。建元中②，上招贤良③，公卿言邓公，时邓公免，起家为九卿④。一年，复谢病免归。其子章以修黄老言显于诸公间⑤。

【注释】

①成固：县名。在今陕西省城固县东。②建元：汉武帝年号（前140—前135年）。③贤良：科举的一种。④起家：由平民起用。⑤黄老：黄帝和老子。黄老言，指道家学说，主张无为而治。

太史公曰：袁盎虽不好学，亦善傅会①，仁心为质②，引义慷慨。遭孝文初立，资适逢世③。时以变易④，及吴楚一说⑤，说虽行哉，然复不遂⑥。好声矜贤，竟以名败。晁错为家令时，数言事不用；后擅权，多所变更。诸侯发难，不急匡救，欲报私仇，反以亡躯。语曰"变古乱常，不死则亡。"，岂错等谓邪！

【注释】

①傅会：通"附会"。②仁心：仁爱之心。③资：才能。④以：通"已"。⑤吴楚一说：指建议杀晁错以平息吴楚叛乱。⑥遂：顺利；成功。

张释之冯唐列传第四十二

张廷尉释之者①，堵阳人也②，字季。有兄仲同居③。以訾为骑郎④，事孝文帝⑤，十岁不得调⑥，无所知名⑦。释之曰："久宦减仲之产⑧，不遂⑨。"欲自免归⑩。中郎将袁盎知其贤⑪，惜其去⑫，乃请徙释之补谒者⑬。释之既朝毕⑭，因前言便宜事⑮，文帝曰："卑之⑯，毋甚高论⑰，令今可施行也⑱。"于是释之言秦汉之间事⑲，秦所以失而汉所以兴者久之⑳。文帝称善，乃拜释之为谒者仆射㉑。

【注释】

①廷尉：官名。②堵（zhě）阳：县名。治所在今河南省方城县东六里。③仲：古人常以排行为表字，张释之字季，当为"老三"，其兄仲，当为"老二"。同居：一起生活。④訾：通"赀"，家财。骑（jì）郎：官名。皇帝外出时，骑马护卫皇帝的郎官。按：西汉时，家有五百万钱的财产，可以为郎官。⑤事：奉事。孝文帝：汉文帝刘恒。前179—前157年在位。⑥岁：年。调（diào）：升迁。按《汉书·百官公卿表》载：孝文帝三年（前177年）"中郎将张释之为廷尉。"此处说"事孝文帝，十岁不得调"，可能有误。⑦无所知名：没有什么人知道他。⑧宦：仕宦。此处指做郎官。按，因当时做郎官的必须自备车马服饰，所以有此耗减家产的话。⑨不遂：不安。遂，安。⑩免归：免职回家。⑪中郎将：官名。袁盎（àng）：楚人，后徙安陵（今陕西咸阳市东北）。此时为张释之的长官。在此之前，任过中郎。此后曾任吴相。吴楚七国之乱时，他借机向汉景帝建议诛杀了告发过他的御史大夫晁错，前148年，因事被梁孝王派人刺死。袁盎，即爰盎。⑫惜：舍不得。⑬乃：于是。时间副词。请徙（xǐ）：奏请迁调。谒（yè）者：官名。⑭既朝毕：朝见完毕。⑮因：趁。前，上前。动词。便宜（biàn yí）事：指便国宜民之事。⑯卑：下。使动用法。之，代词。代指所言之事。卑之：意为使你的话切近现状一些。⑰毋甚高论：意为不要高谈阔论，说多么古远的事。⑱令今可施行也：意为要使当前能够实行的。令，使。可，可以；能够。能愿动词。⑲秦汉之间事：即下文所谓"秦所以失而汉所以兴者"。"间"通"间"。上古无"间"字。⑳秦所以失而汉所以兴：秦朝灭亡的原因和汉朝兴起的原因。所以，相当于"……的原因""……的缘故"。久之，许久。㉑拜：用一定的礼节授予官职、爵位。谒者仆射（yè）：谒者长官。

释之从行①，登虎圈②。上问上林尉诸禽兽簿③，十余问④，尉左右视⑤，尽不能对⑥，虎圈啬夫从旁代尉对上所问禽兽簿甚悉⑦，欲以观其能口对响应无穷者⑧。文帝曰："吏不当若是邪⑨？尉无赖⑩！"乃诏释之拜啬夫为上林令⑪。释之久之前曰⑫："陛下以绛侯周勃何如人也⑬？"上曰："长者也⑭。"又复问："东阳侯张相如何如人也⑮？"上复曰："长者。"释之曰："夫绛侯、东阳侯称为长者⑯，此两人言事曾不能出口⑰，岂敩此啬夫谍谍利口捷给哉⑱！且秦以任刀笔之吏⑲，吏争以亟疾苛察相高⑳，然其敝徒文具耳㉑，无恻隐之实㉒。以故不闻其过㉓，陵迟而至于二世㉔，天下土崩㉕。今陛下以啬夫口辩而超迁之㉖，臣恐天下随风靡靡㉗，争为口辩而无其实㉘。且下之化上疾于景响㉙，举错不可不审也㉚。"文帝曰："善㉛。"乃止不拜啬夫。

【注释】

①从行：跟随皇帝出行。②圈（juàn）：关禽兽的场地。③上：皇上。指汉文帝。上林尉：上林苑中管理事务的官员。④十余问：问了十几个问题。⑤左右视：左瞅右瞧。⑥对：回答。⑦虎圈啬夫：掌管虎圈的小吏。甚悉：很详尽。⑧观：显示。能：才能；本领。口对响应无穷：对答敏捷，没有穷尽。"口对响应无穷"为"能"的后移定语，"者"是定语后置的标志。⑨当：应当。若是：像这样。邪（yé）：

吗。通"耶"。疑问语气助词。⑩无赖：无能。没有可以依赖的才能。不可靠。⑪诏（zhào）：皇帝发命令的行为和所发的命令都叫诏。上林令：上林苑首长。⑫前：上前。⑬陛下：古时对皇帝的专称。以：以为；认为。绛（jiàng）侯：周勃的封号。周勃，泗水郡沛县（今江苏沛县）人。⑭长（zhǎng）者：有才能有德行的人。⑮东阳侯：张相如的封号。⑯夫：发语助词。⑰曾（cēng）：竟然；连……也。副词。表示事出意外的语气。⑱岂：难道。反诘副词。敩（xué）：通"学"。谍谍：同"喋喋"，形容说话多。利口：口才好。捷给（jié jǐ）：来得快。哉：呢。语气助词。⑲且：提挈助词。以：因为。任：任用。刀笔之吏：掌管公文案牍的书吏。⑳以：拿；用。亟（jí）：紧急。疾：快速。苛：深刻。察：督责。相高：互比高低。㉑敝：通"弊"。弊病；流弊。徒：徒然。文具：具备官样文书。耳：罢了。语气助词。㉒无恻隐之实：意为没有出自内心的实情。㉓以故：因此缘故。过：过失；错误。㉔陵迟：意同"陵夷"。衰落；败坏。有一天坏似一天的意思。二世：秦二世胡亥。秦朝的第二代皇帝。前210—前207年在位。㉕天下：指国家政权。土崩：比喻彻底崩溃。㉖口辩：有口才。超迁：越级升官。之：他。代词，指啬夫。㉗臣：官吏，百姓对君主的自称。天下：普天下。随风靡靡：随风附和。靡，随顺附和。㉘无其实：即"无恻隐之实"。㉙下之化上：为"下之化于上"的省语。指下面受到上面的感化。之，结构助词。化，感化。疾于景响：比影子和回声还来得快。景（jǐng）通"影"，影子。响，回声。㉚举错不可审：意为办什么不办什么不可不谨慎。举，兴办。错，通"措"。停置：停办。审，慎重。㉛善：好；答应之词。

上就车①，召释之参乘②，徐行③，问释之秦之敝。具以质言④。至宫，上拜释之为公车令⑤。

【注释】

①就车：上车。②召：呼唤。参乘：同"骖乘"。③徐：缓慢。④具：全部。质：实。⑤公车令：即公车司马令。官名，始于秦，汉沿置。

顷之①，太子与梁王共车入朝②，不下司马门③，于是释之追止太子、梁王无得入殿门④。遂劾不下公门不敬⑤，奏之⑥。薄太后闻之⑦，文帝免冠谢曰⑧："教儿子不谨"⑨。薄太后乃使使承诏赦太子、梁王⑩，然后得入。文帝由是奇释之⑪，拜为中大夫⑫。

【注释】

①顷之：不久。②太子：皇帝所指定的继承人。此处指汉景帝刘启。刘启是汉文帝的长子，前157—前141年在位。梁王：梁孝王刘武。刘恒子，刘启弟。以爱好文学著称。封于梁，国在今河南、安徽两省交界地区，都睢阳（在今河南省商丘市南）。共车：同乘一辆车。③不：没有。动词。司马门：宫廷外门。④于是：当时。追止：追上前去制止。无得：不得；不能。⑤遂：于是；就。劾（hé）：弹劾；揭发罪状。公门：君门。此处指司马门。不敬：即"大不敬"。⑥奏：臣子向君主进言、上书。⑦薄太后：薄姬。高祖妾。文帝生母。⑧免冠谢：脱帽谢罪。免冠，脱帽。表示谢罪，失敬。⑨教：教育；教导。谨：严。⑩使使（shǐ shì）：派遣使者。前一个"使"为动词，后一个"使"为名词。承：接受；承受。⑪由是：从这件事。奇释之：认为释之与众不同。奇，不寻常；罕见。此处作意动词，即"以……为奇"。⑫中大（dà）夫：官名。

顷之，至中郎将①。从行至霸陵②，居北临厕③。是时慎夫人从④，上指示慎夫人新丰道⑤，曰："此走邯郸道也⑥。"使慎夫人鼓瑟⑦，上自倚瑟而歌⑧，意惨悽悲怀⑨，顾谓群臣曰⑩："嗟乎⑪！以北山石为椁⑫，用纻絮斫陈⑬，蕠漆其间⑭，岂可动哉⑮！"左右皆曰⑯："善。"释之前进曰⑰："使其中有可欲者⑱，虽锢南山犹有郤⑲；使其中无可欲者，虽无石椁，又何戚焉⑳！"文帝称善。其后拜释之为廷尉㉑。

【注释】

①至中郎将：官升到中郎将。②霸陵：汉文帝陵墓。在今陕西省西安市东北。③厕：同"侧"，旁边。居北临厕：意为坐在霸陵上面的北边远望。④是时：此时。慎夫人：汉文帝宠姬。⑤指示：用手指给人看。新丰道：去新丰县（治所在今陕西省西安市临潼区东北）的路。⑥走（zǒu）：向。此走邯郸道也：这就是向邯郸去的路啊。⑦使：令；让。鼓：弹奏。瑟（sè）：一种拨弦乐器，有二十五根弦。⑧上：指文帝。自：自己。倚（yǐ）瑟而歌：合着瑟的曲调唱歌。⑨意：情意。惨悽：悲惨凄凉。悽，通"凄"。悲怀：伤心。⑩顾：回头望着。谓：动词。相当于"对……说。"⑪嗟（jiē）乎：相当于"唉"，感叹词。⑫以北山石为椁（guǒ）：拿京师北山上的好石头做外椁。椁通"槨"，棺材外面套的大棺材。⑬纻（zhù）：苎麻。絮：棉絮。斫（zhuó）：斩；剁。陈：施加。⑭蕠（rú）：通"絮"，丝绵。漆：动词。间：夹缝；间隙空隙。上下句意为：把苎麻、棉絮剁细，充塞在石椁的缝隙，再用漆粘合。⑮岂：难道。反诘副词。此处还含有希望的语气。可：能。动：触动。指打开棺枢。⑯左右：近侍；近臣。⑰前进：走上前。⑱使：假使；如果。假设连词。其：之。代指霸陵。有可欲者：有能引起人的贪欲的东西。⑲虽：即使。锢（gù）：用熔化的金石堵塞空隙。郤（xì）：空隙；裂缝。通"郄""隙"。⑳戚：忧虑；悲伤。动词。焉：呢。语气词。㉑其：此，指示代词。

顷之，上行出中渭桥①，有一人从桥下走出②，乘舆马惊③。于是使骑捕④，属之廷尉⑤。释之治问⑥。曰⑦："县人来⑧，闻跸⑨，匿桥下⑩。久之，以为行已过⑪，即出⑫，见乘舆车骑⑬，即走耳⑭。"廷尉奏当⑮，一人犯跸⑯，当罚金⑰。文帝怒曰："此人亲惊吾马⑱，吾马赖柔和⑲，令他马⑳，固不败伤我乎㉑？而廷尉乃当之罚金㉒！"释之曰："法者天子所与天下公共也㉓。今法如此而更重之㉔，是法不信于民也㉕。且方其时㉖，上使立诛之则已㉗。今既下廷尉㉘，廷尉，天下之平也㉙，一倾而天下用法皆为轻重㉚，民安所措其手足㉛？唯陛下察之㉜。"良久㉝，上曰："廷尉当是也㉞。"

【注释】

①行出：行经。中渭桥：在汉长安城（今西安市西北）北。②走：跑。③乘舆（shèng yú）：帝王所乘的车子。④骑（jì）：随从的骑士。⑤属（zhǔ）之廷尉：把他交付给廷尉。之，他，代词，代指被捕的人。⑥治问：审问。⑦曰：当为被审问者的供词。⑧县人：长安县乡下人。与京城相对而言。⑨跸（bì）：帝王出行时开路清道，禁止他人通行。⑩匿（nì）：躲藏。⑪行已过：天子的仪仗队已经过去。⑫即：便。⑬车骑（jì）：随从乘舆的车马卫队。⑭即走耳：立即逃跑了。⑮当（dāng）：判罪。意为处以相当的刑罚。⑯一：当作"此"。犯跸：违犯清道戒严的号令。⑰当罚金：应当处以罚金。汉法"跸先至而犯者罚金四两。"⑱亲惊吾马：亲自惊吓了我的乘马。⑲赖：幸亏，依赖。柔和：脾性温和。⑳令：如果；假使。假

设连词。他马：别的马。㉑固：本来。副词，表示必然的语气。败伤：摔伤；伤害。乎：吗。语气词。表示反问。㉒而：然而。转折连词。乃：仅。㉓此句意为：法律是天子和天下人所共同遵循的东西。㉔更重之：使它变重。更，改变。重：使动用法。之：它，代词，称代"法"。㉕不信：不能取信。也：啊。语气词，表感叹。㉖且：况且。提起连词，表进层关系。方：当。其：那个。㉗使立诛（zhū）之：让人立即杀掉他。诛，杀戮。㉘既下廷尉：即既然下交给廷尉治罪。㉙天下之平：意为天下公平的象征。平：公平；公正。按《汉书·百官公卿表》云："廷尉，秦官。"因此，张释之在这儿说："廷尉，天下之平也。"㉚倾：侧；偏。用法皆为轻重：意为使用法律时都会任意或轻或重。㉛安所：何处。措：放置。㉜唯：副词。表祈使语气。㉝良久：很久。㉞当是也：判处的对啊。

　　其后有人盗高庙坐前玉环①，捕得②，文帝怒，下廷尉治。释之案律盗宗庙服御物者为奏③，奏当弃市④。上大怒曰："人之无道⑤，乃盗先帝庙器⑥，吾属廷尉者⑦，欲致之族⑧，而君以法奏之⑨，非吾所以共承宗庙意也⑩。"释之免冠顿首谢曰："法如是足也⑪。且罪等⑫，然以逆顺为差⑬。今盗宗庙器而族之⑭，有如万分之一⑮，假令愚民取长陵一抔土⑯，陛下何以加其法乎⑰？"久之，文帝与太后言之⑱，乃许廷尉当⑲。是时⑳，中尉条侯周亚夫与梁相山都侯王恬开见释之持议平㉑，乃结为亲友。张廷尉由此天下称之㉒。

【注释】

　　①其，那。远指代词。其后：那以后。高庙：汉朝君臣供奉高祖刘邦的庙。坐：神座。②捕得：意为吏士捕得盗窃玉环的人。此处主语、宾语皆省。③此句意为释之按照律令中"盗宗庙御服物"的条文奏上。案：通"按"。按照；依从。律：律条。服御物：帝王所用的服饰、车马等物。"盗宗庙服御物"为"律"的后置定语，"者"是定语后置的标志。④奏当弃市：奏请判决斩首。弃市，斩首。⑤人：那人。之：结构助词。用以突出"无道"。无道：胡作非为。⑥乃：竟；居然。语气副词。先帝：旧称死去的皇帝。庙器：宗庙中的器物。⑦者：语气助词。表示有待中明其原因。⑧欲致之族：想使他抵灭族的罪。致，给予。族，灭族。古代的一种刑罚。一人有罪，诛杀其三族或者九族。⑨法：通常的法律条文。⑩以：用来。共：通"恭"。恭敬。承：承奉。⑪顿首：叩头。谢：这里作谢罪讲不妥，当是相告之意，含有解释之意。法：依法判处。足也：达到极限了；只能如此了。⑫且：况且，转接连词。⑬然：然而。以：介词。介绍论事标准。此处作："以……论"。为：有。以逆顺为差：以逆顺的程度（即犯罪轻重程度）而论有差别。⑭族之：诛杀他的全族。族，作动词。⑮有如：如果；假如。假设连词。万分之一：万一。⑯假令：亦为假设连词。长陵：汉高祖刘邦的陵墓，在今咸阳市东北。一抔（póu）土：一捧土。此处不说偷掘长陵，只说取长陵一抔土，也是委婉的说法。⑰何以："以何"的倒装。意思相当于"拿什么"。⑱太后：薄太后。与：和。言之：谈论了这件事。⑲许：准许；批准。⑳是时：这个时候。㉑中尉：官名。秦汉为武职掌京师治安，汉代兼守卫京师的屯卫兵（北军）。汉武帝时改称执金吾。条侯：周亚夫的封号。周亚夫为周勃之子。梁相：梁国的丞相。山都侯：王恬开的封号。王恬开：本名恬启，因避景帝讳，改"启"为"开"。持议平：掌握议论公正。㉒天下：天下的人。称：称颂；称道；称赞。

　　后文帝崩①，景帝立②，释之恐③，称病④。欲免去⑤，惧大诛至⑥；欲见谢⑦，则未知何如⑧。用王生计⑨，卒见谢⑩，景帝不过也⑪。

【注释】

①崩：古代称帝王或王后死叫"崩"。②立：登上帝王或诸侯的位置叫"立"。③恐：恐惧；害怕。④称病：托病请假。⑤免去：辞官离开。⑥惧大诛至：害怕更大更重的刑罚（杀身之祸）随之而来。⑦见谢：当面谢罪。⑧则：然而；却。未知何如：不知怎样才好。⑨王生：姓王的先生。详见下段。计：计谋；办法。⑩卒：终于。副词。⑪不：没有。作动词。过：谴责；责备。动词。

王生者，善为黄老言①，处士也②。尝召居廷中③，三公九卿尽会立④，王生老人，曰："吾韤解⑤"，顾谓张廷尉："为我结韤⑥！"释之跪而结之。既已⑦，人或谓王生曰⑧："独奈何廷辱张廷尉⑨，使跪结韤？"王生曰："吾老且贱⑩，自度终无益于张廷尉⑪。张廷尉方今天下名臣，吾故聊辱廷尉⑫，使跪结韤，欲以重之⑬。"诸公闻之⑭，贤王生而重张廷尉⑮。

【注释】

①善：善于；擅长。黄老言：黄老之术。黄：黄帝。老：老子。春秋末期道家的创始人。②处士：隐居不仕的人。③尝：曾经。时间副词。召：召见。廷：朝廷。④三公：当时指丞相（主管行政）、太尉（主管军事）、御史大夫（主管监察）。为中央最高官吏。九卿：概指中央各部门高级官吏。三公九卿尽会立：公卿大臣都相聚而立。⑤韤（wà）：通"袜"。解（xiè）：同"懈"。韤解：即"袜系解"，意为袜带子松脱了。按：当时群臣上殿，必须脱去鞋子，单穿着袜子行走。所以会有"袜解"的事。⑥结（xì）：拴；绑。通"系"。结韤：把袜带子绑好。⑦既已：过后。⑧人或：有人。虚指代词。⑨独：偏偏。奈：通"奈"。奈何；怎么；为什么。疑问代词。廷辱：在朝廷上侮辱。状动结构。廷：名词作状语。⑩贱：卑贱。与"高贵"相对。⑪度（duó）：揣度；料想。⑫故：故意。⑬欲以重（zhòng）之：想以此加重他的名望。重，加重，动词。⑭诸公：各公卿。⑮贤：认为贤能。意动用法。重：看重；敬重。动词。

张廷尉事景帝岁余①，为淮南王相②，犹尚以前过也③。久之，释之卒。其子曰张挚④，字长公，官至大夫⑤，免。以不能取容当世⑥，故终身不仕⑦。

【注释】

①岁余：一年多。②淮南王：当时为刘安。③犹尚以前过也：也还是因为从前的过错。犹，还是。尚，还。（指从前劾景帝"不敬"之罪的事）④曰：叫作。⑤大夫：官名。掌议论。当时有太中大夫、中大夫等，属郎中令。⑥取容：取悦。即讨人喜欢。当世：指当时的权贵。⑦终身：指自免职到死。

冯唐者，其大父赵人①。父徙代②。汉兴徙安陵③，唐以孝著④，为中郎署长⑤，事文帝。文帝辇过⑥，问唐曰："父老何自为郎⑦？家安在⑧？"唐具以实对。文帝曰："吾居代时⑨，吾尚食监高祛数为我言赵将李齐之贤⑩，战于钜鹿下⑪。今吾每饭⑫，意未尝不在钜鹿也⑬。父知之乎⑭？"唐对曰："尚不如廉颇、李牧之为将也。⑮"上曰："何以⑯？"唐曰："臣大父在赵时，为官率将⑰，善李牧⑱。臣父故为代相⑲，善赵将李齐，知其为人也。"上既闻廉颇、李牧为人⑳，良说㉑，而搏髀曰㉒："嗟乎！吾独不得廉颇、李牧时为吾将㉓，吾岂忧匈奴哉㉔！"唐曰："主臣㉕！陛下虽得廉颇、李牧，弗能用也㉖"。上怒，起入禁中㉗。良久，召唐让曰㉘："公奈何众辱我㉙，独无闲处乎㉚？"唐谢曰："鄙人不知忌讳㉛。"

【注释】

①大父：祖父。赵：战国七雄之一。②徙（xǐ）：迁移。代：古国名。治所在今河北省蔚县东北。公元前475年为赵襄子所灭。襄子把它封给其侄赵周，称为代成君。③安陵：县名。在今咸阳市东北，本西周程邑，汉惠帝在此筑安陵，并置安陵县。按：据《汉书·地理志》载，汉兴，曾"世世徙吏二千石，商贾富人及豪杰并兼之家于诸陵"。冯唐父由代徙安陵，当属此类情况。④以孝著：因为孝行著名。⑤中郎：官名。秦置，为近侍之官。汉代沿置，属郎中令。中郎署长：中郎署的长官。⑥辇（niǎn）：用人拉挽的车子。过：经过。指从郎署经过。⑦父老：老者的通称。何自："自何"的倒装，意思相当于"从何"。⑧安在：在哪里。⑨居代时：指做代王时。⑩尚食监：管理膳食的官吏。亦称太官。高祛（qū）：代王尚食监，其他不详。数（shuò）：多次；屡次。副词。⑪钜鹿：古县名。秦置。治所在今河北省平乡县西南。战于钜鹿下：当指公元前208年，秦将王离在钜鹿围赵王歇时，赵将李齐与秦兵在钜鹿城下激战的事。⑫每饭：每逢吃饭。⑬未尝：不曾。意未尝不在钜鹿也：意为没有不想到高祛所说的李齐大战于钜鹿的故事。⑭父：父老。之：他。为指示代词。代指李齐。⑮此句意为李齐当将领还不如廉颇、李牧。廉颇：战国时赵国的名将。李牧：战国末赵国名将。长期为赵国防守北部边疆，甚得军心，打败东胡、林胡、匈奴。赵王迁三年（前233年），率军向秦反攻，在肥（今河北省晋州市西）大败秦军，因功封武安君。⑯何以："以何"的倒装。意为"凭什么""根据什么"。⑰官率将：《汉书》本传作官帅将。为百人之长。率，通"帅"。⑱善：交好；友好。动词。⑲故：以前。代相：当为代王赵嘉的相。⑳既：已。㉑良说（yuè）：很高兴。㉒而：于是。搏髀（bó bì）：拍打着大腿。㉓此句意为我偏偏没有廉颇、李牧这样的人作我的将领。㉔匈奴：古代北方少数民族，以游牧为主，汉初以来，屡次骚扰和侵犯汉朝边境。㉕主臣：其含义历来说法不一。㉖弗（fú）：不。用：任用。㉗禁：宫。㉘让：埋怨；责怪。㉙众辱：当着众人的面侮辱。㉚独：难道。反诘副词。闲处：闲隙之处。㉛鄙人：自称的谦辞。

当是之时①，匈奴新大入朝那②，杀北地都尉卬③。上以胡寇为意④，乃卒复问唐曰⑤："公何以知吾不能用廉颇、李牧也？"唐对曰："臣闻上古王者之遣将也⑥，跪而推毂⑦，曰阃以内者⑧，寡人制之⑨；阃以外者，将军制之。军功爵赏皆决于外⑩，归而奏之。此非虚言也。臣大父言，李牧为赵将居边，军市之租皆自用飨士⑪，赏赐决于外，不从中扰也⑫。委任而责成功⑬，故李牧乃得尽其智能⑭，遣选车千三百乘⑮，彀骑万三千⑯，百金之士十万⑰，是以北逐单于⑱，破东胡⑲，灭澹林⑳，西抑强秦㉑，南支韩、魏㉒。当是之时，赵几霸㉓。其后会赵王迁立㉔，其母倡也㉕。王迁立，乃用郭开谗㉖，卒诛李牧㉗，令颜聚代之㉘。是以兵破士北㉙，为秦所禽灭㉚。今臣窃闻魏尚为云中守㉛，其军市租尽以飨士卒，出私养钱㉜，五日一椎牛㉝，飨宾客军吏舍人㉞，是以匈奴远避，不近云中之塞㉟。虏曾一入㊱，尚率车骑击之㊲，所杀甚众㊳。夫士卒尽家人子㊴，起田中从军㊵，安知尺籍伍符㊶。终日力战，斩首捕虏㊷，上功莫府，㊸一言不相应㊹，文吏以法绳之㊺。其赏不行而吏奉法必用㊻。臣愚㊼，以为陛下法太明，赏太轻，罚太重。且云中守魏尚坐上功首虏差六级㊽，陛下下之吏㊾，削其爵㊿，罚作之[51]。由此言之，陛下虽得廉颇、李牧，弗能用也。臣诚愚[52]，触忌讳[53]，死罪死罪！"文帝说[54]。

是日令冯唐持节赦魏尚㊝，复以为云中守㊞，而拜唐为车骑都尉㊙，主中尉及郡国车士㊛。

【注释】

①当是之时：当此之时；正当这时。②朝那（zhū nuó）：《汉书》本传作"朝那"。古县名。治所在今宁夏回族自治区固原市原州区东南。③北地：郡名。地处当今甘肃省东北部及宁夏回族自治区一部分，治马领县（今甘肃环县东南）。都尉：官名。掌管一郡的武备军卒，位次于郡守。卬（áng）：孙卬。④胡：通常指古代北方少数民族。这里指匈奴。⑤卒：终于。时间副词。⑥遣将：派遣将领出征。⑦毂（gǔ）：车轮中心的圆木。此处指车。推毂：推车前进。⑧阃（kǔn）：门槛。此处指国门。者：的。代词，代事。⑨寡人：古时君王对下的自称，意为寡德之人。⑩外：阃外。此处指掌管国门以外事情的将军。飨（xiǎng）：用酒食招待人。⑪军市：军中所设的交易市场。租：租税。⑫中：阃中。此处指朝廷。扰：干预。⑬委任：把任务委托给他。⑭乃得：这才得以。⑮选车：挑选合格的车士。一千三百乘（shèng）：一千三百辆。⑯彀骑（gòu jì）：张弓的骑兵。万三千：一万三千。⑰百金之士：指战士之功可赏百金者，系勇猛的士卒。⑱是以："以是"的倒装，意思相当于"因此"。是：指代上文。北逐：在北边驱逐。状动结构。⑲东胡：居住在燕国北部的游牧民族。乌桓、鲜卑的祖先，今称通古斯族。因其国在匈奴的东部，所以称东胡。⑳澹林（dàn lín）：即"澹林之胡"，又称"林胡"。居住在赵国代郡以北。今河北张北县以北一带。㉑抑（yì）：抑制。秦：战国七雄之一。春秋时建都于雍（今陕西省凤翔县东南）。战国时经过商鞅变法，国力富强，迁都咸阳（今咸阳市东北）。此后不断夺得毗邻的魏、韩、赵、楚等国地。公元前221年，秦王嬴政统一了中国，建立了秦朝。详见《秦本纪》和《秦始皇本纪》。㉒支：抗拒。韩：战国七雄之一。魏：战国七雄之一。㉓几（jī）霸：几乎称霸中原。㉔会：恰巧。迁：指赵王迁。公元前236年继其父悼襄王赵偃为赵王。㉕倡（chàng）：歌舞演员。即所谓"乐家女子"。㉖郭开：赵王的宠臣。㉗公元前229年，秦将王翦率大军攻赵，赵将李牧、司马尚坚守抵御，秦国以重金贿赂郭开，到处散布李牧、司马尚要造反的流言，赵王迁中反间计，捕杀了李牧，罢免了司马尚。㉘颜聚：本为齐将。㉙破：失败。被动用法。北：打了败仗，往回跑。兵破士北：即军破兵败，指在秦军的攻击下，赵忽的军队被打败，颜聚逃离了赵国。㉚为秦所禽灭：指公元前229年，赵国兵败，赵王迁降秦，秦军攻破赵国，赵公子嘉率宗室数百人北逃到了代，自立为代王，赵国实际上覆亡的事。禽，通"擒"。㉛窃：谦辞。私下；私自。云中：郡名。地当今内蒙古自治区呼和浩特市以西以南地区。治云中县（今内蒙古自治区托克托县东北）。守（shòu）：官名。㉜出：拿出。私养钱：私人应得的养活家口的月俸钱。即所谓的"俸给"或"私奉养"。㉝椎（chuí）：槌子，敲击的器具。椎牛：用椎子去杀牛。"椎"在此作动词用。五日一椎牛：每五天杀一回牛。㉞军吏：将军下属的佐贰人员。舍人：对亲近属官或门客的通称。战国及汉初的王公贵官都有舍人。㉟塞（sài）边界上的险要地。㊱虏（lǔ）：对敌人的蔑称。此处指匈奴。㊲车骑（jì）：泛指兵马。车，指战车。骑，用作名词，一人一马。此处指骑兵。㊳所杀甚众：所杀死的敌兵很多。所：特指代词，表示"所……的人"。㊴家人子：平民百姓家的子弟。㊵起：出身。㊶安知：哪儿知道。尺籍伍符：泛指军法制度。㊷首：首级。虏：俘虏。㊸上：报。莫府：莫府本是将帅出征时随军驻扎的大帐，以后就称大将的官府为幕府。莫，通"幕"。㊹一言：一句话。不相应：不相符合。㊺文吏：

司法官。即"刀笔之吏"。绳：纠正；制裁。动词。㊻行：实行。奉法必用：奉行的法令必定获得信用。㊼愚：愚蠢。㊽且：况且。坐：为着；由于。原因介词。坐上功首虏差六级：为着呈报斩首和俘虏的数目时差六个首级。㊾下之吏：将他交付给司法的官吏。㊿削：剥夺。爵：爵位。51罚作之：判了他一年徒刑。按：当时一岁刑为"罚作"。52诚愚：的确愚蠢。53触：触犯。54说（yuè）：同"悦"。55是日：当日。节：饰有牦牛尾的竹杆，使者所持信物。56以为："以之为"的省略。复以为云中守：又以魏尚为云中郡守。57车骑都尉：官名。58郡国：汉初，郡和王国同为地方高级行政区划。郡直属朝廷，王国由分封的诸王统治。

　　七年①，景帝立，以唐为楚相②，免③。武帝立④，求贤良⑤，举冯唐。唐时年九十余，不能复为官⑥，乃以唐子冯遂为郎⑦。遂字王孙，亦奇士⑧，与余善⑨。

【注释】

　　①七年：汉文帝后元七年（前157年）。这年文帝死。②楚：汉初封国。地在今江苏省、山东省、河南省、安徽省交界地区，建都彭城（今江苏徐州市）。国王当时为楚元王（刘邦弟）之孙刘戊。③免：免职。④武帝：刘彻。景帝第七子，汉朝的第五代皇帝。前141—前87年在位。⑤贤良：汉代选拔统治人才的科目之一。⑥复：再。⑦郎：帝王侍从官的通称。⑧奇士：杰出的人才。⑨余：我。即《史记》作者司马迁。善：交好。

　　太史公曰①：张季之言长者②，守法不阿意③，冯公之论将率④，有味哉⑤！有味哉！语曰"不知其人⑥，视其友⑦"。二君之所称诵⑧，可著廊庙⑨。《书》曰"不偏不党⑩，王道荡荡；不党不偏，王道便便⑫"。张季、冯公近之矣⑬。

【注释】

　　①太史公：当时人尊称太史令为太史公。②指张释之在上林苑称赞绛侯、东阳侯为长者的话。③阿意：迎合权贵的心意。阿（ē），褊袒；迎合。④指冯唐评论李牧、魏尚为将的话。率：同"帅"。⑤是说张释之、冯唐的言论语意深远，耐人寻味，大有道理。哉：啊。语气词，表示感叹。⑥语曰：俗话说。不知其人：不了解那个人。⑦视其友：看他的朋友。⑧二君之所称诵：张、冯二君所论述和赞美长者、将帅的话。⑨可：可以；能够。著：标著。廊庙：朝廷。⑩《书》：亦称《尚书》。儒家经典之一。引语出《书·洪范》。偏：偏心。党：阿私。⑪王道：圣王之道。即儒家以仁治天下的主张。荡荡：宽广。⑫便便（pián pián）：通"辩辩"。平平。⑬近：接近。动词。之：代词，代指上文。矣：了。助词。

万石张叔列传第四十三

　　万石君名奋①，其父赵人也②，姓石氏。赵亡，徙居温③。高祖东击项籍，过河内④，时奋年十五，为小吏，侍高祖。高祖与语，爱其恭敬，问曰："若何有⑤？"对曰："奋独有母，不幸失明。家贫。有姊，能鼓琴。"高祖曰："若能从我乎？"曰："愿尽力。"于是高祖召其姊为美人⑥，以奋为中涓⑦，受书谒⑧，徙其家长安中戚里⑨，以姊为美人故也。其官至孝文时，积功劳至大中大夫⑩。无文学⑪，恭谨无与比。

【注释】

①万石（shí）君：因石奋和他的四个儿子都担任俸禄二千石的官员，所以称他为万石君。②赵：国名。③温：县名。在今河南省温县境。④河内：郡名。地在今河南省北部，治所在怀县（今河南武陟县西南）。⑤若：你（们）。⑥美人：妃嫔的称号。⑦中涓：官名。⑧书谒：名帖。⑨戚里：汉代京城中外戚居住的地方。⑩大中大夫：官名。掌论议。⑪文学：文章学问。

文帝时，东阳侯张相如为太子太傅①，免。选可为傅者，皆推奋，奋为太子太傅。及孝景即位，以为九卿②；迫近，惮之③，徙奋为诸侯相。奋长子建，次子甲，次子乙④，次子庆，皆以驯行孝谨，官皆至二千石。于是景帝曰："石君及四子皆二千石，人臣尊宠乃集其门。"号奋为万石君。

【注释】

①张相如：汉高帝时，因战功封东阳侯。太傅：官名。②九卿：秦、汉时中央九个行政长官的总称。③惮：畏惧。④次子甲次子乙：史失其名，故以甲乙名之。

孝景帝季年①，万石君以上大夫禄归老于家，以岁时为朝臣②。过宫门阙，万石君必下车趋③，见路马必式焉④。子孙为小吏，来归谒，万石君必朝服见之⑤，不名⑥。子孙有过失，不谯让⑦，为便坐⑧，对案不食⑨。然后诸子相责，因长老肉袒固谢罪⑩，改之，乃许。子孙胜冠者在侧，虽燕居必冠⑪，申申如也⑫。僮仆䜣䜣如也⑬。唯谨。上时赐食于家，必稽首俯伏而食之，如在上前。其执丧，哀戚甚悼。子孙遵教，亦如之。万石君家以孝谨闻乎郡国，虽齐鲁诸儒质行⑭，皆自以为不及也。

【注释】

①季年：晚年。②岁时：一年中的季节。③趋：疾行，表示恭敬。④路马：亦作"辂马"。路，大。式：通"轼"。车上的横木，即伏手板。古人用手俯按板上，表示敬意。⑤朝服：朝会时所穿的礼服。⑥不名：不称呼人名。⑦让：谴责。⑧便坐：非正式的座位。坐通"座"。⑨案：几桌。指狭长的桌子。⑩因：通过。长老：年高者。固：坚决。⑪燕居：安乐闲居。⑫申申：整齐严肃貌。⑬䜣䜣（yín yín）：敬谨貌。䜣䜣，和悦貌。⑭质：诚信；庄重。

建元二年①，郎中令王臧以文学获罪②。皇太后以为儒者文多质少③，今万石君家不言而躬行，乃以长子建为郎中令，少子庆为内史④。

【注释】

①建元：汉武帝第一个年号（前140—前135年）。②郎中令：官名。王臧：兰陵（今山东省苍山县西南）人。③皇太后：指窦太后。④内史：官名。掌治京师，职位相当于郡守。

建老白首，万石君尚无恙①。建为郎中令，每五日洗沐归谒亲②，入子舍③，窃问侍者，取亲中裙厕牏④，身自浣涤⑤，复与侍者，不敢令万石君知，以为常。

建为郎中令，事有可言，屏人恣言⑥，极切；至廷见，如不能言者。是以上乃亲尊礼之。

【注释】

①恙：疾病。②洗沐：沐浴。③子舍：小房，非正堂。④中裙：内裤。厕牏（tóu）：盛大小便的器皿。⑤浣（huàn）涤：洗涤。⑥屏（bìng）：退避。恣言：尽情说。

万石君徙居陵里①。内史庆醉归，入外门不下车。万石君闻之，不食。庆恐，肉袒请罪，不许。举宗及兄建肉袒②，万石君让曰③："内史贵人④，入闾里⑤，里中长老皆走匿⑥，而内史坐车中自如⑦，固当⑧！"乃谢罢庆⑨。庆及诸子弟入里门，趋至家。

【注释】

①陵里：里名。在今陕西省兴平市。②举宗：指全族人。③让：责备。④贵人：指地位显贵的人。⑤闾里：乡里。⑥匿：躲避。⑦自如：自若；不变常态。⑧固：本来。⑨谢罢：吩咐离开。

万石君以元朔五年中卒①。长子郎中令建哭泣哀思，扶杖乃能行。岁余，建亦死。诸子孙咸孝，然建最甚，甚于万石君。

【注释】

①元朔：汉武帝第三个年号（前128—前123年）。

建为郎中令，书奏事，事下，建读之，曰："误书！'马'者与尾当五①，今乃四，不足一。上谴死矣！"甚惶恐。其为谨慎，虽他皆如是。

【注释】

①马者与尾当五：当时隶书"马"字下部有五画，像马尾和四足的形状。

万石君少子庆为太仆，御出，上问车中几马，庆以策数马毕，举手曰："六马。"庆于诸子中最为简易矣①，然犹如此。为齐相，举齐国皆慕其家行，不言而齐国大治，为立石相祠。

【注释】

①诸子：指石庆的兄弟。简易：简略而便易。

元狩元年①，上立太子，选群臣可为傅者，庆自沛守为太子太傅②，七岁迁为御史大夫。

【注释】

①元狩：汉武帝第四个年号（前122—前117年）。②沛：郡名。

元鼎五年秋①，丞相有罪②，罢。制诏御史③："万石君先帝尊之，子孙孝，其以御史大夫庆为丞相，封为牧丘侯。"是时汉方南诛两越④，东击朝鲜，北逐匈奴，西伐大宛⑤，中国多事。天子巡狩海内⑥，修上古神祠，封禅，兴礼乐。公家用少，桑弘羊等致利⑦，王温舒之属峻法⑧，兒宽等推文学至九卿⑨，更进用事⑩，事不关决于丞相，丞相醇谨而已。在位九岁，无能有所匡言⑪。尝欲请治上近臣所忠、九卿咸宣罪⑫，不能服，反受其过，赎罪。

【注释】

①元鼎：汉武帝第五个年号（前116—前110年）。②丞相：指赵周。③制诏：帝王的命令、文告。命为制，令为诏。④两越：南越、东越。⑤大宛（yuān）：西域国名。⑥巡狩（shòu）：也作"巡守"。⑦桑弘羊：洛阳人。曾任大司农、御史大夫。主张重农抑商，制定、推行盐铁酒类的官营专卖，设立平准，均输机构控制全国商品。⑧王温舒：阳陵（今陕西省高陵县西南）人。⑨兒（ní）宽：千乘（今山东省高青县境）人。曾任御史大夫，参与制定《太初历》。⑩用事：当权。⑪匡：纠正。⑫治：惩处。所忠：人名。咸（jiǎn）宣：杨县（今山西省洪洞县东南）人。

元封四年中①，关东流民二百万口，无名数者四十万②，公卿议欲请徙流民于边以適之③。上以为丞相老谨，不能与其议，乃赐丞相告归④，而案御史大夫以下议为请者。丞相惭不任职，乃上书曰："庆幸得待罪丞相，罢驽无以辅治⑤，城郭仓库空虚，民多流亡，罪当伏斧质⑥，上不忍致法⑦。愿归丞相侯印，乞骸骨归⑧，避贤者路。"天子曰："仓廪既空⑨，民贫流亡，而君欲请徙之，摇荡不安，动危之，而辞位，君欲安归难乎？"以书让庆⑩，庆甚惭，遂复视事⑪。

【注释】

①元封：汉武帝第六个年号（前110—前105年）。②名数：户籍。③適（zhé）：通"谪"。惩罚；流放。④告归：请假回家。⑤罢（pí）：通"疲"。驽：比喻才能低劣。⑥斧质：也作"斧锧""鈇锧"。古代杀人的刑具。⑦致法：交司法处理。⑧乞骸骨：古代官吏因年老请求退职，称乞骸骨或乞骸。⑨仓廪（lǐn）：贮藏米谷的仓库。⑩让：责备。⑪视事：就职；办事。

庆文深审谨①，然无他大略②，为百姓言。后三岁余，太初二年中③，丞相庆卒，谥为恬侯④。庆中子德，庆爱用之，上以德为嗣，代侯。后为太常，坐法当死，赎免为庶人。庆方为丞相，诸子孙为吏更至二千石者十三人⑤。及庆死后，稍以罪去，孝谨益衰矣。

【注释】

①文深：深文，细抠法律条文，甚至作节外生枝的解释。②大略：远大的谋略。③太初：汉武帝第七个年号（前104—前101年）。④谥（shì）：古代帝王、贵族、大臣、士大夫死后，根据他生前事迹给予的表示褒贬的称号。⑤更：连续；交替。

建陵侯卫绾者①，代大陵人也②。绾以戏车为郎③，事文帝，功次迁为中郎将④，醇谨无他。孝景为太子时，召上左右饮，而绾称病不行。文帝且崩时⑤，属孝景曰："绾长者，善遇之。"及文帝崩，景帝立，岁余不噍呵绾⑥，绾日以谨力⑦。

【注释】

①建陵：县名。地在今江苏省新沂市南。②代：郡名。地在今河北省西北部、山西省东北部，治所在代县（今河北省蔚县东北）。大陵：县名。在今山西省文水县东北。③戏车：指在车上表演杂技。④次：顺序；等第。⑤且：将要。⑥噍呵（jiào hē）：斥责。噍，通"谯""诮"。⑦力：尽力。

景帝幸上林①，诏中郎将参乘②，还而问曰："君知所以得参乘乎？"绾曰：

"臣从车士幸得以功次迁为中郎将，不自知也。"上问曰："吾为太子时召君，君不肯来，何也？"对曰："死罪，实病！"上赐之剑。绾曰："先帝赐臣剑凡六③，剑不敢奉诏。"上曰："剑，人之所施易④，独至今乎？"绾曰："具在。"上使取六剑，剑尚盛⑤，未尝服也。郎官有谴，常蒙其罪，不与他将争；有功，常让他将。上以为廉，忠实无他肠⑥，乃拜绾为河间王太傅。吴楚反，诏绾为将，将河间兵击吴楚有功⑦，拜为中尉⑧。三岁，以军功，孝景前六年中封绾为建陵侯。

【注释】

①幸：指帝王驾临。上林：苑名。②参乘：陪乘。古代乘车，尊者在左，御者在中，一人在右，称参乘。③凡：总共；总计。④施（yí）易：交换，买卖。⑤盛（chéng）：以器受物，即谓剑在套中。⑥无他肠：心肠内没有其他恶念。⑦河间：封国名。地在今河北省中南部，治所在乐成（献县东南）。⑧中尉：官名。

其明年，上废太子①，诛栗卿之属②。上以为绾长者，不忍，乃赐绾告归，而使郅都治捕栗氏③。既已，上立胶东王为太子④，召绾，拜为太子太傅。久之，迁为御史大夫。五岁，代桃侯舍为丞相⑤，朝奏事如职所奏⑥。然自初官以至丞相，终无可言。天子以为敦厚⑦，可相少主，尊宠之，赏赐甚多。

【注释】

①太子：指刘荣。景帝长子，栗姬所生。②栗卿：栗太子的舅父。③郅都：河东大阳（今山西省平陆县东北）人。④胶东王：即汉武帝刘彻。⑤舍：刘舍。曾封桃侯。⑥如职所奏：意谓只办例行公事，对于应兴应革事宜，无所建议。⑦敦厚：诚朴宽厚。

为丞相三岁，景帝崩，武帝立。建元年中，丞相以景帝疾时诸官囚多坐不辜者①，而君不任职②，免之。其后绾卒，子信代。坐酎金失侯③。

【注释】

①坐：由于。特指办罪的因由。②君不任职：指因病不能亲自过问朝政，而丞相应当理事政，而卫绾只守职分，不为无辜者申冤。③酎（zhòu）金：汉代皇帝祭祀宗庙时诸侯助祭献金，叫"酎金"。

塞侯直不疑者①，南阳人也。为郎②，事文帝。其同舍有告归③，误持同舍郎金去，已而金主觉，妄意不疑④，不疑谢有之⑤，买金偿。而告归者来而归金，而前郎亡金者大惭，以此称为长者。文帝称举⑥，稍迁至大中大夫⑦。朝廷见，人或毁曰⑧："不疑状貌甚美，然独无奈其善盗嫂何也⑨！"不疑闻，曰："我乃无兄。"然终不自明也。

【注释】

塞（sài）：地名。即桃林塞。②郎：官名。帝王侍从官的通称。③同舍：同居一处馆舍。④妄意：妄自怀疑。⑤谢：认错；道歉。⑥称举：称道，选拔。⑦迁：提升。⑧毁：诽谤。⑨盗：私通。

吴楚反时，不疑以二千石将兵击之①。景帝后元年，拜为御史大夫②。天子修吴楚时功③，乃封不疑为塞侯。武帝建元年中，与丞相绾俱以过免。

【注释】

①二千石：汉代内自九卿郎将，外至郡守尉的俸禄等级都是二千石（月俸一百二十斛，一斛等于十斗，即一石），后即用以指代这些官吏。②拜：授予官职，爵位。③修：表彰。

不疑学《老子》言①。其所临②，为官如故，唯恐人知其为吏迹也。不好立名称，称为长者。不疑卒，子相如代。孙望，坐酎金失侯。

【注释】

①《老子》：书名。也称《道德经》。②临：莅临；来到。

郎中令周文者，名仁，其先故任城人也①。以医见。景帝为太子时，拜为舍人②，积功稍迁，孝文帝时至太中大夫。景帝初即位，拜仁为郎中令。

【注释】

①任（rén）城：县名。②舍人：家臣。

仁为人阴重不泄①，常衣敝补衣溺裤②，期为不洁清③，以是得幸④。景帝入卧内⑤，于后宫秘戏，仁常在旁。至景帝崩，仁尚为郎中令，终无所言。上时问人⑥，仁曰："上自察之。"然亦无所毁。以此景帝再自幸其家。家徙阳陵⑦。上所赐甚多，然常让，不敢受也。诸侯群臣赂遗，终无所受。

【注释】

①阴重：缜密持重。②衣（yì）：穿。动词。溺（niào）裤：可以吸干尿的小裤。溺，通"尿"。③期：常。④是：此；这。⑤卧内：寝宫。⑥问人：指询问别人的善恶。⑦阳陵：县名。

武帝立，以为先帝臣，重之①。仁乃病免，以二千石禄归老②，子孙咸至大官矣。

【注释】

①重：器重。②归老：辞官养老。

御史大夫张叔者，名欧，安丘侯说之庶子也①。孝文时以治刑名言事太子。然欧虽治刑名家②，其人长者。景帝时尊重，常为九卿。至武帝元朔四年，韩安国免，诏拜欧为御史大夫。自欧为吏，未尝言案人③，专以诚长者处官④。官属以为长者，亦不敢大欺。上具狱事⑤，有可却⑥，却之；不可者，不得已，为涕泣面对而封之⑦。其爱人如此。

【注释】

①说（yuè）张说。汉初以军功封安丘侯。②治：研究。刑名：也作"形名"。③案：通"按"。弹劾；惩办。④诚长者：诚实忠厚的人。⑤具狱：指狱案已成，判词已准备就绪。⑥却：退回。⑦封：密封。

老病笃①，请免。于是天子亦策罢②，以上大夫禄归老于家。③家于阳陵。子孙咸至大官矣。

【注释】

①病笃：病重。②亦：特。③上大夫：官。周制，卿以下有大夫，分上、中、下三等，汉制为次于九卿的官阶。

太史公曰：仲尼有言曰'君子欲讷于言而敏于行'①，其万石、建陵、张叔之谓邪？是以其教不肃而成②，不严而治③。塞侯微巧④，而周文处诎⑤，君子讥之，为其近于佞也⑥。然斯可谓笃行君子矣⑦！

【注释】

①讷（nè）：语言迟钝。敏：敏捷。语出《论语·里仁》。②肃：峻急。③严：猛烈。④微巧：精妙机巧。微，微妙，精妙。⑤处：居于；陷于。诎：谄媚。⑥佞（nìng）：用花言巧语谄媚人。⑦笃行：行为敦厚。笃，真诚；忠厚。

田叔列传第四十四

田叔者，赵陉城人也①。其先，齐田氏苗裔也②。叔喜剑，学黄老术于乐巨公所③。叔为人刻廉自喜④，喜游诸公⑤。赵人举之赵相赵午⑥，午言之赵王张敖所⑦，赵王以为郎中⑧。数岁，切直廉平，赵王贤之⑨，未及迁⑩。

【注释】

①赵：此处指战国后期赵国。陉（xíng）城：县名。即苦陉县（今河北省无极县东北）。汉属冀州中山国。战国时中山国为赵国所灭。②齐田氏：春秋时，陈国的公子完避祸奔齐，称田氏。苗裔（yì）：后代。③黄老：黄帝、老子。二人被尊为道家的祖师。他们的"无为"思想为汉初统治者所提倡，收到了与民休养生息的效果。术：学术，学说。乐巨公：本燕人，乐毅之后。所：处所。④刻：刻峭方正。自喜：自重自爱。⑤游：交游。公：这里指年高有德的人。⑥相（xiàng）：汉初，地方王国与中央一样设置丞相，统管王国众官。⑦言：称道；汇报。张敖（？—公元前182年）：赵王张耳的儿子，刘邦长女鲁元公主的丈夫。张耳死，继立为赵王。⑧郎中：官名，始于战国。⑨贤：贤良，有德有才。以动用法。⑩迁：调动；提升。

会陈豨反代①，汉七年，高祖往诛之②，过赵，赵王张敖自持案进食③，礼恭甚，高祖箕踞骂之④。是时赵相赵午等数十人皆怒。谓张王曰："王事上礼备矣⑤，今遇王如是⑥，臣等请为乱。"赵王啮指出血⑦，曰："先人失国⑧，微陛下⑨，臣等当虫出⑩。公等奈何言若是⑪！毋复出口矣⑫！"于是贯高等曰⑬："王长者⑭不倍德⑮。"卒私相与谋弑上⑯。会事发觉，汉下诏捕赵王及群臣反者⑰。于是赵午等皆自杀，唯贯高就系⑱。是时汉下诏书："赵有敢随王者罪三族⑲。"唯孟舒、田叔等十余人赭衣自髡钳⑳，称王家奴㉑，随赵王敖至长安㉒。贯高事明白，赵王敖得出，废为宣平侯㉓，乃进言田叔等十余人㉔。上尽召见，与语，汉廷臣毋能出其右者㉕，上说㉖，尽拜为郡守、诸侯相㉗。叔为汉中守十余年㉘，会高后崩㉙，诸吕作乱㉚，大臣诛之，立孝文帝㉛。

【注释】

①会：正巧。时间副词。陈豨：刘邦的将领，任赵国的丞相。代：汉初王国名。②高祖（前256—前195年）：汉高帝，刘邦。泗水郡沛县（今江苏省沛县）人。西汉王朝的创建者。诛：讨伐。③案：木制的托盘，有脚，用来盛食物。④箕踞：古人席地而坐，随意伸开两腿，像个簸箕，是一种傲慢的坐法。⑤上：皇上。这里指刘邦。⑥遇：对待。⑦啮（niè）：咬。⑧先人：张敖自称死去的父亲张耳。失国：汉元年（公元前206年），张耳从项羽入关，项王分赵地立他为常山王。次年，被陈馀袭击，失国，投奔刘邦。又次年，与韩信破赵，斩陈馀及赵王歇，才被刘邦封为赵王。⑨微：假若没有。但只用于事后的假设。陛下：借称皇帝。这里指刘邦。⑩虫出：死后无人收尸，蝇类产卵生蛆，爬出尸外。⑪奈何：怎么。⑫毋：不要。禁戒副词。⑬贯高：也是赵相，为人尚气，主谋暗杀刘邦未成。⑭长（zhǎng）者：年高有德的人。⑮倍：违背。⑯弑（shì）：杀。古代贬义词，专用于臣杀君，子杀父。⑰诏：皇帝颁发的命令文告。⑱就系：投案受捕。⑲罪：惩处；判罪，动词。三族：说法不一。一般指父族、母族、妻族。⑳赭（zhě）衣：古代囚犯所穿的赤褐色的衣服。髡（kūn）：古代剃去男子头发的刑罚。钳：古代套在罪犯脖子上的刑具，用金属制成。㉑家奴：私家所蓄的奴隶。㉒长安：西汉国都。在今陕西省西安市西北。㉓宣平：地名。不详所在。㉔进：向上级推荐。㉕毋：通"无"。无指代词。右：上。古人以右为尊。㉖说（yuè）：通"悦"。㉗拜：授给官职。诸侯：汉时诸王，虽名为王，其实如古之诸侯。㉘汉中：郡名。辖境约当今陕西省秦岭以南及湖北省西北部。治所在南郑（今陕西省汉中市东）。㉙高后：刘邦的嫡妻吕雉，又称吕后。崩：死。君主时代专指帝王的死。如山陵崩之意。㉚诸吕：吕后统治时期，大封她娘家吕氏任子、任孙为王、侯。吕后死，诸吕谋夺刘氏政权。㉛孝文帝（前202—前157年）：汉文帝，刘恒。刘邦子，先为代王。前179年至前157年在位。

孝文帝既立，召田叔问之曰："公知天下长者乎？"对曰："臣何足以知之①！"上曰："公，长者也，宜知之。"叔顿首曰②："故云中守孟舒③，长者也。"是时孟舒坐虏大入塞盗劫④，云中尤甚，免⑤。上曰："先帝置孟舒云中十余年矣⑥，虏曾一入，孟舒不能坚守，毋故士卒战死者数百⑦。长者固杀人乎⑧？公何以言孟舒为长者也⑨？"叔叩头对曰⑩："是乃孟舒所以为长者也⑪。夫贯高等谋反，上下明诏，赵有敢随张王，罪三族。然孟舒自髡钳，随张王敖之所在⑫，欲以身死⑬，岂自知为云中守哉！汉与楚相距⑭，士卒罢敝⑮。匈奴冒顿新服北夷⑯，来为边害，孟舒知士卒罢敝，不忍出言，士争临城死敌⑰，如子为父⑱，弟为兄，以故死者数百人⑲。孟舒岂故驱战之哉⑳！是乃孟舒所以为长者也。"于是上曰："贤哉孟舒！"复召孟舒以为云中守。

【注释】

①足以：能。助动词。②顿首：磕头。③故：从前的。云中：郡名。④是：这。坐：犯罪；触犯法律。虏：我国古代对北方外族的贬称。这里指匈奴。塞（sài）：险要地方。这里指长城。⑤免：罢免；撤销职务。⑥先帝：对已死的君主的称呼。这里指高祖刘邦。置：安置在某一官职上。⑦毋：通"无"。⑧固：乃；岂。表反问。⑨何以：以何；凭什么。⑩叩头：磕头。⑪乃：这。乃：是。判断词。所以：名词性词组，表原因。⑫之：往。所在：存在的地方。⑬死：为动用法。⑭汉与楚相距：指汉王刘邦与西楚霸王项羽进行长期战争。⑮罢（pí）敝：疲劳困苦。

罢通"疲"。⑯匈奴：古代我国北方民族之一。也称胡。⑰死敌：死战；拼命作战。⑱为（wèi）：帮助。他动词。⑲以故："以此故"之省。故，原因。名词。⑳岂：难道；哪里。副词，表反问。故：故意；特地。战：使动用法。

后数岁，叔坐法失官。梁孝王使人杀故吴相袁盎①，景帝召田叔案梁②，具得其事③，还报。景帝曰："梁有之乎？"叔对曰："死罪④！有之。"上曰："其事安在⑤？"田叔曰："上毋以梁事为也⑥。"上曰："何也？"曰："今梁王不伏诛⑦，是汉法不行也⑧；如其伏法⑨，而太后食不甘味⑩，卧不安席⑪，此忧在陛下也。"景帝大贤之，以为鲁相⑫。

【注释】

①梁孝王（？—公元前144年）：袁盎（àng）（？—公元前148年）：楚国人，后徙安陵（今陕西省咸阳市东北）。②景帝（前188—前141年）：刘启。与弟梁孝王同为汉文帝刘恒妾窦姬所生。案：按察；查办。③具：通"俱"。副词。引申为尽；完全。④死罪：奏章书信中的套语，意为"冒死罪"。⑤安：哪。疑问代词。⑥毋：不要。禁戒副词。为：办理；追究。⑦今：若。假设连词。伏诛：受死刑。⑧是：这样。状语。⑨伏法：犯法被处死刑。⑩太后：皇帝的母亲。食不甘味：吃东西不知道滋味好。甘，以动用法。⑪卧不安席：躺在床席上不能安稳入睡。安，以动用法。⑫鲁：王国名。在今山东省南部一带。治所在鲁县（今山东省曲阜市）。

鲁相初到①，民自言相，讼王取其财物百余人②。田叔取其渠率二十人③，各笞五十④，余各搏二十⑤，怒之曰："王非若主邪⑥？何自敢言若主⑦！"鲁王闻之大惭，发中府钱⑧，使相偿之。相曰："王自夺之，使相偿之，是王为恶而相为善也。相毋与偿之⑨。"于是王乃尽偿之。

【注释】

①初：才；刚。副词。②王：指鲁共王刘馀，景帝子。③渠率：同"渠帅"。首领。旧时统治阶级称敌对方面的首脑。④笞（chī）：用竹板、荆条打犯人。⑤搏：打；拍。当为用竹板打犯人手掌。⑥若：你；你们。邪（yé）：疑问语气词。后来写作"耶"。⑦何自：何以。⑧中府：内库。⑨与（yù）：参加。

鲁王好猎，相常从入苑中①，王辄休相就馆舍②，相出，常暴坐待王苑外③。王数使人请相休④，终不休，曰："我王暴露苑中，我独何为就舍！"鲁王以故不大出游。

【注释】

①苑（yuàn）：古代畜养草木禽兽以便狩猎的园林。②辄（zhé）：总是。休：休息。使动用法。③暴（pù）：晒。④数（shuò）：屡次。

数年，叔以官卒①，鲁以百金祠②，少子仁不受也，曰："不以百金伤先人名。"

【注释】

①以：于；在。②祠：春祭。这里泛指祭祀。

仁以壮健为卫将军舍人①，数从击匈奴②。卫将军进言仁，仁为郎中。数岁，为二千石丞相长史③，失官。其后使刺举三河④。上东巡，仁奏事有辞⑤，上说⑥，拜为京辅都尉⑦。月余，上迁拜为司直⑧。数岁，坐太子事⑨。时左丞相自将兵⑩，令司直田仁主闭守城门⑪，坐纵太子，下吏诛死⑫。仁发兵，长陵令车千秋上变仁^⑬，仁族死^⑭。陉城今在中山国^⑮。

【注释】

①卫将军：卫青（？—前105年），字仲卿，河东平阳（今山西省临汾市西南）人。卫皇后弟。将军：官名。始于春秋。战国时为武官名。汉代有大将军、骠骑将军等。临时出征有别加称号的。舍人：战国至汉初，王公贵官的侍从宾客、亲近左右，通称舍人。②数（shuò）：多次。③二千石（shí）：秦汉官阶的高低，常按俸禄的多少计算，从二千石递减至百石为止。汉代官吏俸禄等级，内自九卿郎将，外至郡守尉都是二千石，分四等：每月中二千石得百八十斛（即石），真二千石得百五十斛，二千石得百二十斛，比二千石得百斛。丞相长史：官名。丞相府属官之长。秩千石。月俸谷八十斛。本文"丞相长史"之上冠以"二千石"，当为例外。④刺举：检举揭发。三河：河南郡（治所雒阳，今河南省洛阳市东北）、河内郡（治所怀县，今河南省武陟县西南）、河东郡（治所安邑，今山西省夏县西北）。⑤辞：口供。⑥说（yuè）：通"悦"。⑦京辅都尉：官名。⑧司直：官名。掌佐丞相举不法。秩比二千石。⑨太子事：元狩元年（公元前122年），汉武帝立子刘据为太子。江充专宠于汉武帝，征和二年（前91年），刘据为江充所诬，就发兵杀死江充，与丞相刘屈氂等战于长安，兵败逃出城门。不久为吏围捕，自杀。后谥为戾太子。⑩左丞相：官名。⑪主：主管。⑫下吏：交法官审讯。⑬长陵：古县名。汉高帝刘邦十二年（公元前195年）筑陵置县。治所在今咸阳市东北。刘邦死后葬此。车千秋：本姓田氏，祖先是齐国田完的后代，汉初徙长陵。⑭族死：犯灭族罪被杀死。⑮陉城今在：此句前人亦疑非司马迁原文，当是传首"赵陉城人也"的注文的错简。现暂仍其旧。中山国：汉初王国名。辖境包括今河北省满城、唐县、新乐、无极、蠡县。安国、保定市。建都卢奴县（今河北省定县）。

太史公曰：孔子称曰"居是国必闻其政^①"，田叔之谓乎！义不忘贤^②，明主之美以救过^③。仁与余善，余故并论之。

【注释】

①据《论语·学而》"子禽问于子贡曰：'夫子至于是邦也，必闻其政……'"是孔子被学生称赞。②义：通"议"。贤：这里指孟舒。③主：这里指鲁王。

褚先生曰^①：臣为郎时，闻之曰：田仁故与任安相善。任安，荥阳人也^②。少孤贫困，为人将车之长安^③，留，求事为小吏，未有因缘也^④。因占著名数^⑤，家于武功^⑥。武功，扶风西界小邑也^⑦，谷口蜀划道近山^⑧。安以为武功小邑，无豪，易高也^⑨。安留，代人为求盗亭父^⑩。后为亭长^⑪。邑中人民俱出猎，任安常为人分麋鹿雉兔，部署老小当壮剧易处^⑫，众人皆喜，曰："无伤也^⑬，任少卿分别平^⑭，有智略。"明日复合会。会者数百人，任少卿曰："某子甲何为不来乎？"诸人皆怪其见之疾也^⑮。其后除为三老^⑯，举为亲民^⑰，出为三百石长^⑱，治民。坐上行出游共帐不办^⑲，斥免。

【注释】

①褚先生：名少孙，是汉朝元、成间（前48—前7年）一个博士。②荥阳：县名。属司隶部河南郡。治所在今河南省荥阳市东北。③将车：步行推挽车子前进。与御不同。之：往。④因缘：机会。⑤占：隐度；暗自估量。著：著录。名数：

户籍。⑥武功：县名。属右扶风。⑦扶风："右扶风"省称。郡名。⑧谷口：骆谷之入口。骆谷在今陕西周至县西南。蜀刬（chǎn）道：通蜀郡的栈（zhàn）道。蜀郡，治所在成都（今四川省成都市）。辖十五县。属益州。栈道，在险绝之地傍山架木而成的道路。⑨易高：容易提高地位当官。⑩求盗：亭卒。掌逐捕盗贼。亭父：亦亭卒，掌关闭扫除。⑪亭长：汉时十里一亭，亭有一长，两卒。⑫部署：安排。当壮：丁壮；壮丁。剧易：难易。⑬无伤：无妨；没什么关系。⑭分别：分析辨别。⑮见：知；认识。⑯三老：汉代基层官吏名。⑰亲民：《史记会注考证》以为掌乡邑事。⑱三百石长：小县的县长。汉制：万户以上为令，秩千石至六百石；减万户为长，秩五百石至三百石。⑲共帐（gōng zhàng）：陈设帷帐等用具以供宴会或行旅的需要；也指陈设之物。

乃为卫将军舍人，与田仁会，俱为舍人，居门下，同心相爱。此二人家贫，无钱用以事将军家监①，家监使养恶啮马②。两人同床卧，仁窃言曰："不知人哉家监也！"任安曰："将军尚不知人，何乃家监也③！"卫将军从此两人过平阳主④，主家令两人与骑奴同席而食⑤，此二子拔刀列断席别坐⑥。主家皆怪而恶之⑦，莫敢呵⑧。

【注释】
①家监：家臣；管家。②恶啮（niè）马：烈马。③乃：仅。④从：使动用法。过：访；探望。平阳主：汉武帝姊。平阳，在今山西临汾市西南。⑤主家：管家。骑奴：侍从骑马者的家奴。⑥列：分割。今写作"裂"。⑦恶（wù）：厌恶。⑧呵（hē）：大声呵斥。

其后有诏募择卫将军舍人以为郎①，将军取舍人中富给者②，令具鞍马、绛衣、玉具剑③，欲入奏之。会贤大夫少府赵禹来过卫将军④，将军呼所举舍人以示赵禹。赵禹以次问之⑤，十余人无一人习事有智略者⑥。赵禹曰："吾闻之，将门之下必有将类⑦。传曰：'不知其君，视其所使；不知其子，视其所友⑧'，今有诏举将军舍人者；欲以观将军而能得贤者文武之士也⑨。今徒取富人子上之⑩，又无智略，如木偶人衣之绮绣耳⑪，将奈之何⑫？"于是赵禹悉召卫将军舍人百余人，以次问之，得田仁、任安，曰："独此两人可耳⑬，余无可用者。"卫将军见此两人贫，意不平⑭。赵禹去，谓两人曰："各自具鞍马新绛衣。"两人对曰："家贫无用具也。"将军怒曰："今两君家自为贫⑮，何为出此言？鞅鞅如有移德于我者⑯，何也？"将军不得已，上籍以闻⑰。有诏召见卫将军舍人，此二人前见，诏问能略，相推第也⑱。田仁对曰："提枹鼓立军门⑲，使士大夫乐死战斗⑳，仁不及任安。"任安对曰："夫决嫌疑，定是非，辩治官㉑，使百姓无怨心，安不及仁也。"武帝大笑曰："善。"使任安护北军㉒，使田仁护边田谷于河上㉓。此两人立名天下㉔。

【注释】
①募择：招募选择。②富给：富裕丰足。③绛衣：汉宿卫士所穿的深红色服装。玉具剑：剑口和把手部分用玉制成的剑。④少府：官名。九卿之一。赵禹：西汉斄（tái 今陕西省武功县西南）人。武帝时历任御史、太中大夫（中央顾问官）、廷尉等职，为人廉平倨傲，治狱严峻。晚年为少府九卿，变得平缓。⑤以次：按顺序。⑥习事：晓事。⑦语意见《史记·孟尝君列传》，该传作"将门必有将"。将门，世代为将之家。⑧语意见《荀子·性恶》。⑨而：之；的。结构助词。变主谓结构为偏正结构的词组。⑩徒：仅。⑪衣（yì）：动词。给人穿衣。绮（qǐ）

绣：绣花的丝织物。⑫将：打算。⑬独：仅。⑭不平：愤慨不满。⑮为（wèi）贫：因为贫穷〔出仕〕。见《孟子·万章下》"仕……有时为贫"。⑯鞅（yāng）鞅：同"怏怏"。不服气、不满意的神情。移（yī）：施予。⑰上籍：写好簿册。⑱能略：才能谋略。相推第：相推为次第。⑲桴（fú）：通"枹"。鼓槌。⑳士大夫：将帅的佐属；部下。㉑辩：通"辨"。分别。治官：治理职司的百官。见《尚书·周官》。㉒护：监护。北军：汉京城卫戍部队。㉓边田谷：边塞的屯田和谷物。河上：黄河岸边。当时汉军占领了河套、河西等地，设有开田官。㉔立名：立刻扬名。

其后用任安为益州刺史①，以田仁为丞相长史。

【注释】

①益州：州名。治所在成都（今四川省成都市）。刺史：官名。汉武帝元封五年（公元前106年），分全国为十三部（州），每部置一刺史，是朝廷派往各部监察政务的官员，秩六百石。

田仁上书言："天下郡太守多为奸利①，三河尤甚，臣请先刺举三河。三河太守皆内倚中贵人②，与三公有亲属③，无所畏惮，宜先正三河以警天下奸吏。"是时河南、河内太守皆御史大夫杜父兄子弟也④，河东太守石丞相子孙也⑤，是时石氏九人为二千石，方盛贵。田仁数上书言之。杜大夫及石氏使人谢，谓田少卿曰⑥："吾非敢有语言也，愿少卿无相诬污也⑦。"仁已刺三河⑧，三河太守皆下吏诛死。仁还奏事，武帝说⑨，以仁为能，不畏强御⑩，拜仁为丞相司直，威振天下⑪。

【注释】

①为奸利：用犯法的手段谋私利。②中贵人：宫中贵人。③三公：西汉时以丞相（大司徒）、太尉（大司马）、御史大夫（大司空）合称三公，为辅助皇帝掌握军政大权的最高长官。④御史大夫：官名，副丞相。三公之一。杜：杜周。南阳杜衍（今河南省南阳市西南）人，为酷吏张汤的廷尉史。⑤石丞相：石庆。温（今河南省温县西南）人。元鼎五年（公元前112年）为丞相。⑥谢：道歉。少卿：可能是田仁的字。⑦无：通"毋"。相诬污：用诬告来玷污我们。相，代词。这里指杜、石两家。⑧刺：刺举。⑨说：通"悦"。⑩强御：横暴有势力的人。⑪振：通"震"。

其后逢太子有兵事，丞相自将兵，使司直主城门。司直以为太子骨肉之亲，父子之间不甚欲近①，去之诸陵②过③。是时武帝在甘泉④，使御史大夫暴君下责丞相⑤："何为纵太子？"丞相对言："使司直部守城门而开太子⑥。"上书以闻，请捕系司直⑦。司直下吏，诛死。

【注释】

①近：接近。②去：离开。之：往。诸陵：汉以来刘邦等帝王的陵寝。③过：使动用法。④甘泉：宫名。在今陕西省淳化县西北甘泉山。⑤暴君：暴胜之。太始三年（前94年）至征和二年（前91年）为御史大夫。⑥部：总；统辖。开：开释；纵放。⑦捕系：逮捕。

是时任安为北军使者护军，太子立车北军南门外①，召任安，与节令发兵②。安拜受节，入，闭门不出。武帝闻之，以为任安为详邪③，不傅事④，何也？任安答辱北军钱官小吏，小吏上书言之，以为受太子节，言"幸与我其鲜好者"⑤。

书上闻，武帝曰："是老吏也，见兵事起，欲坐观成败，见胜者欲合从之⑥，有两心。安有当死之罪甚众，吾常活之，今怀诈，有不忠之心。"下安吏，诛死。

【注释】

①立车：停车。②节：符节。发兵：调派北军、三辅士兵。③详：通"佯"。假装。邪（yé）：通"耶"。疑问语气助词。④傅：通"附"。附会；附和。⑤幸：希望。⑥合从：附和随从。

夫月满则亏，物盛则衰，天地之常也。知进而不知退，久乘富贵①，祸积为祟②。故范蠡之去越③，辞不受官位，名传后世，万岁不忘，岂可及哉④！后进者慎戒之⑤。

【注释】

①乘：守；居。②祸：毁；诽谤。祟：鬼神给人的灾祸。③范蠡：春秋末政治家。楚国宛（yuān）（今河南省南阳市）人。④及：比得上。一说：涉及，指灾祸临头。⑤戒：以动用法。

扁鹊仓公列传第四十五

扁鹊者①，勃海郡郑人也②，姓秦氏③，名越人。少时为人舍长④。舍客长桑君过⑤，扁鹊独奇之⑥，常谨遇之⑦。长桑君亦知扁鹊非常人也⑧。出入十余年⑨，乃呼扁鹊私坐⑩，间与语曰⑪："我有禁方⑫，年老⑬，欲传与公⑭，公毋泄⑮。"扁鹊曰："敬诺⑯。"乃出其怀中药予扁鹊⑰："饮是以上池之水⑱，三十日当知物矣⑲。"乃悉取其禁方书尽与扁鹊⑳。忽然不见，殆非人也㉑。扁鹊以其言饮药三十日㉒，视见垣一方人㉓，以此视病㉔，尽见五藏症结㉕，特以诊脉为名耳㉖。为医或在齐㉗，或在赵㉘。在赵者名扁鹊。

【注释】

①扁鹊：传说为远古时的一位名医。②勃海郡：郡名，是西汉高帝时所设置的行政区域，辖今河北省东南部和山东省西北部。郑：春秋时的小国，在今河南省新郑市一带。勃海郡无郑县。"郑"当为"鄚"的形误。据《河间府志》记载：唐玄宗开元十三年（725年）因"鄚"与"郑"（郑）相类似，将"鄚"改为"莫"。鄚，即今河北省任丘市北的鄚州镇，曾为赵国鄚县故城，公元前294年归属于燕国。③姓秦氏：在上古时，姓与氏有区别。④少：古时一般指十八岁至二十岁为少。为（wéi）人舍长（zhǎng）：做人家客馆的主管人。舍，客馆，供客人食宿的地方。⑤长（cháng）桑：复姓。过：古代称一般的经过叫"过"。⑥独奇之：唯独（扁鹊）认为他（长桑君）奇特不凡。独，唯独，独自，仅仅，只。副词。奇之，以之为奇，认为他奇特不平凡。奇，形容词意动用法。之，他，代指长桑君。⑦常谨遇之：时常恭敬地接待他。谨，恭敬。⑧亦：也。副词。常人：一般人，平常

史

记

人。⑨馀：表示整数后不定的零数。⑩乃：于是，才。呼：呼叫，呼唤。私：私下，私自。⑪间（jiàn）与语：秘密地同他谈话。间，静，悄悄，秘密，私下。与，跟，同。介词。与后省去宾语"之"（指代扁鹊）。⑫禁方：秘方，不对外公开的方子。⑬老：古时一般指六十岁以上为老。⑭与：给。公：对人的尊称。⑮毋（wú）：通"无"。别，不要。表示禁止。⑯敬诺：恭敬地应诺。⑰予：给予，授予。予通与。⑱饮是以上池之水：喝这个药要用未落地的水露调引。饮，喝。是，这，这个。指长桑君给扁鹊的药。上池之水，未直接落地的水露，如草木上的水露等。⑲当知物矣：会洞察事物啦。当，应当，应该，会。知，知道，了解。引申为洞察。矣，在表示将要出现的事情时，可译为"啦"。语气词。⑳悉取：全部拿取出来。悉，全部，范围副词。尽与：全部给予。㉑殆非人也：大概他不是凡人。殆，大概。副词。㉒以其言：按照他的话。㉓垣（yuán）一方人：墙那一边的人。垣，短墙。方，方位。《太平御览》："垣"下有"外"字。㉔以此视病：凭着这种本领看病。以，凭借。介词。此，这。指透视的本领。近指代词。㉕五藏（zàng）：心、肝、脾、肺、肾五个脏器的总称。藏，通"脏"。症结：腹内结块。引申为病根的部位。㉖特以诊脉为名耳：只是以诊脉为名罢了。特，只，仅。范围副词。耳，相当于"而已""罢了"。语气词。㉗为医：从事医疗活动，即行医。齐：古国名。㉘赵：古国名。赵国是战国七雄之一。

当晋昭公时①，诸大夫强而公族弱②，赵简子为大夫③，专国事④。简子疾⑤，五日不知人，大夫皆惧，于是召扁鹊⑥。扁鹊入视病，出，董安于问扁鹊⑦，扁鹊曰："血脉治也⑧，而何怪⑨！昔秦穆公尝如此⑩，七日而寤⑪。"寤之日，告公孙支与子舆曰⑫："我之帝所甚乐⑬。吾所以久者⑭，适有所学也⑮。"帝告我："晋国且大乱⑯，五世不安⑰。其后将霸⑱，未老而死⑲。霸者之子且令而国男女无别⑳"。公孙支书而藏之，秦策于是出㉑。夫献公之乱㉒，文公之霸，而襄公败秦师于殽而归纵淫㉓，此子之所闻。今主君之病与之同㉔，不出三日必间㉕，间必有言也。

【注释】

①当：值，在。介词。晋昭公：姓姬，名夷，春秋时晋国国君，前531—前526年在位。②诸：众。公族：国君的宗族。③赵简子（？—前458年）：春秋时晋国的大夫，为晋国六卿之一。④专国事：独揽国家政治大事。⑤简子疾：赵简子生了病。疾，病。古时一般的生病称疾，重病称病。秦汉时疾与病常通用。据《史记·赵世家》记载：赵简子病在晋定公十二年（前500年）。赵简子病案，少涉医理，多及神话。⑥于是：在这时。召：召请，召见。古代指上级叫下级来见面。⑦董安于：赵简子的家臣。晋定公十六年（前496年）自杀而死。⑧血脉治也：人体血脉正常。治，管理有秩序，引申为太平、正常。⑨而何怪：你惊怪什么？而，你。第二人称代词。何怪，即怪何，惊怪什么？疑问代词"何"作前置宾语。⑩昔：从前。秦穆公：秦国国君，春秋五霸之一。姓嬴，名任好，前659—前621年在位，共39年，是秦国发展史上的重要时期。尝：曾经。⑪寤（wǔ）：醒。⑫公孙支：秦国的大夫，又叫子桑。子舆：秦国大夫，又叫子车。⑬我之帝所甚乐：我到天帝的宫廷很快乐。之，到，去。所：处所。甚，很，非常。副词。⑭所以：相当于"……的缘故。"⑮适：正好。有所学：指天帝教命。⑯且：将，将要。⑰五世不安：指晋献公、奚齐、卓子、惠公和怀公五代国君在位时国内都不安定。⑱其后将霸：此后将要称霸。⑲未老而死：称霸不久长霸主就要死去。老，长久。晋文公在外十九年，六十二岁回国即位，在位九年便死去，

扁鹊仓公列传第四十五

称霸时间不长。⑳男女无别：男女不会离别，概指晋襄公释放战俘之事。㉑秦策于是出：秦国史册上记载的事在晋国出现了。策，编成的竹简。㉒献公之乱：指晋献公时为立太子而出现的一场内乱。献公宠爱骊姬，生庶子奚齐、卓子以后，疏远嫡子，继而逼太子申生自杀，重耳被追杀逃到翟国，夷吾逃到梁国。献公死后，奚齐、悼子又被里克杀害，迎公子重耳立位未遂，在秦齐两国帮助下迎回夷吾，立为晋国国君，即晋惠公。晋国这场历时十多年的内乱到此才暂时平息下来。㉓襄公败秦师于殽（xiáo）而归纵淫：晋襄公元年（前627年），秦军侵犯滑晋边境，襄公于同年四月发兵在殽山歼灭秦军，俘虏秦将孟明视、西乞秋、白乙丙。襄公听信了秦穆公之女（晋文公夫人）的话，释放了秦国三员将。自后第三年秦国派孟明视率军伐晋报仇。殽，崤山，在今河南省洛宁县西北。纵淫，放纵惑乱。㉔今：现在。主君：扁鹊对赵简子的尊称。主，君，长。㉕必间（jiàn）：必然病愈。必，一定，必然。殷，病愈，病见好转。

　　居二日半①，简子寤，语诸大夫曰："我之帝所甚乐，与百神游于钧天②，广乐九奏万舞③，不类三代之乐④，其声动心。有一熊欲援我⑤，帝命我射之，中熊，熊死。有罴来，我又射之，中罴，罴死⑥。帝甚喜，赐我二笥，皆有副⑦。吾见儿在帝侧⑧，帝属我一翟犬⑨，曰：'及而子之壮也以赐之⑩。'帝告我：'晋国且世衰⑪，七世而亡⑫。嬴姓将大败周人于范魁之西⑬，而亦不能有也。'"董安于受言，书而藏之。以扁鹊言告简子，简子赐扁鹊田四万亩⑭。

【注释】

　　①居：本义是"蹲"。用在时间名词前面，常表示停留或相隔了一段时间。②钧天：天的中央。③广乐：多种乐器合奏的音乐。万舞：文舞与武舞兼有的各种舞蹈。④类：类似，像。三代：指夏、商、周三个朝代。⑤有一熊欲援我……罴死：据《史记·赵世家》所载：赵简子遵照天帝命令，射死的熊和罴，是指荀氏（即中行氏）、范氏的先祖。荀寅、范吉射曾合兵讨伐赵简子。赵简子后来消灭了二氏。射熊、射罴是特指此事。⑦赐我二笥（sì）皆有副：天帝赐给我两个笥，都有副品。笥（sì），盛饭食或衣物的一种方形竹器。⑧儿：儿童。据《史记·赵世家》记载：特指赵简子的儿子赵襄子。⑨属（zhǔ）：委托，交付。翟犬：翟族地区所特产的一种狗。翟，通狄。⑩及：到，至。壮：壮年，古人称三十岁以上为壮。以：用。介词。赐：赏赐。⑪世衰：一代一代衰弱。世，代，一代人称为一世。⑫七世而亡：指晋定公、出公、哀公、幽公、烈公、孝公、静公。在静公二年（前376年），韩、赵、魏三家瓜分晋国。⑬嬴姓将大败周人：嬴姓国将要大规模战败周人。这里特指赵国。范魁：古地名。该地战国时曾为卫国所辖，后属齐国。在今河南省范县境内。⑭亩：土地单位。据山东临沂银雀山出土的竹简所载，春秋末年，赵国曾把百步为亩的旧制改为二百四十步为亩。

　　其后扁鹊过虢①。虢太子死②，扁鹊至虢宫门下，问中庶子喜方者曰③："太子何病，国中治穰过于众事④？"中庶子曰："太子病血气不时⑤，交错而不得泄⑥，暴发于外⑦，则为中害⑧。精神不能止邪气⑨，邪气畜积而不得泄⑩，是以阳缓而阴急⑪，故暴蹶而死⑫。"扁鹊曰："其死何如时⑬？"曰："鸡鸣至今⑭。"曰："收乎⑮？"曰："未也，其死未能半日也⑯。""言臣齐勃海秦越人也⑰，家在于郑，未尝得望精光侍谒于前也⑱。闻太子不幸而死，臣能生之⑲。"中庶子曰："先生得无诞之乎⑳？何以言太子可生也㉑？臣闻上古之时，医有俞跗㉒，治病不以汤液醴洒㉓，镵石挢引㉔，案扤毒熨㉕，一拨见病之应㉖，因五藏之输㉗，乃割皮解肌㉘，诀脉结筋㉙，搦髓脑㉚，揲荒爪幕㉛，湔浣肠胃㉜，漱涤五藏㉝，练精易形㉞。先生之方能若是㉟，则太子可生也；不能若是而欲生之，曾不可以告咳婴之儿㊱。"终日㊲，扁鹊仰天叹曰："夫子之为方也㊳，若以管窥天㊴，以郄视文㊵。越人之为方也，不待切脉㊶、望色、听声、写形㊷，言病之所在。闻病之阳㊸，论得其阴㊹；闻病之阴，论得其阳。病应见于大表㊺，不出千里㊻。决者至众㊼，不可曲止也㊽。子以吾言为不诚㊾，试入诊太子，当闻其耳鸣而鼻张㊿，循其两股以至于阴[51]，当尚温也。"

【注释】

①其后：那以后。其，那。指示代词。虢（guó）：古国名。西周至春秋时曾有几个虢国。东虢在河南荥阳东北，公元前767年被郑国所灭。西虢又名城虢，在今陕西宝鸡市。周平王东迁洛阳时，随周王室迁徙后改称南虢，建都上阳，故城在今河南陕县东南，春秋时被晋国所灭。其支族在周室东迁时仍留原地，更名小虢，公元前687年被秦所灭。北虢，为虢仲之后所建，在今山西平陆县，后改作郭国。其地当在今山西或河北境内。如卫国被狄人灭掉之后，遗民迁国，总共仅有七百余人。②太子：国君的儿子中已经确定继位的儿子。③中庶子喜方者：爱好医方的中庶子。中庶子，古代官名。为太子的属官，负责对太子进行教育以及管理等。喜方，爱好医方。"喜方"是"中庶子"的后置定语。④国：国都，京城。治穰：举办祈祷的事情。穰，向鬼神祈祷消灾免难。穰通禳。于：比。表示比较。⑤病：作"患"解。名词用做动词。不时：不按时，不定期，没有规律。⑥交错而不得泄：交会错乱而且不能疏泄。⑦暴发：猛然发作。于：在。介词。⑧则为中害：却是内脏受伤害引起。⑨精神：指人体的正气。止：制止。邪气：不正之气。这里泛指致病因素和病理的损害。⑩畜（xù）积：积聚储存。畜，通蓄。⑪是以阳缓而阴急：因此阳跻脉弛缓，可是阴跻脉拘急。是以，因此。⑫故：所以。蹶（jué）：忽然昏晕，不知人事，四肢厥冷。可由多种病因引起。蹶，通"厥"。⑬何如时：在什么时候。⑭鸡鸣：这里特指凌晨雄鸡鸣叫的时辰。相当现代13时。⑮收：收殓。⑯未能：没有能够。指没有到，或不足。⑰臣：古代官吏、百姓对君主的自称。⑱精光：神采光泽，引申为尊容。侍谒：侍奉拜见。⑲臣能生之：我能使他复生。生，即"使……生"。使动用法。⑳先生得无诞之乎：先生莫不是哄骗我吧？先生，老师。引申为对年长有德行的人的敬称，或泛用于对人的敬称。㉑何以言：即"以何言"，凭什么说。㉒俞跗：古代医家。古书中有"踰跗""俞附""榆柎""臾跗"等不同写法。一说认为是上古轩辕黄帝时的医家。另一说据《鹖冠子·世贤篇》记载，春秋早期楚国的医官叫俞跗，又称为中古时的医家。㉓汤液：汤剂，汤药。醴洒（lǐ sǎ）：酒剂。为甜酒、清酒之类。㉔镵（chán）石：镵针和砭石。挢引：即导引，古代的一种医疗体操。挢，举起，翘起，指举手活动身体。引，引伸身体。㉕案扤（wù）：按摩。案，用手压或摁。案通按。扤，撼动。毒熨（yùn）：用烈性药物在患处熨帖。属外治法的一种。㉖一拨见病之应：一进行诊察就能发现疾病的反应症候。拨，拨开衣物或拨动身体。㉗因：顺着。输：指五脏六腑的腧穴，输，通腧。㉘解肌：剖割开肌肉。㉙诀脉：疏导血脉和经脉。诀，通决。结筋：结扎筋腱。㉚搦（nuò）髓脑：按治髓脑。搦，按。髓脑，脊髓和脑。㉛揲（shé）荒：触动肓。揲，触动，取。荒，通肓。指心脏与横隔膜之间。古代谓膏则指心尖脂肪。爪幕：疏理横膈膜。爪，用手指疏理。爪，通

抓。幕，指横膈膜。幕，通“膜”。㉜湔浣（jiān huàn）：洗涤。㉝漱涤：清洗。㉞练精易形：修炼精气，改变形体神态。㉟方：医疗技术。若是：像这（俞跗的医术）。㊱曾（zēng）：竟，表示事出意外。副词。用在“不”的前边，以加强否定的语气。咳（hāi）婴之儿：刚会发笑的婴儿。咳，婴儿的笑声。古作“孩”。㊲终日：一整天。这里当“好久”，或“良久”解释较妥。㊳夫子之为方：你处方治病。夫子，古代除了称大夫为夫子外，对男子表示尊敬时，也称其人为“夫子”。这里是用作对中庶子的敬称。㊴以管窥天：从管子中看天。㊵以郄视文：从缝隙里看斑纹。㊶不待：不须。切脉：诊脉，按脉。㊷写形：审察病人的神态。㊸闻：听说，听到。引申为了解到。㊹论得：推论得知。㊺病应见（xiàn）于大表：体内病的反应出现在体表。见，通“现”。㊻不出千里：意为不出千里，根据病人体表的一些症状，可决断千里之远的病人的吉凶。㊼决者至众：决断的方法极多。至，最，太，极。副词。㊽不可曲止：不可以停止在一个角度看问题。曲，弯曲，与直相对，指一隅之见。止，停止。㊾诚：实在，确实。㊿耳鸣：耳内有响声。鼻张：鼻翼搧动。(51)循：指由此及彼抚摩。阴：外生殖器的通称。指阴部。

中庶子闻扁鹊言，目眩然而不瞚①，舌挢然而不下②，乃以扁鹊言入报虢君。虢君闻之大惊，出见扁鹊于中阙③，曰：“窃闻高义之日久矣④，然未尝得拜谒于前也⑤。先生过小国，幸而举之⑥，偏国寡臣幸甚⑦。有先生则活，无先生则弃捐填沟壑⑧，长终而不得反⑨。”言未卒⑩，因嘘唏服臆⑪，魂精泄横⑫，流涕长潸⑬，忽忽承睫⑭，悲不能自止，容貌变更。扁鹊曰：“若太子病⑮，所谓‘尸蹷’者也⑯。夫以阳入阴中⑰，动胃繵缘⑱，中经维络⑲，别下于三焦、膀胱⑳，是以阳脉下遂㉑，阴脉上争㉒，会气闭而不通㉓，阴上而阳内行㉔，下内鼓而不起㉕，上外绝而不为使㉖，上有绝阳之络㉗，下有破阴之纽㉘，破阴绝阳之色已废，脉乱㉙，故形静如死状。太子未死也。夫以阳入阴支蘭藏者生㉚，以阴入阳支蘭藏者死㉛。凡此数事㉜，皆五藏蹷中之时暴作也。良工取之㉝，拙者疑殆㉞。”

【注释】

①目眩然而不瞚（shùn）：眼睛昏花而不能眨动。形容惊讶而呆滞的样子。瞚，眨眼。瞚，通“瞬”。②舌挢（jiǎo）然而不下：舌头翘起来而且不能放下。挢：伸出，此处意为舌头抬起来。③于中阙（què）：到皇宫前楼台中间的道路上。于，到，表示所至。阙，皇宫前面对称的楼台，中间有道路。④窃：私自，私下。谦辞。高义：崇高的道德行为。义，合宜的道德行为或道理。⑤然：可是，然而，但是，却。转折连词。得：表示情况允许，有“能够”“可以”的意思。拜谒（yè）：拜见。谒，拜见，请见。⑥幸而举之：幸运地救助我。⑦偏国寡臣：偏远之国，寡小之臣。这是虢君的自谦之词。幸甚：幸运非常。⑧弃捐填沟壑（hè）：抛弃填埋到山沟中。指掩埋尸体。弃、捐，义同为“抛弃”。壑，山谷。⑨长终：永远死去。终，死的别称。反：返回。指复生。反，通“返”。⑩卒（zù）：完毕，结束，终了。⑪因嘘（xū）唏（xī）服（bì）臆（yì）：就哭泣和抽咽起来，气满屏息。因，就，于是。嘘唏：哭泣时抽咽的声音。服臆，气满郁结，屏住了呼吸。服臆，通“愊忆”，气满。⑫魂精泄横：精神恍惚，情态散乱。错杂，散乱。⑬涕，眼泪。长潸（shān）：长时间地流眼泪。⑭忽忽：泪珠流动很快的样子。承睫（jié）：泪珠挂在睫毛上。睫，眼睫毛，睫，通“睫”。⑮若：你，您。第二人称代词。⑯所谓：所说的。尸蹷：病名。昏迷假死，体态如死尸。⑰以阳入阴中：是由于阳气下陷入阴。以：因，因为，由于。⑱动胃繵缘：胃受绕动。繵，通“缠”。

缘，绕。⑲中经维络：经脉受损伤，络脉被阻塞。中，伤害。经，经脉。维，结，阻塞。络，络脉，是由经脉分出来的呈网状的大小分支。⑳别下于三焦、膀胱：身体的阳气下陷，分别下于三焦、膀胱。㉑是以：因此。遂：通坠。㉒争：争夺、竞争。㉓会气闭而不通：指阴气与阳气交会的地方闭塞不通。会，俞会，广义指脏、腑、筋、髓、血、骨、脉、气等八会，本文主要指气会等。㉔阴上而阳内行：下、内为阴，而阴气反而上逆，上、外为阳，但阳气却向内运行。这都是气会不通而出现的逆乱症状。㉕下内鼓而不起：阳气在身体的下部和内部鼓动，也不能够外达和上升。㉖上外绝而不为使：在上在外的阳气被隔绝，不能被阴所遣使。指阴阳失调，阳不能与阴平衡的情况。㉗上有绝阳之络：身体上部有隔绝阳气的络脉。㉘下有破阴之纽：身体下部有破坏阴气的筋纽。㉙色废脉乱：容颜失去正常气色，经脉和血脉发生紊乱。㉚以阳入阴支兰藏者生：因阳气侵入阴分而隔阻了脏气的病人，是能够生存的，可以救活。支兰，都是指遮拦、阻隔的意思。㉛以阴入阳支兰藏者死：因阴气侵入阳分而隔阻脏气的病人，是死症，难以救治。㉜凡此数事：凡是这几种情况。数，几，几个，表示不定的数目。㉝良工：医术精良的医生。取，攻下，夺取，指治愈疾病。㉞拙者疑殆：医术拙劣的人疑惑不决。疑，怀疑，疑惑，犹豫不决。

扁鹊乃使弟子子阳厉针砥石①，以取外三阳五会②。有间③，太子苏。乃使子豹为五分之熨④，以八减之齐和煮之⑤，以更熨两胁下⑥。太子起坐。更适阴阳⑦，但服汤二旬而复故⑧。故天下尽以扁鹊为能生死人⑨。扁鹊曰："越人非能生死人也，此自当生者⑩，越人能使之起耳⑪。"

【注释】

①厉针砥石：磨利针石。厉，通砺。厉、砥，都是磨的意思。针，是金属针。石，是石针，又称砭石，或砭针。②以取外三阳五会：用针石来刺头顶中央的三阳五会穴。三阳五会，是今常用的百会穴的异名，穴位在人头顶中央的部位。因穴为手足三阳、督脉之会，故名。③有间（jiān）：不久，一会儿。间，通"间"。④五分之熨（yùn）：历来注家意见不一，或谓五分热度的熨法，或谓温热之气入体五分的熨法，或谓只熨帖身体五分大的面积，或谓五分剂量的熨药。笔者认为，是指用熨药原剂量的十分之五，即减半的剂量。⑤八减之齐（jì）：一般认为是指八减方的药剂，或八减方。还有人认为该剂是由碱味八物组成的药剂。齐，通"剂"。之，代指"五分之熨"的药。⑥以更熨两胁下：用"五分之熨"与"八减之剂"合煮，拿这种混合的药物交替热熨太子两胁下。更，更换、交替。⑦更适阴阳：再进一步调适阴阳。⑧但：仅仅。二旬：二十天。复故：康复如往日。故，往故。⑨以扁鹊为能生死人：认为扁鹊能使死人复生。生，使动用法。⑩此自当生者：这是他自身当活而不当死的。⑪起：振作起来，即活起来。

扁鹊过齐，齐桓侯客之①。入朝见②，曰："君有疾在腠理③，不治将深。"桓侯曰："寡人无疾④。"扁鹊出，桓侯谓左右曰："医之好利也⑤，欲以不疾者为功⑥。"后五日，扁鹊复见，曰："君有疾在血脉，不治恐深。"桓侯曰："寡人无疾。"扁鹊出，桓侯不悦。后五日，扁鹊复见，曰："君有疾在肠胃间⑦，不治将深。"桓侯不应。扁鹊出，桓侯不悦。后五日，扁鹊复见，望见桓侯而退走⑧。桓侯使人问其故。扁鹊曰："疾之在腠理也，汤熨之所及也；在血脉，针石之所及也；其在肠胃，酒醪之所及也⑨；其在骨髓，虽司命无奈之何⑩。今在骨髓，臣是以无请也⑪。"后五日，桓侯体病，使人召扁鹊，扁鹊已逃去。桓侯遂死。

【注释】

①齐桓侯：在春秋战国时期，齐国没有齐桓侯，而有两个齐桓公：一个是春秋五霸之一的齐桓公姜小白，前685—公元前642年在位；另一个是战国时期的齐桓公田午，前375—公元前357年在位。可是，在《韩非子·喻老》中所述"扁鹊见蔡桓公"的事，与本传的扁鹊见齐桓侯的事基本相同。司马迁在这里不称蔡桓公，而称齐桓侯，必有所据。"齐桓侯"即"齐桓公"。有人根据《战国策·秦二》中所记扁鹊见秦武王（前310—前307年在位）的时间推测，认为扁鹊所见的齐桓侯，当为田午。②入朝见：进入到朝廷拜见。见，进见，谒见。③腠（còu）理：指皮肤的纹理与皮下肌肉之间的空隙。④寡人：即寡德之人。多用于帝王自己谦称。⑤医之好（hào）利：医生喜爱利惠。好，喜爱。⑥欲以不疾者为功：想拿没有病的人来显示自己治病的本领，作为功劳。⑦闻，通"间"。⑧退走：退出来跑开。走，跑。⑨醪（láo）：指醇酒或浊酒，这里当指醇酒作药用。⑩虽司命无奈之何：即使掌管人命的神也不能对它怎么样。虽，即使，连词。表示退让。无，不能。奈之何，即奈何之，对他怎么样（办）。⑪臣是以无请：我因此不再请求给桓侯治病了。

使圣人预知微①，能使良医得蚤从事②，则疾可已③，身可活也。人之所病④，病疾多；而医之所病，病道少⑤。故病有六不治：骄恣不论于理⑥，一不治也；轻身重财⑦，二不治也；衣食不能适⑧，三不治也；阴阳并⑨，藏气不定⑩，四不治也；形羸不能服药⑪，五不治也；信巫不信医，六不治也。有此一者，则重难治也⑫。

【注释】

①使圣人预知微：假如是道德智能极高的人，预先知道还没有显露症状的疾病。圣人，谓道德智能极高的人。微：微细，隐匿。②蚤，通"早"。③已：停止，完毕。指疾病治愈。④病，用如动词，作担忧解。以下三个"病"字与此相同。⑤道：治病的方法。⑥骄恣不论于理：骄横放纵不讲道理。骄，骄横，骄傲。⑦轻身重财：轻视身体健康，注重钱财。⑧衣食不能适：衣着饮食不能调节适当。⑨阴阳并：阴阳偏胜或错乱。⑩藏气不定：五脏失去正常的功能。⑪形羸（léi）：形体极度消瘦虚弱。⑫重（zhòng）：深，甚，非常，极。

扁鹊名闻天下。过邯郸①，闻贵妇人②，即为带下医③；过雒阳④，闻周人爱老人⑤，即为耳目痹医⑥；来入咸阳⑦，闻秦人爱小儿，即为小儿医；随俗为变⑧。秦太医令李醯自知伎不如扁鹊也⑨，使人刺杀之⑩。至今天下言脉者，由扁鹊也⑪。

【注释】

①邯郸（hán dān）：春秋时卫邑，后属晋，公元前386年，赵敬侯从晋阳迁都于邯郸。②贵：重视。形容词用如动词。③带下医：妇科医生的古称。带下：广义指带脉以下的疾病，即一切妇科病的总称。狭义指妇人的带下病。④雒（luò）阳：即洛阳，公元前770年周平王迁都于此，其地在今河南洛阳市王城公园一带。雒，通洛。战国时洛邑，汉代改为雒阳，曹魏时又改名洛阳。⑤周人：指东周洛阳一带的人。⑥耳目痹医：治耳目痹病的医生。⑦咸阳：地处九巍山南，渭河北岸。山南、水北都称阳，故名。在今陕西省咸阳市东北三十里姚店镇附近。⑧随俗为变：随着各地的习惯风俗来改变行医的科别。⑨太医令：官员。

主管医药行政的最高长官。战国时秦国最早设太医令。李醯（xī）：盖秦武王（前310—前307年在位）时的太医令。伎：指医疗技艺。伎，通"技"。⑩使人刺杀之：派人刺杀了扁鹊。扁鹊被害于秦国，据《陕西通志》《临潼县志》记载：扁鹊墓，在临潼县东北三十里。即今南陈村（原名芦底村）东北隅的扁鹊墓遗址。⑪由：依从，遵循。

太仓公者，齐太仓长①，临菑人也②，姓淳于氏，名意。少而喜医方术③。高后八年④，更受师同郡元里公乘阳庆⑤。庆年七十余，无子⑥，使意尽去其故方⑦，更悉以禁方予之⑧，传黄帝、扁鹊之脉书⑨，五色诊病⑩，知人死生，决嫌疑⑪，定可治⑫，及药论⑬，甚精。受之三年，为人治病，决死生多验⑭。然左右行游诸侯⑮，不以家为家⑯，或不为人治病⑰，病家多怨之者。

【注释】

①齐太仓长：齐国管理都城粮仓的官吏。又称齐太仓令。齐，汉初所封的诸侯国，其地在今山东省。太仓，国家粮仓，设在京师长安及各诸侯国的都城。②临菑（zī）：齐国都城，其地在今山东省淄博市东北。③医方术：医疗技术。④高后八年：公元前180年。⑤更受师：再次拜师学习。同郡，犹言同乡。元里；里巷名称，阳庆的居里。公乘：爵位名，《汉书·百官公卿表》列为第八爵。阳庆：姓阳，名庆，又名杨中倩，阳，通"杨"。⑥无子：这里可能是指阳庆的子嗣不能继承其医道，因为下文两次提到阳庆有子。⑦尽去其故方：全部抛弃过去所学的医方。⑧更悉以禁方予之：再把所有的秘方授予他。⑨曹帝、扁鹊之脉书：相传为黄帝、扁鹊所著的医书。脉书，论述脉理的书，又泛指医学理论著作。⑩五色诊病：通过观察面部五种色泽的变化以诊断疾病。⑪决嫌疑：决断疑难复杂的病症。嫌疑，原意指疑惑难明的事理。⑫定可治：有的版本写作"定可治否"，即确定是否可以治疗。⑬及：以及，并有，连词。药论：论述药理的书。⑭验：灵验，有效。⑮左右行游诸侯：往来于齐国附近的诸侯国之间行医求学。左右，犹言东、西，四处。行游，出游，游学，这里指出外行医和求学。⑯不以家为家：不把家当作家。指淳于意经常外出，不安居在齐国的老家。⑰或不为人治病：有时不为人治病。或，有时，选择连词。

文帝四年中①，人上书言意②，以刑罪当传西之长安③。意有五女，随而泣。意怒，骂曰："生子不生男④，缓急无可使者！"⑤于是少女缇萦伤父之言⑥，乃随父西。上书曰："妾父为吏⑦，齐中称其廉平⑧，今坐法当刑⑨。妾切痛死者不可复生而刑者不可复续⑩，虽欲改过自新，其道莫由⑪，终不可得⑫。妾愿入身为官婢⑬，以赎父刑罪⑭，使得改行自新也。"书闻⑮，上悲其意⑯，此岁中亦除肉刑法⑰。

【注释】

①文帝四年：前176年。文帝，汉文帝刘恒。详见《孝文本纪》。②上书：写信给朝廷。言：说，议论，控告的婉辞。③刑罪：应当处以肉刑的罪。传（zhuàn）：传车，即驿站的车马，主要用来递送公文，这里指用传车押送。名词用如动词。长安：西汉京城，其地在今陕西省西安市西北，位于齐国以西。④子：孩子，男孩、女孩的统称。⑤缓急无可使者：紧急关头，没有可以使唤的人。缓急，紧急，复词偏义。使，支使，使唤。⑥少女缇（tí）萦（yíng）伤父之言：小女儿缇萦被父亲的话刺伤了。⑦妾：我。古代妇女对自己的谦称。⑧廉平：廉洁公正。⑨坐法当刑：由于犯法，应当处以肉刑。⑩切痛：深切悲痛。续，联，接续。⑪其道

莫由：犹言无路可走。道，指改过自新之道。莫，不能。副词。由，行。⑫终不可得：最终得不到机会。⑬入身为官婢：没收入官府，充当奴婢。入，没入，使动用法。⑭赎（shú）：用财物或行为解除刑罚。⑮书闻：所上的书传知于汉文帝。闻，传知，达，上报。⑯上悲其意：皇上怜悯她的心意。上，皇上，指汉文帝。悲，悲怜。意，意愿。⑰此岁中亦除肉刑法：根据本书《孝文本纪》和《汉书·刑法志》的记载，废除对犯人施行墨、劓、刖三种肉刑的法律，是在文帝十三年，同时，其中所载关于淳于意坐法当刑、被押送到长安，以及缇萦上书诸事，也都发生在文帝十三年，而不在文帝四年。

意家居，诏召问所为治病死生验者几何人也①，主名为谁。

诏问故太仓长臣意："方伎所长②，及所能治病者？有其书无有？皆安受学④？受学几何岁？尝有所验⑤，何县里人也？何病？医药已，其病之状皆何如⑥？具悉而对⑦。"臣意对曰：

自意少时，喜医药，医药方试之多不验者。至高后八年，得见师临菑元里公乘阳庆。庆年七十余，意得见事之⑧。谓意曰："尽去而方书⑨，非是也⑩。庆有古先道遗传黄帝、扁鹊之脉书⑪，五色诊病，知人生死，决嫌疑，定可治，及药论书，甚精。我家给富⑫，心爱公，欲尽以我禁方书悉教公。"臣意即曰："幸甚，非意之所敢望也。"臣意即避席再拜谒⑬，受其脉书上下经、五色诊、奇咳术、揆度阴阳外变、药论、石神、接阴阳禁书⑭，受读解验之⑮，可一年所⑯。明岁即验之⑰，有验，然尚未精也。要事之三年所⑱，即尝已为人治⑲，诊病决死生，有验，精良。今庆已死十年所，臣意年尽三年，年三十九岁也⑳。

【注释】

①诏召：皇上下命令叫来。几何人：多少人。②方伎所长：医疗技术的特长。方伎，医技，包括治病、养生两方面的技术。伎，通"技"。③及所能治病者：以及能用来治什么病。这里应为：及所能治何病者，省略了"何"字。④皆安受学：都是怎么学到的。安，如何，怎样。疑问副词。⑤尝有所验：曾经有些效验。尝，曾经。时间副词。⑥医药已，其病之状皆何如：治疗服药后，病人的情况都怎样。已，停止，完了。⑦具：通"俱"，都，全部。副词。⑧事：服事，侍奉。⑨尽去而方书：全部扔掉你的方书。而，你的，人称代词。方书，载有医方的书。⑩非是也：那些方书不正确。这里省略了主语"方书"。⑪古先道：古代先辈医家。⑫给（jǐ）富：足富。给，足够。副词。⑬避席：离座而起。拜谒（yè）：行礼请求。⑭脉书：即黄帝、扁鹊之脉书。上下经：两部古代医书。根据《黄帝内经素问·病能论》的记载，《上经》主要是论述人体与自然界的关系，《下经》主要是讨论疾病的变化。五色诊：属于望诊的古代医书。《黄帝内经素问》中有《五色》这部书的书名，《灵枢经》中有《五色篇》。奇咳（jī gāi）术：有三解，一、属于听诊方面的医学著作，"咳"，看作是病人发出的声音；二、记载各种奇特医术的著作。"咳"，看作是"侅"的假借字，奇侅，非常；三、疑即《奇恒》这部古代医书。根据《黄帝内经素问·病能论》的记载，《奇恒》是一部论述各种奇病的医书。揆度阴阳外变：通过观察外表的变化以测度体内阴阳的盛衰，这是属于诊断学的古代医书。揆度，测度。也有人认为，《揆度》是一本书，《黄帝内经素问》中提到过此书，《阴阳外变》是另一本书。石神：有关针灸方面的著作。石，砭石，石制的针，用来刺浅表部位或割除痈脓。接阴阳禁书：有二解，一、同《阴阳外变》一样，是研究阴阳学说的古代医书。二、指接受以上各种未公开流传的医书。

⑮受读解验：接受，诵读，解析，体验。⑯可一年所：大约一年左右。可，大约。所，通"许"，左右。计约之辞。⑰明岁：第二年。验：检验。⑱要事之三年所：总共约服事了三年左右。要，总约。⑲即尝已为人治：就试着为人治病。⑳臣意年尽三年，年三十九岁：有二解：一、淳于意于高后八年（前180年）拜阳庆为师学医，期满三年，正值文帝四年，时年三十九岁，与前文所载"文帝四年中，人上书言意"及"此岁中亦除肉刑法"相吻合。二、淳于意于高后八年拜阳庆为师学医，刚满三年，阳庆即死，受读三年的时间，加上阳庆已死十年左右，正值文帝十三年，时年三十九岁，与《史记·孝文本纪》及《汉书·刑法志》所载"文帝十三年"废肉刑相吻合。"三年"应作"十三年"，脱"十"字。

　　齐侍御史成自言病头痛①，臣意诊其脉，告曰："君之病恶②，不可言也"。即出，独告成弟昌曰："此病疽也③，内发于肠胃之间，后五日当臃肿④，后八日呕脓死"。成之病得之饮酒且内⑤。成即如期死。所以知成之病者，臣意切其脉，得肝气⑥。肝气浊而静⑦，此内关之病也⑧。脉法曰⑨："脉长而弦，不得代四时者，其病主在于肝⑩。和即经主病也，代则络脉有过⑪。"经主病和者，其病得之筋髓里⑫。其代绝而脉贲者⑬，病得之酒且内。所以知其后五日而臃肿，八日呕脓死者，切其脉时，少阳初代⑭。代者经病，病去过人，人则去。络脉主病⑮，当其时，少阳初关一分⑯，故中热而脓未发也⑰，及五分，则至少阳之界⑱，及八日，则呕脓死⑲，故上二分而脓发⑳，至界而臃肿，尽泄而死。热上则熏阳明㉑，烂流络㉒，流络动则脉结发㉓，脉结发则烂解㉔，故络交㉕。热气已上行，至头而动，故头痛。

【注释】

　　①侍御史：御史大夫属下的办事官员。病：患有。名词作动词。②恶：严重。③疽：生于体内的毒疮。④臃肿：肌肤肿突。臃，肉起状。⑤内：指性生活，即房事。⑥得肝气：切得肝脏有病的脉气。⑦肝气浊而静：肝脉的跳动重浊而静缓。这是邪气盛，人体正气被抑遏不能舒展的一种脉象。⑧内关之病：这是一类内部严重而外部不显露的疾病，病人往往不感到痛苦，或痛苦很小。⑨脉法：阐述脉理的古医书，原书已佚。⑩脉长而弦，不得代四时者，其病主在于肝：脉象长而弦，不能随四季的变化而更替的，这是肝脏有病。长，长脉，指搏动部位长而过于本位的脉象。弦，弦脉，指硬直而长，如按琴弦的脉象。代，更代，替换。动词。四时，春、夏、秋、冬四季。⑪和即经主病也，代则络脉有过：脉来长弦，但尚均匀和调的，这是肝的经脉有病，如果脉的节律、大小不均匀的，这是肝的络脉有病。⑫经主病和者，其病得之筋髓里：肝的经脉有病，脉象和调的，这是筋髓患病所导致。根据中医脏象学说，肝主筋，肾主骨、主髓，筋、髓得病，可以直接或间接影响肝经，使之得病。⑬代绝而脉贲：脉搏的跳动极不匀调，忽而久久地歇止，像要断绝，忽而贲涌，似乎有力。⑭少阳初代：诊察少阳经络疾病的切脉部位，开始出现代脉。⑮代者经病，病去过人，人则去。络脉主病：对于这四句，诸注家存疑不释。⑯少阳初关一分：在左手关部一分的地方，开始出现了代脉。少阳初关，即少阳初代（见注⑭）。⑰中热：体内有邪热。脓未发：痈脓尚未发作。⑱及五分，则至少阳之界：代脉在左手关部达到五分，则到了少阳脉位的边界。这种将每部脉分作五分，以五分为界，从而确定疾病转变日期和规律的方法比较独特，在其他医籍中没有记载。⑲呕脓死：生于体内的毒疮（内疽）至晚期多溃烂，病人呕脓，脓尽则死。⑳上二分而脓发：代脉上达于左手关部二分处，则痈脓发作。㉑热上则熏阳明：热邪往上走则熏灼阳明经脉。㉒烂流络：灼伤细小的络脉。

烂，灼伤。流络，支络，络脉的分支。㉓流络动则脉结发：支络发生了变化，则络脉之间相交的地方受到连累而发病。动，变动。结，结系之处。发，发动、发病。㉔烂解：糜烂、离解。㉕络交：络脉交互阻塞。

　　齐王中子诸婴儿小子病①，召臣意诊切其脉，告曰："气鬲病②。病使人烦懑③，食不下，时呕沫。病得之少忧，数忔食饮④"。臣意即为之作下气汤以饮之⑤，一日气下⑥，二日能食，三日即病愈。所以知小子之病者，诊其脉，心气也⑦，浊躁而经也⑧，此络阳病也⑨。脉法曰"脉来数病去难而不一⑩，病主在心"。周身热，脉盛者，为重阳⑪。重阳者，逿心主⑫。故烦懑食不下则络脉有过，络脉有过则血上出，血上出者死⑬。此悲心所生也⑭，病得之忧也。

【注释】

　　①齐王：刘将闾，于汉文帝十六年（前164年）被封为齐王，受封之前为阳虚侯。小子：指男孩子。②气鬲病：气机阻塞在胸膈之间所导致的病。鬲，通"膈"，胸膈；又通"隔"，阻隔。③懑：抑郁烦闷。④病得之心忧，数忔（yì）食饮：病得自于心情忧虑，经常厌食。⑤下气汤：原方已佚。据证测方，原方应有降气和胃、清热宁心的作用。⑥气下：往上逆行的气平降下来。⑦心气：心有病的脉气。⑧浊躁而经：心脉重浊、躁动而轻浮。浊，脉来重浊，这是有邪气。躁，脉来躁动不安，这是有热。经，当作"轻"，心病的脉多轻浮，这种脉切合心有热邪，气逆于上的病机。⑨络阳病：有人认为络是"结"字之误，结阳病即阳气郁结于胸膈之间所导致的疾病，又称为"鬲气"。⑩脉来数（shuò）疾去难而不一：医生感觉病人的脉搏达于指下时迅速而流畅，离开指下时艰难而滞涩，前后不统一。⑪重（chóng）阳：阳气重叠在一起。周身发热，是阳热有余的证候，脉搏旺盛，是阳热有余的脉，证与脉都属于阳热过盛，所以称作重阳。⑫逿（táng）心主：扰乱心神。逿，通"荡"，摇荡；冲击。⑬故烦懑食不下则络脉有过，络脉有过则血上出，血上出者死：意思是：在"重阳"情况下，治不及时，则热伤血络，络脉受伤，则血从上出而死。⑭悲心：伤心。

　　齐郎中令循病①，众医皆以为蹶入中②，而刺之③。臣意诊之，曰："涌疝也④，令人不得前后溲⑤"。循曰："不得前后溲三日矣。"臣意饮以火齐汤⑥，一饮得前溲，再饮大溲⑦，三饮而疾愈。病得之内。所以知循病者，切其脉时，右口气急⑧，脉无五脏气⑨，右口脉大而数。数者中下热而涌⑩，左为下，右为上⑪，皆无五脏应⑫，故曰涌疝。中热，故溺赤也⑬。

【注释】

　　①郎中令：守卫宫殿门户的官员。循：人名。②蹶入中：一股往上逆行的气进入胸腹之中。③刺之：用针刺法治疗。④涌疝（shàn）：类似于冲疝，病人腹痛，大小便困难，并感觉有股气从小腹向上冲涌。⑤前后溲：解大小便。前溲指小便，后溲指大便。⑥火齐汤：原方已佚。⑦大溲：大、小便大为通畅。⑧右口：右手寸口脉。寸口，又称气口，指两手桡骨头内侧桡动脉经过的部位，这是当时中医进行脉诊的重要部位之一，后来逐渐成为中医最主要的诊脉部位。气急：脉气急迫。⑨脉无五脏气：脉搏反映不出五脏的疾病。五脏，指肝、心、脾、肺、肾五个重要脏器。气，病气。⑩数者中下热而涌：脉数是因为病人身体的中下部热邪涌动。⑪左为下，右为上：左手寸口脉大而数，是热邪往下行走，右手寸口脉大而数，是热邪往上行走。上、下，副词作动词。⑫皆无五脏应：从脉上相应

的部位都诊不到五脏的疾病，与"脉无五脏气"同一意思。⑬溺赤：小便黄赤。

　　齐中御府长信病①，臣意入诊其脉，告曰："热病气也②。然暑汗③，脉少衰④，不死。"曰："此病得之当浴流水而寒甚，已则热⑤。"信曰："唯，然⑥！往冬时⑦，为王使于楚⑧，至莒县阳周水⑨，而莒桥梁颇坏，信则挛车辕未欲渡也⑩，马惊，即堕，信身入水中，几死⑪，吏即来救信，出之水中，衣尽濡⑫，有闲而身寒⑬，已热如火，至今不可以见寒。"臣意即为之液汤火齐逐热⑭，一饮汗尽，再饮热去，三饮病已。即使服药，出入二十日⑮，身无病者。所以知信之病者，切其脉时，并阴⑯。脉法曰"热病阴阳交者死⑰"。切之不交，并阴。并阴者，脉顺清而愈⑱，其热虽未尽，犹活也。肾气有时闲浊⑲，在太阴脉口而希⑳，是水气也。肾固主水㉑，故以此知之。失治一时，即转为寒热㉒。

【注释】

　　①中御府长：又称中御府令，少府属官，管理王室的事务。②热病气：患有热病的脉气。③暑汗：因为天气炎热而出汗。④脉少衰：脉搏稍有减弱。少，通"稍"。⑤当浴流水而寒甚，已则热：正在流水中洗浴而感到冷得厉害，寒冷停止后，身上就发热。已，停止。⑥唯，然：嗯，是的。⑦往冬：去年冬天。⑧为王使于楚：替齐王出使楚国。⑨莒（jǔ）县：在今山东省莒县。阳周：莒县所属地名。⑩挛（lǎn）：通"揽"，抓住。⑪几（jī）死：几乎淹死。⑫濡（rú）：沾湿。⑬有闲（jiàn）：顷刻，一会儿。闲，"间"的本字。⑭液汤火齐：原为已佚。液汤，即汤液，古代用来治病的一种药液，具体制法不详，只知道是以稻薪为燃料，用稻米或其他粮食酿制的。⑮出入二十日：前后二十余天。⑯并阴：热邪归并于里。这是热病过程中的一种病理状态。患者汗出之后，体表的热随汗外泄，只剩下里热稽留，并，归于，归并。阴，指里。⑰阴阳交：表热，里热交缠在一起。这是热病过程中的另一种病理状态。患者汗出之后，接着又发热，神志错乱，不能饮食，脉搏躁动而疾数，不因为汗出而有所减弱。阴阳，指表里而言，表为阳，里为阴。交，交缠。⑱脉顺清而愈：笔者认为，这句应读作"脉顺，清而愈"。脉顺，脉与病情相顺应，即上文所说的因暑热汗出之后，脉搏也随之有所衰减。清，清法，中医治病用药的八类方法之一，指采用性质清凉的药物来清除热邪的方法。⑲肾气有时闲（jiàn）浊：肾脉有时微微重浊。闲，同"间"，微。⑳太阴脉口：即寸口，因为手太阴肺经循行路线经过这个部位，所以寸口又称太阴脉口。希，通"稀"，稀疏。㉑肾固主水：肾脏原本是主管水液运行的。固，本来。㉒寒热：病名。患者在长时期内经常、反复出现恶寒、发热症状。

　　齐王太后病①，召臣意入诊脉，曰："风瘅客脬②，难于大小溲，溺赤"。臣意饮以火齐汤，一饮即前后溲，再饮病已，溺如故③。病得之流汗出溵。溵者，去衣而汗晞也④。所以知齐王太后病者，臣意诊其脉，切其太阴之口，湿然风气也⑤。脉法曰"沈之而大坚，浮之而大紧者，病主在肾⑥"。肾切之相反也⑦，脉大而躁。大者，膀胱气也⑧；躁者，中有热而溺赤。

【注释】

　　①齐王太后：齐王刘将闾的母亲。②风瘅（dān）客脬（pāo）：风热袭入膀胱。瘅，热。客，由外而入。作动词。③溺如故：解小便同从前一样正常。④病得之流汗出溵（xiǔ），溵者，去衣而汗晞（xī）也：病得自于流汗时解小便，除掉衣裤时汗被吹干。溵，"滫"的假借字。⑤切其太阴之口，湿然风气也：在切寸口

脉时，触到病人的手腕湿润，这是感受了风热。⑥沈（chén）之而大坚，浮之而大紧者，病主在肾：脉沉取时大而坚实有力，浮取时大而紧张有力，这是肾脏有病。沈，同"沉"，沉之，即切脉时用力较重，重按至骨。浮之，即切脉时用力较轻，贴在皮肤表面。⑦肾切之相反：切到的脉与肾病的脉不同，即下文所说的"脉大而躁"，沉取不坚，浮取不紧。⑧膀胱气：膀胱病的脉气。

齐章武里曹山跗病①，臣意诊其脉，曰："肺消瘅也②，加以寒热③。"即告其人曰："死，不治。适其共养，此不当医治④。"法曰⑤"后三日而当狂，妄起行，欲走⑥；后五日死"。即如期死。山跗病得之盛怒而以接内⑦。所以知山跗之病者，臣意切其脉，肺气热也。脉法曰"不平不鼓⑧，形弊⑨"。此五脏高之远数以经病也⑩，故切之时不平而代。

不平者，血不居其处⑪；代者，时参击并至，乍躁乍大也⑫。此两络脉绝⑬，故死不治。所以加寒热者，言其人尸夺⑭。尸夺者，形弊；形弊者，不当关灸镵石及饮毒药也⑮。臣意未往诊时，齐太医先诊山跗病⑯，灸其足少阳脉口，而饮之半夏丸⑰，病者即泄注，腹中虚；又灸其少阴脉⑱，是坏肝刚绝深⑲，如是重损病者气⑳，以故加寒热㉑。所以后三日而当狂者，肝一络连属结绝乳下阳明㉒，故络绝，开阳明脉㉓，阳明脉伤，即当狂走㉔。后五日死者，肝与心相去五分㉕，故曰五日尽㉖，尽即死矣。

【注释】

①章武里：里巷名称。②肺消瘅（dān）：即肺消，属于消渴病之一。瘅，热。肺消多伴有口渴、尿黄的内热证。③加以寒热：加上有乍寒乍热的证状。所以说"加"。④适其共（gōng）养，此不当医治：有二解，一指满足病人的要求，给以生活上的调养、照顾，不必进行医治，二指根据病情，给以恰当的饮食调养。不应当用针灸药物治疗。适，满足，适合。共，通"供"，供给。⑤法：有二解，一指法则，指疾病发展规律，二怀疑即下文的"脉法"。⑥妄起行，欲走：胡乱起来行走，想跑。走，跑。⑦盛怒而以接内：大发脾气之后而又接着行房事。⑧不平不鼓：脉搏起伏不定，鼓动无力。⑨形弊：形体衰败。败坏。⑩五脏高之远数以经病：五脏从上至下已经有几脏得了病。⑪血不居其处：血液不留居在肝脏。其，指肝脏。中医脏象学说认为，肝脏有藏血的功能，肝一旦被损害，则不能藏血。⑫代者，时参击并至，乍躁乍大也：代脉的形象，是时而杂乱，时而密集，忽而躁动，忽而洪大。参，杂。并至，一起来。乍，忽然。⑬两络脉绝：肝与肺的络脉断绝。⑭尸夺：神散肉脱如尸。⑮形弊者，不当关灸镵（chán）石及饮毒药：形体衰败的病人，不应当通过艾灸、针刺及饮服攻治疾病的药物来治疗。⑯齐太医：齐国宫廷医生。⑰半夏丸：原方已佚。方中主药半夏辛温，能燥湿化痰，降气止咳，和胃止呕，但用以治疗肺消瘅不宜，丸中又可能含有泄药，所以病人服后腹泻如注。⑱少阴脉：即足少阴肾经，属于人体十二条经脉之一，它的循行路线是，在体内，属肾，络膀胱，在体表，由足小趾，经足心、内踝、下肢内侧后面、腹部、止于胸部。⑲是坏肝刚绝深：这些治法严重坏了肝脏的阴气。是，这个，这些，代词。肝刚，肝脏的阳气。刚，阳。绝深，极深。⑳如是重（chóng）损病者气：像这样多次损伤病人的元气。气，元气。㉑以故加寒热：因此增添了肝阳上越的寒热证。以故，因此。表原因的固定词组。㉒肝一络连属结绝乳下阳明：肝经的一条络脉横过乳下与阳明经相连结。结，结系。绝，横过。阳明，指足阳明胃经，循行路线经过乳房下面。㉓故络绝，开阳明脉：因此，肝络被损坏

后，病邪就侵入阳明经脉。开，打开，作累及、侵入讲。㉔阳明脉伤，即当狂走：根据中医经络学说的记载，发狂之类的精神病，是足阳明胃经患病的主要病证之一。㉕肝与心相去五分：肝脉与心脉相隔五分。去，离开，距离。五分，指两脉在寸口部位的间距。㉖五日尽：五日后，肝脏的元气已经耗尽。

齐中尉潘满如病少腹痛①，臣意诊其脉，曰："遗积瘕也②。"臣意即谓齐太仆臣饶③、内史臣繇曰④："中尉不复自止于内，则三十日死。"后二十余日，溲血死⑤。病得之酒且内。所以知潘满如病者，臣意切其脉深小弱，其卒然合合也，是脾气也⑥。右脉口气至紧小，见瘕气也⑦。以次相乘，故三十日死⑧。三阴俱搏者⑨，如法⑩；不俱搏者，决在急期⑪；一搏一代者，近也⑫。故其三阴搏，溲血如前止。

【注释】

①中尉：管理都城治安的武官。少腹：小腹。②遗：遗留。积瘕（jiǎ）：积聚症瘕，即腹腔内肿瘤一类的病。③太仆：九卿之一，管理君王的车马和马政。④内史：管理民政的官员。繇（yáo）：人名。⑤溲血：尿血。⑥切其脉深小弱，其卒然合合也，是脾气也：切到病人的脉沉、小、弱，这三种脉猝然聚合在一起，是脾脏有病的脉候。小、弱，脉体小，力量弱，多是气血不足。卒，通"猝"，突然。合合，聚合之貌。脾气，脾脏患病的脉气。⑦右脉口气至紧小，见（xiàn）瘕气也：右手寸口脉紧小，呈现出症瘕病的脉象。⑧以次相乘，故三十日死：按照五脏的次序相乘，所以三十日死。中医五行学说认为，五脏之间，存在着互相资生、互相克制的关系，相互克制太过，超过了正常范围，叫作相乘，这个病按五脏相乘的次序是脾乘肾，肾乘心，心乘肺，肺乘肝，肝再乘脾，五日乘一脏、脾被肝乘后又过五日死，所以是三十日死。⑨三阴俱搏（tuán）：三种阴脉一齐出现。三阴，指前面所说的沉、小、弱三种脉，因为这三种脉都反映了疾病属里、属虚的性质，所以称其为阴脉。搏，聚拢在一起。⑩如法：符合规律。⑪不俱搏者，决在急期：三种阴脉不一齐出现的，短期内可以决断生死。⑫一搏一代者，近也：三种阴脉与代脉交替出现的，死期近了。

阳虚侯相赵章病①，召臣意。众医皆以为寒中②，臣意诊其脉曰："迥风③。"迥风者，饮食下嗌而辄出不留④。法曰"五日死"，而后十日乃死。病得之酒。所以知赵章之病者，臣意切其脉，脉来滑⑤，是内风气也⑥。饮食下嗌而辄出不留者，法五日死，皆为前分界法⑦。后十日乃死，所以过期者，其人嗜粥，故中藏实⑧，中藏实故过期⑨。师言曰"安谷者过期，不安谷者不及期"。

【注释】

①阳虚侯：齐悼惠王之子刘将闾，文帝十六年被封为齐王。②寒中：病名，因寒气入侵于里所致。③迥（dòng）风：古病名，其症状是饮食入里后，不能消化吸收，被迅速吐出或泻出。④嗌（yì）：咽喉。辄（zhé）总是，就。⑤滑：滑脉，指往来流利、应指圆滑的脉象。⑥内风气：内风病的脉气。内风，由于体内脏腑功能失调所引起的一类疾病，这类疾病有起病突然，变化迅速等类似于自然界"风"的特性。⑦前分界法：指前面"齐侍御史成"病案中所说的分界法。⑧藏：通"脏"。⑨中藏实故过期：胃中尚能容纳米粥，所以死期超过了预计的日子。中藏，指胃，胃居于人体中部。

济北王病①，召臣意诊其脉，曰："风蹶胸满②。"即为药酒，尽三石③，病已。得之汗出伏地④。所以知济北王病者，臣意切其脉时，风气也，心脉浊。"病法⑤"过入其阳⑥，阳气尽而阴气入⑦"，阴气入张⑧，则寒气上而热气下，故胸满⑨。汗出伏地者，切其脉，气阴⑩。阴气者，病必入中⑪，出及溅水也⑫。

【注释】

①济北王：刘志，齐悼惠王刘肥之子，汉文帝十六年立为济北王，汉景帝三年，徙为菑川王。②风蹶：由于外界风、寒、湿气侵入体内，逆行于上所致的疾病，主要症状为胸闷不舒。③三石（shí）：汉代一石重一百二十斤，三石重三百六十斤。一说"三石"是"三日"之误。④汗出伏地：汗出时，睡在地上。⑤病法：疾病发展的规律。⑥过入其阳：病邪进入人体肌表。过，过失，这里指病。阳，指肌表。⑦阳气尽而阴气入：卫外的阳气耗尽而寒气侵入人体。阳气，这里是指卫外的阳气，即行于体表、具有保卫肌表、抗御外邪作用的卫气。⑧入张：内盛。张，嚣张，扩张。⑨寒气上而热气下，故胸满：阴寒之气上逆而阳热之气下流，所以胸中满闷。根据中医的阴阳学说，人体胸部属阳，腹部属阴，阳气应居于上，阴气应居于下，如果出现上述异常情况，称作"阴邪占据阳位"，是产生胸闷的重要原因之一。⑩气阴：脉气有阴寒之邪。⑪阴气者，病必入中：切到有阴邪的脉气，必然是病已入内。⑫出及溅（chán）水：病邪将随着汗水而外出。及，随着，介词。溅，汗液。

齐北宫司空命妇出於病①，众医皆以为风入中②，病主在肺，刺其足少阴脉。臣意诊其脉，曰："病气疝③，客于膀胱，难于前后溲，而溺赤。病见寒气则遗溺④，使人腹肿"。出於病得之欲溺不得，因以接内。所以知出於病者，切其脉大而实，其来难，是蹶阴之动也⑤。脉来难者，疝气之客于膀胱也⑥。腹之所以肿者，言蹶阴之络结小腹也。蹶阴有过则脉结动⑦，动则腹肿。臣意即灸其足蹶阴之脉，左右各一所⑧，即不遗溺而溲清，小腹痛止。即更为火齐汤以饮之，三日而疝气散，即愈。

【注释】

①北宫：王后的居处。司空：管理工程的官员。命妇：有封号的妇女。出於（wū）：命妇名。②风入中：风邪侵入人体。③气疝：疝病之一，主要症状为腹中忽胀、忽减而疼痛。④遗溺：遗尿，小便失禁。⑤是蹶阴之动：这是足厥阴肝经经脉变动所产生的病。蹶阴，即足厥阴肝经，人体十二条经脉之一，它的循行路线是：在体内，属肝，络胆，在体表，由足大趾经下肢内侧、外阴部、腹部、止于侧胸部。⑥脉来难者，疝气之客于膀胱也：脉之所以来时艰难，是因为疝病牵连到膀胱，引起气结不舒。客，这里作影响、冲击讲。⑦蹶阴有过则脉结动：足厥阴肝经有病，它的络脉所分布的地方就发生变动。⑧一所：一次。所，量词。

故济北王阿母自言足热而懑①，臣意告曰："热蹶也②。"则刺其足心各三所，案之无出血③，病旋已④。病得之饮酒大醉。

【注释】

①故济北王：刘兴居，齐悼惠王刘肥之子，汉文帝二年立为济北王，文帝四年谋反，被诛。阿母：乳母。懑（mèn）：满闷。②热蹶：病名，主要症状是足心发热。③案之无出血：以手按住针孔，勿使出血。这是属于针刺中的补法。④旋已：马上好了。旋，旋即。

济北王召臣意诊脉诸女子侍者①，至女子竖，竖无病②。臣意告永巷长曰③："竖伤脾，不可劳，法当春呕血死④。"臣意言王曰："才人女子竖何能⑤？"王曰："是好为方⑥，多伎能⑦，为所是案法新⑧，往年市之民所⑨，四百七十万，曹偶四人⑩。"王曰："得毋有病乎⑪？"臣意对曰："竖病重，在死法中。"王召视之，其颜色不变，以为不然，不卖诸侯所。至春，竖奉剑从王之厕⑫，王去，竖后，王令人召之，即仆于厕，呕血死。病得之流汗⑬。流汗者，同法病内重⑭，毛发而色泽⑮，脉不衰，此亦内关之病也⑯。

【注释】

①女子侍者：侍女。定语后置。②竖无病：竖自己说没有病痛。③永巷：宫女所居的长巷。管理永巷的人叫永巷长。④竖伤脾，不可劳，法当春呕血死：根据中医五行学说，脾属土，肝属木，木能克土。⑤才人：才女。能：能耐，特长。⑥是好（hào）为方：她的才能是喜好作织绣之类的女工活。是，指"才能"。指示代词。⑦伎能：技能。伎，通"技"。⑧为所是案法新：笔者认为，这是"案法新为所是"的倒文，意思即，研究古代的织绣，从中变化出新的花样，这是她的嗜好。⑨市之民所：从民间买来。市，买。动词。⑩曹偶：等辈。⑪得毋：莫非。表疑问。毋，通"无"。⑫奉：通"捧"。之，去。⑬病得之流汗：指辛劳过度。⑭法病内重：按照规律是病重于内。⑮毛发而色泽：毛发与面像色都润泽。而，与，和。并列连词。⑯内关之病：见前"齐侍御史成"案注⑧。

齐中大夫病龋齿①，臣意灸其左太阳明脉②，即为苦参汤③，日嗽三升④，出入五六日，病已。得之风，及卧开口，食而不嗽。

【注释】

①中大夫：郎中令（汉武帝更名光禄勋）的属官，掌论议，提建议。龋（qǔ）齿：蛀齿，俗称虫牙。②左大阳明脉：即左手阳明大肠经，它的循行路线是，在体内，属大肠，络肺；在体表，由食指端经过上肢伸向桡侧、肩部、颈部、颊部、止于对侧鼻孔旁。针灸这条经脉的穴位，可以治疗龋齿。③苦参汤：原方已佚。④嗽：通"漱"，含漱。这是治疗口腔病的一种投药方法。

菑川王美人怀子而不乳①，来召臣意。臣意往，饮以莨菪药一撮②，以酒饮之，旋乳。臣意复诊其脉，而脉躁。躁者有余病③，即饮以消石一齐④，出血，血如豆比五六枚⑤。

【注释】

①菑川王：刘贤，齐悼惠王刘肥之子，汉文帝十六年立为菑川王，汉景帝三年谋反，被诛。美人：妃嫔的称号之一。不乳：不生，难产。乳，生孩子，分娩。②莨（làng）菪（dàng）：即"莨菪"，多年生草本植物，全株都可以入药，种子名天仙子，性味苦寒、有毒，服少量可以镇静、安神、止痛，多服令人狂浪放荡。③余病：余留的病，这里是指产后胞宫内遗留的余血和浊液未排尽。④消石：即火硝，性味苦寒、无毒，有软坚破血，涤荡积热的作用。齐，通"剂"，量词。⑤血如豆比五六枚：阴道流出的血像豆粒一样大约有五六枚。

齐丞相舍人奴从朝入宫①，臣意见之食闺门外②，望其色有病气。臣意即告宦者平③。平好为脉④，学臣意所，臣意即示之舍人奴病，告之曰："此伤脾气也，当至春鬲塞不通，不能食饮，法至夏泄血死。"宦者平即往告相曰："君之舍人奴有病，病重，死期有日。"相君曰："卿何以知之⑤？"曰："君朝时入宫，君之舍人奴尽食闺门外⑥，平与仓公立，即示平曰，病如是者死。"相即召舍人而谓之曰："公奴有病不⑦？"舍人曰："奴无病，身无痛者。"至春果病，至四月，泄血死。所以知奴病者，脾气周乘五藏⑧，伤部而交⑨，故伤脾之色也，望之杀然黄，察之如死青之兹⑩。众医不知，以为大虫⑪，不知伤脾。所以至春死病者，胃气黄⑫，黄者土气也⑬，土不胜木，故至春死⑭。所以至夏死者，脉法曰"病重而脉顺清者曰内关⑮"，内关之病，人不知其所痛，心急然无苦⑯。若加以一病⑰，死中春⑱，一愈顺，及一时⑲。其所以四月死者，诊其人时愈顺。愈顺者，人尚肥也⑳。奴之病得之流汗数出，炙于火而以出见大风也㉑。

【注释】

①齐丞相舍人奴：齐国丞相家臣的奴仆。丞相，官名，总理齐国政务。②闺门：宫中小门。③宦者：宦官。平，人名。④好为脉：喜好看病。为脉，切脉，即看病。⑤卿：您。谦敬代词。⑥尽（jǐn）食：没完没了地吃东西。⑦公：您。谦敬代词。不（fǒu）：通"否"。表疑问。⑧脾气周乘五藏：脾脏的病气遍传五脏。⑨伤部而交：伤脾的颜色交错出现在面上各个色部。⑩望之杀（sà）然黄，察之如死青之兹：看上去暗淡枯黄，泛出死草一般的青灰色。杀，暗淡貌。死青，暗淡无光的青灰色。兹，草蓆，死草。⑪大虫：蛔虫。⑫胃气黄：脾病的脸色发黄。胃，这里即指脾。根据中医脏象学说，脾、胃是一对互为表里的脏腑，经常可以互称或并称。⑬黄者土气也：黄是脾土的色气。根据中医五行学说，脾属土，色黄，意思即脾脏的特点类似于土能生长万物，它的生理、病理变化可以通过面上黄色的正常与否反映出来。⑭土不胜木，故至春死：脾病耐受不住肝气的疏达，所以到春天病死。⑮脉顺清：即脉搏正常。顺，脉与时令相顺应。清，清宁，不重浊，即无邪气相干。⑯心急然无苦：有四解。一、过得迅速而不感到痛苦，急，通"疾"；二、心了然而不感到痛苦，急，当作"慧"；三、心中痛苦极小，急，当作"忽"，古代长度单位，十忽为一丝；四、心中虽然急躁，但并无痛苦。⑰加以一病：添加一种病。⑱中春：仲春，即阴历二月。一季三月，分孟、仲、季列次。正月为孟春，二月为仲春，三月为季春。⑲一愈顺，及一时：精神愉快，顺天养性，则可以延长一段时间。⑳人尚肥：病人的形体还丰腴。㉑炙（zhì）于火：受火烘烤。大风：外界剧烈的致病因素。

葘川王病，召臣意诊脉，曰："蹶上为重①，头痛身热，使人烦懑"。臣意即以寒水拊其头②，刺足阳明脉③，左右各三所，病旋已。病得之沐发未干而卧。诊如前，所以蹶，头热至肩。

【注释】

①蹶：郁热之气上逆。上为重：上部的症状突出。②以寒水拊其头：用冷水拍头，类似于现在的物理降温法。③刺足阳明脉：足阳明胃经循行路线是由鼻部经过侧头部、面部、颈部，因此，针刺这条经脉的穴位，可以治头痛。

齐王黄姬兄黄长卿家有酒召客①，召臣意。诸客坐②，未上食。臣意望见王后弟宋建，告曰："君有病，往四五日，君要胁痛不可俛仰③，又不得小溲。不亟治④，病即入濡肾⑤。及其未舍五藏⑥，急治之。病方今客肾濡⑦，此所谓'肾痺'也⑧"。宋建曰："然，建故有要脊痛。往四五日，天雨，黄氏诸倩见建家京下方石⑨，即弄之⑩，建亦欲效之，效之不能起，即复置之。暮，要脊痛，不得溺，至今不愈。"

建病得之好持重。所以知建病者，臣意见其色，太阳色干①，肾部上及界要以下者枯四分所⑫，故以往四五日知其发也。臣意即为柔汤使服之，十八日所而病愈。

【注释】

①姬（jī）：妾，小妻。②诸客：《太平御览》作"与诸客"。③要：通"腰"。④亟：通"急"。⑤濡（rú）肾：有三解，一、即肾脏，濡，湿。作形容词。二、浸渍于肾脏，濡，渍。作动词。三、指肾外膜湿润处。⑥舍（shè）：住宿。动词。犹言进入。⑦病方今客肾濡：笔者认为当读为"病今方客肾濡"，即病邪现在正侵入肾脏的外膜。⑧肾痹：病名，主要症状是腰疼，多因风寒湿气痹阻于肾所致，痹，同"痹"。⑨倩（qiàn）：女婿。京：仓廪。方石：筑房用基石。⑩即弄之：《太平御览》作"取弄之"，即拿来玩耍。⑪太阳色干：颧（quán）骨部位的颜色发干。⑫肾部上及界要以下者枯四分所：两颊上部的边缘有四分左右呈现枯干。界，边缘。要，通"腰"。

济北王侍者韩女病要背痛，寒热，众医皆以为寒热也①。臣意诊脉，曰："内寒②，月事不下也③"。即窜以药④，旋下，病已。病得之欲男子而不可得也。所以知韩女之病者，诊其脉时，切之，肾脉也，啬而不属⑤。啬而不属者，其来难，坚⑥，故曰月不下⑦。肝脉弦，出左口⑧，故曰欲男子不可得也。

【注释】

①寒热，众医皆以为寒热也：前"寒热"指恶寒、发热的症状，后"寒热"指病名，即众医见到韩女有恶寒、发热的症状，误认为是寒热病。②内寒：里有寒。③月事不下：俗称闭经。月事，月经。④窜以药：有三解，一、用药熏洗；二、服辛香流窜的活血药使血行通畅；三、将药物作成栓剂纳入阴道，使月经通下，窜，繁体字为"窜"，《说文解字》说"窜，坠也，从鼠在穴中。"⑤肾脉也，啬而不属：肾脉艰涩而不连属。⑥其来难、坚：脉来艰难而坚实有力。属于虚证的病，涩脉多兼见虚细而迟的脉象；属于实证的病，涩脉多坚实有力。⑦月不下：当为"月事不下"，脱"事"字。⑧肝脉弦，出左口：左手关脉弦劲有力而长，超过本位，溢出寸口。肝脉，在左手寸口脉的关部。

临菑汜里女子薄吾病甚①，众医皆以为寒热笃②，当死，不治。臣意诊其脉，曰："蛲瘕③"。蛲瘕为病，腹大，上肤黄粗④，循之戚戚然⑤。臣意饮以芫华一撮⑥，即出蛲可数升，病已，三十日如故。病蛲得之于寒湿，寒湿气宛笃不发⑦，化为虫。臣意所以知薄吾病者，切其脉，循其尺，其尺索刺粗⑧，而毛美奉发⑨，是虫气也。其色泽者，中藏无邪气及重病。

【注释】

①汜（fán）里：里巷名。薄吾：患者名。②笃（dǔ）：病势沉重。③蛲瘕（jiǎ）：蛲虫积聚而形成瘕块。④汜：同"粗"。⑤循：顺着疾病的部位触按。戚戚然：忧惧的样子，形容病人拒按。一说戚，通"蹙"，蹙眉。⑥芫（yuán）华：即芫花，辛温有毒，能治疝瘕痈肿，并可杀虫。华，同"花"。⑦宛（wǎn）笃不发：蓄积很深，不能散发。⑧尺索刺粗：有二解，一、尺索，指尺脉紧，刺汜，脉现汜大，顶指如刺；二、指尺肤部干枯粗糙。尺，尺肤，两手肘关节下至寸口处的皮肤。⑨毛美奉发：有二解，一、指毛有光泽，上及于头发；奉，自下承上；二、从《医说》，作"毛焦卷发"，即毛发枯焦无光泽。

齐淳于司马病①，臣意切其脉，告曰："当病迵风②，迵风之状，饮食下嗌辄后之。病得之饱食而疾走。"淳于司马曰："我之王家食马肝③，食饱甚，见酒来，即走去，驱疾至舍④，即泄数十出。"臣意告曰："为火齐米汁饮之⑤，七八日而当愈。"时医秦信在旁，臣意去，信谓左右阁都尉曰⑥："意以淳于司马病为何？"曰："以为迵风，可治"。信即笑曰："是不知也。淳于司马病，法当后九日死。"即后九日不死，其家复召臣意。臣意往问之，尽如意诊。臣即为三火齐米汁，使服之，七八日病已。所以知之者，诊其脉时，切之，尽如法。其病顺⑦，故不死。

【注释】

①司马：管理军政及军赋的长官。淳于为姓。②迵风：即洞泄，参见"阳虚侯相赵章病"一案注。③马肝：马的肝脏，性热有毒，食之可杀人。④驱疾：跑得很快。⑤火齐米汁：可能是将火齐汤与米汁同熬，火齐汤清荡肠热，米汁则和调胃气。⑥都尉：比将军略低的武官。⑦其病顺：病与脉相顺应。

齐中郎破石病①，臣意诊其脉，告曰："肺伤，不治，当后十日丁亥溲血死"。②即后十一日，溲血而死。破石之病，得之堕马僵石上③。所以知破石之病者，切其脉，得肺阴气④，其来散，数道至而不一也⑤。色又乘之⑥。所以知其堕马者，切之得番阴脉⑦。番阴脉入虚里，乘肺脉⑧。肺脉散者，固色变也乘之⑨。所以不中期死者，师言曰"病者安谷即过期，不安谷则不及期。"其人嗜黍，黍主肺⑩，故过期。所以溲血者，诊脉法曰⑪"病养喜阴处者顺死，喜养阳处者逆死⑫。"其人喜自静，不躁，又久安坐，伏几而寐⑬，故血下泄。

【注释】

①中郎：君王的近侍。破石：人名。②后十日丁亥溲（sōu）血死：这是以十天干配五行推算五脏死期的方法，根据《素问·平人气象论》的记载，肝病见庚、辛日死，心病见壬、癸日死，脾病见甲、乙日死，肺病见丙、丁日死，肾病见戊、己日死。丙、丁属火，肺伤的病遇丙、丁日，则火来刑金，所以此病死于丁亥日。③堕马僵石上：从马上跌下，僵仆于石上。④肺阴气：肺阴脉。即肺的真脏脉，也就是肺的败脉。⑤其来散，数道至而不一：脉来散乱，一呼一吸之间，几次脉搏的跳动都不一致。⑥色又乘之：面上又出现心乘肺的颜色。肺病应当面呈白色，如果出现赤色，则是心乘肺。乘，战胜，压服，剋伐。⑦番阴脉：即反阴脉，在阴部见到阳脉。番，通"翻"，反。⑧番阴脉入虚里，乘肺脉：反阴脉进入虚里，然后乘肺脉。⑨肺脉散者，固色变也乘之：笔者认为，当读为"肺脉散、固色变者，（心）乘之也"。意思即：肺部出现了散脉，原来的面色发生了改变，是因为心乘肺的缘故。⑩黍主肺：根据五行学说，五谷与五脏的配属是黍主肺，即黍有补养肺脏的作用。黍，又称黄黍，碾成米叫黄米，性粘，可酿酒。⑪诊脉法：即脉法。⑫病养喜阴处者顺死，喜养阳处者逆死：病人性喜安静的，则气血下行而死，病人性喜活动的，则气血上逆而死。⑬几：小桌。寐（mèi）：睡。

齐王侍医遂病①，自练五石服之②。臣意往过之，遂谓意曰："不肖有病③，幸诊遂也。"臣意即诊之，告曰："公病中热。论曰④'中热不溲者，不可服五石'。石之为药精悍⑤，公服之不得数溲⑥，亟勿服⑦。色将发臃"。遂曰："扁鹊曰'阴石以治阴病，阳石以治阳病'。⑦夫药石者有阴阳水火之齐⑧，故中热，即为阴石柔齐治之⑨；中寒，即为阳石刚齐治之⑩。"臣意曰："公所论远矣。扁鹊虽言若是，然必审诊①，起度量，立规矩，称权衡②，合色脉表里有余不足顺逆之法，参其人动静与息相应③，乃可以论④。论曰'阳疾处内，阴形应外者⑤，不加悍药及镵石'。夫悍药入中，则邪气辟矣⑥，而宛气愈深⑰。诊法曰'二阴应外，一阳接内者⑱，不可以刚药'。刚药入则动阳⑲，阴病益衰⑳，阳病益箸㉑，邪气流行，为重困于俞㉒，忿发为疽㉓。"意告之后百余日，果为疽发乳上，入缺盆㉔，死。此谓论之大体也，必有经纪㉕。拙工有一不习㉖，文理阴阳失矣㉗。

【注释】

①侍医：宫廷医生。遂：人名。②练：通"炼"，熬炼。五石：五种矿物药，经炼制后，可做成"五石散"。③不肖：我。谦辞。④论：指《药论》一书。⑤精悍：精锐、剽悍，即药性燥烈的意思。⑥亟：通"急"，快。⑦阴石以治阴病，阳石以治阳病：性寒的石药，可用来治阴虚有热的病；性热的石药，可用来治阳虚有寒的病。⑧药石者有阴阳水火之齐：以药石组成的方剂有阴阳寒热之分。⑨柔齐：即柔剂，指药性柔和、有养阴清热作用的一类方剂。⑩刚齐：即刚剂，指药性刚燥、有温阳驱寒作用的一类方剂。⑪审诊：审慎地诊察。⑫起度量，立规矩，称权衡：制定和掌握诊断、用药的标准。起，立。度，计算长度的器具。量，计算体积的器具。规，即今圆规。⑬动静与息相应：动作举止与呼吸相互协调的情况。⑭论：议，决定。⑮阳疾处内，阴形应外：热邪潜伏在内，寒证显露于外。这是表寒里热证，也有人认为是真热假寒证。⑯邪气辟（bì）：邪气更恣肆。⑰宛（yù）气：指蕴集在内的郁热。宛，通"郁"。⑱二阴应外，一阳接内：少阴寒证表现于外，少阳郁火蓄积于内，这是真热假寒证。二阴，指六经中的少阴，少阴多寒证。一阳，指六经中的少阳，少阳多郁火。⑲动阳：催动阳气。⑳阴病益衰：已不足的阴液更加衰减。㉑阳病益箸：已有余的阳气更加显著。箸，通"著"。㉒重（chóng）困于俞（shū）：邪气层层盘聚在腧穴周围。人体脏腑经络气血输注、出入的处所，进行针灸的部位。㉓忿发：怒发，发作得迅速、严重。㉔缺盆：锁骨上窝，又是足阳明胃经的输穴"缺盆穴"所在处。㉕经纪：纲纪，原则。㉖拙工：学识平庸的医生。有一不习：有一处没学到。有，一作"守"，守一不习，即守一家之偏，不善学习。㉗文理阴阳失：条理错乱，阴阳颠倒。

齐王故为阳虚侯时，病甚，众医皆以为蹶。臣意诊脉，以为痹①，根在右胁下，大如覆杯②，令人喘，逆气不能食。臣意即以火齐粥且饮③，六日气下；即令更服丸药，出入六日，病已。病得之内。诊之时不能识其经解④，大识其病所在⑤。

【注释】

①痹：这里是指邪气闭阻脏腑所引起的疾病，有人认为是"肝痹"，有人认为是"肺痹"，还有人认为是"息贲"病。②覆杯：倒扣的杯子。③火齐粥：方已佚，可能与火齐米汁内容相似，但煎煮方法有所不同。且饮：暂且服饮。④不能识其经解：不懂得如何用经脉理论解释这种病。⑤大识其病所在：大略知道疾病的所在部位。

臣意尝诊安阳武都里成开方①，开方自言以为不病，臣意谓之病苦沓风②，三岁四支不能自用③，使人瘖④，瘖即死。今闻其四支不能用，瘖而未死也。病得之数饮酒以见大风气。所以知成开方病者，诊之，其脉法奇咳言曰⑤："藏气相反者死。"切之，得肾反肺⑥，法曰："三岁死"也。

【注释】

①安阳：县名，故址在今山东省曹县的东面。武都里：里巷名。成开方：人名。②苦沓（tà）风：为沓风病所苦。③支：通"肢"。④瘖：失音不能言语。⑤奇咳（jī gāi）：即《奇咳术》一书。⑥切之，肾反肺：在肺的脉位切到肾脏的脉。

安陵阪里公乘项处病①，臣意诊脉，曰："牡疝②。"牡疝在鬲下③，上连肺。病得之内。臣意谓之："慎毋为劳力事，为劳力事则必呕血死。"处后蹴踘④，要蹶寒⑤，汗出多，即呕血。臣意复诊之，曰："当旦日日夕死。"⑥即死。病得之内。所以知项处病者，切其脉得番阳⑦。番阳入虚里⑧，处旦日死。一番一络者，牡疝也⑨。

【注释】

①安陵：汉惠帝陵墓所在地，故址在今陕西省咸阳市东北，当时立有县。阪里：县中里巷名称。项处：人名。②牡疝：阳疝。③鬲：通"膈"，膈膜。④蹴（cù）踘（jū）：古代一种类似足球的运动，可以用作游戏或练兵。⑤要蹶寒：腰部寒冷。蹶，同"厥"，冷。⑥旦日日夕：明日黄昏。旦日，明天。⑦切其脉得番阳：番阳，即反阳脉，在阳部见到阴脉。⑧番阳入虚里：笔者认为：参考"齐中郎破石病"一案，可能在这句之后脱落了"乘肺脉"三字。⑨一番一络者，牡疝也：一则能切到反阳脉，一则病痛上连于肺，这就是牡疝。络，连。

臣意曰：他所诊期决死生及所治已病众多①，久颇忘之，不能尽识②，不敢以对。

问臣意："所诊治病，病名多同而诊异，或死或不死，何也？"对曰："病名多相类，不可知，故古圣人为之脉法，以起度量，立规矩，县权衡③，案绳墨④，调阴阳⑤，别人之脉各名之，与天地相应，参合于人，故乃别百病以异之⑥，有数者皆异之⑦，无数者同之⑧。然脉法不可胜验，诊疾人以度异之，乃可别同名，命病主在所居⑨。今臣意所诊者，皆有诊籍⑩。所以别之者，臣意所受师方适成，师死，以故表籍所诊，期决死生，观所失所得者合脉法，以故至今知之"。

问臣意曰："所期病决死生，或不应期⑪，何故？"对曰："此皆饮食喜怒不节，或不当饮药，或不当针灸，以故不中期死也⑫。"

问臣意："意方能知病死生，论药用所宜，诸侯王大臣有尝问意者不？及文王病时⑬，不求意诊治，何故？"对曰："赵王、胶西王、济南王、吴王皆使人来召臣意⑭，臣意不敢往。文王病时，臣意家贫，欲为人治病，诚恐吏以除拘臣意也⑮，故移名数左右⑯，不修家生⑰，出行游国中，问善为方数者事之久矣⑱，见事数师，悉受其要事⑲，尽其方书意⑳，及解论之㉑。身居阳虚侯国，因事侯。侯入朝，臣意从之长安，以故得诊安陵项处等病也。"

【注释】

①期：预期。治已：治愈。②认：记住。③县：通"悬"，悬挂。④案绳墨：掌握准绳，意同上文"起度量，立规矩，县权衡"。案，通"按"，按照。绳墨：量曲直的工具，喻法度、准绳。⑤调阴阳：调理阴阳的盛衰。调，调理。⑥异：分开。⑦有数者皆异之：医技精良的人，对病名相同的病，能区别其不同之处。数，术；技。此处指医技。⑧同：混同。⑨诊疾人以度异之，乃可别同名，命病主在所居：疾人，病人。度，法度；或脉度，即以分度脉，如前"肝与心相去五分"。命，道出。病主，犹言病根。这句是说，诊察病人，用以分度脉的方法来

辨别，才能区分相同的病名，说出病根所在的部位。⑩诊籍：记录诊病经过的簿册。⑪应期：符合预计的日期。⑫中（zhòng）期：按期。⑬文王：齐文王刘侧，齐哀王刘襄之子，在位十四年（前179—前165年）。⑭赵王：刘遂，赵幽王的儿子，立于汉文帝元年。胶西王：名刘邛。济南王：名刘辟光。都是齐悼惠王的儿子，立于汉文帝十六年。吴王：刘濞，汉高祖刘邦的侄子。⑮诚恐吏以除拘臣意，实在害怕委任我为侍医而拘留我。⑯移：迁移。名数：名籍，即户籍。⑰不修家生：不治理家务，或不置家产。修，治。⑱方数：方术，这里是指医术。⑲要事：要点，主要内容。⑳尽其方书意：全部领会医书的精神实质。㉑解论：分析和评定。论，评议。

问臣意："知文王所以得病不起之状？"臣意对曰："不见文王病，然窃闻文王病喘①，头痛，目不明。臣意心论之②，以为非病也。以为肥而蓄精③，身体不得摇④，骨肉不相任⑤，故喘，不当医治⑥。脉法曰'年二十脉气当趋⑦，年三十当疾步⑧，年四十当安坐，年五十当安卧，年六十已上气当大董'。⑨文王年未满二十，方脉气之趋也而徐之⑩，不应天道四时⑪。后闻医灸之即笃，此论病之过也⑫。臣意论之，以为神气争而邪气入⑬，非年少所能复之也，以故死。所谓气者⑭，当调饮食⑮，择晏日⑯，车步广志⑰，以适筋骨肉血脉，以泻气⑱。故年二十，是谓'易贸，'⑲法不当砭灸，砭灸至气逐⑳。"

【注释】

①窃闻：私下听说。②心论：心想；主观分析。③蓄精：脂膏蓄积。④摇：动，活动。⑤骨肉不相任：肉多骨头支撑不起。任，胜任。⑥不当医治：不应当用针灸、药物等治疗。⑦脉气当趋：血脉正旺，应当多跑动。⑧疾步：快走。⑨气当大董：应当使元气深藏。董，深藏。⑩徐之：懒于走动。徐，徐缓；安舒。⑪天道四时：指四季春生、夏长、秋收、冬藏的自然规律。⑫论病之过：对病情分析判断的错误。⑬神气：精神气息。⑭所谓气者：对于脉气太旺的人。⑮调饮食：调节、控制饮食。⑯晏日：天气晴朗的日子。⑰车步广志：或者驾车，或者步行，以开阔胸怀。⑱以泻气：用以泻去有余的脉气。⑲易贸：有二解，一、形体容易改变。贸，"贸"俗字，变换。二、气血易实。贸，从《集解》引徐广作"质"，实。⑳砭：砭石，石质的医疗工具，主要用来割刺痈疽。

问臣意："师庆安受之？闻于齐诸侯不？"对曰："不知庆所师受。庆家富，善为医，不肯为人治病，当以此故不闻。庆又告臣意曰：'慎勿令我子孙知若学我方也①。'"

问臣意："师庆何见于意而爱意，欲悉教意方？"对曰："臣意不闻师庆为方善也。"意所以知庆者，意少时好诸方事②，臣意试其方③，皆多验，精良。臣意闻菑川唐里公孙光善为古传方④，臣意即往谒之。得见事之，受方化阴阳及传语法⑤，臣意悉受书之⑥。臣意欲尽受他精方，公孙光曰：'吾方尽矣，不为爱公所⑦。吾身已衰，无所复事之。是吾年少所受妙方也，悉与公，毋以教人。'臣意曰：'得见事侍公前，悉得禁方，幸甚。意死不敢妄传人。居有闲⑧，公孙光闲处⑨，臣意深论方，见言百世为之精也⑩。师光喜曰：'公必为国工⑪。吾有所善者皆疏，同产处临菑⑫，善为方，吾不若⑬，其方甚奇，非世之所闻也。吾年中时⑭，尝欲受其方，杨中倩不肯⑮，曰"若非其人也"。胥与公往见之⑯，当知公喜方也。其人亦老矣，其家给富。'时者未往⑰，会庆子男殷来献马⑱，因师光奏马王所⑲，意以故得与殷善⑳。光又属意于殷曰㉑："'意好数㉒，公必谨遇之㉓，其人圣儒㉔'。即为书以意属阳庆，以故知庆。臣意事庆谨，以故爱意也"。

【注释】

①若：你。人称代词。②好诸方事：有二解，一、对于医学很爱好。诸，之于。代名词兼介词。方事，犹言医事，医学。二、喜好各家的医方。诸，许多。数量词。方事，医方。③其：这里指阳庆。④唐里：菑川的里巷名。公孙：复姓。光：名字。古传方：古代留传的医方。⑤受方化阴阳及传语法：当读作"受方，化阴阳，及传语法"，即接受了他的医方、阴阳变化的理论以及古代医家口头流传下来的治疗方法。⑥悉受书之：全部接受并记录下来。⑦不为爱公所：不对你有所吝惜。⑧居有闲：即居有间，过了些日子。闲，通"间"。⑨闲处：闲着没事。闲，通"闲"。⑩百世：犹言历代。精：精辟；深刻。⑪国工：举国闻名的良医。⑫同产：同胞兄弟，这里指阳庆。⑬不若：不如。⑭年中：即中年。⑮杨中倩：即阳庆。杨，通"阳"，庆为其名，中倩为其字。⑯胥：通"须"。⑰时者：当时。⑱会：恰逢。子男：儿子。一说是女婿。殷，名字。⑲因师光奏马王所：随着老师公孙光献马于齐王处。因，随。奏，进献。⑳善：熟悉；友好。㉑属：通"嘱"。㉒数：术数，这里是指医术。㉓谨遇之：恭敬地对待他。㉔圣儒：慕圣人之道的儒士，一说为高明的学者。

问臣意曰："吏民尝有事学意方，及毕尽得意方不？何县里人？"对曰："临菑人宋邑①。邑学，臣意教以五诊②，岁余。济北王遣太医高期、王禹学③，臣意教以经脉高下及奇络结④，当论俞所居⑤，及气当上下出入邪正逆顺⑥，以宜镵石，定砭灸处，岁余。菑川王时遣太仓马长冯信正方⑦，臣意教以案法逆顺⑧，论药法，定五味及和齐汤法⑨。高永侯家丞杜信⑩，喜脉，来学，臣意教以上下经脉五诊⑪，二岁余。临菑召里唐安来学⑫，臣意教以五诊上下经脉，奇咳，四时应阴阳重⑬，未成，除为齐王侍医。"

【注释】

①宋邑：《古今医统》说他"至性爱人，酷尚医术，就齐太仓公淳于意学五诊脉论之术，为当世良医。"邑，一作"昆"。②五诊：即前《五色诊》一书。③高期、王禹：《古今医统》载：高期、王禹，仕济北王太医令，王以期、禹术未精。④经脉高下：经脉上下分布的部位。奇络结：有人认为指奇经与络脉相交结之处。奇，奇经。络，络脉。笔者认为，是指异常络脉结系之处。奇，异。⑤当论俞所居：常论述俞穴分布之处。当，作"常"解。俞，通"腧"。腧穴，穴位。⑥气当上下出入邪正逆顺：经络之气通常上下出入的情况，及区别邪正、顺逆的方法。⑦太仓马长：太仓署中管理马政的长官。冯信：人名。⑧案法：按摩疗法。逆顺：正、反两种手法。⑨定：鉴定。五味：原意指食物和药物的酸、苦、甘、辛、咸五种味道，后来上升为中药药性理论之一。和齐汤：调和方剂制成汤药。⑩高永侯：不详。家丞：管家。⑪上下经脉：同"经脉高下"。⑫召里：里巷名。唐安：人名。⑬四时应阴阳重：有三解：一、四季与重阴、重阳这两种病相应的情况。二、经脉的阴阳与四季相应，而每一季都有所偏重。三、四季随阴阳的交替而变动。重，动。

问臣意："诊病决死生，能全无失乎？"臣意对曰："意治病人，必先切其脉，乃治之。败逆者不可治，其顺者乃治之。心不精脉①，所期死生视可治②，时时失之，臣意不能全也"。

【注释】

①精脉：精细切脉。②期：预料、预断。死生：偏义词，此处指死。

太史公曰：女无美恶，居宫见妒①；士无贤不肖，入朝见疑②。故扁鹊以其伎见殃③，仓公乃匿迹自隐而当刑④。缇萦通尺牍⑤，父得以后宁。故老子曰"美好者不祥之器"⑥，岂谓扁鹊等邪⑦？若仓公者，可谓近之矣⑧。

【注释】

①女无美恶，居宫见妒：女子不论美与丑，一进入宫中，就被人妒忌。见，被。助动词，表被动。②士无贤不肖，入朝见疑，士人不论贤能与不贤，一进入朝廷，就被人猜疑。不肖，不贤。③见殃：被害。殃，灾难。④匿迹自隐：自愿隐匿行迹。⑤通尺牍：递交书信，这里指"缇萦上书"一事。通，通达、通过。尺牍，古代的书函。⑥美好者不祥之器：语出《老子》上篇第三十一章，但原文不是如此。原文为"夫佳兵者不祥之器"。⑦岂谓：难道说。等：等同。邪：同"耶"。语气词。⑧近之：指领会了老子的思想，近于通达世情，明哲保身。

吴王濞列传第四十六

吴王濞者①，高帝兄刘仲之子也②。高帝已定天下七年③，立刘仲为代王。而匈奴攻代，刘仲不能坚守，弃国亡④，间行走雒阳⑤，自归天子⑥。天子为骨肉故⑦，不忍致法⑧，废以为郃阳侯⑨。高帝十一年秋⑩，淮南王英布反⑪，东并荆地⑫，劫其国兵⑬，西度淮⑭，击楚⑮，高帝自将往诛之⑯。刘仲子沛侯濞年二十，有气力，以骑将从破布军蕲西会甀⑰，布走。荆王刘贾为布所杀⑱，无后。上患吴、会稽轻悍⑲，无壮王以填之⑳，诸子少，乃立濞于沛㉑，为吴王，王三郡五十三城㉒。已拜受印㉓，高帝召濞相之㉔，谓曰㉕："若状有反相㉖。"心独悔㉗，业已拜㉘，因拊其背㉙，告曰㉚："汉后五十年东南有乱者㉛，岂若邪㉜？然天下同姓为一家也，慎无反㉝？"濞顿首曰㉞："不敢。"

【注释】

①吴王濞（前215—前154年）：刘濞（bì）。泗水郡沛县（今江苏省沛县）人。②高帝（前256—前195年）：汉高帝。刘邦。泗水郡沛县人。汉朝的创建者，公元前202—前195年在位。③七年：《汉兴以来诸侯王年表》和《汉书纪、表》等均作"六年"，此误。④亡：逃亡。⑤间（jiàn）行：潜行；抄小路走。走：跑；逃跑。雒（luò）阳：都邑名。即今河南省洛阳市。当时是汉朝的临时都城。⑥自归：自首。⑦骨肉：比喻至亲。⑧致法：给予法律制裁。致，给予。⑨郃（hé）阳：县名。即今陕西省合阳县。⑩高帝十一年：相当于公元前196年。⑪英布：六（lù）县（今安徽省六安市东北）人。⑫荆：国名。领地范围与后来的吴国基本相同，建都吴县（今江苏省苏州市）。⑬劫：用强力夺取。⑭度：通"渡"。淮：淮河。

⑮楚：国名。汉高帝少弟刘交封国，领有砀郡（今河南省东部、山东省西南部、安徽省北端）、薛郡（今山东省西南部）和东海郡（今山东省南部、江苏省北部），建都彭城（今江苏省徐州市）。⑯自将（jiàng）：自任主帅；自己统兵。将，动词。诛：杀戮；讨伐。⑰蕲（qí）：县名。在今安徽省宿州市东南。会甀（guì chuí）：乡名。在蕲县西。⑱刘贾：汉高帝从兄，高帝六年被封为荆王。⑲上：皇上。这里指汉高帝。吴、会（kuài）稽：泛指春秋、战国时吴、越两国旧地。⑳填（zhèn）：通"镇"。㉑立濞于沛：汉高帝这时行经沛县，做出了封刘濞为吴王的决定。㉒王（wàng）：君临其地；统治。动词。㉓拜：用一定的礼节授予官职、爵位。㉔相（xiàng）：迷信者观察人的相貌以测定他的命运。动词。㉕谓：告诉。㉖若：你（们）。㉗独：单，暗自。㉘业已：已经。㉙拊（fǔ）：拍；抚摩。㉚告：告诫。㉛汉后五十年东南有乱者：秦末以来，术士们制造所谓"东南有乱，克期五十"的迷信谣言，当时曾广泛流传。㉜岂：莫非；莫不。推度副词。邪（yé）：表示疑问的语气助词。㉝慎：禁戒之词。有告诫之意。无：莫；不要。否定副词。㉞顿首：叩头。古代九拜中第二种恭敬的礼节。

会孝惠、高后时①，天下初定，郡国诸侯各务自拊循其民②。吴有豫章郡铜山③，濞则招致天下亡命者益铸钱④，煮海水为盐，以故无赋⑤，国用富饶⑥。

【注释】

①会：正值；适逢。孝惠（前216—前188年）：汉惠帝。刘盈。汉高帝次子。公元前195—前188年在位。高后（前241—前180年）：吕雉。砀郡单父（shàn fǔ）县（今山东省单县）人。②郡国：汉代初期，郡和王国同是地方最高行政区域，郡直属朝廷，王国由分封的国王统治。历史上称为"郡国制"。诸侯：这里兼指郡守和国王。拊循：也作"抚循"。安抚；抚慰。③豫章郡：鄣郡的讹文。因鄣郡也称章郡，"豫"字是衍文。铜山：指铜矿。④则：乃；于是。承接连词。招致：招引；招徕。亡命：谓改名换姓，逃亡在外。益：更加。当时朝廷允许私铸钱，疑不存在盗铸问题。⑤赋：指按户口征收的税。⑥国用：国家的开支。

孝文时①，吴太子入见②，得侍皇太子饮博③。吴太子师傅皆楚人④，轻悍，又素骄，博，争道⑤，不恭，皇太子引博局提吴太子⑥，杀之。于是遣其丧归葬。至吴，吴王愠曰⑦："天下同宗⑧，死长安即葬长安⑨，何必来葬为⑩！"复遣丧之长安葬⑪。吴王由此稍失藩臣之礼⑫，称病不朝⑬。京师知其以子故称病不朝⑭，验问实不病⑮，诸吴使来，辄系责治之⑯。吴王恐，为谋滋甚⑰。及后使人为秋请⑱，上复责问吴使者，使者对曰⑲："王实不病，汉系治使者数辈⑳，以故遂称病。且夫'察见渊中鱼，不祥'㉑，今王始诈病，及觉，见责急㉒，愈益闭㉓，恐上诛之，计乃无聊㉔。唯上弃之而与更始㉕。"于是天子乃赦吴使者归之㉖，而赐吴王几杖㉗，老，不朝。吴得释其罪㉘，谋亦益解㉙。然其居国以铜盐故㉚，百姓无赋。卒践更㉛，辄与平贾㉜，岁时存问茂材㉝，赏赐闾里㉞。佗郡国吏欲来捕亡人者㉟，讼㊱，共禁弗予。如此者四十余年㊲，以故能使其众。

【注释】

①孝文（前203—前157年）：汉文帝，刘恒。汉高帝四子。公元前180—前157年在位。②吴太子：刘贤。③侍：陪伴。皇太子：指汉景帝刘启。博：古代游戏。博局（类似棋盘）分十二道，用六枚箸、十二枚棋竞赛。两人对赛，赛

时先掷采（类似骰子），后行棋，棋到终点一次得两筹，以得筹多少定胜负。④师傅：指教授和辅导太子的太师、太傅等官员。楚：泛指春秋、战国时的楚国地域，约当今长江中下游一带。楚国在当时被中原地区称为南蛮，文化比较落后。⑤争道：争夺博局上的通道。⑥博局：博戏所使用的台盘。提（dǐ）：掷击。⑦愠（yùn）：含怒；怨恨。⑧天下同宗：天下同姓都是一家。⑨长安：汉都城。在今陕西省西安市西北。两"长安"之前都省略了介词"于"，介宾结构作补语而省略介词，在古汉语中是颇为常见的现象。⑩为：表示疑问的助词。⑪之：前往；去到。⑫稍：逐渐。⑬称病：托词害病。⑭京师：首都。这里代指朝廷。⑮验问：查问；考问。⑯辄：就；总是。系：拴缚；拘囚。⑰滋：愈益；更加。副词。⑱秋请（qǐng）：汉朝规定，诸侯王朝见皇帝，在春季称朝，在秋季称请。⑲对：回答。适用于卑幼辈对尊长辈。⑳辈：表示人的多数。㉑且夫：提起连词。察见渊中鱼，不祥：比喻尽知臣下阴私，使他畏罪生变，会酿成祸乱。㉒见：被。㉓闭：闭藏；隐秘。㉔无聊：无奈；无可如何。㉕唯：表示希望的意思。祈使副词。更始：除旧布新。㉖归：放回去。使动用法。㉗几（jī）杖：老年人坐时常须靠着几案，走动时常须拄着拐杖。古代常用赐几杖以表示敬老。㉘释：解脱；赦免。㉙益：稍稍；逐渐。㉚居国：治国；处理国事。㉛辛践更：卒，指服现役的士兵。更，轮流服兵役。践更，谓自己去服兵役。㉜平贾（jià）：当时的代役金价格。贾，通"价"。㉝岁时：每年的一定季节。存问：慰问。茂材：有优秀才能的人。㉞闾里：二者都是古代居民组织单位，在乡聚称闾，在田野称里。㉟佗（tuō）：同"他"。亡人：逃亡的人。㊱讼（róng）：收容；庇护。㊲四十余年：刘濞从始封到败亡才四十一年，这里叙述他的笼络民心的政治措施，不应当作"四十余年"。下文他自己的反叛宣言也是说的"三十余年"，所以《汉书》同传作"三十余年"是对的。

　　晁错为太子家令①，得幸太子②，数从容言吴过可削③。数上书说孝文帝④，文帝宽，不忍罚，以此吴日益横⑤。及孝景帝即位⑥，错为御史大夫⑦，说上曰："昔高帝初定天下，昆弟少⑧，诸子弱，大封同姓，故王孽子悼惠王王齐七十余城⑨，庶弟元王王楚四十余城⑩，兄子濞王吴五十余城：封三庶孽，分天下半。今吴王前有太子之郄⑪，诈称病不朝，于古法当诛，文帝弗忍⑫，因赐几杖。德至厚，当改过自新。乃益骄溢⑬，即山铸钱⑭，煮海水为盐，诱天下亡人，谋作乱。今削之亦反，不削之亦反。削之，其反亟⑮，祸小；不削，反迟，祸大。"三年冬，楚王朝⑯，晁错因言楚王戊往年为薄太后服⑰，私奸服舍⑱，请诛之。诏赦⑲，罚削东海郡。因削吴之豫章郡、会稽郡⑳。及前二年赵王有罪㉑，削其河间郡㉒。胶西王卬以卖爵有奸㉓，削其六县。

【注释】

　　①晁（cháo）错（前200—前154年）：颍川郡（今河南省中南部，治所在阳翟，今禹县）人。太子家令：官名。秦代始设，汉代沿设。掌管太子家事。②得幸：得到帝王宠爱。③数（shuò）：屡次；频繁。从容（sǒngyǒng）：通"怂恿"。④说（shuì）：用话劝说别人使他听从自己的意见。⑤横（hèng）：骄横。⑥孝景帝（前188—前141年）：汉景帝，刘启。汉文帝长子。公元前157—前141年在位。⑦御史大夫：官名。秦、汉时仅次于丞相的中央最高长官，主要职责为监察、执法，兼管重要文书图籍。西汉时丞相缺位，往往由御史大夫递补，

并和丞相、太尉合称三公。⑧昆弟：兄弟。⑨上"王（wàng）"字，意思是封他为王，使动用法。孽（niè）子：非正妻所生的儿子。也称庶子或庶孽。悼惠王：刘肥。汉高帝庶长子。⑩元王：即刘交。汉高帝异母弟。以爱好文学著称。⑪郤（xì）：通"郗""隙"。空隙；嫌隙。⑫弗：不；很不。⑬乃：竟。副词。⑭即：就着。⑮亟（jí）：急；迫切。⑯楚王：指刘戊。刘交孙。⑰薄太后：汉高帝妾，汉文帝生母。死于汉景帝前元二年。服：居丧，就是在一定时期内为死者尽礼，表示哀悼。俗称守服、守孝。⑱服舍：居丧时所住的屋子。⑲诏：皇帝颁发的命令文告。这里作动词用。⑳因削吴：从下文看，此事尚在拟议中，并未实行，叙述不准确。㉑赵王：刘遂。汉高帝六子刘友之子。㉒河间郡：地在今河北省献县一带。《楚元王世家》和《汉书》记此事，都说是常山郡。㉓胶西王卬（áng）：刘卬。刘肥子。胶西，从齐国分出，建都高密（今高密市西南）。当时朝廷实行卖爵敛财的办法，准许平民用粟买得爵位。

汉廷臣方议削吴。吴王濞恐削地无已①，因以此发谋，欲举事②。念诸侯无足与计谋者，闻胶西王勇，好气，喜兵，诸齐皆惮畏③，于是乃使中大夫应高诱胶西王④。无文书，口报曰："吴王不肖⑤，有宿夕之忧⑥，不敢自外⑦，使喻其欢心⑧。"王曰："何以教之⑨？"高曰："今者主上兴于奸⑩，饰于邪臣⑪，好小善，听谗贼⑫，擅变更律令⑬，侵夺诸侯之地，征求滋多，诛罚良善，日以益甚。里语有之⑭，'舐糠及米'⑮。吴与胶西，知名诸侯也，一时见察，恐不得安肆矣⑯。吴王身有内病⑰，不能朝请二十余年，常患见疑，无以自白，今胁肩累足⑱，犹惧不见释。窃闻大王以爵事有适⑲，所闻诸侯削地，罪不至此，此恐不得削地而已。"王曰："然⑳，有之。子将奈何㉑？"高曰："同恶相助㉒，同好相留㉓，同情相成㉔，同欲相趋，同利相死。今吴王自以为与大王同忧，愿因时循理㉕，弃躯以除患害于天下㉖，亿亦可乎㉗？"王瞿然骇曰㉘："寡人何敢如是㉙！今主上虽急㉚，固有死耳㉛，安得不戴㉜！"高曰："御史大夫晁错，荧惑天子㉝，侵夺诸侯，蔽忠塞贤，朝廷疾怨㉞，诸侯皆有倍畔之意㉟，人事极矣㊱。彗星出㊲，蝗虫数起，此万世一时，而愁劳圣人之所以起也㊳。故吴王欲内以晁错为讨，外随大王后车㊴，彷徉天下㊵，所乡者降㊶，所指者下㊷，天下莫敢不服。大王诚幸而许之一言㊸，则吴王率楚王略函谷关㊹，守荥阳敖仓之粟㊺，距汉兵㊻，治次舍㊼，须大王㊽。大王有幸而临之㊾，则天下可并，两主分割㊿，不亦可乎？"王曰："善。"高归报吴王，吴王犹恐其不与㊀，乃身自为使，使于胶西㊁，面结之㊃。

【注释】

①已：止。②举事：起事；发难。③诸齐：指原由齐国分出来的齐、城阳、济北、济南、菑川、胶东、胶西等国，这些国王都是刘肥的子孙。④中大夫：官名。掌议论，备顾问。诱（tiǎo）：逗引；诱惑。⑤不肖：不像样；不贤能。⑥宿夕：旦夕；在很短的时间里。⑦自外：把自己看作外人，表示彼此有距离。⑧喻：晓喻；开导。⑨何以：以何；用什么。⑩兴：选拔；提拔。⑪饰：称赞；夸奖。⑫听：听信；听从。谗：说别人的坏话。⑬律令：法令。⑭里语：流行于民间的通俗语句。⑮舐（shì）糠及米：由开头吃糠发展到后来吃米。舐，舔。⑯安肆：不受拘束；放纵。⑰内病：体内疾病，不显于外。⑱胁肩：耸起肩膀；收拢肩膀。累足：重足；迭足。这两种动作都是表示畏惧的情状。⑲窃：私自。谦敬副词。适（zhé）：通"谪"罪责。⑳然：是；对的。㉑子：古代对男子的尊称，类似先生。㉒同恶（wù）：有共同的憎恶或仇恨对象。㉓同好（hào）：爱好相同的人。㉔同情：同心；同气。

㉕因时循理：顺应时势，遵循事理。㉖患害：祸害；灾难。㉗亿：通"臆"。预料；揣度。㉘瞿（jù）然：惊视的样子。㉙寡人：寡德之人。㉚急：指心地狭窄，行事操切。㉛固：但；只。㉜安：怎；怎么。㉝荧惑：迷惑；迷乱。㉞朝廷：指朝廷大臣，如申屠嘉、陶青、窦婴、袁盎等。疾：憎恨。㉟倍畔：通"背叛"。㊱人事：人世上的各种事情；人情事理。㊲彗（huì）星：俗称扫帚星，是一种形状很特别的天体，周期性回归。㊳愁劳：忧愁劳苦。指当时社会的艰难形势。㊴后车：副车；侍从之车。㊵彷徉（páng yáng）：徘徊，游荡。这里是纵横驰骋的意思。㊶乡（xiàng）：通"向"。㊷下：陷落。㊸诚：如果；果真。幸：表示希望、庆幸的意思。谦敬副词。㊹略：侵夺；强取。函谷关：关名。㊺荥阳：县名。在今河南省荥阳市东北。敖（áo）仓：秦、汉时代在荥阳市境敖山上所设的粮仓，是当时中央政府最重要的粮仓。旧址在今河南省郑州市西北邙山上。㊻距：通"拒"。㊼次舍：行营；行辕。行军中的停留处所。㊽须：等待。㊾有：倘或；疑商副词。㊿两主：指吴王和胶西王。51与：亲附；归向。52使（shì，今读shǐ）：出使。53结：结交；结盟。

　　胶西群臣或闻王谋①，谏曰②："承一帝，至乐也。今大王与吴西乡，弟令事成③，两主分争，患乃始结。诸侯之地不足为汉郡什二④，而为畔逆以忧太后⑤，非长策也⑥。"王弗听。遂发使约齐、菑川、胶东、济南、济北⑦，皆许诺，而曰"城阳景王有义⑧，攻诸吕⑨，勿与⑩，事定分之耳"。

【注释】

　　①或：有人。虚指代词。②谏：规劝。用于卑幼辈对尊长辈。③乡：通"向"。弟令：即令；即使。④为：相当。什二：十分之二。什，十成或十倍。⑤畔逆：通"叛逆"。忧：使他担忧。使动用法。太后：指胶西王太后。⑥长策：良策；善策。⑦齐：原是刘肥的封国，后来陆续分为七国。这时的齐王是刘肥子刘将闾。菑（zī）川：刘肥子刘贤的封国，地在今山东省寿光市一带，建都剧县（今寿光市南）。胶东：刘肥子刘雄渠的封国，地在今山东省平度市一带，建都即墨（今平度市东南）。济南：刘肥子刘辟光的封国，地在今山东省济南市一带，建都东平陵（今章丘市西）。济北：刘肥子刘志的封国，地在今山东省济宁市一带，建都卢县（今济南市长清区西南）。⑧城阳景王，刘章。刘肥次子。⑨诸吕：吕后执政时，封她的侄儿吕台、吕产、吕禄等为王、侯，控制军政大权。吕后死后，吕产、吕禄等拟发动叛乱，被大臣周勃、陈平等所平定。⑩与：相亲与；联合。

　　诸侯既新削罚，振恐①，多怨晁错。及削吴会稽、豫章郡书至，则吴王先起兵，胶西正月丙午诛汉吏二千石以下②，胶东、菑川、济南、楚、赵亦然，遂发兵西。齐王后悔③，饮药自杀，畔约。济北王城坏未完，其郎中令劫守其王④，不得发兵。胶西为渠率⑤，胶东、菑川、济南共攻围临菑。赵王遂亦反，阴使匈奴与连兵⑥。

【注释】

　　①振：通"震"。②胶西：倒文，应当移到下句"胶东"的前面，《汉书》同传就是这样记载的。丙午：用干支纪日的日期。但这年正月没有丙午，在甲子之前只有丙辰或戊午。汉吏：当时各王国的重要官吏如太傅、丞相、中尉等，都由朝廷直接任免。二千石（shí）：秦、汉官阶的高低，常按俸禄多少计算，从二千石递减至百石为止。在汉代，从朝廷的九卿郎将到郡守郡尉都是二千石，其中又分中二千石、真二千石、二千石、比二千石四个小等级。月俸分别为

一百八十斛，一百五十斛、一百二十斛，一百斛。在各王国，二千石是最高级官吏的俸禄等级。③齐王后悔：刘将闾开始知道刘濞、刘卬的阴谋，后来犹疑拒不参加，于是刘卬、刘雄渠、刘贤、刘辟光共同围攻临菑，刘将闾便与刘卬等通谋，谈判未成，汉军来到，刘卬等败走，汉军准备进攻刘将闾，他畏罪自杀。④郎中令：官名。劫守：强制看守。⑤渠率：魁首；首领。渠，大；率，通"帅"。⑥阴使（shì）：秘密派人出使。

　　七国之发也，吴王悉其士卒①，下令国中曰："寡人年六十二，身自将。少子年十四，亦为士卒先。诸年上与寡人比，下与少子等者，皆发。"发二十余万人。南使闽越、东越②，东越亦发兵从。

【注释】

　　①悉：全部；尽其所有。动词。②闽越、东越：古代越人的一支，秦、汉时分布在今福建省、浙江省一带，秦朝在那里设置了闽中郡。楚汉战争中，越人首领无诸、摇曾经帮助刘邦。汉初，先后封无诸为闽越王，建都东冶（今福建省福州市）；封摇为东海王，建都东瓯（今浙江省永嘉县西南）。

　　孝景帝三年正月甲子①，初起兵于广陵。西涉淮，因并楚兵。发使遗诸侯书曰②："吴王刘濞敬问胶西王、胶东王、菑川王、济南王、赵王、楚王、淮南王、衡山王、庐江王、故长沙王子③：幸教寡人！以汉有贼臣，无功天下，侵夺诸侯地，使吏劾系讯治④，以缪辱之为故⑤，不以诸侯人君礼遇刘氏骨肉，绝先帝功臣⑥，进任奸宄⑦，诖乱天下⑧，欲危社稷⑨。陛下多病志失⑩，不能省察⑪。欲举兵诛之⑫，谨闻教。敝国虽狭⑬，地方三千里；人虽少，精兵可具五十万⑭。寡人素事南越三十余年⑮，其王君皆不辞分其卒以随寡人⑯，又可得三十余万。寡人虽不肖，愿以身从诸王。越直长沙者⑰，因王子定长沙以北，西走蜀、汉中⑱，告越。楚王、淮南三王⑲，与寡人西面⑳；齐诸王与赵王定河间、河内㉑，或入临晋关㉒，或与寡人会雒阳；燕王、赵王固与胡王有约㉓，燕王北定代、云中，抟胡众入萧关㉔，走长安，匡正天子㉕，以安高庙㉖。愿王勉之！楚元王子、淮南三王或不沐洗十余年㉗，怨入骨髓，欲一有所出之久矣㉘，寡人未得诸王之意，未敢听。今诸王苟能存亡继绝㉙，振弱伐暴㉚，以安刘氏，社稷之所愿也。敝国虽贫，寡人节衣食之用，积金钱，修兵革㉛，聚谷食，夜以继日，三十余年矣。凡为此㉜，愿诸王勉用之。能斩捕大将者，赐金五千斤，封万户；列将㉞，三千斤，封五千户；裨将㉟，二千斤，封二千户；二千石，千斤，封千户；千石㊱，五百斤，封五百户：皆为列侯㊲。其以军若城邑降者㊳，卒万人、邑万户，如得大将㊴；人户五千㊵，如得列将；人户三千，如得裨将；人户千，如得二千石；其小吏皆以差次受爵金㊶。佗封赐皆倍军法㊷。其有故爵邑者㊸，更益勿因㊹。愿诸王明以令士大夫㊺，弗敢欺也。寡人金钱在天下者往往而有，非必取于吴，诸王日夜用之弗能尽。有当赐者告寡人，寡人且往遗之㊻。敬以闻㊼！"

【注释】

　　①孝景帝三年：相当公元前154年。甲子：用干支纪日的日期。②遗（wèi）：致送；赠予。③淮南王：刘安。汉高帝七子刘长长子。衡山王：刘勃。刘长子。封国在今安徽、湖北、河南交界地区，都六（今六安市东北）。他坚决拒绝参加这次叛乱。庐江王：刘赐。刘长子。封国在今安徽南部和湖北东端。都舒（今安徽庐江县西南）。他对这次叛乱抱模棱态度。故长沙王子：汉高帝时，吴芮封长

史

记

沙王，封国在今湖南省、江西省一带，建都临湘（今湖南省长沙市），传到玄孙吴著死后，因无子国除。④劾（hé）：弹劾；检举。讯：审问。治：处分；惩罚。⑤缪（lù）辱：侮辱。故：事；能事。⑥先帝：去世的皇帝。这里指汉高帝、惠帝、文帝三代。⑦奸宄（guǐ）：指犯法作乱的人。宄，内乱。⑧诖（guà）乱：惑乱。诖，欺骗。⑨危：危害。动词。社稷：帝王、诸侯所祭祀的土神和谷神。常用作国家的代称。⑩陛下：对帝王的尊称。志失：神智失常。⑪省（xǐng）察：察看；检查。⑫举兵：兴兵；起兵。⑬敝：破旧。转为自谦之辞。⑭具：备办；征集。⑮南越：古代越人的一支，秦、汉时分布在今广东省、广西壮族自治区一带，秦朝在那里设置了南海郡、桂林郡和象郡。⑯王：指南越王赵佗。君：指南越部落首领。辞：推托；拒绝。⑰越：指南越。直：通"值"。说南越和长沙境界接连。⑱走：趋向；前往。蜀：郡名。地在今四川省西部，治所在成都（今成都市）。汉中：郡名。地在今陕西省南部、湖北省西北部，治所在西城（今陕西省安康县西北）。⑲淮南三王：指淮南、衡山、庐江三王。他们是三兄弟，是由原淮南国分立的。⑳西面：西向。面，向着，动词。㉑河内：郡名。地在今河南省东北部，治所在怀县（今武陟县西南）。㉒或：有的。虚指代词。临晋关：关名。旧址在今陕西省大荔县东，当时是长安通往河北地区的交通要道。㉓燕（yān）王：燕是汉高帝再从兄弟刘泽的封国，地在今河北省北部，建都蓟（jì）县（今北京市西南隅）。㉔抟（zhuān）：通"专"。统率。胡众：指匈奴军队。萧关：关名。旧址在今宁夏回族自治区固原市原州区东南，当时是长安通往塞北的交通要道。㉕匡正：纠正。㉖高庙：汉高帝祠庙，是汉朝的始祖庙。用来指代皇室或朝廷。㉗楚元王子：指刘交之子刘礼、刘富、刘岁、刘芝、刘调，不沐洗：意思是说心志有所专注，忘记了洗发洗脚。㉘有所出之：有所行动。㉙苟：如果；假如。存亡继绝：使灭亡了的国家得以复存，断绝了的后代得以继续。㉚振弱伐暴：振救弱小，讨伐强暴。㉛兵：武器。㉜凡为此：全都是为了伺机发动叛乱，夺取全国政权这个目的。㉝封万户：封给食邑一万户，按照规定户数征收租税。封，帝王把土地或爵位赏赐臣子。㉞列将：将军；一般将领。㉟禆（pí）将：副将。㊱千石：当时如丞相长史、太尉长史、御史中丞、太中大夫等都是千石官。㊲列侯：秦、汉二十等爵位的最高一级称彻侯，后改通侯，又改列侯。㊳若：或者。选择连词。城邑：指郡、县。㊴如：按照；比照。㊵人户：指军队人数、城邑户数。㊶差（cī）次：分别等级班次。爵金：爵位和赏金。㊷倍军法：按照汉朝原来的军功法加倍。㊸故爵邑：原有的爵位和食邑。㊹更益勿因：更增加新爵邑，不止于旧爵邑。㊺士大夫：官吏；军士将佐。㊻且：将要。㊼闻：通报；传报。

七国反书闻天子①，天子乃遣太尉条侯周亚夫将三十六将军②，往击吴、楚；遣曲周侯郦寄击赵③，将军栾布击齐④，大将军窦婴屯荥阳⑤，监齐、赵兵⑥。

【注释】

①闻：上闻。被动用法。②太尉：武官名。秦代始设，汉代沿设，为全国军政首脑，和丞相、御史大夫合称三公。周亚夫（？—前143年）：泗水郡沛县人。初封条侯。汉文帝时，匈奴进攻，他任将军，防守细柳（今陕西省咸阳市西南），军令严整，深受文帝赏识。将（jiàng）：率领；统率。动词。③郦（lì）寄：陈留县（今河南省开封市东南）人。其父郦商封曲周侯，他继承了爵位，这时任将军。④将军：武官名。战国时始设，至汉代有各种名号的将军。栾布：梁地（今河南省东部）人。⑤大将军：武官名。战国时始设，汉代沿设，是将军的最高称

号，职掌统兵征战。在汉代，窦婴（？—前131年）：清河郡观津县（今河北省衡水市东）人。汉文帝窦皇后从侄。⑥齐、赵兵：指齐、赵两条战线的汉军。

　　吴、楚反书闻，兵未发，窦婴未行，言故吴相袁盎①。盎时家居②，诏召入见。上方与晁错调兵筹军食③，上问袁盎曰："君尝为吴相，知吴臣田禄伯为人乎④？今吴、楚反，于公何如？"对曰："不足忧也，今破矣⑤。"上曰："吴王即山铸钱，煮海水为盐，诱天下豪桀⑥，白头举事⑦。若比⑧，其计不百全，岂发乎？何以言其无能为也？"袁盎对曰："吴有铜盐利则有之，安得豪桀而诱之⑨！诚令吴得豪桀，亦且辅王为义，不反矣。吴所诱皆无赖子弟，亡命铸钱奸人，故相率以反。"晁错曰："袁盎策之善⑩。"上问曰："计安出⑪？"盎对曰："愿屏左右⑫。"上屏人，独错在。盎曰："臣所言，人臣不得知也⑬。"乃屏错。错趋避东厢⑭，恨甚。上卒问盎⑮，盎对曰："吴、楚相遗书，曰'高帝王子弟各有分地⑯，今贼臣晁错擅适过诸侯⑰，削夺之地⑱'。故以反为名，西共诛晁错，复故地而罢。方今计独斩晁错，发使赦吴、楚七国，复其故削地，则兵可无血刃而俱罢⑲。"于是上嘿然良久⑳，曰："顾诚何如㉑？吾不爱一人以谢天下㉒。"盎曰："臣愚计无出此㉓，愿上孰计之㉔！"乃拜盎为太常㉕，吴王弟子德侯为宗正㉖。盎装治行㉗。后十余日，上使中尉召错㉘，绐载行东市㉙。错衣朝衣斩东市㉚。则遣袁盎奉宗庙㉛，宗正辅亲戚㉜，使告吴如盎策㉝。至吴，吴、楚兵已攻梁壁矣㉝。宗正以亲故，先入见，谕吴王使拜受诏㉞。吴王闻袁盎来，亦知其欲说己，笑而应曰："我已为东帝，尚何谁拜㉟？"不肯见盎而留之军中㊱，欲劫使将㊲。盎不肯，使人围守，且杀之，盎得夜出，步亡去，走梁军，遂归报。

【注释】

　　①袁盎（？—前148年）：右扶风安陵县（今陕西省咸阳市东北）人。②时：此时。③调（diào）：计算。筭（suàn）：通"算"。④田禄伯：刘濞部下大将。⑤今：即；立刻。⑥桀（jié）：通"杰"。⑦白头：白发。说明年老，经过了深思熟虑。⑧若：似；像。⑨安：哪里。疑问代词。⑩策：计谋；策略。⑪计：计谋；策略。⑫屏（bǐng）：退避。使动用法。左右：指身边侍候的人。⑬人臣：臣下。这里指晁错。⑭趋：快步走。厢：正房前面两旁的房屋。⑮卒：终；终于。⑯分（fèn）地：各所统治的地区。⑰适（zhé）过：谴责；责备。适，通"谪"。⑱之：其。表示领属关系。⑲无：无须；不要。血刃：血沾刀口。血，动词。⑳嘿（mò）：通"默"。良久：好久；很久。㉑顾：特；但。转折连词。㉒谢：认错；道歉；请罪。㉓出：超出；超过。㉔孰计：仔细考虑。孰，通"熟"。㉕太常：官名。㉖德侯：刘濞弟刘广封德侯，这时已经由刘广子刘通继承爵位。宗正：官名。秦代始设，汉代沿设，掌管皇族事务，多由皇族中人担任。㉗装：装作；做作。㉘中尉：武官名。秦代始设，管理京城的治安；汉代沿设，并统率京城的卫戍部队。㉙绐（dài）：诳骗。行（xíng）：按行；巡视。东市：长安东市是汉代执行死刑的场所，后世常用东市指代刑场。㉚上"衣（yì）"字用作动词，穿着的意思。朝衣：朝会时所穿的礼服。斩：被动用法。㉛奉宗庙：用祖宗的名义。㉜辅亲戚：加上亲属的关系。亲戚，古代包括血亲和姻亲。㉝梁：汉文帝少子刘武的封国，地在今河南省、安徽省交界地区，建都睢（suī）阳（今河南省商丘市南）。壁：营垒。㉞谕：上告下。㉟何谁：阿谁；谁人。㊱留：扣留。㊲劫：威胁；强迫。

　　条侯将乘六乘传①，会兵荥阳。至雒阳，见剧孟②，喜曰："七国反，吾乘传至此，不自意全③。又以为诸侯已得剧孟④，剧孟今无动⑤。吾据荥阳，以东无足忧者。"至淮阳⑥，问父绛侯故客邓都尉曰⑦："策安出？"客曰："吴兵锐甚，难与争锋⑧。楚兵轻，不能久。方今为将军计，莫若引兵东北壁昌邑⑨，以梁委吴⑩，吴必尽锐攻之。将军深沟高垒⑪，使轻兵绝淮泗口⑫，塞吴饷道⑬。彼吴梁相敝而粮食竭⑭，乃以全强制其罢极⑮，破吴必矣。"条侯曰："善。"从其策，遂坚壁昌邑南⑯轻兵绝吴饷道。

【注释】

①乘传（zhuàn）：传，指驿站或驿站的车马。②剧孟：洛阳市人。著名的游侠，在河南地区势力很大。③不自意全：不料自己竟能安全抵达。④诸侯：指吴、楚等国。⑤无动：没有异动。⑥淮阳：汉景帝子刘馀的封国，地在今河南省东部，建都陈县（今淮阳县）。⑦绛（jiàng）侯：周勃。汉初曾任太尉、丞相，封绛侯。客：门下的食客。都尉：武官名。⑧争锋：争胜。⑨莫若：不如。壁：这里作动词用，意思是安营扎寨。昌邑：县名。在今山东省巨野县东南。⑩委：丢弃；听任。⑪深沟高垒：军队扎营，挖下深的壕沟，筑起高的壁垒，准备长期坚守。⑫淮泗口：古泗水流入淮河的汇合口，地在今江苏省淮安市淮阴区西南。⑬塞：阻塞；隔绝。⑭敝：困；败。⑮罢（pí）：通"疲"。⑯坚壁：坚守营垒，不与敌方决战。

吴王之初发也，吴臣田禄伯为大将军。田禄伯曰："兵屯聚而西①，无佗奇道，难以就功②。臣愿得五万人，别循江、淮而上③，收淮南、长沙，入武关④，与大王会，此亦一奇也。"吴王太子谏曰⑤："王以反为名，此兵难以借人⑥，借人亦且反王，奈何？且擅兵而别⑦，多佗利害，未可知也，徒自损耳。"吴王即不许田禄伯⑧。

【注释】

①屯聚：聚集；集结。②就：成。③江：古代长江的专名。④武关：关名。旧址在今陕西省丹凤县东南丹江上，当时是长安通往南阳地区的交通要道。⑤吴王太子：刘子驹。⑥借：给予；委托。⑦擅：专；独揽。⑧即：便。许：许可；应许。

吴少将桓将军说王曰①："吴多步兵，步兵利险②；汉多车骑③，车骑利平地。愿大王所过城邑不下④，直弃去，疾西据雒阳武库⑤，食敖仓粟，阻山河之险以令诸侯⑥，虽毋入关⑦，天下固已定矣。即大王徐行⑧，留下城邑⑨，汉军车骑至，驰入梁、楚之郊⑩，事败矣。"吴王问诸老将⑪，老将曰："此少年推锋之计可耳⑫，安知大虑乎⑬！"于是王不用桓将军计。

【注释】

①少（shào）将：青年将领。②利：利于；宜于。险：险阻。③车骑（jì）：战车和骑兵。④城邑：郡、县中心城市。下：攻取。⑤疾：急速。武库：汉朝在洛阳设有重要武器库。⑥阻：倚仗；依靠。⑦毋：通"无"。不。否定副词。关：指函谷关。⑧即：倘若；如果。假设连词。徐：缓慢。⑨留：迟滞；耽搁。⑩郊：指平原地区。⑪诸："之于"的合音词。⑫推锋：手持兵器向前；冲锋。⑬大虑：大计。

吴王专①，并将其兵②；未度淮，诸宾客皆得为将、校尉、候、司马③，独周丘不得用④。周丘者，下邳人⑤，亡命吴，酤酒无行⑥，吴王濞薄之⑦，弗任⑧。周丘上谒⑨，说王曰："臣以无能，不得待罪行间⑩。臣非敢求有所将，愿得王一汉节⑪，必有以报王。"王乃予之。周丘得节，夜驰入下邳。下邳时闻吴反，皆城守^⑫。至传舍^⑬，召令^⑭，令入户，使从者以罪斩令^⑮。遂召昆弟所善豪吏告曰^⑯："吴反兵且至，至，屠下邳不过食顷^⑰。今先下^⑱，家室必完，能者封侯矣。"出乃相告，下邳皆下。周丘一夜得三万人，使人报吴王，遂将其兵北略城邑。比至城阳^⑲，兵十余万，破城阳中尉军^⑳。闻吴王败走，自度无与共成功，即引兵归下邳。未至，疽发背死^㉑。

【注释】

①专：专擅；独断独行。②并：兼；合。③将：将军。校尉：武官名。候：军候。担任侦察工作的军官。司马：军司马。大将军、将军、校尉的属官，分管指挥、参谋、军法、军需等工作。④周丘：刘濞门客。⑤下邳（pī）：县名。在今江苏省邳州市东南。⑥酤（gū）：酒；买酒；卖酒。无行（xìng）：没有好的品行。⑦薄：鄙薄；轻视。动词。⑧任：信任。⑨谒：请见；进见。⑩待罪：等着办罪。行（háng）间：行伍中间。⑪节：古代使者所持以作凭证的信物，用竹或木制成。⑫城守（shòu）：一、城市守备。名词。二、据城防守。动词。⑬传（zhuàn）舍：古代供来往行人休息、住宿的处所。⑭令：秦、汉时辖区在万户以上的县官称令，在万户以下的称长。⑮从（cóng）者：随从的人。⑯善：要好。豪吏：有声望、有权势的长吏（如县丞、县尉等）。⑰屠：屠戮；屠杀。⑱今：有"如果"的意思。假设连词。⑲比（bì）：及；等到。⑳中尉：当时各王国也设有中尉，掌管军事，职位相当于郡尉。㉑疽（jū）：痈疽。一种毒疮。

二月中，吴王兵既破，败走，于是天子制诏将军曰^①："盖闻为善者^②，天报之以福；为非者，天报之以殃。高皇帝亲表功德^③，建立诸侯，幽王、悼惠王绝无后^④，孝文皇帝哀怜加惠，王幽王子遂、悼惠王子卬等，令奉其先王宗庙^⑤，为汉藩国^⑥，德配天地，明并日月^⑦。吴王濞倍德反义，诱受天下亡命罪人，乱天下币^⑧，称病不朝二十余年，有司数请濞罪^⑨，孝文皇帝宽之，欲其改行为善。今乃与楚王戊、赵王遂、胶西王卬、济南王辟光、菑川王贤、胶东王雄渠约从反^⑩，为逆无道，起兵以危宗庙，贼杀大臣及汉使者^⑪，迫劫万民^⑫，夭杀无罪^⑬，烧残民家，掘其丘冢^⑭，甚为暴虐^⑮。今卬等又重逆无道，烧宗庙，卤御物^⑯，朕甚痛之^⑰。朕素服避正殿^⑱，将军其劝士大夫击反虏^⑲。击反虏者，深入多杀为功，斩首捕虏比三百石以上者皆杀之^⑳，无有所置^㉑。敢有议诏及不如诏者，皆要斩^㉒。"

【注释】

①制诏：汉朝制度，皇帝文书有四种：策书，制书，诏书，戒敕（chì）。制书诏令三公，传达州郡；诏书布告臣民。这里汉景帝兼用了制诏形式，大概是为了表示郑重其事。②盖：发语词。③表：表彰。④幽王：汉高帝六子刘友，初封淮阳王，后迁为赵王，后来被吕后幽禁饿死。悼惠王：齐王刘肥传子刘襄，再传孙刘则，刘则死后因无子国除。同时封刘肥子刘兴居为济北王（后来因谋反被俘而自杀）；后来又加封刘肥子刘将闾为齐王、刘志为济北王、刘辟光为济南王、刘贤为菑川王、刘卬为胶西王、刘雄渠为胶东王。⑤先王：去世的国王。指齐悼惠王、赵幽王。⑥藩国：见前文"藩臣"注。⑦德配天地，明并日月：说汉高帝、文帝的德行可与天地匹配，英明可与日月并列。⑧乱天下币：指责刘濞拿吴国私铸钱混乱汉朝的官钱。⑨有司：古代设官分职，各有专司，所以称官吏为有司，类似现在说负责人。请：请治。⑩约从（zòng）：联合。⑪贼杀：虐杀；残杀。大臣：指由朝廷任命的吴、楚等国的高级官吏，如楚国丞相张尚、太傅赵夷吾、

赵国丞相建德、内史王悍等。⑫迫劫：逼迫，挟制。⑬天杀：摧残，杀害。⑭丘冢（zhǒng）：坟墓。⑮甚：很；极。为：做；干。⑯卤（lǔ）：通"掳"。御物：帝王专用的衣服器物。这里指郡国宗庙中的服器。⑰朕（zhèn）：古人自称。从秦代起，专用作皇帝的自称。⑱素服避正殿：素服是古人居丧或遭遇其他凶事时穿着的白色冠服。⑲其：有"应当"的意思。祈使副词。劝：勉励，鼓励。虏：对敌对者的蔑称。⑳斩首：衍文。跟下文"皆杀之，无有所置"相抵触。比（bǐ）三百石：县长吏以上佐贰官员的俸禄等级。㉑无：不要；禁戒副词。置：释放。㉒要（yāo）斩：古代酷刑，把人拦腰斩断。要，通"腰"。

初①，吴王之度淮，与楚王遂西败棘壁②，乘胜前，锐甚。梁孝王恐③，遣六将军击吴，又败梁两将，士卒皆还走梁。梁数使使报条侯求救，条侯不许。又使使恶条侯于上④，上使人告条侯救梁，复守便宜不行⑤。梁使韩安国及楚死事相弟张羽为将军⑥，乃得颇败吴兵⑦。吴兵欲西，梁城守坚，不敢西，即走条侯军，会下邑⑧。欲战，条侯壁，不肯战。吴粮绝，卒饥，数挑战，遂夜犇条侯壁，惊东南。条侯使备西北，果从西北入。吴大败，士卒多饥死，乃畔散。于是吴王乃与其麾下壮士数千人夜亡去⑨，度江走丹徒⑩，保东越。东越兵可万余人⑪，乃使人收聚亡卒。汉使人以利啖东越⑫，东越即绐吴王，吴王出劳军⑬，即使人鏦杀吴王⑭，盛其头⑮，驰传以闻⑯。吴王子子华、子驹亡走闽越。吴王之弃其军亡也，军遂溃，往往稍降太尉、梁军。楚王戊军败，自杀。

【注释】

①初：起初；当初。在叙事过程中表示追溯往事的用词。②棘壁：地名。在今河南省宁陵县西南。③梁孝王：即刘武。④恶（wù）：中伤；说人家的坏话。⑤便宜：意思是说，斟酌事势机宜，自行处理，不必请示或不必执行命令。⑥韩安国（？——前127年）：梁国成安县（今河南省民权县东北）人。原任梁国中大夫。⑦颇：稍微；略微。⑧下邑：县名。在今安徽省砀山县。⑨麾（huī）下：帅旗下；部下。麾，古代用来指挥军队的旗帜。⑩丹徒：县名。即今江苏省丹徒市。⑪可：大约。⑫啖（dàn）：引诱；利诱。⑬劳（lào）：犒劳；慰劳。⑭鏦（cōng）：撞刺。这里为动词。⑮盛（chéng）：用容器装东西。⑯驰传：见前文"乘传"注。

三王之围齐临菑也①，三月不能下。汉兵至，胶西、胶东、菑川王各引兵归。胶西王乃袒跣②，席稿③，饮水④，谢太后。王太子德曰："汉兵远，臣观之已罢，可袭，愿收大王余兵击之，击之不胜，乃逃入海⑤，未晚也。"王曰："吾士卒皆已坏⑥，不可发用⑦。"弗听。汉将弓高侯颓当遗王书曰⑧："奉诏诛不义，降者赦其罪，复故⑨；不降者灭之。王何处⑩？须以从事⑪。"王肉袒叩头汉军壁⑫，谒曰⑬："臣卬奉法不谨，惊骇百姓，乃苦将军远道至于穷国⑭，敢请菹醢之罪⑮。"弓高侯执金鼓见之⑯，曰："王苦军事⑰，愿闻王发兵状⑱。"王顿首膝行对曰⑲："今者，晁错天子用事臣⑳，变更高皇帝法令，侵夺诸侯地。卬等以为不义，恐其败乱天下㉑，七国发兵，且以诛错。今闻错已诛，卬等谨以罢兵归㉒。"将军曰："王苟以错不善，何不以闻？乃未有诏虎符㉓，擅发兵击义国㉔。以此观之，意非欲诛错也。"乃出诏书为王读之。读之讫㉕，曰："王其自图㉖。"王曰："如卬等死有余罪。"遂自杀。太后、太子皆死。胶东、菑川、济南王皆死，国除㉗，纳于汉。郦将军围赵十月而下之，赵王自杀。济北王以劫故㉘，得不诛，徙王菑川㉙。

【注释】

①三王：前文说胶西等四王，大概是济南王早已撤走。②袒跣（tǎn xiǎn）：袒，脱去上衣；跣，鞋子。③席稿：坐卧稿上。席，以动用法。稿，用禾秆编织的席子。④饮水：不用酒浆等饮料，只喝白水。——以上三项行动都是古人表示请罪的方式。⑤乃：这才；才。⑥坏：衰败；一蹶不振。⑦发：兴起；奋起。用：使用；利用。⑧颓当：韩颓当。⑨复故：恢复原有的官职、爵位。⑩何处（chǔ）：何以自处。⑪从事：行事。⑫肉袒：脱去上衣，露出肢体。⑬谒：陈述；说明。⑭苦：害苦。使动用法。穷国：僻远的封国。⑮菹醢（zū hǎi）：古代酷刑，把人剁成肉酱。⑯金鼓：战斗中使用的指挥讯号工具。⑰苦：害苦。被动用法。⑱状：情况。实际指理由。⑲膝行：跪着前进，表示畏服。⑳用事：当权。㉑败乱：败坏，扰乱。㉒以：通"已"。㉓虎符：战国、秦、汉时，帝王授予臣下兵权或调遣军队的信物。㉔义国：指拒绝参与叛乱的齐国。㉕讫：完毕；终了。㉖图：谋划；安排。㉗国除：封国被废除。㉘劫：劫持。被动用法。㉙徙：迁调。

初，吴王首反，并将楚兵，连齐、赵。正月起兵，三月皆破，独赵后下①。复置元王少子平陆侯礼为楚王②，续元王后。徙汝南王非王吴故地③，为江都王④。

【注释】

①下：攻克。被动用法。②置：设立。平陆侯礼：刘礼，原封平陆侯。国在今河南尉氏县东北。③汝南王非：汉景帝子刘非，封汝南王，国在今河南省东部、安徽省西北部，建都上蔡（今河南省上蔡县西南）。④江都：改吴国名为江都。

太史公曰：吴王之王，由父省也①。能薄赋敛②，使其众，以擅山海利③。逆乱之萌④，自其子兴。争技发难⑤，卒亡其本；亲越谋宗⑥，竟以夷陨⑦。晁错为国远虑，祸反近身。袁盎权说⑧，初宠后辱。故古者诸侯地不过百里⑨，山海不以封。"毋亲夷狄⑩，以疏其属⑪"，盖谓吴邪⑫？"毋为权首⑬，反受其咎⑭"，岂盎、错邪？

【注释】

①省：省封；贬低爵位。②薄：减轻。动词。赋敛（liǎn）：赋税的征收。③擅：专有；独占。山海利：指铜矿和海盐的利源。④萌：开始；发生。⑤争技：竞争技艺，比赛优劣。发难（nàn）：发动斗争。⑥越：统指东越、闽越、南越。宗：指汉朝皇族。⑦夷陨（yǔn）：毁坏；灭绝。⑧权说（shuì）：随机应变，善为说辞。⑨古者诸侯地不过百里：相传西周实行封建制，划分土地赐封诸侯，规定五等爵位，公、侯领地纵横各百里，伯爵七十里，子、男五十里。⑩毋：莫；不要。⑪属：亲属；家族。这里和下文的引语本于《逸周书》。⑫盖：有"大概""也许"的意思。谓：说；说明。⑬权首：指主谋或首先起事的人。⑭咎：灾祸；灾殃。

魏其武安侯列传第四十七

魏其侯窦婴者①，孝文后从兄子也②。父世观津人③。喜宾客。孝文时④，婴为吴相⑤，病免。孝景初即位⑥，为詹事⑦。

【注释】

①魏其（jī）：县名。在今山东省临沂市南。②孝文后（？—前135年）：窦猗（yī）房。清河郡观津县（今河北省衡水市东）人。汉文帝皇后，生长公主刘嫖（piāo）、汉景帝刘启和梁孝王刘武。从（zòng）：堂房亲属。③父世：父祖辈世世代代。④孝文（前203—前157年）：汉文帝刘恒。汉高帝四子。公元前180—前157年在位。⑤吴：汉初封国名。地在今安徽省、江苏省、浙江省一带，建都广陵（今江苏省扬州市）；国王是汉高帝侄儿刘濞。⑥孝景（前188—前141年）：汉景帝，刘启。公元前157—前141年在位。他继续执行"与民休息"的政策，改田赋十五分之一为三十分之一。即位：帝王登位。⑦詹事：官名。秦代始设，汉代沿设，掌管皇后、太子家事。

梁孝王者①，孝景弟也，其母窦太后爱之②。梁孝王朝③，因昆弟燕饮④。是时上未立太子⑤，酒酣，从容言曰⑥："千秋之后传梁王⑦。"太后欢。窦婴引卮酒进上⑧，曰："天下者高祖天下⑨。父子相传，此汉之约也。上何以得擅传梁王！"太后由此憎窦婴。窦婴亦薄其官⑩，因病免。太后除窦婴门籍⑪，不得入朝请⑫。

【注释】

①梁孝王（？—前144年）：刘武。汉文帝少子。②窦太后：即孝文后。皇帝的母亲称皇太后或太后，祖母称太皇太后。③梁孝王朝：事在汉景帝前元三年（前154年）。④昆弟：兄弟。燕饮：私宴，家宴。燕，安闲，休息。⑤是：此；这。指示代词。上：皇上。这里指汉景帝。⑥从（cóng）容：闲暇无事；随便。⑦千秋之后：指死。⑧引卮（zhī）酒进上：意思是说汉景帝说错了话，所以进酒表示惩罚。引，拉，拿过来。卮，古代盛酒的器皿。⑨高祖（前256—前195年）：汉高帝。刘邦。泗水郡沛县（今江苏省沛县）人。西汉王朝的创建者，前202—前195年在位。⑩薄：轻视；嫌弃。意动用法。⑪除：取消。⑫朝请（qǐng）：汉朝规定，诸侯王朝见皇帝，在春季叫朝，在秋季叫请。外戚按时进宫朝见，也称朝请。

孝景三年①，吴、楚反②，上察宗室诸窦毋如窦婴贤③，乃召婴。婴入见，固辞谢病不足任④。太后亦惭。于是上曰："天下方有急，王孙宁可以让邪⑤？"乃拜婴为大将军⑥，赐金千斤。婴乃言袁盎、栾布诸名将贤士在家者进之⑦。所赐金，陈之廊庑下⑧。军吏过⑨，辄令财取为用⑩，金无入家者。窦婴守荥阳⑪，监齐、赵兵⑫。七国兵已尽破⑬，封婴为魏其侯。诸游士宾客争归魏其侯⑭。孝景时，每朝议大事⑮，条侯、魏其侯⑯诸列侯莫敢与亢礼⑰。

【注释】

①孝景三年：相当公元前154年。②吴、楚反：吴王刘濞联合楚王刘戊、赵王刘遂、胶西王刘卬、胶东王刘雄渠、济南王刘辟光、菑（zī）川王刘贤，为了反对朝廷的"削藩"政策，发动大规模叛乱，随即被太尉周亚夫等所平定。③宗室：同一祖宗的贵族，指帝王的宗族。诸窦：指汉景帝外祖家窦氏族人。毋：没有人。无指代词。④固：坚决。谢病：托病推辞任职或请求退职。⑤王孙：窦婴的表字（别号）。宁（nìng）：岂；难道。反诘副词。⑥拜：用一定的礼节授予官职、爵位。大将军：武官名。战国时始设，汉代沿设，是将军的最高称号，职掌统兵征战。⑦袁盎（？—前148年）：右扶风安陵县（今陕西省咸阳市东北）人。曾任齐国丞相、吴国丞相。栾布（？—前145年）：梁地（今河南省东部）人。曾任都尉，这时出任将军，后封郦（shū）侯。在家：退职闲居。进：推荐。⑧陈：陈设；陈列。廊：屋檐下的过道或独立有顶的通道。⑨军吏：将军部下的助理人员。⑩辄（zhé）：就；总是。财：通"裁"。斟酌；酌量。⑪荥阳：县名。在今河南省荥阳市东北。⑫监：监督；控制。齐：汉初封国名。赵：汉初封国名。地在今河北省南部，建都邯郸（今邯郸市）。——当吴、楚七国叛乱时，汉景帝除任命周亚夫为太尉统率大军进击吴楚联军外，另派郦寄进攻赵国，派栾布进攻胶西、胶东等国，而派窦婴驻军荥阳，策应郦寄、栾布两军。⑬破：失败；灭亡。被动用法。⑭游士：游说贵族豪门以求官谋职的士人。⑮朝议：在朝廷上讨论军政事务。⑯条侯（？—前143年）：周亚夫。泗水郡沛县人。条，县名，在今河北省景县境。条侯、魏其侯：从结构分析，这是下面介词"与"所管的宾语，为了突出他们是意念上的主体而提前了。⑰列侯：爵位名。莫：有两解：一指没有人。无指代词。二指不。否定副词。亢礼：用平等礼节相待。亢，通"抗"，抗衡。

孝景四年，立栗太子①，使魏其侯为太子傅②。孝景七年，栗太子废③，魏其数争不能得④。魏其谢病，屏居蓝田南山之下数月⑤，诸宾客辩士说之⑥，莫能来⑦。梁人高遂乃说魏其曰⑧："能富贵将军者⑨，上也；能亲将军者⑩，太后也。今将军傅太子⑪，太子废而不能争；争不能得，又弗能死⑫。自引谢病⑬，拥赵女⑭，屏闲处而不朝⑮。相提而论⑯，是自明扬主上之过⑰。有如两宫螫将军⑱，则妻子毋类矣⑲！"魏其侯然之⑳，乃遂起，朝请如故。

【注释】

①栗太子：刘荣。汉景帝长子，栗姬所生，后来被迫自杀，从母姓称为栗太子。②太子傅：官名。有太傅、少傅之分，负责教导辅佐太子。③废：放黜。被动用法。④数（shuò）：屡次；频繁。副词。争（zhèng）：通"诤"劝谏。⑤屏（bǐng）：退隐。蓝田：县名，在今陕西省蓝田县西。⑥辩士：能说会道的士人。说（shuì）：用话劝说别人使他听从自己的意见。⑦来：回来。使动用法。⑧高遂：窦婴的门客。⑨富贵：使动用法。将军：对列侯的尊称。⑩亲：成为亲信。使动用法。⑪傅：作师傅。动词。⑫弗：不；很不。死：效死。为动用法。⑬自引谢病："谢病自引"的倒装句式。自引，自动引退。⑭拥：拥抱。赵女：指美女。⑮闲处（shǔ）：闲居。

⑯相提：互相对照。⑰自明：自己表明。扬：张扬。⑱有如：假如。有，倘或。两宫：东宫（长乐宫）和西宫（未央宫）。借指窦太后（住在东宫）和汉景帝（住在西宫）。螫（shì）：恼怒；施加祸害。⑲毋类：无遗类。毋，通"无"。⑳然：认为对。

桃侯免相①，窦太后数言魏其侯。孝景帝曰："太后岂以为臣有爱②，不相魏其③！魏其者，沾沾自喜耳④。多易⑤。难以为相，持重⑥。"遂不用，用建陵侯卫绾为丞相⑦。

【注释】

①桃侯：刘舍。泗水郡下相县（今江苏省宿迁市西南）人。②有爱：有所吝惜。③相：任为相。④沾沾自喜：自觉好而得意。沾沾，轻薄得意的样子。耳：而已；罢了。表示限止的语气助词。⑤易：轻率。⑥持重：担当重任。⑦卫绾（wǎn）：太原郡大陵县（今山西省文水县东北）人。因平定吴、楚七国之乱有功，封建陵侯。丞相：官名。战国时始设，也称相国、相邦，是百官的首长。秦代以后是最高官职，辅佐皇帝，总理全国政务。

武安侯田蚡者①，孝景后同母弟也②，生长陵③。魏其已为大将军后，方盛④，蚡为诸郎⑤，未贵，往来侍酒魏其⑥，跪起如子侄⑦。及孝景晚节⑧，蚡益贵幸⑨，为太中大夫⑩。蚡辩有口⑪，学《槃盂》诸书⑫，王太后贤之⑬。孝景崩⑭，即日太子立⑮，称制⑯，所镇抚多有田蚡宾客计策⑰。蚡、弟田胜，皆以太后弟，孝景后三年封蚡为武安侯⑱，胜为周阳侯⑲。

【注释】

①武安：县名。即今河北省武安县。②孝景后（？—前125年）：王娡（zhì）。右扶风槐里县（今陕西省兴平市东南）人。③长陵：县名。在今陕西省咸阳市东北。④方盛：正当权势显赫时。⑤诸郎：指议郎、中郎、侍郎、郎中等郎官，属于郎中令。其职责是护卫陪从，随时建议，备顾问，供差使。⑥侍酒：陪从宴饮。⑦子侄：儿子；孙子；子孙们。⑧晚节：晚年。⑨益：逐渐。贵幸：尊贵，宠幸。⑩太中大夫：官名。⑪辩：善于言辞。口：口才。⑫《槃盂》：书名。相传是黄帝史官孔甲所作的铭文，刻在盘盂等器物中。已失传。槃，通"盘"。⑬王太后：这时汉景帝还活着，不应当称太后，《汉书》同传作"王皇后"，是对的。贤：认为贤能。⑭崩：古代称帝王死为崩，借"山陵崩"做比喻。⑮太子：指汉武帝。⑯称制：指太后代替皇帝执掌政权。⑰所镇抚：用来镇抚全国臣民的办法。镇，镇压；抚，安抚。⑱孝景后三年：相当公元前141年。汉景帝在位共十六年，分为前、中、后三元，前元七年，中元六年，后元三年。⑲周阳：县名。在今山西省闻喜县东。

武安侯新欲用事为相①，卑下宾客②，进名士家居者贵之，欲以倾魏其诸将相③。建元元年④，丞相绾病免，上议置丞相、太尉⑤。籍福说武安侯曰⑥："魏其贵久矣，天下士素归之⑦。今将军初兴⑧，未如魏其，即上以将军为丞相⑨，必让魏其。魏其为丞相，将军必为太尉。太尉、丞相尊等耳⑩，又有让贤名。"武安侯乃微言太后风上⑪，于是乃以魏其侯为丞相，武安侯为太尉。籍福贺魏其侯，因吊曰⑫："君侯资性喜善疾恶⑬，方今善人誉君侯⑭，故至丞相，然君侯且疾恶⑮，恶人众，亦且毁君侯⑯。君侯能兼容⑰，则幸久⑱；不能，今以毁去矣⑲。"魏其不听⑳。

【注释】

①新欲用事为相：可能是"新用事欲为相"的倒文。②卑下宾客：对宾客谦恭自下。卑下，为动用法。③倾：超过；压倒。④建元元年：相当公元前140年。建元，汉武帝的第一个年号，这是我国历史上帝王用年号纪元的开始。⑤议置：讨论设立。太尉：武官名。⑥籍福：田蚡的门客。⑦素：平素；向来。⑧初兴：刚刚发迹。⑨即：倘若；如果。假设连词。⑩尊等：尊贵的程度齐等。⑪微言：暗暗地说出某种意图。风（fěng）：通"讽"。用委婉的语言暗示、劝告或指责。⑫吊：这里是规劝的意思。⑬君侯：汉代对担任丞相的列侯的尊称，后代也用作对显贵官僚的通称。资性：天性；性格。疾：厌恶；憎恨。⑭誉：称扬；赞美。动词。⑮且：并且。⑯且：将要。时间副词。毁：诽谤；说别人的坏话。⑰兼容：包容各种事物或各个方面。⑱幸：表示希望、庆幸的意思。谦敬副词。⑲今：即；立刻。去：指离职。⑳听：信从。

　　魏其、武安俱好儒术①，推毂赵绾为御史大夫②，王臧为郎中令③。迎鲁申公④，欲设明堂⑤，令列侯就国⑥，除关⑦，以礼为服制⑧，以兴太平⑨。举适诸窦宗室毋节行者⑩，除其属籍⑪。时诸外家为列侯⑫，列侯多尚公主⑬，皆不欲就国，以故毁日至窦太后⑭。太后好黄老之言⑮，而魏其、武安、赵绾、王臧等务隆推儒术⑯，贬道家言⑰，是以窦太后滋不说魏其等⑱。及建元二年，御史大夫赵绾请无奏事东宫⑲。窦太后大怒，乃罢逐赵绾、王臧等⑳，而免丞相、太尉，以柏至侯许昌为丞相㉑，武强侯庄青翟为御史大夫㉒。魏其、武安由此以侯家居。

【注释】

①儒术：指以孔丘、孟轲为代表的儒家的学术。②推毂（gǔ）：本义为推车前进，比喻推荐人才。赵绾：代郡代县（今河北省蔚县东北）人。御史大夫：官名。秦代始设，汉代沿设，职位仅次于丞相，主要职责是监察、执法，兼管重要文书图籍。西汉时丞相缺位，往往由御史大夫递补，因有副丞相之称，和丞相、太尉合称三公。③王臧：东海郡兰陵县（今山东苍山县西南）人。申培的学生，当时有名的儒者。郎中令：官名。秦代始设，汉代沿设，为皇上身边亲近的高级官职，是侍从、警卫、顾问官员的首长，所属有大夫、郎官、谒者等。后来改称光禄勋。④申公：申培。薛郡鲁县（今山东省曲阜市）人。当时著名的大儒，以研究《诗经》著称。这时已有八十多岁，出任太中大夫。⑤明堂：古代帝王宣明政教的大会堂，凡朝会、祭祀、庆赏、教学、选士、敬老等盛大典礼都在那里举行，它的建筑规模有十三室、九室、五室等说。⑥就国：当时的列侯大都住在京城长安，并不住在自己的封国里，现在要让他们各回封国去。⑦除关：废除关禁。⑧以礼为服制：按照古代礼制来规定吉凶服装制度。⑨兴太平：振兴太平政治；发展大好形势。⑩举适（zhé）：揭毋节行（xíng）者：品质不好、行为不正的人。毋，通"无"。⑪除其属籍：从宗谱中开除他的名籍。属籍，指宗谱。⑫时：这时。外家：外戚；帝王的姻亲。⑬尚：高攀门第而结婚姻。⑭日至：每天传到。⑮黄老：黄帝、老聃。言：言论；学说。⑯务：务必；坚决。隆推：盛赞；高抬。⑰贬：给予不好的评价。⑱是以："以是"的倒装式，"因此"的意思。滋：愈益，更加。副词。⑲无：莫；不要。否定副词。奏：臣子向君主用口头或书面的方式报告工作。⑳罢逐：罢免，放逐。㉑许昌：其祖父许温封柏至侯，他继承了爵位。㉒庄青翟：其祖父庄不识封武强侯，他继承了爵位。

武安侯虽不任职，以王太后故，亲幸①，数言事多效②，天下吏士趋势利者皆去魏其归武安。武安日益横③。建元六年，窦太后崩，丞相昌、御史大夫青翟坐丧事不办④，免。以武安侯蚡为丞相，以大司农韩安国为御史大夫⑤。天下士郡国诸侯愈益附武安⑥。

【注释】

①亲幸：信任，宠爱。被动用法。②多效：大都被采纳而发生效验。③横（hèng）：放肆。④坐：由于；为着。不办：不周到；没有办好。⑤大司农：官名。韩安国（？—前127年）：梁国成安县（今河南省民权县东北）人。曾任梁国中大夫、将军，平定吴、楚七国之乱有功。⑥郡：秦、汉时的最高地方行政区域，郡下辖县。诸侯：汉代的封国国王，地位相当于古代的诸侯，因此被称为诸侯或诸侯王，这里兼指郡守和国王。

武安者，貌侵①，生贵甚②。又以为诸侯王多长③，上初即位④，富于春秋⑤，蚡以肺腑为京师相⑥，非痛折节以礼诎之⑦，天下不肃⑧。当是时，丞相入奏事，坐语移日⑨，所言皆听。荐人或起家至二千石⑩，权移主上⑪。上乃曰："君除吏已尽未⑫？吾亦欲除吏。"尝请考工地益宅⑬，上怒曰："君何不遂取武库⑭！"是后乃退⑮。尝召客饮，坐其兄盖侯南乡⑯，自坐东乡⑰，以为汉相尊，不可以兄故私桡⑱。武安由此滋骄，治宅甲诸第⑲。田园极膏腴⑳，而市买郡县器物相属于道㉑。前堂罗钟鼓㉒，立曲旃㉓；后房妇女以百数㉔。诸侯奉金玉狗马玩好㉕，不可胜数。

【注释】

①侵（qǐn）：通"寝"。矮小丑陋。②生贵甚：出生以来就很显贵。③诸侯王：这里统指皇族中的王侯和外戚、功臣中的列侯。长（zhǎng）：年长。④即位：帝王登位。⑤富于春秋：年纪还轻的意思。⑥肺腑：心腹亲信。京师相：为了区别于各王国的相，所以这样说。京师，首都，这里指朝廷。⑦痛：狠狠地。折节：屈节；降低身份。使动用法。诎（qū）：通"屈"。弯曲；屈服。使动用法。⑧肃：敬畏；服服帖帖。⑨移日：日影移动了位置，表示时间很久。⑩起家：起用于家，也就是从平民起用。二千石（shí）：秦、汉时官阶的高低，常按照俸禄的多少计算，从二千石递减至百石为止。⑪权移主上：权力从皇帝那里移到自己手中。⑫除吏：任命官吏。除，除去旧职，就任新职。未：作用跟"否"相同。可以看作否定副词，也可以看作表示疑问的语气助词。⑬考工地：考工官署的地盘。考工，官名，掌管制造器械，属于少府。⑭遂：径直。⑮退：退缩；收敛。⑯坐：安排座位。使动用法。盖侯：王信。盖，县名，在今山东省沂水县西北。南乡（xiàng）：向着南方。乡，通"向"。⑰自坐东乡：当时室内的座次面向东方为尊位。⑱桡（náo）：通"挠"。⑲甲：居第一位。动词。第：上等房屋；大宅子。⑳膏腴（yú）：肥沃。㉑市买：购买。市，买。㉒罗：排列；摆设。㉓曲旃（zhān）：旗杆上端弯曲的长幡（旃，用整幅的丝绸制成的直着挂的长条形旗子）。这是古代国君招聘隐士用的仪具，而田蚡用来装饰厅堂，显然是违反当时制度的。㉔后房：指姬妾居住的地方。㉕奉：进献。玩好（wán hào）：指玩好器物；如古董玩具和艺术品之类。

魏其失窦太后①，益疏不用，无势，诸客稍稍自引而怠傲②，唯灌将军独不失故③。魏其日默默不得志④，而独厚遇灌将军⑤。

【注释】

①失：指失去靠山。②稍稍：渐渐。自引：自动离开；自动退避。③将军：武官名。④默默：心里有所想念而口头说不出来。⑤厚遇：厚待；优待。

灌将军夫者，颍阴人也①。夫父张孟，尝为颍阴侯婴舍人②，得幸，因进之至二千石，故蒙灌氏姓为灌孟③。吴、楚反时，颍阴侯灌何为将军④，属太尉⑤，请灌孟为校尉⑥。夫以千人与父俱⑦。灌孟年老，颍阴侯强请之⑧，郁郁不得意⑨，故战常陷坚⑩，遂死吴军中。军法：父子俱从军，有死事⑪，得与丧归⑫。灌夫不肯随丧归，奋曰⑬："愿取吴王若将军头⑭，以报父之仇。"于是灌夫被甲持戟⑮，募军中壮士所善愿从者数十人⑯。及出壁门⑰，莫敢前⑱。独二人及从奴十数骑驰入吴军⑲，至吴将麾下⑳，所杀伤数十人。不得前，复驰还，走入汉壁，皆亡其奴㉑，独与一骑归。夫身中大创十余㉒，适有万金良药㉓，故得无死㉔。夫创少瘳㉕，又复请将军曰："吾益知吴壁中曲折㉖，请复往。"将军壮义之㉗，恐亡夫，乃言太尉㉘，太尉乃固止之㉙。吴已破，灌夫以此名闻天下。

【注释】

①颍阴：县名。在今河南省许昌市。②颍阴侯婴（？—前176年）：灌婴。砀郡睢阳县人。舍人：家臣。战国和汉初王公贵官都有舍人。③蒙灌氏姓：冒灌家的姓。④灌何：灌婴子，继承了父亲的爵位。⑤太尉：指周亚夫。⑥请：请求太尉任用灌孟，实际上等于说推荐。校尉：武官名。职位略次于将军，可以根据他的职务加上各种名号。⑦俱：同行。动词。⑧强（qiǎng）：勉强。⑨郁郁：愁闷的样子。⑩陷坚：深入或攻破敌军的坚强阵地。⑪死事：死于国事，指战斗牺牲或因公殉职。⑫与（yù）：陪同；随同。丧（sāng）：指灵柩。⑬奋：兴奋慷慨自勉。⑭若：或。选择连词。⑮被（pī）：通"披"，穿着。⑯募：招集。这个词组是"壮士"的后置定语。⑰壁：营垒。⑱前：前进。动词。⑲从奴：有两解：一、随从他的家奴；二、发配在他部下的军徒（罚充兵役的罪犯）。⑳麾（huī）下：指吴军阵地核心。㉑皆：全部。亡：丧失；损失。㉒中（zhòng）：受；着。创（chuāng）：创伤。㉓万金：形容良药的贵重，不是具体价格。㉔无：不。否定副词。㉕瘳（chōu）：痊愈。㉖曲折：有两解：一、指路径的曲折；二、指军情的虚实。㉗壮义：认为有胆量、有义气。意动用法。㉘乃言：后面省略了充当宾语的代词"之"和介词"于"。㉙止：劝止；阻止。使动用法。

颍阴侯言之上，上以夫为中郎将①。数月，坐法去②。后家居长安③，长安中诸公莫弗称之④。孝景时，至代相。孝景崩，今上初即位⑤，以为淮阳天下交⑥，劲兵处⑦，故徙夫为淮阳太守⑧。建元元年，入为太仆⑨。二年，夫与长乐卫尉窦甫饮⑩，轻重不得⑪，夫醉，搏甫⑫。甫，窦太后昆弟也。上恐太后诛夫⑬，徙为燕相⑭。数岁，坐法去官，家居长安。

【注释】

①中郎将：官名。②坐法：坐罪；因犯法而得罪。③长安：西汉都城，在今陕西省西安市西北。④诸公：指贵族、大官僚。⑤今上：当今皇上。⑥淮阳：郡名。地在今河南省东部，治所在陈县（今淮阳县）。⑦劲兵处：强大的军队驻扎的地方。⑧徙：迁调；提升。太守（shǒu）：官名。⑨太仆：官名。春秋时始设，秦、汉沿设，管理皇帝的车马和马政。⑩长乐卫尉：官名。掌管长乐宫的警卫部队。

⑪轻重不得：有两解：一、指礼节尊卑不得当；二、指争论是非，意见不合。⑫搏：击；殴打。⑬诛：杀戮；惩罚。⑭燕（yān）：汉初封国名。地在今河北省北部，建都蓟（jì）县（今北京市西南隅）。

灌夫为人刚直使酒①，不好面谀②。贵戚诸有势在己之右③，不欲加礼④，必陵之⑤；诸士在己之左，愈贫贱，尤益敬，与钧⑥。稠人广众⑦，荐宠下辈⑧。士亦以此多之⑨。

【注释】

①使酒：酗酒使气；发酒疯。②面：当面。谀（yú）：谄媚；奉承。③右：古代习惯，认为右边尊高，左边卑下。④加礼：表示尊敬有礼貌。⑤陵：越超；欺侮。⑥钧：通"均"。平等。⑦稠：多而密。⑧荐：推重；推许。⑨多：推重；赞美。

夫不喜文学①，好任侠②，已然诺③。诸所与交通④，无非豪桀大猾⑤。家累数千万⑥，食客日数十百人⑦。陂池田园⑧，宗族宾客为权利⑨，横于颍川⑩。颍川儿乃歌之曰⑪："颍水清⑫，灌氏宁；颍水浊，灌氏族⑬。"

【注释】

①文学：指文章经学。②任侠：凭借气力打抱不平。③已：实践；兑现。动词。然诺：已经答应别人的约言。④交通：交游来往。⑤桀（jié）：通"杰"。大猾：大刁徒；大奸贼。⑥累：积累。⑦食客：古代在豪门贵家伴食并为他们服务的门客。⑧陂（bēi）池：池塘；水库。圩岸，堤岸。⑨宗族：指同宗族的人。为权利：争权夺利。⑩横（hèng）：横行，胡作非为。动词。颍川：郡名。地在今河南省中部和东南部，治所在阳翟（zhái 今禹县）颍阴县属于颍川郡。⑪歌：编歌咏唱。动词。⑫颍水：水名。⑬族：灭族。动词。这首歌的言外之意是：灌氏如果不作恶，颍水就会澄清；颍水之所以浑浊，正是由于灌氏在作恶。

灌夫家居虽富，然失势，卿相侍中宾客益衰①。及魏其侯失势，亦欲倚灌夫引绳批根生平慕之后弃之者②。灌夫亦倚魏其而通列侯宗室为名高③。两人相为引重④，其游如父子然⑤。相得欢甚⑥，无厌⑦，恨相知晚也。

【注释】

①卿相：指三公九卿之类的高级官吏。侍中：加官名。衰：减少；疏远。②引绳批根：用墨线弹正木材，用斧子砍削木材的根部。这些都是木工处理木材的工作，合起来含有"纠举""排除"的意思。③通：交往。④相为引重：互相援引，互相倚重。⑤游：交游。然：表示比拟的语气助词。⑥相得：说彼此情投意合。⑦无厌：有两解：一指不知满足；二指没有嫌忌。

灌夫有服①，过丞相②，丞相从容曰："吾欲与仲孺过魏其侯③，会仲孺有服④。"灌夫曰："将军乃肯幸临况魏其侯⑤，夫安敢以服为解⑥！请语魏其侯帐具⑦，将军旦日蚤临⑧。"武安许诺。灌夫具语魏其侯如所谓武安侯⑨。魏其与其夫人益市牛酒⑩，夜洒扫，早帐具至旦⑪。平明，令门下候伺⑫。至日中，丞相不来⑬。魏其谓灌夫曰⑭："丞相岂忘之哉？"灌夫不怿⑮，曰："夫以服请，宜往⑯。"乃驾，自往迎丞相。丞相特前戏许灌夫⑰，殊无意往⑱。及夫至门，丞相尚卧。于是夫入见，曰："将军昨日幸许过魏其，魏其夫妻治具⑲，自旦至今，未敢尝食。"武安鄂谢曰⑳："吾昨日醉，忽忘与仲孺言㉑。"乃驾往，又徐行㉒，灌夫愈益怒。及饮酒酣，夫起舞属丞相㉓，丞相不起，夫从坐上语侵之㉔。魏其乃扶灌夫去，谢丞相。丞相卒饮至夜㉕，极欢而去㉖。

【注释】

①有服：正在服丧。服，丧服，就是在一定时期里为死者尽礼，表示哀悼。②过（guō）：登门拜访。③仲孺：灌夫的表字。④会：适逢；恰值。⑤幸：宠幸；荣幸。临况，光顾；惠临。况，通"贶（kuàng）"，赏赐。⑥安：如何；怎么。解：解说；推托。⑦语（yù）：告诉。帐具：帷帐等供宴会用的器具。⑧旦日：明天。蚤：通"早"。⑨具：完全；备细。如所谓武安侯：如同他跟武安侯说的一样。⑩益市：多买。⑪早：趁早；提早。旦：平旦；清晨。⑫门下：指贵族官僚的家，也指他们家中的门客和管事人员。候伺：探听，等待。⑬不：未；还没有。⑭谓：告语。⑮怿（yì）：喜悦；高兴。⑯宜往：应当前来。⑰特：只；不过。戏：开玩笑。⑱殊：很；极；实在。⑲治：备办。具：盛酒食的器具，用以指代酒食。⑳鄂：通"愕"，惊讶；发愣。㉑忽忘：忘记。忽，忘。㉒徐：缓慢。㉓起舞：这是当时宴会上的礼节。属（zhǔ）：属意；相劝；邀请。㉔坐：通"座"。座位。侵：侵犯；冒犯。㉕卒：终；终于。㉖极：尽。

丞相尝使籍福请魏其城南田①。魏其大望，曰②："老仆虽弃③，将军虽贵，宁可以势夺乎！"不许。灌夫闻，怒，骂籍福。籍福恶两人有郄④，乃谩自好谢丞相曰⑤："魏其老且死，易忍⑥，且待之⑦。"已而武安闻魏其、灌夫实怒不予田⑧，亦怒曰："魏其子尝杀人，蚡活之⑨。蚡事魏其无所不可⑩，何爱数顷田？且灌夫何与也⑪？吾不敢复求田⑫！"武安由此大怨灌夫、魏其。

【注释】

①请：要求；索取。②望：怨恨。③仆：奴隶；差役。弃：废弃。被动用法。④恶（wù）：不愿意。郄（xì）：通"郤""隙"。空隙；嫌隙。⑤谩（mán）：欺骗；蒙蔽。好谢：好言谢绝。⑥易忍：容易忍耐。⑦且：姑且；暂且。情态副词。⑧已而：随即；过了不久。⑨活：救活。⑩事：侍奉；服事。⑪且：况且。与（yù）：干涉；干预。⑫这句话表示含愤怒的反问语气。

元光四年春①，丞相言：灌夫家在颍川，横甚，民苦之②。请案③。上曰："此丞相事，何请？"灌夫亦持丞相阴事④，为奸利⑤，受淮南王金与语言⑥。宾客居间⑦，遂止⑧，俱解⑨。

【注释】

①元光四年：相当公元前131年。②苦：害苦。被动用法。③案：通"按"。考问；查究。④阴事：隐秘的事情。⑤为奸利：作犯法的事来求利。⑥受淮南王金与语言：详见后文。⑦居间：在双方之间进行调解。⑧止：互相攻讦中止。⑨解：消释；和解。

夏，丞相取燕王女为夫人①，有太后诏②，召列侯、宗室皆往贺。魏其侯过灌夫，欲与俱。夫谢曰："夫数以酒失得过丞相③，丞相今者又与夫有郄。"魏其曰："事已解。"强与俱。饮酒酣，武安起为寿④，坐皆避席伏⑤。已⑥，魏其侯为寿，独故人避席耳⑦，余半膝席⑧。灌夫不悦。起行酒⑨，至武安，武安膝席曰："不能满觞⑩。"夫怒，因嘻笑曰⑪："将军贵人也！属之⑫！"时武安不肯。行酒次至临汝侯⑬，临汝侯方与程不识耳语⑭，又不避席。夫无所发怒，乃骂临汝侯曰："生平毁程不识不直一钱⑮，今日长者为寿，乃效女儿呫嗫耳语⑯！"武安谓灌夫曰："程、李俱东西宫卫尉⑰，今众辱程将军⑱，仲孺独不为李将军地乎⑲？"灌夫曰："今日斩头陷匈⑳，何知程、李乎？"坐乃起更衣㉑，稍稍去。魏其侯去，麾灌夫出㉒。武安遂怒曰："此吾骄灌夫罪㉓。"乃令骑留灌夫㉔。灌夫欲出不得。籍福起为谢，案灌夫项令谢㉕。夫愈怒，不肯谢。武安乃麾骑缚夫置传舍㉖，召长史曰㉗："今日召宗室，有诏。"劾灌夫骂坐不敬㉘，系居室㉙。遂按其前事，遣吏分曹逐捕诸灌氏支属㉚，皆得弃市罪㉛。魏其侯大愧，为资使宾客请㉜，莫能解㉝。武安吏皆为耳目㉞，诸灌氏皆亡匿㉟，夫系，遂不得告言武安阴事。

【注释】

①燕王：指已故的燕康王刘嘉。②诏：皇帝颁发的命令文告。③酒失：因酒醉失礼。得过：得罪。④为寿：敬酒祝福。⑤坐：通"座"。代指座上的宾客。避席伏：离开自己的席位，伏在地上，表示不敢当。⑥已：旋即；随后。⑦故人：旧友。⑧余半：其余半数的人。膝席：双膝跪在席上。⑨行酒：依次敬酒。⑩觞（shāng）：古代盛酒器。⑪嘻笑：强笑；苦笑。⑫属（zhǔ）之：勉强喝下它。属，足，满足。⑬次：按顺序。临汝侯：灌贤，灌婴孙。临汝，县名，在今河南省临汝县西北。⑭程不识：曾任太中大夫、郡太守，这时任长乐宫卫尉。⑮直：通"值"。⑯咕嗫（chè niè）：耳语的声音。⑰程、李：程不识和李广。李广（？—前119年），陇西郡成纪县（今甘肃省秦安县北）人，曾任边郡太守，这时任卫尉，（即未央宫卫尉）卫尉：官名。⑱众辱：当众侮辱。⑲独：岂；难道。反诘副词。不为李将军地：不给李将军留余地。地，地步，余地。⑳陷匈：穿胸。匈：通"胸"。㉑更衣：上厕所的代称。这里是众宾客借此离开是非场。㉒麾：通"挥"。挥手；招手。㉓骄：骄横；放纵。使动用法。㉔骑（jì）：指警卫人员中的骑士。留：扣留；拘留。㉕案：通"按"。按捺；用手抚着。㉖置：安放；看管。传（zhuàn）舍：供宾客休息，住宿的处所。㉗长（zhǎng）史：官名。㉘劾（hé）：弹劾；揭发罪状。不敬：也称"大不敬"。封建时代把所谓不敬皇帝、皇后作为一项重大罪名。㉙系：拴缚；拘囚。㉚分曹：分班；分批。逐捕：追捕。支属：旁支亲属。㉛弃市：死刑。㉜为资：有两解：一、出费用；二、出主意。请：请罪；求情。㉝解：放松；谅解。㉞耳目：指通风报信传递消息的人。㉟亡匿：逃跑，躲藏。

魏其锐身为救灌夫①。夫人谏魏其曰②："灌将军得罪丞相，与太后家忤③，宁可救邪？"魏其侯曰："侯自我得之④，自我捐之⑤，无所恨。且终不令灌仲孺独死，婴独生。"乃匿其家⑥，窃出上书。立召入，具言灌夫醉饱事，不足诛⑦。上然之，赐魏其食，曰："东朝廷辩之⑧。"

【注释】

①锐身：挺身冒险而出。②谏：规劝。③忤：违逆；抵触。④侯：指列侯爵位。⑤捐：舍弃；抛弃。⑥匿：躲避；隐瞒。⑦足：值得。⑧东朝：指东宫，就是王太后居住的长乐宫。廷辩：在朝廷上公开辩论是非。

魏其之东朝①，盛推灌夫之善②，言其醉饱得过，乃丞相以他事诬罪之③。武安又盛毁灌夫所为横恣④，罪逆不道⑤。魏其度不可奈何⑥，因言丞相短⑦。武安曰："天下幸而安乐无事，蚡得为肺腑，所好音乐狗马田宅。蚡所爱倡优巧匠之属⑧，不如魏其、灌夫日夜招聚天下豪桀壮士，与论议，腹诽而心谤⑨，不仰视天而俯画地⑩，辟倪两宫间⑪，幸天下有变，而欲有大功。臣乃不知魏其等所为。"于是上问朝臣："两人孰是⑫？"御史大夫韩安国曰："魏其言灌夫父死事，身荷戟驰入不测之吴军⑬，身被数十创⑭，名冠三军⑮，此天下壮士，非有大恶，争杯酒，不足引他过以诛也。魏其言是也。丞相亦言灌夫通奸猾，侵细民⑯，家累巨万，横恣颍川；凌轹宗室⑰，侵犯骨肉⑱。此所谓'枝大于本⑲，胫大于股⑳，不折必披㉑'，丞相言亦是。唯明主裁之㉒。"主爵都尉汲黯是魏其；内史郑当时是魏其㉔，后不敢坚对㉕。余皆莫敢对。上怒内史曰㉖："公平生数言魏其、武安长短，今日廷论㉗，局趣效辕下驹㉘，吾并斩若属矣㉙。"即罢起，入㉚，上食太后㉛。太后亦已使人候伺，具以告太后。太后怒，不食，曰："今我在也，而人皆藉吾弟㉜，令我百岁后㉝，皆鱼肉之矣㉞。且帝宁能为石人邪㉟？此特帝在，即录录㊱，设百岁后㊲，是属宁有可信者乎㊳？"上谢曰："俱宗室外家，故廷辩之。不然，此一狱吏所决耳㊴。"是时郎中令石建为上分别言两人事㊵。

【注释】

①之：前往；去到。动词。②盛推：极力推崇。③乃：却；竟。诬：冤枉。罪：加罪，动词。④横恣：凶暴放纵。⑤罪逆不道：罪行是大逆不道。⑥度（duó）：估计；料想。奈何：怎么；怎么办。⑦短：缺点；过失。⑧倡（chāng）优：歌舞演员、戏曲演员属：类；等辈。⑨腹诽而心谤：内心诽谤朝廷。⑩不仰视天而俯画地：不是抬头用眼看天，就是低头用手画地。意思是说，他们有时目空一切，有时暗中策划。⑪睥睨（bì nì）：通"睥睨"。邪视窥探。两宫：指王太后和汉武帝。⑫孰：谁；哪个。是：对；正确。⑬身：亲自。荷（hè）：扛；担。不测：其实力无法推测。⑭被：受。动词。⑮三军：春秋时代，周王设六军，诸侯大国多设三军，后代用作军队的统称。⑯细民：小民；平民。⑰凌轹（lì）：欺压；践踏。⑱骨肉：指皇亲国戚。⑲本：树木的根部或主干。⑳胫：小腿。股：大腿。㉑披：分离；分裂。㉒唯：表示希望的意思。㉓主爵都尉：官名。汲黯（？—前112年）：东郡濮阳县（今河南省濮阳县西南）人。曾任郡太守，能直言切谏。是：认为他对。㉔内史：官名。郑当时：淮阳国陈县（今河南省淮阳县）人。曾任郡太守，这时任右内史。㉕坚对：坚持自己的回答。㉖怒：向他发怒，含有谴责的意思。他动词。㉗廷论：就是廷辩。㉘局趣（cù）：通"局促"。拘束。辕下驹：比喻人有所畏忌而显得局促不安。辕，驾车用的木柄，压在车轴上，支架车箱，伸出前端。驹，幼马。㉙若：你（们）。㉚罢：罢朝；中止廷辩。㉛上食：进献饭食。㉜藉（jiè）：践踏；蹂躏。㉝令：假令；假使。假设连词。㉞鱼肉：像对待鱼肉一样，任意宰割吞吃。作动词用。㉟石人：有两解：一、比喻没有主见的人；二、比喻长存不死的人。㊱录录：通"碌碌"。无所作为，随声附和。㊲设：设使；假使。㊳是：此；这。指示代词。㊴狱吏：这里指审判狱讼的官吏。㊵石建（？——前125年）：河内郡温县（今河南省温县西南）人。分别言：避开众人单独进言。

武安已罢朝，出止车门①，召韩御史大夫载②，怒曰："与长孺共一老秃翁③，何为首鼠两端④？"韩御史良久谓丞相曰⑤："君何不自喜⑥？夫魏其毁君⑦，君当免冠解印绶归⑧，曰：'臣以肺腑幸得待罪⑨，固非其任⑩，魏其言皆是。'如此，上必多君有让⑪，不废君。魏其必内愧，杜门齰舌自杀⑫。今人毁君，君亦毁人，譬如贾竖女子争言⑬，何其无大体也⑭！"武安谢罪曰："争时急，不知出此。"

【注释】

①止车门：宫禁的外门。官吏们上朝时，到这里必须下车，步行进入宫殿。②载：指同载，就是同乘一辆车。③长孺：韩安国的表字。共：共同对付。老秃翁：

指窦婴。④首鼠两端：瞻前顾后、迟疑不决的意思。首鼠，也作"首施"，迟疑的意思。⑤良久：好久；很久。⑥自喜：自好；自爱自重。⑦夫（fú）：彼；他（们）。代词。⑧免冠：摘下帽子。这是古人表示谢罪的方式。印绶：悬系印组的丝带，也用以指代印信。归：有两解：一、归还印信；二、辞官回家。⑨待罪：等着办罪。旧时官吏常怕因失职得罪，因此用待罪作为任职的谦辞。⑩固：通"故"。原来；本来。⑪有让：能够谦让。⑫杜门：闭门。杜，堵塞，断绝。齰（zé）：通"舴"。咬嚼。⑬贾（gǔ）竖：对商人的贱称。竖，小子。女子：指普通妇女。⑭何其：多么。表示程度很高。无大体：不识大体。大体，有关大局的道理。

　　于是上使御史簿责魏其所言灌夫①，颇不雠②，欺谩③。劾系都司空④。孝景时，魏其常受遗诏⑤，曰："事有不便⑥，以便宜论上⑦。"及系，灌夫罪至族，事日急，诸公莫敢复明言于上。魏其乃使昆弟子上书言之⑧，幸得复召见。书奏上，而案尚书，大行无遗诏⑨。诏书独藏魏其家，家丞封⑩。乃劾魏其矫先帝诏，罪当弃市。五年十月，悉论灌夫及家属⑪。魏其良久乃闻，闻即恚⑫，病痱⑬，不食，欲死。或闻上无意杀魏其⑭，魏其复食，治病，议定不死矣⑮。乃有蜚语为恶言闻上⑯，故以十二月晦⑰，论弃市渭城⑱。

【注释】
　　①御史：官名。②雠（chóu）：对；符合。③欺谩：诳骗。意思是说犯了欺君谩上的罪名。④都司空：官署名。负责审理皇族和外戚犯罪案件或皇帝交办案件的司法机关，属于宗正。⑤常：通"尝"。曾经。遗诏：皇帝临死时所发的诏书。⑥不便：不利于受诏者。⑦以便宜论上：用方便灵活的办法来论事上奏。⑧昆弟子：兄弟的儿子。⑨案：通"按"。查。尚书：官名。大行：古代称刚死的皇帝为大行皇帝，或简称大行，意思是说他一去不复返了。这里指汉景帝，是就他刚死时的身份说的。⑩家丞：官名。汉代规定食邑在千户以上的列侯设家丞，管理家政。⑪悉：全部。副词。论：判罪。这里指处决。⑫恚（huì）：愤怒；怨恨。⑬病痱（fèi）：患中风病。病，动词。⑭或：有人。虚指代词。⑮不死：不处死刑。⑯蜚语：流言；没有根据的话。蜚，通"飞"。闻：传播；流传。被动用法。⑰以：于；在。晦：夏历每月末日。⑱渭城：县名。即原咸阳，汉改名渭城。故城在今陕西省咸阳市东北。

　　其春①，武安侯病，专呼服谢罪②。使巫视鬼者视之③，见魏其、灌夫共守，欲杀之。竟死④。子恬嗣⑤。元朔三年⑥，武安侯坐衣襜褕入宫⑦，不敬⑧。

【注释】
　　①其春：这年春季。②呼服：有两解：一、通"呼譻（bó）"。意思是因痛苦而大哭大叫。二、大声叫喊着服罪。依照前解，"呼服谢罪"是连动结构；依照后解，"呼服谢罪"是联合结构。③巫：装神弄鬼替人祈祷的妇女（后来也包括男子）。④竟：终于。⑤嗣：继承。⑥元朔三年：相当公元前126年。元朔，汉武帝的第三个年号。⑦武安侯：这里指田恬。衣（yì）：穿着。动词。襜褕（chān yū）：短衣。⑧不敬：这里语意不完全，据《惠景间侯者年表》所记，"不敬"下有"国除"二字，那是对的。

　　淮南王安谋反觉①，治②。王前朝③，武安侯为太尉时，迎王至霸上④，谓王曰："上未有太子，大王最贤，高祖孙，即宫车晏驾⑤，非大王立当谁哉⑥！"淮南王大喜，厚遗金财物⑦。上自魏其时不直武安⑧，特为太后故耳⑨。及闻淮南王金事，上曰："使武安侯在者⑩，族矣。"

【注释】

①淮南王安（前179—前122年）：刘安。沛郡丰县（今江苏省丰县）人。觉：发觉；破露。被动用法。②治：严查穷究。③前朝：前次朝见。事在建元二年（前139年）。④霸上：也作"灞上"。地名。在今陕西省西安市长安区东。⑤宫车晏驾：指皇帝死了。委婉的说法。⑥按：这时汉武帝年仅十七岁，而刘安是他的堂叔，年已四十岁。⑦遗（wèi）：赠予；致送。⑧直：是；正确。意动用法。⑨故：缘故；原因。⑩使：倘使；假使。假设连词。

太史公曰：魏其、武安皆以外戚重①，灌夫用一时决策而名显②。魏其之举以吴楚③，武安之贵在日月之际④。然魏其诚不知时变⑤，灌夫无术而不逊⑥，两人相翼⑦，乃成祸乱。武安负贵而好权⑧，杯酒责望⑨，陷彼两贤⑩。呜呼哀哉⑪！迁怒及人⑫，命亦不延。众庶不载⑬，竟被恶言⑭。呜呼哀哉！祸所从来矣⑮！

【注释】

①重：尊贵，显要。②用：因为；由于。一时；偶然一次。决策：决定策略。③举：推举；选拔。被动用法。④日月之际：太阳月亮同时照耀的时候。⑤诚：真是；的确。情态副词。时变：时势的变化。⑥无术：没有学识。不逊：不谦让。⑦翼：遮护；辅助。动词。⑧负：倚靠；仗恃。权：权术；机诈的手段。⑨责：责备；苛求。⑩彼：他（们）；那（些）。⑪呜呼哀哉：古代表示伤痛悲悼的习惯语。呜呼，叹词。哀，悲伤。哉，表示感叹的语气助词。⑫迁怒：把对某人的愤怒移到别人身上。指灌夫骂灌贤的事。⑬众庶：百姓；群众。指颍川人民。载：通"戴"。爱戴；拥护。⑭恶言：指田蚡公报私仇所加给灌夫的罪名。⑮祸所从来：灾祸产生的根源。

韩长孺列传第四十八

御史大夫韩安国者①，梁成安人也②，后徙睢阳。尝受《韩子》、杂家说于驺田生所③。事梁孝王为中大夫④。吴楚反时⑤，孝王使安国及张羽为将，扞吴兵于东界⑥。张羽力战，安国持重⑦，以故吴不能过梁。吴楚已破，安国、张羽名由此显。

【注释】

①御史大夫：②梁：封国名。地在今河南省东部和安徽省交界地区，治所在睢（suī）阳（今河南省商丘市南）。成安：县名。在今河南省民权县东北。③受：承受；接受《韩子》即《韩非子》。驺（zōu）：县名。即今山东省邹县。④梁孝王：

刘武。汉文帝子。中大夫：官名。掌议论。属光禄勋。⑤吴楚反：汉景帝前元三年（前154年），吴王刘濞联合楚王刘戊、济南王刘辟光、胶东王刘雄渠、胶西王刘卬（áng）、菑（zī）川王刘贤、赵王刘遂，为了反对朝廷的"削藩"政策，以"请诛晁错，清君侧"为名，发动武装叛乱，为周亚夫等所平定。⑥扞：通"捍"。抵御。⑦持重：稳重固守。

梁孝王，景帝母弟，窦太后爱之①，令得自请置相、二千石，出入游戏，僭于天子②。天子闻之，心弗善也。太后知帝不善，乃怒梁使者，弗见，案责王所为③。韩安国为梁使，见大长公主而泣曰④："何梁王为人子之孝，为人臣之忠，而太后曾弗省也⑤？夫前日吴、楚、齐、赵七国反时，自关以东皆合从西乡⑥，惟梁最亲为艰难。梁王念太后、帝在中⑦，而诸侯扰乱，一言泣数行下，跪送臣等六人，将兵击却吴楚，吴楚以故兵不敢西，而卒破亡⑧，梁王之力也。今太后以小节苛礼责望梁王⑨。梁王父兄皆帝王，所见者大，故出称跸⑩，入言警⑪，车旗皆帝所赐也，即欲以侂鄙县⑫，驱驰国中⑬，以夸诸侯，令天下尽知太后、帝爱之也。今梁使来，辄案责之⑭。梁王恐，日夜涕泣思慕⑮，不知所为。何梁王之为子孝，为臣忠，而太后弗恤也⑯？"大长公主具以告太后⑰，太后喜曰："为言之帝。"言之，帝心乃解⑱，而免冠谢太后曰："兄弟不能相教，乃为太后遗忧⑲。"悉见梁使⑳，厚赐之。其后梁王益亲欢。太后、长公主更赐安国可直千余金㉑。名由此显，结于汉。

【注释】

①窦太后：窦猗房。②僭（jiàn）：超越本分；比拟上级。③案：通"按"。审查；考问。④大长公主：指馆陶公主刘嫖。⑤曾（zēng）：乃；还。省（xǐng）：察知；了解。⑥合从（zòng）：联合。⑦中：关中。⑧卒：终于。⑨责望：责怪抱怨。⑩跸（bì）：禁止行人通行。⑪警：警戒；戒备。⑫侂：同"诧"。夸耀。鄙县：边远的小县。⑬驱驰：车马飞奔。⑭辄：即；就。⑮思慕：思念爱慕。⑯恤：顾惜。⑰具：通"俱"。都；完全。⑱解：释散，疙瘩解开。⑲遗忧：留下忧愁。⑳悉见：全部接见。㉑可：大约。

其后安国坐法抵罪①，蒙狱吏田甲辱安国②。安国曰："死灰独不复然乎③？"田甲曰："然即溺之④。"居无何⑤，梁内史缺⑥，汉使使者拜安国为梁内史，起徒中为二千石⑦。田甲亡走⑧。安国曰："甲不就官，我灭而宗⑨。"甲因肉袒谢⑩。安国笑曰："可溺矣！公等足与治乎⑪？"卒善遇之。

【注释】

①坐法：犯法被判罪。②蒙：县名。治所在今河南省商丘市北门。③独：岂；难道。然："燃"的本字。④溺（niào）：通"尿"。动词。⑤无何：即无几何时；不久。⑥内史：官名。⑦徒：服劳役的犯人。《汉书》校订为"徙"。⑧亡走：逃跑。⑨而（ér）：你（们）。⑩肉袒：脱去上衣，裸露肢体。⑪足：可，得。治：有两解：一、较量。二、惩办。

梁内史之缺也，孝王新得齐人公孙诡，说之①，欲请以为内史。窦太后闻，乃诏王以安国为内史。

【注释】

①说（yuè）：通"悦"。

公孙诡、羊胜说孝王求为帝太子及益地事，恐汉大臣不听，乃阴使人刺汉用事谋臣①。及杀故吴相袁盎，景帝遂闻诡、胜等计画，乃遣使捕诡、胜，必得。汉使十辈至梁②，相以下举国大索③，月余不得。内史安国闻诡、胜匿孝王所，安国入见王而泣曰："主辱臣死。大王无良臣，故事纷纷至此④。今诡、胜不得，请辞赐死。"王曰："何至此？"安国泣数行下，曰："大王自度于皇帝，孰与太上皇之与高皇帝及皇帝之与临江王亲⑤？"孝王曰："弗如也。"安国曰："夫太上、临江亲父子之间，然而高帝曰'提三尺剑取天下者朕也'⑥，故太上皇终不得制事⑦，居于栎阳⑧。临江王，适长太子也⑨，以一言过，废王临江；用宫垣事⑩，卒自杀中尉府⑪。何者？治天下终不以私乱公。语曰：'虽有亲父，安知其不为虎？虽有亲兄，安知其不为狼？'今大王列在诸侯，悦一邪臣浮说⑫，犯上禁，桡明法⑬。天子以太后故，不忍致法于王。太后日夜涕泣，幸大王自改⑭，而大王终不觉寤⑮。有如太后宫车即晏驾⑯，大王尚谁攀乎？"语未卒，孝王泣数行下，谢安国曰："吾今出诡、胜。"诡、胜自杀。汉使还报，梁事皆得释⑰，安国之力也。于是景帝、太后益重安国。孝王卒，共王即位⑱，安国坐法失官，居家。

【注释】

①用事：当权。②辈：批。③索：搜查。④纷纷：杂乱；紊乱。⑤孰与：何如。意谓还不如，用于反诘语气，并含有比较意味。太上皇：简称上皇。指皇帝的父亲。此指汉帝的父亲刘太公。⑥三尺剑：剑长约三尺，故名。⑦制：裁断。⑧栎（yuè）阳：县名。在今陕西省西安市临潼区东北。⑨适（dí）：通"嫡"。⑩用：因；由。⑪中尉：武官名。掌管京城治安。⑫浮说：虚浮不实的言论。⑬桡（náo）：通"挠"。扰乱，阻挠。⑭幸：希望。⑮寤（wù）：通"悟"。⑯晏驾：古人讳言帝王死亡叫晏驾。⑰释：消除。⑱共（gōng）王：梁孝王的长子刘买。

建元中①，武安侯田蚡为汉太尉②，亲贵用事，安国以五百金物遗蚡③。蚡言安国太后④，天子亦素闻其贤⑤，即召以为北地都尉⑥，迁为大司农⑦。闽越、东越相攻⑧，安国及大行王恢将⑨。兵未至越，越杀其王降，汉兵亦罢。建元六年，武安侯为丞相，安国为御史大夫。

【注释】

①建元：汉武帝第一个年号（前140—前135年）。②田蚡（fén）：汉景帝王皇后的同母异父的弟弟，封武安侯。③金：汉代计算货币的单位。黄金一斤为一金。遗（wèi）：赠予；致送。④太后：从此以下都是指汉景帝皇后、武帝母王娡。⑤天子：指汉武帝。⑥北地：郡名。都尉：官名。辅佐太守，掌管全郡军事。⑦大司农：官名。九卿之一。掌管租税、钱谷、盐铁和国家的财政收支等。⑧闽越：部族名。越人的一支。当时分布在今福建省北部、浙江省南部，建都东冶（今福建省福州市）。东越：部族名。闽越的分支。建都东瓯（今浙江省永嘉县西南）。⑨大行：官名。也作大行令。

匈奴来请和亲①，天子下议②。大行王恢，燕人也，数为边吏，习知胡事③。议曰："汉与匈奴和亲，率不过数岁即复倍约④。不如勿许，兴兵击之。"安国曰："千里而战，兵不获利。今匈奴负戎马之足，怀禽兽之心，迁徙鸟举⑤，难得而制也。得其地不足以为广，有其众不足以为强，自上古不属为人⑥。汉数千里争利，则人马罢⑦，虏以全制其敝。且强弩之极，矢不能穿鲁缟⑧；冲风之末⑨，力不能漂鸿毛⑩。非初不劲，末力衰也。击之不便，不如和亲。"群臣议者多附安国，于是上许和亲。

【注释】

①匈奴：北方部族名。亦称胡。和亲：指汉族封建王朝和少数民族首领，以及少数民族首领之间具有一定政治目的的通婚。②下议：下交群臣讨论。③习：熟悉。④率：通常。⑤鸟举：鸟飞。举，飞。⑥不属为人：不内属于中国作百姓。⑦罷（pí）：通"疲"。⑧鲁缟（gǎo）：鲁国出产的一种白色生绢，以轻薄著称。⑨冲风：猛烈的风。⑩漂：通"飘"。疾风。

其明年，则元光元年①，雁门马邑豪聂翁壹因大行王恢言上曰②："匈奴初和亲，亲信边，可诱以利，"阴使聂翁壹为间③，亡入匈奴，谓单于曰④："吾能斩马邑令丞吏⑤，以城降，财物可尽得。"单于爱信之，以为然，许聂翁壹。聂翁壹乃还，诈斩死罪囚，县其头马邑城⑥，示单于使者为信。曰："马邑长吏已死，可急来。"于是单于穿塞将十余万骑⑦，入武州塞⑧。

【注释】

①元光：汉武帝年号（前134—前129年）。雁门：郡名。在今山西省北部和内蒙古自治区南部，治所在善无（今山西省右玉县南）。豪：首领。②因：通过。③阴：隐秘；暗中。间（jiàn）：间谍。④单（chán）于：匈奴君主的称号。⑤令：县令。一县的行政长官。⑥县：通"悬"。⑦穿：通过。⑧武州：县名。在今山西省左云县。

当是时，汉伏兵车骑材官三十余万①，匿马邑旁谷中。卫尉李广为骁骑将军②，太仆公孙贺为轻车将军③。大行王恢为将屯将军，太中大夫李息为材官将军④。御史大夫韩安国为护军将军，诸将皆属护军，约单于入马邑而汉兵纵发。王恢、李息、李广别从代主击其辎重⑤。于是单于入汉长城武州塞。未至马邑百余里，行掠卤⑥，徒见畜牧于野，不见一人。单于怪之，攻烽燧⑦，得武州尉史⑧。欲刺问尉史⑨。尉史曰："汉兵数十万伏马邑下。"单于顾谓左右曰："几为汉所卖⑩！"乃引兵还。出塞，曰："吾得尉史，乃天也。"命尉史为"天王"。塞下传言单于已引去。汉兵追至塞，度弗及，即罢。王恢等兵三万，闻单于不与汉合⑪，度往击辎重，必与单于精兵战，汉兵势必败，则以便宜罢兵⑫，皆无功。

【注释】

①车骑：指战车和骑兵。材官：步兵。②卫尉：官名。九卿之一。掌管宫门警卫，统率宫廷警卫部队。李广：当时名将。③太仆：官名。九卿之一，掌管皇帝的车马和马政。④太中大夫：官名。掌议论。⑤代：郡名。地在今河北省西北部和山西省东北部，治所在代县（今河北省蔚县东北）。⑥卤：通"掳"。⑦烽燧：这里指烽火台。⑧尉史：县尉的助理官员。⑨刺：探问。⑩几（jī）：几乎。卖：欺骗。⑪合：交锋。⑫便宜：看怎样方便适宜，斟酌处理。

天子怒王恢不出击单于辎重，擅引兵罢也。恢曰："始约虏入马邑城，兵与单于接，而臣击其辎重，可得利。今单于闻，不至而还，臣以三万人众不敌，祗取辱耳①。臣固知还而斩，然得完陛下士三万人②。"于是下恢廷尉。廷尉当恢逗桡④，当斩。恢私行千金丞相蚡⑤。蚡不敢言上，而言于太后曰："王恢首造马邑事⑥，今不成而诛恢，是为匈奴报仇也。"上朝太后，太后以丞相言告上。上曰：

"首为马邑事者，恢也，故发天下兵数十万，从其言，为此。且纵单于不可得，恢所部击其辎重，犹颇可得，以慰士大夫心。今不诛恢，无以谢天下。"于是恢闻之，乃自杀。

【注释】

①祇（zhī）：通"只"。②完：保全。③下：交给。廷尉：官名。④当：判罪。逗桡：逗，曲行避敌。⑤行：给予。⑥造：致，招致，做，作。

安国为人多大略①，智足以当世取合②。而出于忠厚焉③。贪嗜于财。所推举皆廉士，贤于己者也。于梁举壶遂、臧固、郅他，皆天下名士，士亦以此称慕之，唯天子以为国器④。安国为御史大夫四岁余，丞相田蚡死，安国行丞相事⑤，奉引堕车蹇⑥。天子议置相，欲用安国，使使视之，蹇甚，乃更以平棘侯薛泽为丞相。安国病免数月，蹇愈，上复以安国为中尉。岁余，徙为卫尉⑦。

【注释】

①大略：远大的谋略。②当世：随顺世俗。取合：善于投合、迎合。③出：产生。④国器：指可以主持国政的人才。⑤行：代理。⑥奉引：导引车驾。⑦徙：调动；提升。

车骑将军卫青击匈奴①，出上谷②，破胡茏城③。将军李广为匈奴所得④，复失之，公孙敖大亡卒：皆当斩，赎为庶人⑤。明年，匈奴大入边，杀辽西太守⑥，及入雁门，所杀略数千人⑦。车骑将军卫青击之，出雁门。卫尉安国为材官将军，屯于渔阳⑧。安国捕生虏，言匈奴远去。即上书言方田作时⑨，请且罢军屯。罢军屯月余，匈奴大入上谷、渔阳。安国壁乃有七百余人⑩，出与战，不胜，复入壁。匈奴虏略千余人及畜产而去。天子闻之，怒，使使责让安国⑪。徙安国益东，屯右北平⑫。是时匈奴虏言当入东方。

【注释】

①卫青：当时名将。卫皇后弟。②上谷：郡名。地在北京市以西一带，治所在沮阳（今河北省怀来县东南）。③茏城：地名。即龙城。又称龙庭。④得：俘虏。⑤赎：用财物求免罪。庶人：平民。⑥辽西：郡名，地在今辽宁省大凌河下游以西一带，治所在阳乐（今辽宁省义县西）。⑦略：劫掠。⑧屯：驻防。渔阳：郡名。地在今北京市以东一带，治所在渔阳（今密云县西南）。⑨田作：耕种。⑩壁：营垒。⑪让：责备。⑫右北平：郡名。

安国始为御史大夫及护军，后稍斥疏①，下迁②；而新幸壮将军卫青等有功，益贵。安国既疏远，默默也；将屯又为匈奴所欺，失亡多，甚自愧。幸得罢归，乃益东徙屯，意忽忽不乐③。数月，病欧血死④。安国以元朔二年中卒⑤。

【注释】

①斥疏：排斥疏远。被动用法。②下迁：贬官；降职。③忽忽：失意貌。④欧（ǒu）：通"呕"吐。⑤元朔：汉武帝年号（前128—前123年）。

太史公曰：余与壶遂定律历①，观韩长孺之义②，壶遂之深中隐厚③。世之言梁多长者④，不虚哉！壶遂官至詹事⑤，天子方倚以为汉相，会遂卒。不然，壶遂之内廉行修⑥，斯鞠躬君子也⑦。

【注释】

①律历：乐律和历法。②韩长孺：韩安国表字。③深中隐厚：内心廉正忠厚。④长者：有德行的人；性情谨厚的人。⑤詹事：官名。⑥修：善良。⑦鞠躬：谨慎恭敬的样子。

李将军列传第四十九

李将军广者，陇西成纪人也①。其先曰李信②，秦时为将，逐得燕太子丹者也③。故槐里④，徙成纪。广家世世受射⑤。孝文帝十四年⑥，匈奴大入萧关⑦，而广以良家子从军击胡⑧，用善骑射⑨，杀首虏多⑩，为汉中郎⑪。广从弟李蔡亦为郎⑫，皆为武骑常侍⑬，秩八百石⑭。尝从行⑮，有所冲陷折关及格猛兽⑯，而文帝曰："惜乎，子不遇时⑰！如令子当高帝时⑱，万户侯岂足道哉⑲！"

【注释】

①陇西：郡名。地在今甘肃省东部地区。治所在狄道（今甘肃省临洮县南）。成纪：县名。在今甘肃省秦安县北。②李信：战国末秦将，曾与王翦一同灭燕。③燕：古国名。战国七雄之一。④故：故居；旧居。槐里：县名。在今陕西省兴平市东南。⑤受：接受。这里有学习的意思。⑥孝文帝十四年：即公元前166年。孝文帝即汉文帝刘恒，汉高帝刘邦的儿子。公元前179—前157年在位。⑦匈奴：古代北方部族。亦称胡，以游牧为生。详见《匈奴列传》。萧关：当时长安通往塞外的关口。在今宁夏回族自治区固原市原州区东南。⑧良家子：指出身正当，家世清白人家的子弟。胡：古代对北方和西方各族的泛称。这里指匈奴。⑨用：因为；由于。⑩杀首虏：斩杀敌人首级和俘虏敌人。⑪中郎：官名。⑫从（zòng）弟：堂弟。⑬武骑（jì）常侍：郎官的加衔。⑭秩：俸禄的等级。汉代禄秩分为十五等，从万石到一百石。八百石，约当十五等中的第六、七等。汉代的中郎为六百石，任武骑常侍加秩二百石。⑮尝：通"常"，时常。《汉书》作"数"。⑯冲陷：冲锋陷阵。折关：突破险阻。格：格杀；搏斗。⑰时：时机。⑱高帝：刘邦。⑲万户侯：封邑有万户的侯爵。

及孝景初立①，广为陇西都尉②，徙为骑郎将③。吴楚军时④，广为骁骑都尉⑤，从太尉亚夫击吴楚军⑥，取旗⑦，显功名昌邑下⑧。以梁王授广将军印⑨，还，赏不行⑩。徙为上谷太守⑪，匈奴日以合战⑫。典属国公孙昆邪为上泣曰⑬："李广才气，天下无双，自负其能⑭，数与虏敌战⑮，恐亡之⑯。"于是乃徙为上郡太守⑰。后广转为边郡太守⑱，徙上郡。尝为陇西、北地、雁门、代郡、云中太守⑲，皆以力战为名。

【注释】

①孝景：即汉景帝刘启。文帝刘恒的儿子。②都尉：官名。原名郡尉，辅佐郡守并掌管全郡军事，位次于太守。景帝时改名都尉。③徙：调任。骑郎将：官名。统率骑郎（骑马护从皇帝车驾的郎官）的将领。汉代的郎官分户、车、骑几种。④吴楚军：指西汉景帝时吴楚等七国的叛乱。⑤骁骑：轻捷矫健的骑兵，似今之"轻骑兵"。⑥太尉：官名。亚夫：周亚夫（？—前143年）沛县人（今属江苏省）。汉初大臣周勃（？—前169年）的儿子。西汉时期名将。⑦旗：指敌军的帅旗。⑧昌邑：县名。当时梁国的要邑，地在今山东省金乡县西北。⑨梁王：梁孝王刘武，文帝次子，景帝的同母弟。⑩赏不行：不颁发奖赏。因李广私受梁王授给他的将军印，这是违犯汉朝廷法令的事。⑪上谷：郡名。辖境约当河北省西北部及中部一部分地区。治所在沮阳（今河北省怀来县东南）。⑫合战：交战。⑬典属国：官名。掌管附属国及外族事务的官。公孙昆邪：姓公孙，名昆邪（hún yé）。为：对。上：皇上。这里指汉景帝。⑭负：倚仗；仗恃。⑮数（shuò）：屡次；多次。虏：敌人。指匈奴。敌战：迎面作战。⑯亡：战死。⑰上郡：郡名。⑱这里疑有错简，众说不一。据今人王伯祥注释（其说本于归有光）说："此为插叙语，言他以上谷太守历转沿边诸郡太守，然后乃徙上郡太守。其下'尝为陇西……云中太守'一语即此一系列迁转的实例，故以'尝'字提示它。并不是说做了上郡太守以后乃历转各边郡太守的。"今从此说。⑲北地：郡名。地在今甘肃省东北部及宁夏回族自治区部分地区。治所在马岭（今甘肃省庆阳市西北）。雁门：郡名。地在今山西省北部和内蒙古自治区南部地区。治所在善无（今山西省右玉县南）。代郡：郡名。地在今山西省东北部和河北省西北地区，治所在代县（今河北省蔚县东北）。汉文帝为代王时，徙都中都（今山西平遥县西南）。云中：郡名。地在今内蒙古自治区东南部，治所在云中（今内蒙古自治区托克托县东北）。

匈奴大入上郡，天子使中贵人从广勒习兵击匈奴①。中贵人将骑数十纵②，见匈奴三人，与战。三人还射，伤中贵人，杀其骑且尽。中贵人走广③。广曰："是必射雕者也④。"广乃遂从百骑往驰三人。三人亡马步行⑤，行数十里。广令其骑张左右翼，而广身自射彼三人者⑥，杀其二人，生得一人，果匈奴射雕者也。已缚之上马，望匈奴有数千骑，见广，以为诱骑⑦，皆惊，上山陈⑧。广之百骑皆大恐，欲驰还走，广曰："吾去大军数十里，今如此以百骑走，匈奴追射我立尽。今我留，匈奴必以我为大军之诱，必不敢击我。"广令诸骑曰："前！"前未到匈奴陈二里所⑨，止，令曰："皆下马解鞍！"其骑曰："虏多且近，即有急⑩，奈何？"广曰："彼虏以我为走，今皆解鞍以示不走，用坚其意⑪。"于是胡骑遂不敢击。有白马将出护其兵，李广上马与十余骑奔射杀胡白马将，而复还至其骑中，解鞍，令士皆纵马卧⑫。是时会暮⑬，胡兵终怪之，不敢击。夜半时，胡兵亦以为汉有伏军于旁欲夜取之，胡皆引兵而去。平旦⑭，李广乃归其大军。大军不知广所之⑮，故弗从。

【注释】

①中贵人：宫中受宠幸的宦官。勒：部勒；统率。②将（jiàng）：率领；统率。纵（zòng）：放马驰骋。③走：奔跑；逃跑。④射雕者：射雕的能手。⑤亡（wú）：通"无"。⑥身自：亲自。⑦诱骑：诱敌的骑兵。⑧陈（zhèn）：同"阵"。摆列阵势。动词。⑨所：通"许"。约计之辞。⑩即：倘若；如果。⑪坚：坚定。

⑫纵：放开。⑬会：适逢。⑭平旦：天明。⑮所之：所去的方向。

居久之，孝景崩①，武帝立②，左右以为广名将也③，于是广以上郡太守为未央卫尉④，而程不识亦为长乐卫尉⑤。程不识故与李广俱以边太守将军屯⑥。及出击胡，而广行无部伍行陈⑦，就善水草屯，舍止，人人自便，不击刀斗以自卫⑧，莫府省约文书籍事⑨，然亦远斥候⑩，未尝遇害。程不识正部曲行伍营陈⑪，击刀斗，士吏治军簿至明，军不得休息，然亦未尝遇害。不识曰："李广军极简易，然虏卒犯之⑫，无以禁也；而其士卒亦佚乐⑬，咸乐为之死⑭。我军虽烦扰，然虏亦不得犯我。"是时汉边郡李广、程不识皆为名将，然匈奴畏李广之略⑮，士卒亦多乐从李广而苦程不识。程不识孝景时以数直谏为太中大夫⑯。为人廉，谨于文法⑰。

【注释】

①崩：古代称皇帝死为崩。犹如"山陵崩"之义。②武帝：刘彻，汉景帝子，公元前140—前87年在位。③左右：周围的人。④未央：汉宫名，皇帝所居。当时称西宫（因在长乐宫之西）。故址在今陕西省西安市西北郊。卫尉：武官名。⑤长乐：汉宫名，太后所居。当时称东宫（因在未央宫之东）。故址在今陕西省西安市西北郊东南隅。⑥故：从前，过去。边：指边郡。屯：驻防。⑦部伍：即部曲，部队的编制单位。行（háng）陈：行列阵势。⑧刀（diāo）斗：刀，通"刁"。铜锅。能盛粮一斗。白天用来煮饭，夜间敲着巡逻。⑨莫府：将帅出征时驻扎的大帐幕，以后就代称将帅的官署。莫，通"幕"。省约：减省；节约。⑩斥候：指侦察兵。斥，侦察。候，伺望。⑪部曲：部队的编制单位。⑫卒（cù）：通"猝"，急遽；突然。⑬佚（yì）乐：安逸快乐。佚，通"逸"。⑭咸：皆；都。⑮略：谋略；计策。⑯太中大夫：官名。⑰文法：法制；法令条文。

后汉以马邑城诱单于①，使大军伏马邑旁谷，而广为骁骑将军②，领属护军将军③。是时单于觉之④，去，汉军皆无功。其后四岁⑤，广以卫尉为将军，出雁门击匈奴⑥。匈奴兵多，破败广军，生得广。单于素闻广贤，令曰："得李广必生致之⑦。"胡骑得广，广时伤病，置广两马间，络而盛卧广⑧。行十余里，广详死⑨，睨其旁有一胡儿骑善马⑩，广暂腾而上胡儿马⑪，因推堕儿，取其弓，鞭马南驰数十里，复得其余军⑫，因引而入塞⑬。匈奴捕者骑数百追之，广行取胡儿弓⑭，射杀追骑，以故得脱。于是至汉⑮，汉下广吏⑯。吏当广所失亡多⑰，为虏所生得，当斩，赎为庶人⑱。

【注释】

①马邑：县名。在今山西省朔县。②骁骑：都是当时将军的冠号。后世称杂牌将军，不常设置，战时才授予，战毕就罢免。③领属：受节制、从属。④之：代词。⑤其后四岁：指武帝天光六年，即公元前129年。⑥雁门：郡名，治所在善无（今山西右玉县南）。⑦生：指活捉。⑧络：网络。盛（chéng）：放。⑨详（yáng）：通"佯"，假装。⑩睨（nì）：斜视。⑪暂：霎时，突然。⑫复得：又遇到。⑬塞（sài）：边关要塞。⑭行取：且行且拿起。⑮至汉：指回到汉朝京城长安。⑯下广吏：⑰当（dàng）：判决，判罪。⑱赎：汉时法律，被判死刑者可以纳金赎免罪刑（或减或免）。庶人：平民。

顷之①，家居数岁。广家与故颍阴侯孙屏野居蓝田南山中射猎②。尝夜从一骑出③，从人田间饮，还至霸陵亭④，霸陵尉醉，呵止广⑤。广骑曰："故李将军⑥。"尉曰："今将军尚不得夜行，何乃故也！"止广宿亭下⑦。居无何⑧，匈奴入杀辽西太守⑨，败韩将军⑩，后韩将军徙右北平⑪。于是天子乃召拜广为右北平太守⑫。广即请霸陵尉与俱，至军而斩之。

【注释】

①顷之，不久，顷刻之间。②颍阴侯孙：颍阴侯灌婴的孙子灌强。颍阴，今河南许昌市。屏（bǐng）野：退居田野，退隐回乡。蓝田：县名。在今陕西省蓝田县西。南山：即蓝田县东南的蓝田山，是当时朝贵退休游乐之地。③从：带领。出：出外。④霸陵：汉文帝陵墓，在今陕西省西安市东北。亭：驿亭。⑤呵（hē）止：呵斥阻止。⑥故：即指前任。⑦止：扣留。⑧居无何：过了不久。⑨辽西：郡名。地当今河北省东北部和辽宁省西部一带。治所阳乐，在今辽宁省义县西。⑩韩将军：韩安国。当时驻守渔阳，地在今北京市密云县西南。⑪右北平：郡名。郡治平刚（今辽宁凌源市西南）。一本此句下有"死"字。⑫拜：用一定的礼节授给官职。

广居右北平，匈奴闻之，号曰："汉之飞将军"，避之数岁，不敢入右北平。

广出猎，见草中石，以为虎而射之，中石没镞①，视之石也。因复更射之，终不能复入石矣。广所居郡闻有虎，尝自射之②。及居右北平射虎，虎腾伤广，广亦竟射杀之。

【注释】

①镞（zú）：箭头。②尝：通"常"。

广廉，得赏赐辄分其麾下①，饮食与士共之。终广之身②，为二千石四十余年③，家无余财，终不言家产事。广为人长④，猿臂⑤，其善射亦天性也，虽其子孙他人学者，莫能及广。广讷口少言⑥，与人居则画地为军陈，射阔狭以饮⑦。专以射为戏，竟死⑧。广之将兵，乏绝之处⑨，见水，士卒不尽饮，广不近水，士卒不尽食，广不尝食。宽缓不苛⑩，士以此爱乐为用⑪。其射，见敌急，非在数十步之内，度不中不发⑫，发即应弦而倒。用此⑬，其将兵数困辱⑭，其射猛兽亦为所伤云。

【注释】

①辄（zhé）：常常，总是。麾（huī）下：部下。②终广之身：尽李广的一生。③二千石（shí）：汉代官员俸禄的等级从二千石递减到百石，汉代郡守俸禄每月二千石，实际上为一百二十斛（hú）谷（一斛为十斗，即一石），汉代的九卿和京兆尹、中尉等的俸禄也是二千石。④长：指身材高大。⑤猿臂：比喻两臂像猿臂长而灵活。⑥讷（nè）口：口才笨拙，语言迟钝。⑦阔狭：指在地上所画的宽窄不同的线，表军队的行列。⑧竟死：到死。⑨乏绝：指缺乏饮水，断绝粮食。⑩宽缓：指待人宽容和缓。⑪爱乐为用：指爱戴李广，乐于为他效力。⑫度（duó）：度量，估计。⑬用此：因此。⑭困辱：被围困受辱。

居顷之，石建卒①，于是上召广代建为郎中令②。元朔六年③，广复为后将军④，从大将军军出定襄⑤，击匈奴。诸将多中首虏率⑥，以功为侯者，而广军无功。后二岁⑦，广以郎中令将四千骑出右北平，博望侯张骞将万骑与广俱⑧，异道⑨。行可数百里⑩，匈奴左贤王将四万骑围广⑪，广军士皆恐，广乃使其子敢往驰之⑫。敢独与数十骑驰，直贯胡骑⑬，出其左右而还，告广曰："胡虏易与耳⑭。"军士乃安。广为圜陈外向⑮，胡急击之，矢下如雨。汉兵死者过半，汉矢且尽。广乃令士持满毋发⑯，而广身自以大黄射其裨将⑰，杀数人，胡虏益解⑱。会日暮，吏士皆无人色⑲，而广意气自如⑳，益治军。军中自是服其勇也。明日，复力战，而博望侯军亦至，匈奴军乃解去。汉军罢㉑，弗能追。是时广军几没㉒，罢归㉓。汉法，博望侯留迟后期㉔，当死，赎为庶人。广军功自如㉕，无赏。

【注释】

①石建：石奋的长子。以孝谨著称。汉武帝时任郎中令。②郎中令：官名，为皇帝左右亲近的官职，掌管守卫宫殿门户。汉武帝时改称光禄勋（九卿之一）。③元朔六年：公元前123年。④后将军：官名。位次于上卿。⑤从：从属，随从。大将军：指卫青（？—前106年）。他是武帝皇后卫子夫的同母弟，曾多次征伐匈奴，封爵长平侯。大将军是当时最高的军衔，位比三公。事见《卫将军骠骑列传》。定襄：郡名。郡治成乐（今内蒙古和林格尔县西北）。⑥中（zhòng）：符合。率（lù）：同律。律令：法律，规定。汉代根据杀敌数量的多少而规定封赏标准，分别授以不同等级的爵位。⑦后二岁：即元狩二年（公元前121年）。⑧张骞（qiān）：（？—前114年）。⑨异道：不同的路，即分路进兵。⑩可：大约。⑪左贤王：匈奴官名。单于手下的统帅。⑫敢：李广之子李敢。⑬贯：穿过。⑭易与（yù）：容易对付。⑮圜阵：圆形的阵势。圜，通"圆"。外向：即队伍面朝外对敌。⑯毋（wú）：勿。⑰大黄：弩弓名，又名黄肩弩。因体大色黄，故名。是当时最能射远的弓弩。⑱益：渐渐。解：通"懈"。⑲无人色：指脸色不像活人。⑳意气自如：神气同平时一样自然。㉑罢（pí）：通"疲"。㉒几没：几乎覆没。㉓罢归：休兵回来。㉔留迟后期：指行军迟缓，在预定的会合日期没有到达。㉕军功自如：立的军功和失误应得的惩罚相当。

初，广之从弟李蔡与广俱事孝文帝。景帝时，蔡积功劳至二千石。孝武帝时，至代相①。以元朔五年为轻车将军②，从大将军击右贤王，有功中率，封为乐安侯③。元狩二年中，代公孙弘为丞相④。蔡为人在下中⑤，名声出广下甚远，然广不得爵邑，官不过九卿⑥，而蔡为列侯⑦，位至三公⑧。诸广之军吏及士卒或取封侯。广尝与望气王朔燕语⑨，曰："自汉击匈奴而广未尝不在其中，而诸部校尉以下，才能不及中人，然以击胡军功取侯者数十人，而广不为后人，然无尺寸之功以得封邑者，何也？岂吾相不当侯邪？且固命也？"朔曰："将军自念，岂尝有所恨乎？"广曰："吾尝为陇西守，羌尝反⑩，吾诱而降，降者八百余人，吾诈而同日杀之。至今大恨独此耳。"朔曰："祸莫大于杀已降，此乃将军所以不得侯者也。"

【注释】

①代相：代国的相，侯国的最高长官。代：郡名、曾一度改为侯国，治所代在今河北省蔚县。汉文帝为代王时，移治中都（今山西平遥县西南）。②元朔五年：即公元前124年。轻车将军：杂号将军之一。③乐安：县名，治所在今山东博兴县东北。④公孙弘：姓公孙，名弘，字季，薛（在今山东省滕州市南）人。卫青的朋友。武帝元狩、武帝第二个年号，共六年。公元前134—前129年。⑤下中：谓下等里的中等，即属第八等。⑥九卿：汉以太常、光禄勋、太仆、廷尉、大鸿胪、宗正、大司农、少府为九卿。⑦列侯：爵位名。⑧三公：汉时以丞相、太尉、御史大夫为三公。⑨望气：望云气附会人事，占卜吉凶。这里望气指望气者。王朔：人名。当时有名的望气家，善于占卜。燕语：私下交谈。⑩羌：中国古代民

族名。西汉时散居陇西一带的少数民族。

后二岁，大将军、骠骑将军大出击匈奴①，广数自请行。天子以为老，弗许，良久乃许之，以为前将军。是岁，元狩四年也。

广既从大将军青击匈奴，既出塞，青捕虏知单于所居，乃自以精兵走之②，而令广并于右将军军③，出东道。东道少回远④，而大军行水草少，其势不屯行⑤。广自请曰："臣部为前将军，今大将军乃徙令臣出东道，且臣结发而与匈奴战⑥，今乃一得当单于⑦，臣愿居前，先死单于。"大将军青亦阴受上诫⑧，以为李广老，数奇⑨，毋令当单于，恐不得所欲。而是时公孙敖新失侯⑩，为中将军从大将军⑪，大将军亦欲使敖与俱当单于，故徙前将军广。广时知之，固自辞于大将军⑫。大将军不听，令长史封书与广之莫府⑬，曰："急诣部⑭，如书。"广不谢大将军而起行⑮，意甚愠怒而就部⑯，引兵与右将军食其合军出东道。军亡导⑰，或失道⑱，后大将军。大将军与单于接战，单于遁走，弗能得而还。南绝幕⑲，遇前将军、右将军。广已见大将军，还入军。大将军使长史持糒醪遗广⑳，因问广食其失道状，青欲上书报天子军曲折㉑。广未对。大将军使长史急责广之幕府对簿㉒。广曰："诸校尉无罪，乃我自失道。吾今自上簿。"

【注释】

①骠骑将军：官号。位仅次于大将军。这里指霍去病。②走（zòu）：趋，追逐。③右将军：指赵食其（yì jī）。④少：通"稍"。回远：迂回、绕远。回：通"迴"。⑤屯行：驻扎下来，停止前进。人所聚曰"屯"。⑥结发：古代男子二十岁束发，始可戴冠，以表成年。⑦当：遇。⑧阴受上诫：暗中得到武帝的告诫。上：指武帝。⑨数奇（jī）：命运不好。⑩公孙敖：姓公孙，名敖，义渠人，与卫青友好，曾搭救过卫青的性命、随卫青出击匈奴，封合骑侯。⑪中将军：位与前后左右将军相当。据公孙敖传说，这时他以校尉从大将军。⑫固：坚决。辞：辞免，指拒绝徙并右将军军。⑬长史：官名。即大将军秘书，协助大将军处理所属部门的事务。⑭诣（yì）：往。⑮谢：辞别。愠（yùn）怒：怒愤。⑰亡导：没有向导。亡，通"无"。⑱或：通"惑"。迷惑。⑲绝：横渡。⑳糒（bèi）：干粮。醪（láo）：酒浆，浊酒。遗（wèi）：赠，给。㉑曲折：详细的经过。㉒使：一说，"使"为衍文，长史仍指持糒醪的长史。对簿：对质，受审。簿：文书，记载。即受审问时凭着文书对质。

至莫府，广谓其麾下曰："广结发与匈奴大小七十余战，今幸从大将军出接单于兵，而大将军又徙广部行回远，而又迷失道，岂非天哉！且广年六十余矣，终不能复对刀笔之吏①"。遂引刀自刭②。广军士大夫一军皆哭③。百姓闻之，知与不知④，无老壮皆为垂涕⑤。而右将军独下吏，当死，赎为庶人。⑥

【注释】

①刀笔吏：管理文书的官员。②自刭：自刎。刭，以刀割颈。③士大夫：一般文武官吏的统称。这里指将士。一军：指军中的一切人。④知：犹"识"，认识。⑤无：无论；不论。⑥赎：以钱物抵罪。庶人：平民。

广子三人，曰当户、椒、敢，为郎①。天子与韩嫣戏②，嫣少不逊③，当户击嫣，嫣走。于是天子以为勇。当户早死，拜椒为代郡太守，皆先广死。当户有遗腹子名陵④。广死军时，敢从骠骑将军。广死明年，李蔡以丞相坐侵孝景园壖地⑤，当下吏治，蔡亦自杀，不对狱，国除⑥。李敢以校尉从骠骑将军击胡左贤王，力战，夺左贤王鼓旗，斩首多，赐爵关内侯⑦，食邑二百户，代广为郎中令。顷之，怨大将军青之恨其父⑧，乃击伤大将军，大将军匿讳之⑨。居无何，敢从上雍⑩，至甘泉宫猎⑪。骠骑将军去病与青有亲，射杀敢。去病时方贵幸⑫，上讳云鹿触杀之。居岁余，去病死。而敢有女为太子中人⑬，爱幸，敢男禹有宠于太子，然好利，李氏陵迟衰微矣⑭。

【注释】

①郎：帝王侍从官的通称。②韩嫣（yān）：韩王信的后裔，弓高侯韩颓唐庶出的孙子，汉武帝的弄臣。③少：稍，略微。④遗腹子：妻有孕，丈夫死后所生之子。即遗留在妻子腹内的孩子。⑤坐：因，由于。介词。园：陵园。壖（ruán）地：壖，通"堧"。空地，余地。⑥国：指李蔡乐安侯的封地。⑦关内侯：爵名。西汉建都长安，在函谷关内，故称。汉百官公卿表例在二十级之第十九级，位汉次于彻侯。⑧恨其父：使他的父亲抱恨而死。⑨匿讳：隐瞒。⑩雍：县名，在今陕西凤翔县南。⑪甘泉宫：宫名。⑫贵幸：显贵得宠。⑬太子：此指武帝长子刘据，卫皇后所生。中人：没有位号的宫中姬妾。⑭陵迟：通"陵夷"。渐渐衰颓。

李陵既壮①，选为建章监②，监诸骑。善射，爱士卒。天子以为李氏世将，而使将八百骑。尝深入匈奴二千余里，过居延视地形③，无所见虏而还。拜为骑都尉，将丹阳楚人五千人④，教射酒泉、张掖以屯卫胡⑤。

【注释】

①壮：壮年，古人以三十岁为壮。②建章：宫名。③居延：在今内蒙古自治区西端额济纳旗所管辖境内的居延海，已淤塞成嘎顺诺尔与苏古诺尔两个湖。骑都尉：官名。④丹阳：郡名。治所在宛陵（今安徽省宣城市）。旧属楚地，今安徽省皖南地区的大部分，江苏长江以南偏西一小部分，均是其所辖故境。⑤酒泉张掖：均为郡名。酒泉居西，张掖居东，在今甘肃省西北中部的狭长地带。

数岁，天汉二年秋①，贰师将军李广利将三万骑击匈奴右贤王于祁连天山②，而使陵将其射士步兵五千人出居延北可千余里，欲以分匈奴兵，毋令专走贰师也。陵既至期还，而单于以兵八万围击陵军。陵军五千人，兵矢既尽，士死者过半，而所杀伤匈奴亦万余人。且引且战③，连斗八日，还未到居延百余里，匈奴遮狭绝道④，陵食乏而救兵不到，虏急击招降陵。陵曰："无面目报陛下⑤。"遂降匈奴，其兵尽没，余亡散得归汉者四百余人。

【注释】

①天汉：武帝第八个年号，共四年（前100—前97年）。二年，当公元前99年。是武帝即位的第四十二年。②贰师将军：杂号将军之一。祁连天山：即祁连山。③且引且战：一边退却一边作战。且，连词，又。引，退却。④遮：遮住，拦住。绝：截断。⑤报：回复。陛下：指武帝。

单于既得陵，素闻其家声，及战又壮，乃以其女妻陵而贵之①。汉闻，族陵母妻子②。自是之后，李氏名败，而陇西之士居门下者皆用为耻焉③。

【注释】

①妻（qì）：嫁给。②族：灭族。动词。③《史记志疑》认为从"李陵既壮"

起至此，都是后人妄续的。他说："无论天汉间事《史》所不载，而史公因陵被祸，必不书之，其详别见于《报任安书》，盖有深意焉。观赞中但言李广而无一语及陵，可见。且所续与《汉传》不合。如族陵家在陵降岁余之后，匈奴妻陵又在族家之后，而此言单于得陵即以女妻之；汉闻其妻单于女，族陵母、妻、子：并误也。且汉之族陵家，因公孙敖误以李绪教单于兵为李陵之故，不关妻单于女。又杭太史（即杭世骏）云：子长盛推李少卿，以为有国士风，虽败不足诛，彼不死，欲得当以报。何云李氏名败，陇西之士为耻乎！断非子长笔。"

太史公曰：《传》曰"其身正，不令而行；其身不正，虽令不从①。"其李将军之谓也？余睹李将军悛悛如鄙人②，口不能道辞。及死之日，天下知与不知，皆为尽哀。彼其忠实心诚信于士大夫也③？谚曰"桃李不言，下自成蹊④"。此言虽小，可以喻大也。

【注释】

①传：指《论语》。引语出于《论语·子路》篇。②悛悛（xún xún）：通"恂恂"。谦恭谨慎忠厚。鄙人：居住在郊野未见世面的人。③彼：他。其：那。④蹊（xī）：小路。

匈奴列传第五十

匈奴其先祖夏后氏之苗裔也①，曰淳维。唐虞以上有山戎、猃狁、荤粥②，居于北蛮③，随畜牧而转移。其畜之所多则马、牛、羊，其奇畜则橐驼、驴、骡、駃騠、騊駼、驒騱④。逐水草迁徙，毋城郭、常处、耕田之业⑤，然亦各有分地⑥。毋文书，以言语为约束。儿能骑羊，引弓射鸟鼠；少长则射狐兔⑦：用为食。士力能毋弓⑧，尽为甲骑⑨。其俗，宽则随畜⑩，因射猎禽兽为生业⑪，急则人习战攻以侵伐，其天性也。其长兵则弓矢⑫，短兵则刀鋋⑬。利则进，不利则退，不羞遁走⑭。苟利所在⑮，不知礼义。自君王以下，咸食畜肉⑯，衣其皮革⑰，被旃裘⑱。壮者食肥美，老者食其余。贵壮健，贱老弱。父死，妻其后母⑲；兄弟死，皆取其妻妻之⑳。其俗有名不讳㉑，而无姓字㉒。

【注释】

①其：通"之"。结构助词。夏后氏：古部落名。②唐虞：指陶唐氏和有虞氏，分别为尧、舜的国号。山戎、猃狁（xiǎn yǔn）、荤粥（xūn yù）：都是秦汉以前匈奴的名称。③北蛮：指北方蛮荒之地。即中国北部边境内外。④橐（tuó）驼：骆驼。骡：通"骡"。此处指马骡，即母马与公驴交配所生的杂种。駃騠（jué tí）：即驴骡，母驴与公马交配所生的杂种，身体较马骡小。騊駼（táo tú）：马的一种，据说是良马。驒騱（diān xī）：野马名，似马而小。⑤毋：通"无"。没有。城郭：古代在都邑四周用作防御的墙垣，有二重，内称城，外称郭。⑥分

（fèn）地：指分占的牧地。⑦少长（shǎo zhǎng）：年龄稍大。⑧士：指男子。毌（guàn）：通"贯""弯"。⑨甲骑：披甲骑马的士兵；泛指战士。⑩宽：和缓。指平时。⑪因：以。⑫长兵：指能够远距离杀伤敌人的兵器。⑬鋋（chán，又音yán）：铁柄小矛。⑭羞：害羞。以动用法。⑮苟：假如；只要。⑯咸：都。⑰衣（yì）：穿。动词。⑱被（pī）：通"披"。穿或披在身上。旃（zhān）裘：用兽毛兽皮做成的衣服。⑲妻（qì）：把她做妻子。以动用法。后母：指继母或其他非生身之母。⑳取：通"娶"。㉑讳：旧时对帝王或尊长不敢直称其名，称为"避讳"。㉒姓字：姓氏和表字。

夏道衰，而公刘失其稷官①，变于西戎②，邑于豳③。其后三百有余岁④，戎狄攻大王亶父⑤，亶父亡走岐下⑥，而豳人悉从亶父而邑焉⑦，作周。其后百有余岁，周西伯昌伐畎夷氏⑧。后十有余年，武王伐纣而营雒邑⑨，复居于酆、镐⑩，放逐戎夷泾、洛之北⑪，以时入贡⑫，命曰"荒服"⑬。其后二百有余年，周道衰，而穆王伐犬戎⑭，得四白狼、四白鹿以归。自是之后⑮，荒服不至。于是周遂作《甫刑》之辟⑯。穆王之后二百有余年，周幽王用宠姬褒姒之故⑰，与申侯有郤⑱。申侯怒而与犬戎共攻杀周幽王于骊山之下⑲，遂取周之焦获⑳，而居于泾、渭之间㉑，侵暴中国㉒。秦襄公救周㉓，于是周平王去酆、镐而东徙雒邑㉔。当是之时，秦襄公伐戎至岐，始列为诸侯。是后六十有五年㉕，而山戎越燕而伐齐㉖，齐釐公与战于齐郊㉗。其后四十四年，而山戎伐燕，燕告急于齐，齐桓公北伐山戎㉘，山戎走。其后二十有余年，而戎狄至洛邑㉙，伐周襄王㉚，襄王奔于郑之氾邑㉛。初㉜，周襄王欲伐郑，故娶戎狄女为后，与戎狄兵共伐郑。已而黜狄后㉝，狄后怨；而襄王后母曰惠后，有子子带，欲立之。于是惠后与狄后、子带为内应，开戎狄㉞，戎狄以故得入㉟，破逐周襄王㊱，而立子带为天子。于是戎狄或居于陆浑㊲，东至于卫㊳，侵盗暴虐中国㊴。中国疾之㊵，故诗人歌之曰"戎狄是应"㊶，"薄伐玁狁，至于大原"㊷，"出舆彭彭，城彼朔方"㊸。周襄王既居外四年㊹，乃使使告急于晋㊺。晋文公初立㊻，欲修霸业㊼，乃兴师伐逐戎翟㊽，诛子带，迎内周襄王㊾，居于雒邑。

【注释】

①公刘：周族领袖。稷官：掌管农业的官长。相传周族始祖后稷（姬弃）在唐尧时开始担任此职，教民耕种。②变：实行变革。③邑：聚居；建立都邑。动词。④有（yòu）：通"又"。用在整数和零数之间。⑤戎狄：泛指西、北两方的部族。狄，古时北方部族名。大（tài）王亶父（chán fù）：即古公亶父。周族领袖，周文王的祖父，周武王时尊之为太王。领族迁到岐下，建城郭家室，设官吏，改革戎狄习俗，发展生产，使周族逐渐兴盛。大，通"太"。⑥亡走：逃跑；逃奔。岐下：岐山之下，即岐山下的周原（今陕西省岐山县东北）。⑦悉从：全都跟着。邑：立邑聚居。动词。⑧西伯（bó）昌：即周文王姬昌。商纣王时为西伯（西方诸侯之长）。在位期间攻灭一些邦国，使周国力更强，为武王灭商奠定了基础。畎（quǎn）夷氏：即犬戎。戎族的一支。⑨武王：周武王姬发。营：营建。雒（luò）邑：即洛邑。在今河南省洛阳市。⑩复：回来；回去；又。酆、镐（hào）：周文王在沣水西岸建立酆邑作为国都（在今陕西省西安市长安区西北沣河西岸马王村、西王村一带）；周武王灭商后建都于镐（在今陕西省西安市西）。酆、镐因是周都，故有酆京、镐京之称。⑪泾、洛：陕西省境内渭河北岸的两大支流，泾河在西，洛河（今北洛河）在东。⑫以时：按时。

⑬命：命名；叫作。荒服：荒远而能服事帝王的地区。指离王畿（帝王直辖领地）二千五百里以外（一说四千五百里至五千里）的地带。⑭穆王：周穆王姬满。⑮是：此；这。⑯《甫刑》：周穆王命其相甫侯制定的刑法。有"五刑"三千款。辟（bì）：法度；法律。⑰周幽王：姬宫涅（shēng）。西周末代国君，前781—前771年在位。历史上有名的昏君。用：因为；由于。姬：古代对妇女的美称；古代对妾的称呼。褒姒（sì）：褒国美女，姓姒。⑱申侯：西周末年西申的国君，幽王后申氏之父。郤（xì）：通"隙"。嫌隙；仇隙。⑲骊山：山名。在陕西省西安市临潼区东南。⑳焦获：泽名。在今陕西省泾阳县西北。㉑渭：水名。发源于甘肃省渭源县，流经陕西省中部，会合泾河注入黄河。㉒侵暴：侵扰践踏；侵犯。㉓秦襄公：秦国开国君主，前777—前766年在位。因护送周平王东迁有功，始受封为诸侯。㉔周平王：姬宜臼，前770—前720年在位。前770年，他东迁洛邑，周朝从此被称为东周。去：离开。㉕时为周桓王十四年（前706年）。㉖燕（yān）：周朝封国。地在现在的河北省北部和辽宁省西端，建都蓟（今北京城西南隅）。详见《燕召公世家》。齐：周朝封国。地在今山东省北部和东部，建都营丘（后称临淄，今山东省淄博市东北）。详见《齐太公世家》。㉗齐釐（xǐ）公：姜禄甫，前730—前698年在位。曾大败山戎。㉘齐桓公：姜小白。前685—前643年在位。他任用管仲为相，大兴改革，成为春秋时代第一位霸主。㉙事在周襄王十六年（前636年）。㉚周襄王：姬郑，前651—前619年在位。㉛奔：逃奔；逃往。郑：周朝封国。始封于郑（今陕西华县东），后来发展到今河南省中部，建都新郑（今河南省新郑市）。汜（fàn）邑：邑名。在今河南省襄城县。㉜初：当初。古文中用以追述往事。㉝已而：随即；不久。黜（chù）：废；贬退。㉞开：打开（城门）。为动用法。㉟以故：因为这个原因；因此。㊱破逐：击败并驱逐。㊲或：有的；有的人。虚指代词。陆浑：地名。在今河南省嵩县西南。㊳卫：周朝封国。地在今河南省北部。先后立于朝歌（今淇县）、楚丘（今滑县东）、帝丘（今濮阳市西南）、野王（今沁阳市）。㊴侵盗暴虐：侵扰抢掠，凶残虐害。㊵疾：厌恶；憎恨。㊶戎狄是应（yīng）：引自《诗·鲁颂·閟（bì）宫》。是，表示宾语前置的结构助词。应，原诗作"膺"，打击。㊷薄伐猃狁，至于大原：引自《诗·小雅·六月》。薄，句首助词，无义。大原，地区名，在今甘肃省平凉市和宁夏回族自治区固原市原州区一带。大，通"太"。㊸出舆彭彭（bāng bāng），城彼朔方：引自《诗·小雅·出车》。两句之间尚有"旐旗（zhāo）中央"、"天子命我"二句。舆，车厢，车。原诗作"车"。彭彭，形容车马盛多。城，筑城，动词。朔方，北方。㊹既：已经。㊺乃：才，这才。使使：派遣使者。前"使"字，动词；后"使"字，名词。晋：周朝封国。㊻晋文公：姬重耳。前636—前628年在位。春秋五霸之一。㊼修：建立，创立。㊽翟（dí）：通"狄"。㊾内（nà）：通"纳"。纳入。

　　当是之时，秦晋为强国。晋文公攘戎翟①，居于河西圜、洛之间②，号曰赤翟、白翟。秦穆公得由余③，西戎八国服于秦，故自陇以西有绵诸、绲戎、翟、獂之戎④，岐、梁山、泾、漆之北有义渠、大荔、乌氏、朐衍之戎⑤。而晋北有林胡、楼烦之戎⑥。燕北有东胡、山戎⑦。各分散居谿谷⑧，自有君长。往往而聚者百有余戎⑨，然莫能相一⑩。

【注释】

①攘（rǎng）：排斥；排除；征讨。②河西：地区名。指今陕西省东部黄河南段西岸地区。圁（yín）：水名。洛：水名。即今北洛河。在陕西省北部至中部。③秦穆公：嬴任好。前659—前621年在位。春秋五霸之一。由余：春秋时秦国大夫。④陇：山名。即今六盘山南段，在陕西省、甘肃省边境。绵诸、绲（gǔn）戎、翟、獂（huán，又yuán）：都是西戎族部落名称。绵诸，分布在今甘肃省天水市东部地区。绲戎，《春秋》以为犬戎。獂，分布在今甘肃省陇西县东南部。⑤梁山：山名。在今陕西省乾县西北。漆：水名。在今陕西省铜川市一带。义渠、大荔、乌氏、朐（qú）衍：都是西戎族的部落名称。义渠，分布在今甘肃省庆阳市一带。大荔，分布在今陕西省大荔县一带。乌氏，分布在今甘肃省平凉市一带。⑥林胡：部族名。分布在今山西省和内蒙古自治区交界地带的西段。楼烦：部族名。分布在今山西省和内蒙古自治区交界地带的东段。⑦东胡：部族名。分布在今内蒙古自治区西辽河上游一带。⑧豀谷：山谷。⑨往往：处处；常常。⑩相一：相互统一。

自是之后百有余年，晋悼公使魏绛和戎翟①，戎翟朝晋。后百有余年，赵襄子逾句注②，而破并代以临胡貉③。其后既与韩、魏共灭智伯④，分晋地而有之⑤，则赵有代、句注之北，魏有河西、上郡⑥，以与戎界边⑦。其后义渠之戎筑城郭以自守，而秦稍蚕食⑧，至于惠王⑨，遂拔义渠二十五城。惠王击魏，魏尽入西河及上郡于秦⑩。秦昭王时⑪，义渠戎王与宣太后乱⑫，有二子。宣太后诈而杀义渠戎王于甘泉⑬，遂起兵伐残义渠⑭。于是秦有陇西、北地、上郡⑮，筑长城以拒胡⑯。而赵武灵王亦变俗胡服⑰，习骑射，北破林胡、楼烦。筑长城，自代并阴山下⑱，至高阙为塞⑲。而置云中、雁门、代郡⑳。其后燕有贤将秦开㉑，为质于胡，胡甚信之。归而袭破走东胡，东胡却千余里㉒。与荆轲刺秦王秦舞阳者㉓，开之孙也。燕亦筑长城，自造阳至襄平㉔。置上谷、渔阳、右北平、辽西、辽东郡以拒胡㉕。当是之时，冠带战国七㉖，而三国边于匈奴㉗。其后赵将李牧时㉘，匈奴不敢入赵边。后秦灭六国，而始皇帝使蒙恬将十万之众北击胡㉙，悉收河南地㉚。因河为塞㉛，筑四十四县城临河，徙適戍以充之㉜。而通直道㉝，自九原至云阳㉞。因边山险堑豀谷可缮者治之㉟，起临洮至辽东万余里㊱。又度河据阳山、北假中㊲。

【注释】

①晋悼公：姬周。前572—前558年在位。魏绛（jiàng）：即魏庄子。②赵襄子：赵毋恤。晋国执政大臣。与韩、魏两家共灭智伯，不断扩大封邑。逾（yú）：越过。句（gōu）注：山名。在今山西代县西北。③破并：攻破，并吞。代：国名。地在今河北省蔚县东北。以：通"而"。连词。胡：古时泛称北方和西方各部族，有时特指匈奴。貉（mò）：一作"貊"。古代称东北方的部族。④韩、魏：韩、魏与赵都是春秋时代和战国初期晋国的显贵家族，后来共同瓜分晋国，各自独立建国。周威烈王二十三年（前403年）周天子正式承认三家为诸侯。⑤有：占有；据有。⑥上郡：郡名。地在今陕西省北部。郡治肤施（今陕西榆林县东南）。⑦界：毗连；连接。动词。⑧稍：逐渐；慢慢地。⑨惠王：秦惠文王嬴驷。前337—前311年在位。⑩入：纳；交付。西河：郡名。一称河西。地在今陕西省东部黄河西岸一带。⑪秦昭王：即秦昭襄王嬴稷。前306—前251年在位。不断攻伐六国，夺取土地，为秦统一中国奠定了基础。⑫宣太后：姓芈（mǐ），楚国人，昭王母亲。⑬甘泉：山名。在今陕西省淳化县

西北。秦在此建有离宫。⑭伐残：进攻毁灭。攻灭。⑮陇西：郡名。地在今甘肃省东南部。治所在狄道（今临洮南）。北地：郡名。⑯拒：抵御。⑰赵武灵王：赵雍，前325—前299年在位。改革赵国军事，灭掉一些戎国。退位后自称主父，后在内讧中困饿而死。⑱并（bàng）：通"傍"。依傍；沿着。阴山：山名。在内蒙古自治区中部。即今大青山。⑲高阙：在今内蒙古自治区杭锦后旗东北。阴山山脉至此中断，成一缺口，望若若门阙，故名。塞（sài）：要塞。⑳云中：郡名。地在今内蒙古自治区中部。治所在云中（今内蒙古托克托县东北）。雁门：郡名。代郡：郡名。㉑秦开：大约是燕昭王（前311—前279年在位）时人。㉒却：退却；退避。㉓荆轲：卫国人。秦灭卫后，逃至燕。公元前227年，他奉燕太子丹之命入秦刺秦王嬴政，没成功，被杀。秦舞阳是他的助手。"秦王"与"秦舞阳"之间省略了结构助词"之"。㉔造阳：邑名。在今河北省沽源县南独石口附近。襄平：邑名。现在的辽宁省辽阳市。㉕上谷：郡名。地在今河北省西北部。治所在沮阳（今河北怀来县东南）。渔阳：郡名。地在今北京市怀柔区、通州区以东、天津市海河以北和河北省滦河上游以南、蓟运河以西地区。治所在渔阳（今北京市密云县西南）。右北平：郡名。地在今河北省东北部和辽宁省西端。治所在无终（今天津市蓟县）。辽西：郡名。地在今辽宁省与河北省相邻地带。治所在阳乐（今辽宁省义县西）。辽东：郡名。㉖冠带：戴帽束带为古代士大夫以上的装束，引申为文明的意思。战国七：指秦、楚、齐、燕、韩、赵、魏七个国家，它们是战国时代七大强国，经常互相攻战。㉗三国：指秦、赵、燕。边：接壤；靠近。动词。㉘李牧：赵将。长期防守赵国的北边，打败东胡、林胡、匈奴，并曾大败秦军，以功封武安君。公元前228年被冤杀。㉙始皇帝：即秦始皇（前259—前210年）。嬴政，秦王朝的建立者，前246—前210年在位。蒙恬：秦朝名将。后被秦二世逼迫自杀。将（jiàng）：率兵；任将。动词。十：当作"三十"。㉚悉：尽，全部。河南：地区名。指今内蒙古自治区河套黄河以南地区。㉛因：凭借；依靠。河：古代黄河的专名。㉜適（zhé）戍：被罚守边。此处指被罚守边的人。適，通"谪"。充：充实。㉝直道：道路名。为当时从关中前往河套地区的主要通道。㉞九原：县名。在今内蒙古自治区包头市西。云阳：县名。在今陕西省淳化县西北。㉟此句上文脱漏了"筑长城"一类字句。堑（qiàn），防御用壕沟。缮，修补；整治。㊱临洮（táo）：县名。在今甘肃省岷县。㊲度：通"渡"。阳山：山名。即今内蒙古自治区狼山。北假：地区名。指今内蒙古自治区河套以北、阴山以南夹山带河地区。

当是之时，东胡强而月氏盛①。匈奴单于曰头曼②，头曼不胜秦，北徙。十余年而蒙恬死，诸侯畔秦③，中国扰乱，诸秦所徙適戍边者皆复去，于是匈奴得宽，复稍度河南与中国界于故塞④。

【注释】

①月氏（zhī）：氏，一作"支"。部族名。分布在今甘肃省西部与青海省交界地区。②单于（chányú）：匈奴君主称号。头曼（màn）：人名。③诸侯：指秦末各路农民起义军领袖和楚、齐、燕、魏、赵、韩六国旧贵族起事者。④故塞：原先的边塞。

单于有太子名冒顿①。后有所爱阏氏②，生少子③，而单于欲废冒顿而立少子，乃使冒顿质于月氏④。冒顿既质于月氏，而头曼急击月氏。月氏欲杀冒顿，冒顿盗其善马，骑之亡归⑤。头曼以为壮，令将万骑⑥。冒顿乃作为鸣镝⑦，习勒其骑射⑧，令曰："鸣镝所射而不悉射者⑨，斩之。"行猎鸟兽，有不射鸣镝所射者，辄斩之⑩。已而冒顿以鸣镝自射其善马，左右或不敢射者⑪，冒顿立斩不射善马者。居顷之⑫，复以鸣镝自射其爱妻，左右或颇恐，不敢射，冒顿又复斩之。居顷之，冒顿出猎，以鸣镝射单于善马，左右皆射之。于是冒顿知其左右皆可用。从其父单于头曼猎，以鸣镝射头曼，其左右亦皆随鸣镝而射杀单于头曼，遂尽诛其后母与弟及大臣不听从者。冒顿自立为单于。

【注释】

①冒顿（mò dú）：前209年杀父自立为单于。②阏氏（yān zhī）：匈奴君主正妻的称号。③少（shào）子：小儿子。④质：做人质。⑤亡归：逃归。⑥骑（jì）：骑兵；一人一马合称一骑。⑦鸣镝（dí）：一种射出时带响声的箭。⑧习勒：训练约束。勒，统率，约束。⑨悉：尽；尽力。⑩辄（zhé）：总是；就。⑪左右：指手下亲信。⑫居顷之：过了不久。

冒顿既立，是时东胡强盛，闻冒顿杀父自立，乃使使谓冒顿，欲得头曼时有千里马。冒顿问群臣，群臣皆曰："千里马，匈奴宝马也，勿与①。"冒顿曰："奈何与人邻国而爱一马乎②？"遂与之千里马。居顷之，东胡以为冒顿畏之，乃使使谓冒顿，欲得单于一阏氏。冒顿复问左右，左右皆怒曰："东胡无道，乃求阏氏③！请击之。"冒顿曰："奈何与人邻国，爱一女子乎？"遂取所爱阏氏予东胡。东胡王愈益骄，西侵。与匈奴间④，中有弃地⑤，莫居⑥，千余里，各居其边为瓯脱⑦。东胡使使谓冒顿曰："匈奴所与我界瓯脱外弃地，匈奴非能至也，吾欲有之⑧。"冒顿问群臣，群臣或曰："此弃地，予之亦可，勿予亦可。"于是冒顿大怒曰："地者，国之本也，奈何予之！"诸言予之者，皆斩之。冒顿上马，令国中有后者斩，遂东袭击东胡。东胡初轻冒顿，不为备。乃冒顿以兵至，击，大破灭东胡王，而虏其民人及畜产。既归，西击走月氏，南并楼烦、白羊河南王⑨。悉复收秦所使蒙恬所夺匈奴地者，与汉关故河南塞⑩，至朝那、肤施⑪，遂侵燕、代⑫。是时汉兵与项羽相距⑬，中国罢于兵革⑭，以故冒顿得自强⑮，控弦之士三十余万⑯。

【注释】

①与：给予。②奈何：怎么；怎么办。邻国：相邻立国。邻，动词。③乃：竟然。④间（jiàn）：间隙、间隔。⑤弃地：荒弃的土地。空地。⑥莫居：没有人居住。⑦瓯脱：有两解。一指边境上瞭望用的土堡；二指双方中间的缓冲地带。⑧有：占有，获得。⑨白羊河南王：白羊是匈奴的一部，居住在河南（河套以南）地区。故有此称。⑩关：边关。⑪朝（zhū）那（nuó）：县名。在今宁夏回族自治区固原市原州区东南。肤施：县名。在今陕西省榆林县东南。⑫燕、代：指原战国燕国地和赵国代郡。⑬汉：前206年，项羽封刘邦为汉王，不久开始了长达五年的楚汉战争。前202年，刘邦灭项羽，建立汉朝，建都长安（今陕西省西安市），史称西汉或前汉。公元8年，王莽代汉称帝，建立新朝，至公元23年被农民起义军推翻。有时将新及其后据有长安的更始政权也计入西汉。项羽：项籍，字羽。秦末农民军领袖。楚国旧贵族出身。曾率军摧毁秦军主力，秦亡后自立为西楚霸王。楚汉战争中兵败自杀。相距：互相抗拒，互相斗争。这里指楚汉战争。距，通"拒"。⑭罢（pí）：通"疲"。疲敝。兵革：指军队或战争。兵，兵器；革，用兽皮制成的甲盾。⑮以故：因此。⑯控弦之士：指射手，能够弯弓射箭的战士。

控弦，拉开弓弦，亦即射箭。

自淳维以至头曼千有余岁，时大时小，别散分离，尚矣^①，其世传不可得而次云^②。然至冒顿而匈奴最强大，尽服从北夷^③，而南与中国为敌国，其世传国官号乃可得而记云^④。

【注释】

①尚：久远。由来已久。②世传：世代传递，即流传的世系。次：按次序排列。云：句末语气助词。③服从：使动用法。北夷：泛指北方各部族。④官号：官职名称。

置左右贤王、左右谷蠡王、左右大将、左右大都尉、左右大当户、左右骨都侯^①。匈奴谓贤曰"屠耆"，故常以太子为左屠耆王。自如左右贤王以下至当户^②，大者万骑，小者数千，凡二十四长^③，立号曰"万骑"。诸大臣皆世官^④。呼衍氏，兰氏，其后有须卜氏^⑤，此三姓其贵种也^⑥。诸左方王将居东方，直上谷以往者^⑦，东接秽貊、朝鲜^⑧；右方王将居西方，直上郡以西，接月氏、氐、羌^⑨；而单于之庭直代、云中^⑩。各有分地，逐水草移徙。而左右贤王、左右谷蠡王最为大国，左右骨都侯辅政。诸二十四长亦各自置千长、百长、什长、裨小王、相封、都尉、当户、且渠之属^⑪。

【注释】

①谷蠡（lù lǐ）王：匈奴官名。骨都侯：匈奴官名。由异姓大臣担任。②自如：自，从，自从。③长（zhǎng）：头领。④世官：世袭官职。⑤须卜氏：这个家族主管司法。⑥贵种：富贵家族。⑦直：通"值"。当；面对。⑧秽貊（huì mò）：部族名。朝鲜：国名。地在现在的朝鲜半岛北部。⑨氐（dī）：部族名。居住在今陕西省、甘肃省一带。羌：部族名。居住在今青海省、甘肃省一带。⑩庭：王庭。单于驻留之所。⑪裨（pí）：指副职。

岁正月^①，诸长小会单于庭，祠^②。五月，大会茏城^③，祭其先、天地、鬼神^④。秋，马肥，大会蹛林^⑤，课校人畜计^⑥。其法，拔刃尺者死^⑦，坐盗者没入其家^⑧；有罪小者轧^⑨，大者死。狱久者不过十日^⑩，一国之囚不过数人。而单于朝出营，拜日之始生^⑪，夕拜月。其坐^⑫，长左而北乡^⑬。日上戊己^⑭。其送死，有棺椁金银衣裘^⑮，而无封树丧服^⑯；近幸臣妾从死者，多至数千百人^⑰。举事而候星月^⑱，月盛壮则攻战^⑲，月亏则退兵^⑳。其攻战，斩首虏赐一卮酒^㉑，而所得卤获因以予之^㉒，得人以为奴婢。故其战，人人自为趣利^㉓，善为诱兵以冒敌^㉔。故其见敌则逐利，如鸟之集；其困败，则瓦解云散矣。战而扶舆死者^㉕，尽得死者家财。

【注释】

①岁：每年。②祠：春祭；祭祀；祈祷。③茏城：即龙城。在现在的蒙古人民共和国和硕柴达木湖附近。④先：祖先。⑤蹛（dài）林：环绕林木进行祭祀。⑥课校（jiào）：考核计算；核算征税。计：数目。⑦拔刃尺者死：用兵器伤人并造成伤口满尺者处以死刑。一说指凡有意杀人，虽然拔刀出鞘一尺的也要给以死刑。刃，刀，凶器。⑧坐盗者没（mò）入其家：犯盗窃罪者没收其家属、财产。⑨轧（yà）：碾压。指一种压碎人骨节的酷刑。⑩狱：入狱；坐牢。⑪始生：初升；刚出来。⑫其坐：指匈奴人坐的风俗、规矩。⑬长（zhǎng）：尊长。乡（xiàng）：通"向"。面向。⑭上：通"尚"。尊崇；崇尚；重视。戊己：戊日和己日。古

人用干支纪日，但有时只记天干，不记地支，此处即是。戊己分别是十干的第五、第六位。⑮椁（guǒ）：套在棺材外面的大棺材，有一重或多重，起保护棺材的作用。⑯封树：泛指坟墓。封，堆土筑坟。树，在坟旁植树以为标志。丧服：居丧的衣服制度。⑰数千：根据《汉书·匈奴传》和考古资料当改作"数十"。⑱举事：此处特指打仗，发动战争。候星月：观测星月。从下文看，实仅"候月"而已。《汉书》本传作"常随月"。⑲月盛壮：月亮满圆。指夏历每月十五前后。⑳月亏：月亮亏缺。指夏历每月月初和月末。㉑斩首虏：杀敌和俘敌。首，首级，指砍下的人头。虏，俘虏。卮（zhī）：古时盛酒器。㉒卤获：战利品。卤，通"掳"。掠夺。㉓趣（qū）：通"趋"。趋向；奔赴。㉔冒：冲击。此处意为包围。㉕扶舆：扶丧。指载运死者遗体归葬。舆，车箱，代指车。

后北服浑庾、屈射、丁零、鬲昆、薪犁之国①。于是，匈奴贵人大臣皆服，以冒顿单于为贤②。

【注释】

①服：征服。浑庾（yǔ）、屈射（yì）、丁零、鬲（gé）昆、薪犁：都是部族名。②以：认为；以为。

是时汉初定中国，徙韩王信于代①，都马邑②。匈奴大攻围马邑，韩王信降匈奴。匈奴得信，因引兵南逾句注③，攻太原④，至晋阳下⑤。高帝自将兵往击之⑥。会冬大寒雨雪⑦，卒之堕指者十二三⑧，于是冒顿详败走⑨，诱汉兵。汉兵逐击冒顿，冒顿匿其精兵，见其羸弱⑩，于是汉悉兵——多步兵——三十二万⑪，北逐之。高帝先至平城⑫，步兵未尽到，冒顿纵精兵四十万骑围高帝于白登⑬，七日，汉兵中外不得相救饷⑭。匈奴骑，其西方尽白马，东方尽青駹马⑮，北方尽乌骊马，⑯南方尽骍马⑰。高帝乃使使间厚遗阏氏⑱，阏氏乃谓冒顿曰："两主不相困⑲。今得汉地，而单于终非能居之也；且汉王亦有神⑳。单于察之㉑。"冒顿与韩王信之将王黄、赵利期㉒，而黄、利兵又不来，疑其与汉有谋，亦取阏氏之言㉓，乃解围之一角。于是高帝令士皆持满傅矢外乡㉔，从解角直出，竟与大军合㉕，而冒顿遂引兵而去㉖。汉亦引兵而罢，使刘敬结和亲之约㉗。

【注释】

①韩王信：韩信。战国时期韩襄王的后代。②马邑：县名。在现在的山西省朔县。③因：于是；就。④太原：郡名。地在今山西省中部，治所在晋阳（今太原市西南）。⑤下：城下。⑥高帝（前256或前247—前195年）：汉高帝刘邦。字季，沛县（今江苏省沛县）人。西汉王朝的建立者，前202—195年在位。⑦会：正好；恰巧。⑧卒：步兵；士兵。十二三：十分之二、三。⑨详（yáng）：通"佯"。假装。⑩见（xiàn）：通"现"。显现；出示。羸（léi）弱：泛指老弱残兵。羸，瘦弱。⑪悉，倾其所有。这里指全部出动。⑫平城：县名。在今山西省大同市东北。⑬白登：山名。在平城东。⑭中外：内外。⑮青駹（máng）马：青色马。⑯乌骊马：黑色马。⑰骍（xīn）马：赤色马。⑱使使（shǐshì）：派遣使者。前一"使"为动词，后一"使"为名词。间（jiàn）：秘密地；悄悄地。遗（wèi）：给予；赠送。⑲困：围困；窘迫。⑳有神：有神灵护佑。㉑察：考虑。㉒期：约会；约定时间会师。㉓取：采纳。㉔持满傅矢：拉满弓，搭上箭。傅，通"附"。㉕竟：终于。㉖去：离开；撤离。㉗刘敬：即娄敬。齐地人。

是后韩王信为匈奴将，及赵利、王黄等数倍约①，侵盗代、云中②。居无几何③，陈豨反④，又与韩信合谋击代。汉使樊哙往击之⑤，复拔代、雁门、云中郡县，不出塞。是时匈奴以汉将众往降，故冒顿常往来侵盗代地。于是汉患之⑥，高帝乃使刘敬奉宗室女公主为单于阏氏⑦，岁奉匈奴絮缯酒米食物各有数⑧，约为昆弟以和亲⑨，冒顿乃少止⑩。后燕王卢绾反⑪，率其党数千人降匈奴，往来苦上谷以东⑫。

【注释】

①数（shuò）：屡次。倍：通"背"。背弃；违背。②侵盗：侵袭掳掠。③居无几何：过了不久。无几何，没有多久。④陈豨（xī）：梁（今河南省商丘市一带）人。⑤樊哙（kuài）：沛县（今江苏省沛县）人。初随刘邦起义，以功封贤成君。后官至左丞相，封舞阳侯。其妻为高帝吕皇后之妹。⑥患：忧虑。⑦奉：进献；给予。宗室女：皇族女儿。⑧絮：粗丝绵。缯（zēng）：丝织品的统称。数：一定的数量。⑨约：约定；订约。昆弟：兄弟。昆，兄。⑩少：暂时；稍微。⑪卢绾（wǎn）：沛县人。⑫苦：困苦，困扰；祸害。使动用法。

高祖崩①，孝惠、吕太后时②，汉初定，故匈奴以骄。冒顿乃为书遗高后③，妄言④。高后欲击之，诸将曰："以高帝贤武，然尚困于平城。"于是高后乃止，复与匈奴和亲。

【注释】

①崩：古称帝王或皇后死为崩。②孝惠（前210—前188年）：汉惠帝刘盈。公元前195—前188年在位。汉朝统治者提倡以孝治国化民，故自惠帝以后诸帝谥皆冠以"孝"字。吕太后（前241—前180年）：吕雉。汉高帝皇后，惠帝母。③为书：写信。④妄言：指戏侮之言。

至孝文帝初立①，复修和亲之事。其三年五月②，匈奴右贤王入居河南地，侵盗上郡葆塞蛮夷③，杀略人民④。于是孝文帝诏丞相灌婴发车骑八万五千⑤，诣高奴⑥，击右贤王。右贤王走出塞。文帝幸太原⑦。是时济北王反⑧，文帝归，罢丞相击胡之兵。

【注释】

①孝文帝（前202—前157年）：汉文帝刘恒。前180—前157年在位。②其三年：即公元前177年。③葆塞蛮夷：保护边塞的蛮夷。葆，通"保"。蛮夷，这里指归附了汉朝的各部族。④略：掠夺。⑤诏：诏书，皇帝的命令或文告。这里作动词用。丞相：官名。百官之长，亦称相邦。灌婴：睢阳（今河南省商丘市南）人。见《樊郦滕灌列传》。车骑（jì）：战车和骑兵。⑥诣（yì）：前往；去到。高奴：县名。在今陕西省延安市东北。⑦幸：指帝王到某地去。⑧济北王：刘兴居。汉高帝长子刘肥之子，封济北王。

其明年，单于遗汉书曰："天所立匈奴大单于敬问皇帝无恙①。前时皇帝言和亲事，称书意②，合欢③。汉边吏侵侮右贤王，右贤王不请④，听后义卢侯难氏等计⑤，与汉吏相距，绝二主之约，离兄弟之亲。皇帝让书再至⑥，发使以书报⑦，不来⑧，汉使不至，汉以其故不和，邻国不附⑨。今以小吏之败约故⑩，罚右贤王，使之西求月氏击之⑪。以天之福⑫，吏卒良，马强力，以夷灭月氏⑬，尽斩杀降下之⑭。定楼兰、乌孙、呼揭及其旁二十六国⑮，皆以为匈奴。诸引弓之民⑯，并为一家。北州已定⑰，愿寝兵休士卒养马⑱，除前事⑲，复故约，以安边民，以应始古⑳，使少者得成其长，老者安其处㉑，世世平乐。未得皇帝之志也㉒，故使郎中系零浅奉书请㉓，献橐他一匹、骑马二匹、驾二驷㉔。皇帝即不欲匈奴近塞㉕，则且诏吏民远舍㉖。使者至，即遣之。"以六月中来至薪望之地㉗。书至，汉议击与和亲孰便㉘。公卿皆曰㉙："单于新破月氏，乘胜，不可击。且得匈奴地，泽卤㉚，非可居也。和亲甚便。"汉许之。

【注释】

①无恙（yàng）：平安无事。恙，忧，病。②称（chèn）书意：与所给书信之意相符合。③合欢：双方都高兴。④不请：不（向单于）请示报告。⑤听：听信；听从。后义卢侯：单于所封侯号。难氏（zhī）：匈奴将名。⑥让书：责备人的书信。让，责让，责备。再至：两次送达。⑦报：回答。⑧不来：（使者被扣留）不能回来。⑨邻国：匈奴自指。附：归附。⑩败约：破坏盟约。⑪之：前往；去往。求：寻求；寻找。⑫福：福佑；庇佑。⑬以：得以。⑭降（xiáng）下：降服。使动用法。⑮楼兰：西域国名。王都扜谷城。呼揭：部族名。居住在今新疆维吾尔自治区阿勒泰市一带。⑯引弓之民：弯弓射箭之民，指游牧民族。⑰北州：泛指北方，即匈奴及其征服的各族居地。⑱寝兵：休兵；停止战事。休：休息。使动用法。⑲除前事：指消除从前那种相互攻战之事。⑳以应（yìng）始古：意思是以继承汉匈双方自古以来的友好传统。㉑处（chǔ）：居，居住。㉒志：心意；意见。㉓郎中：官名。管理宫廷的车、骑、门、户，并内充守卫，外从作战。系零（yú）浅：匈奴人名。请：谒见；拜见。㉔橐他（tuó）：即骆驼。骑马：可骑之马。驾：可驾车之马。驷：同驾一辆车的四匹马；套着四匹马的车。此处指前者。㉕即：如果；假使连词。㉖且：暂且；姑且。副词。舍：住宿；居住。㉗以：于。薪望：塞下地名。㉘孰：谁；哪个，哪种。便：有利。㉙公卿：指三公九卿，也泛指朝中大臣。㉚泽（zé）卤：盐碱地。

孝文皇帝前六年①，汉遗匈奴书曰："皇帝敬问匈奴大单于无恙。使郎中系零浅遗朕书曰②：'右贤王不请，听后义卢侯难氏等计，绝二主之约，离兄弟之亲，汉以故不和，邻国不附。今以小吏败约故，罚右贤王使西击月氏，尽定之。愿寝兵休士卒养马，除前事，复故约，以安边民，使少者得成其长，老者安其处，世世平乐。'朕甚嘉之③，此古圣主之意也。汉与匈奴约为兄弟，所以遗单于甚厚④。倍约离兄弟之亲者，常在匈奴。然右贤王事已在赦前，单于勿深诛⑤。单于若称书意，明告诸吏，使无负约⑥，有信，敬如单于书。使者言单于自将伐国有功⑦，甚苦兵事。服绣夹绮衣、绣夹长襦、锦夹袍各一⑧，比余一⑨，黄金饰具带一⑩，黄金胥纰一⑪，绣十匹，锦三十匹，赤绨、绿缯各四十匹⑫，使中大夫意、谒者令肩遗单于⑬。"

【注释】

①前六年：公元前174年。②朕（zhèn）：古人自称。秦始皇以后专用为皇帝的自称。③嘉：赞赏；表扬。④厚：丰厚。⑤诛：惩罚；谴责。⑥无：不；不要。副词。⑦自将（jiàng）：亲自带兵。⑧服：指皇帝穿用的礼服。锦夹袍：用彩色大花纹的丝织品作衣面的丝锦袍。⑨比余：金制发饰，像梳、篦。⑩具带：宽腰带。⑪胥纰（bǐ）：带钩。⑫绨（tí，今读tì）：一种厚而光滑的丝织品。⑬中大夫：官名。掌议论，属于郎中令。意：人名。谒者令：官名。即中书谒者令。掌传达奏章，属于少府。肩：人名。

后顷之①，冒顿死，子稽粥立②，号曰老上单于。

【注释】

①顷之：短时间；不久。②稽粥：音 jī yù。

老上稽粥单于初立，孝文皇帝复遣宗室女公主为单于阏氏，使宦者燕人中行说傅公主①。说不欲行，汉强使之②。说曰："必我行也③，为汉患者④。"中行说既至⑤，因降单于⑥，单于甚亲幸之⑦。

【注释】

①宦者：宦官。中行（háng）：复姓。说（yuè）：名。傅（fù）：教导；辅佐。②强（qiǎng）：强迫。③必：一定；一定要。④患者：制造祸害的人。⑤既：已经。⑥因：于是；就。⑦幸：宠幸；宠爱。

初①，匈奴好汉缯絮食物②，中行说曰："匈奴人众不能当汉之一郡③，然所以强者，以衣食异，无仰于汉也。今单于变俗好汉物，汉物不过什二④，则匈奴尽归于汉矣。其得汉缯絮⑤，以驰草棘中，衣袴皆裂敝⑥，以示不如旃裘之完善也；得汉食物，皆去之⑦，以示不如湩酪之便美也⑧。"于是说教单于左右疏记⑨，以计课其人众畜物⑩。

【注释】

①初：当初。②好（hào）：喜爱。③当（dāng）：相当；抵。④什二：十分之二。⑤其：应该。祈使副词。以下是中行说给单于提的建议。⑥袴：通"裤"。敝：破旧；败坏。⑦去：抛弃。⑧湩（dòng）：乳汁。酪（lào）：乳汁制品。⑨左右：指侍从人员或近臣。疏（shù）记：分条记录；逐项记载。⑩计课：计算核实；结算征税。

汉遗单于书，牍以尺一寸①，辞曰："皇帝敬问匈奴大单于无恙"②，所遗物及言语云云③。中行说令单于遗汉书以尺二寸牍，及印封皆令广大长④，倨傲其辞曰"天地所生日月所置匈奴大单于敬问汉皇帝无恙"⑤，所以遗物言语亦云云⑥。

【注释】

①牍（dú）：写字用的木块。以：用。尺一寸：一尺一寸长。汉尺比今市尺稍小。②辞：指书信开头语。③言语：指代信中的主要内容。云云：如此如此。用于句末表示省略。④印封：印章和封泥。⑤倨（jù）傲：傲慢。作动词用。⑥云云：如此。

汉使或言："匈奴俗贱老①。"中行说穷汉使曰②："而汉俗屯戍从军当发者③，其老亲岂有不自脱温厚肥美以赍送饮食行戍乎④？"汉使曰："然⑤。"中行说曰："匈奴明以战攻为事，其老弱不能斗，故以其肥美饮食壮健者，盖以自为守卫⑥，如此父子各得久相保，何以言匈奴轻老也？"汉使曰："匈奴父子乃同穹庐而卧⑦。父死，妻其后母；兄弟死，尽取其妻妻之。无冠带之饰、阙庭之礼⑧。"中行说曰："匈奴之俗，人食畜肉，饮其汁，衣其皮⑨。畜食草饮水，随时转移。故其急则人习骑射，宽则人乐无事，其约束轻，易行也。君臣简易，一国之政犹一身也⑩。父子兄弟死，取其妻妻之，恶种姓之失也⑪，故匈奴虽乱，必立宗种⑫。今中国虽详不取其父兄之妻，亲属益疏则相杀，至乃易姓⑬，皆从此类。且礼义之敝⑭，上下交怨望⑮，而室屋之极，生力必屈⑯。夫力耕桑以求衣食⑰，筑城郭以自备，故其民急则不习战功，缓则罢于作业⑱。嗟⑲！土室之人⑳，顾无多辞㉑，令喋喋而占占㉒，冠固何当㉓？"

【注释】

①俗：风俗。贱：轻视；鄙视。②穷：穷究；诘难。③而：你；你（们）的。屯戍：屯驻戍守。④脱：去掉；让出。温厚肥美：指温暖厚实的衣服和丰美的食物。饮食（yìnsì）：供养。饮，给人喝。食，给人吃。行戍：出行戍守（的人）。⑤然：是的；对的。⑥盖：承接上下文表示原因。连词。⑦乃：却；竟然。副词。穹（qióng）庐：北方游牧民族用的毡帐。⑧阙（què）庭：朝廷。⑨衣：穿（衣服）。动词。⑩犹：如同；好像。⑪恶（wù）：厌恶；讨厌；不乐意。种（zhǒng）姓：宗族；种族。⑫宗种：嫡长子孙；宗嗣。⑬易姓：改变姓氏；改朝换代。⑭敝：通"弊"。流弊。⑮交：互相。怨望：怨恨。⑯此二句意为追求宫室的高大华美以至穷奢极侈，人的气力势必衰竭。生力，气力；精力。屈（jué），竭，尽。⑰夫（fú）：发语词。力耕桑：致力于耕田植桑；努力耕织。⑱罢（pí）：通"疲"。疲乏；劳累。⑲嗟（jiē）：叹词。⑳土室之人：住在土石房子里的人（指汉人）。㉑顾：但；只；一定。副词。无：不要。㉒喋喋（dié dié）：形容会说话，说话多。占占：有多解。一、低声小语；二、衣冠整齐的样子；三、轻薄的样子。㉓冠（guàn）固何当（dàng）：戴帽束带又有什么好处。固，本来。当，适合，恰当。

自是之后，汉使欲辩论者，中行说辄曰①："汉使无多言，顾汉所输匈奴缯絮米蘖，令其量中③，必善美而已矣，何以为言乎？且所给备善则已④；不备，苦恶⑤，则候秋孰⑥，以骑驰蹂而稼穑耳⑦。"日夜教单于候利害处⑧。

【注释】

①辄：总是；就。②顾：只是；考虑；想到。蘖（niè），酒母；发酵剂。③中（zhòng）：满，充足。④给（jǐ）：供给；供应。备善：齐全精美。⑤苦恶：粗劣。⑥候：等候；等到。孰：通"熟"。庄稼成熟。⑦驰蹂：驰驱蹂躏；往来践踏。稼穑（sè）：播种和收获。耳：表示肯定。语气助词。⑧候：窥伺；侦察。

汉孝文皇帝十四年，匈奴单于十四万骑入朝那萧关①，杀北地都尉卬②，虏人民畜产甚多，遂至彭阳③。使奇兵入烧回中宫④，候骑至雍甘泉⑤。于是文帝以中尉周舍、郎中令张武为将军⑥，发车千乘⑦，骑十万，军长安旁以备胡寇⑧；而拜昌侯卢卿为上郡将军⑨，宁侯魏遬为北地将军，隆虑侯周灶为陇西将军，东阳侯张相如为大将军⑩，成侯董赤为前将军⑪，大发车骑往击胡。单于留塞内月余乃去⑫，汉逐出塞即还，不能有所杀。匈奴日已骄⑬，岁入边，杀略人民畜产甚多，云中、辽东最甚，至代郡万余人⑭。汉患之，乃使使遗匈奴书。单于亦使当户报谢⑮，复言和亲事。

【注释】

①朝那（zhū nuó）：县名。旧址在现在的甘肃省平凉市西北。萧关：关名。旧址在今宁夏固原市原州区东南。②都尉：武官名。卬（áng）：孙卬。③彭阳：县名。在今甘肃省镇原县东南。④回中：地名。旧址在今陕西省陇县西北。⑤候骑（jì）：即探马，担任侦察的骑兵。雍：州名。指今陕西甘肃等地区。甘泉：此指云阳，云阳西北有甘泉山，上有甘泉宫，即秦之林光宫。甘泉宫在今陕西淳化县西北。雍甘泉，当理解为"雍州之甘泉"。雍在此不当为县名。⑥中尉：武官名。郎中令：官名。⑦乘（shèng）：一车四马叫一乘。量词。⑧军：驻扎。长安：西汉国都。在今陕西省西安市西北。备：防备；防御。寇：寇掠；进犯；

盗匪；外敌。⑨拜：授予官职或爵位。⑩大将军：武官名。⑪前将军：武官名。⑫乃：才；这才。⑬已：甚；太。⑭代：衍文。⑮报谢：回信答谢。

孝文帝后二年，使使遗匈奴书曰："皇帝敬问匈奴大单于无恙。使当户且居雕渠难、郎中韩辽遗朕马二匹①，已至，敬受。先帝制②：长城以北，引弓之国，受命单于③；长城以内，冠带之室，朕亦制之④。使万民耕织射猎衣食，父子无离，臣主相安，俱无暴逆。今闻渫恶民贪降其进取之利⑤，倍义绝约，忘万民之命，离两主之欢，然其事已在前矣。书曰⑥：'二国已和亲，两主欢说⑦，寝兵休卒养马，世世昌乐⑧，翕然更始⑨。'朕甚嘉之。圣人者日新⑩，改作更始，使老者得息，幼者得长，各保其首领而终其天年⑪。朕与单于俱由此道⑫，顺天恤民⑬，世世相传，施之无穷⑭，天下莫不咸便⑮。汉与匈奴邻国之敌⑯，匈奴处北地，寒，杀气早降⑰，故诏吏遗单于秫蘖金帛丝絮佗物岁有数⑱。今天下大安，万民熙熙⑲，朕与单于为之父母。朕追念前事，薄物细故，谋臣计失，皆不足以离兄弟之欢。朕闻天不颇覆⑳，地不偏载㉑。朕与单于皆捐往细故㉒，俱蹈大道㉓，堕坏前恶㉔，以图长久，使两国之民若一家子㉕。元元万民㉖，下及鱼鳖，上及飞鸟，跂行喙息蠕动之类㉗，莫不就安利而辟危殆㉘。故来者不止㉙，天之道也。俱去前事：朕释逃虏民㉚，单于无言章尼等㉛。朕闻古之帝王，约分明而无食言㉜。单于留志㉝，天下大安，和亲之后，汉过不先㉞。单于其察之。"

【注释】

①且居：即且渠。雕渠难：匈奴人名。②先帝：指汉高帝。③受命：接受命令；服从统治。④制：控制；掌握。⑤渫（xiè）恶：邪恶。渫，污浊。贪降：贪图降，陷于利欲。进取：指攻战掠夺。⑥书：指单于以往的来信。⑦说（yuè）：通"悦"。⑧昌乐：昌盛安乐。⑨翕（xì）然：安定的样子。⑩圣人者日新：圣人天天在使自己的品德言行进步。日新，天天更新。《易·大畜》："日新其德。"《礼记·大学》："汤之盘铭曰：'苟日新，日日新，又日新。'"⑪首领：头颈。此处指性命。天年：指人的自然寿命。⑫由：经由；遵循；本着。⑬恤：体恤；怜悯；安抚。⑭施（yì）：蔓延；延续。⑮咸便：都有利。⑯邻国之敌：《汉书·匈奴传》作"邻敌之国"。敌，匹敌。⑰杀气：肃杀之气；寒冷的天气。⑱秫（shú）：粘高粱，可以酿酒。佗（tuō）：同"他"。⑲熙熙：和乐。⑳颇覆：偏盖。颇，偏。㉑载：装载；负载。㉒捐：遗弃；放弃。㉓蹈：遵循；实行。㉔堕（huī）坏：毁坏；破除。堕，通"隳"。㉕若一家子：像一家人。子，儿子，子女，子孙。㉖元元：善良的；民众。㉗跂（qí）行：虫类爬行。引申为有足能行的动物之称。喙（huì）息：动物用口呼吸。蠕（rú）动：虫类爬行。㉘就：趋；从；靠近。辟，通"避"。㉙来者不止：投奔而来的，不予阻止。㉚逃虏民：逃亡的人。㉛章尼：人名。逃到汉朝的匈奴人。㉜食言：言而无信；不履行诺言。食，吞没。㉝留志：留意；记住。㉞汉过不先：汉朝不先负约。

单于既约和亲，于是制诏御史曰①："匈奴大单于遗朕书，言和亲已定，亡人不足以益众广地②，匈奴无入塞，汉无出塞，犯今约者杀之，可以久亲，后无咎③，俱便。朕已许之。其布告天下④，使明知之。"

【注释】

①制诏：二者都是皇帝的命令。御史：官名。②亡人：逃亡的人。益：增加。③咎：灾害。④布告：宣告；公告。动词。

后四岁①，老上稽粥单于死，子军臣立为单于。既立，孝文皇帝复与匈奴和亲。而中行说复事之。

【注释】

①后四岁：指汉文帝后元四年，即公元前160年。

军臣单于立四岁①，匈奴复绝和亲，大入上郡、云中各三万骑，所杀略甚众而去。于是汉使三将军军屯北地②，代屯句注③，赵屯飞狐口④，缘边亦各坚守以备胡寇⑤。又置三将军，军长安西细柳、渭北棘门、霸上以备胡⑥。胡骑入代句注边，烽火通于甘泉、长安⑦。数月，汉兵至边，匈奴亦去远塞⑧，汉兵亦罢。后岁余，孝文帝崩，孝景帝立⑨，而赵王遂乃阴使人于匈奴⑩。吴、楚反⑪，欲与赵合谋入边。汉围破赵，匈奴亦止。自是之后，孝景帝复与匈奴和亲，通关市⑫，给遗匈奴，遣公主，如故约。终孝景时，时小入盗边，无大寇⑬。

【注释】

①四岁：根据《孝文本纪》和《汉书·文帝纪》《汉书·匈奴传》当改作"岁余"。②屯：军队驻防。当时驻防北地的是张武的部队。③代：汉初封国名。地在今山西省北部和河北省西北部。④赵：汉初封国名。（今河北省邯郸市）。⑤缘边：沿着（与匈奴交界的）边境。⑥细柳：地名。在今陕西省咸阳市西南渭河北岸。当时驻守细柳的是周亚夫。渭北：渭河（在今陕西省中部）北岸。棘门：秦宫门名。在今咸阳市东北。当时驻守棘门的是徐厉。霸上：地名。一名霸头。在今西安市东。当时驻守霸上的是刘礼。⑦烽火：边防报警的烟火。⑧去远塞：离开边塞而去。⑨孝景帝（前188—前141年）：汉景帝刘启。前157—前141年在位。⑩赵王遂：刘遂。汉高帝孙。参与吴、楚叛乱，兵败自杀。阴使：暗中派遣。⑪吴、楚反：汉景帝三年（前154年），吴王刘濞为反对朝廷削藩，联合楚王刘戊及胶西王刘卬、胶东王刘雄渠、菑川王刘贤、济南王刘辟光、赵王刘遂，并南结闽、东越，北连匈奴，起兵暴乱，随即为太尉周亚夫等平定，诸王皆自杀或被杀。史称"吴楚七国之乱"。吴，汉初封国名。地在今江苏省中南部及安徽省、浙江省部分地区。建都广陵（今江苏省扬州市西北）。是当时势力最强的封国。⑫通关市：开放边境互市市场。关市，原指设在交通要道的市集，此处指边境互市市场。⑬寇：掠夺；侵犯。

今帝即位①，明和亲约束②，厚遇③，通关市，饶给之④。匈奴自单于以下皆亲汉，往来长城下。

【注释】

①今帝：当今皇帝。指汉武帝刘彻（前156—前87年）。前141—前87年在位。②明：明确；申明。约束：指有关和亲的规定。③厚遇：优待。④饶给（jǐ）：多给；供给丰足。

汉使马邑下人聂翁壹奸兰出物与匈奴交①，详为卖马邑城以诱单于②。单于信之，而贪马邑财物，乃以十万骑入武州塞③。汉伏兵三十余万马邑旁，御史大夫韩安国为护军④，护四将军以伏单于⑤。单于既入汉塞，未至马邑百余里，见畜布野而无人牧者，怪之，乃攻亭⑥。是时雁门尉史行徼⑦，见寇，葆此亭⑧，知汉兵谋。单于得⑨，欲杀之，尉史乃告单于汉兵所居。单于大惊曰："吾固疑之⑩。"乃引兵还。出曰⑪："吾得尉史，天也⑫，天使若言⑬。"以尉史为"天王"。汉兵约单于入马邑而纵⑭，单于不至，以故汉兵无所得。汉将军王恢部出代击胡辎重，闻单于还，兵多，不敢出。汉以恢本造兵谋而不进⑮，斩恢。自是之后，匈奴绝和亲，攻当路塞⑯，往往入盗于汉边，不可胜数。然匈奴贪，尚乐关市，嗜汉财物⑰，汉亦尚关市不绝以中之⑱。

【注释】

①马邑：县名。治今山西省朔县。下：指马邑县属下。聂翁壹：本名聂壹，因其年老而称为翁。马邑地方豪绅。奸（gān）兰出物与匈奴交：犯禁私运货物与匈奴交易。奸，干犯；干扰。兰，通"阑"，擅自出入；又通"栏"，栅栏，这里专指与匈奴交易的有关禁限。②据《韩长孺列传》载，汉武帝元光元年（前134年），聂壹献诱敌之计，被朝廷采纳。③武州：县名。在今山西省左云县。④韩安国：字长孺，梁国成安（今河南民权县东北）人。⑤护：督统。四将军：指骁骑将军李广、轻车将军公孙贺、将屯将军王恢、材官将军李息。伏：伏击。⑥亭：又称"亭障"。边境上侦察敌情的建筑物。⑦尉史：边郡负责巡逻的下级武官。行徼（jiào）：巡察。⑧葆：通"保"。⑨得：俘获。⑩固：本来。⑪出：出塞。⑫天也：这是天意啊。⑬若：你（们）。⑭纵：纵兵出击。⑮造兵谋：制造军事计划。⑯当路塞：直通要道的边塞。⑰嗜（shì）：喜爱；爱好。⑱中（zhòng）：受合。意思是投其所好。

自马邑军后五年之秋①，汉使四将军各万骑击胡关市下。将军卫青出上谷②，至茏城，得胡首虏七百人③。公孙贺出云中，无所得。公孙敖出代郡，为胡所败七千余人。李广出雁门④，为胡所败，而匈奴生得广⑤，广后得亡归⑥。汉囚敖、广；敖、广赎为庶人⑦。其冬⑧，匈奴数入盗边，渔阳尤甚。汉使将军韩安国屯渔阳备胡。其明年秋，匈奴二万骑入汉，杀辽西太守⑨，略二千余人⑩。胡又入败渔阳太守军千余人，围汉将军安国，安国时千余骑亦且尽⑪，会燕救至⑫，匈奴乃去。匈奴又入雁门，杀略千余人。于是汉使将军卫青将三万骑出雁门，李息出代郡，击胡。得首虏数千人。其明年，卫青复出云中以西至陇西，击胡之楼烦、白羊王于河南，得胡首虏数千，牛羊百余万。于是汉遂取河南地，筑朔方⑬，复缮故秦时蒙恬所为塞⑭，因河为固⑮。汉亦弃上谷之斗辟县造阳地以予胡⑯。是岁，汉之元朔二年也⑰。

【注释】

①时为汉武帝元光六年（前129年）。《汉书·武帝纪》记为是年春。②卫青（？—前106年）：河东平阳（今山西省临汾市西南）人。③首虏：首级和俘虏。④李广（？—前119年）：陇西成纪（今甘肃省秦安县北）人。曾经任陇西、北地、右北平等边郡太守，官至卫尉（九卿之一）。与匈奴大小战七十余次，号为"飞将军"。后自杀。详见《李将军列传》。⑤生得：生浮。⑥亡归：逃回。⑦庶人：平民。⑧冬：《汉书·武帝纪》作"秋"。⑨太守：官名。⑩略：掳掠；掠获。⑪且：将；快要。⑫燕：汉初封国名。领地时有变化，这时只有广阳郡地，在现在的北京市大兴区和河北省固安县。建都蓟（今北京市西南）。⑬筑朔方：筑朔方城。朔方，郡名，地在今内蒙古自治区河套西北部和后套地区。治所在朔方（今杭锦旗北）。⑭缮：修补；整治。⑮因河：凭借（利用）黄河天险。⑯斗辟（dǒu pì）县：与匈奴地区犬牙交错的偏僻县份。造阳：在现在的河北沽源县南独石口附近；一说在今河北怀来县。⑰元朔：汉武帝的第三个年号，

前128—前123年。

其后，冬①，匈奴军臣单于死。军臣单于弟左谷蠡王伊稚斜自立为单于，攻破军臣单于太子於单②。於单亡降汉，汉封於单为涉安侯③，数月而死。

【注释】

①冬：指汉武帝元朔三年（前126年）冬。秦和汉初以夏历十月为岁首，冬季（十、十一、十二月）为一年之初。②於单（wū dān）：人名。③涉安：此乃封号，非地名。意为"登涉长安"。

伊稚斜单于既立，其夏①，匈奴数万骑入杀代郡太守恭友，略千余人。其秋，匈奴又入雁门，杀略千余人。其明年，匈奴又复入代郡、定襄、上郡②，各三万骑，杀略数千人。匈奴右贤王怨汉夺之河南地而筑朔方③，数为寇盗边，及入河南，侵扰朔方，杀略吏民甚众。

【注释】

①其夏：指元朔三年夏。②定襄：郡名。地在现在的内蒙古自治区卓资县、和林格尔县、清水河县一带。治所在成（chéng）乐（西汉帝置成乐县，东汉废。今和林格尔县西北土城子）。成乐，又shèng 乐。③之：其；他（们）的。

其明年春①，汉以卫青为大将军，将六将军十余万人②，出朔方、高阙击胡③。右贤王以为汉兵不能至，饮酒醉，汉兵出塞六七百里，夜围右贤王。右贤王大惊，脱身逃走，诸精骑往往随后去④。汉得右贤王众男女万五千人，裨小王十余人。其秋，匈奴万骑入杀代郡都尉朱英⑤，略千余人。

【注释】

①其明年：指汉武帝元朔五年（前124年）。②六将军：指游击将军苏建、强弩将军李沮、骑将军公孙贺、轻车将军李蔡（以上四将军归卫青直接统率，都出朔方郡）以及李息、张次公（二将出右北平郡）。③卫青当时自率三万骑兵出高阙。汉军三路出击。④精骑：精锐骑兵。⑤都尉：武官名。

其明年春①，汉复遣大将军卫青将六将军，兵十余万骑②，乃再出定襄数百里击匈奴，得首虏前后凡万九千余级③，而汉亦亡两将军，军三千余骑④。右将军建得以身脱⑤，而前将军翕侯赵信兵不利⑥，降匈奴。赵信者，故胡小王，降汉，汉封为翕侯，以前将军与右将军并军分行⑦，独遇单于兵，故尽没⑧。单于既得翕侯，以为自次王⑨，用其姊妻之⑩，与谋汉。信教单于益北绝幕⑪，以诱罢汉兵⑫，徼极而取之⑬，无近塞。单于从其计。其明年⑭，胡骑万人入上谷，杀数百人。

【注释】

①其明年：指元朔六年（前123年）。②六将军：指中将军公孙敖、左将军公孙贺、前将军赵信、右将军苏建、后将军李广、强弩将军李沮。③级：首级。这里作计算首级和俘虏的召用单位。④亡：损失。两将军：指苏建（只身逃归）和赵信（投降匈奴）。⑤建：苏建。杜陵（今陕西省西安市东南）人。苏武之父。以击匈奴功封平陵侯。曾筑朔方城。在这次战争中，失军当斩，赎为庶人。后任代郡太守。脱：逃离。⑥翕（xī）：邑名，在今河南省内黄县北。⑦分行：同其余诸军分开自行。⑧没（mò）：覆灭。⑨自次王：地位仅次于单于自己的王。⑩妻（qì）：以女人嫁人。⑪益北：更往北方。绝幕（mò）：渡过大沙漠。

幕，通"漠"，沙漠。⑫诱罢（pí）：诱而不战，使之疲于奔命。罢，通"疲"。⑬徼（yāo）极而取之：意思是务使汉军疲劳至极，从而攻取之。徼，通"邀"，求，求得。⑭其明年：指汉武帝元狩元年（前122年）。

其明年春①，汉使骠骑将军去病将万骑出陇西②，过焉支山千余里③，击匈奴，得胡首虏万八千余级，破得休屠王祭天金人④。其夏，骠骑将军复与合骑侯数万骑出陇西、北地二千里⑤，击匈奴。过居延⑥，攻祁连山⑦，得胡首虏三万余人、裨小王以下七十余人。是时匈奴亦来入代郡、雁门，杀略数百人。汉使博望侯及李将军广出右北平⑧，击匈奴左贤王。左贤王围李将军，卒可四千人⑨，且尽，杀虏亦过当⑩。会博望侯军救至，李将军得脱。汉失亡数千人，合骑侯后骠骑将军期⑪，及与博望侯皆当死⑫，赎为庶人。

【注释】

①其明年：指元狩二年。②骠（piào）骑将军：武官名号。为汉代高级军事长官之一。去病：霍去病（前140—前117年）。河东平阳人。封冠军侯。③焉支山：山名。即燕（yān）支山，又作胭脂山。在今甘肃省永昌县西、山丹县东南。水草丰美，宜畜牧。④休屠（chú）王：匈奴休屠部的王。居地在今甘肃省武威市一带。⑤合骑侯：公孙敖。义渠人。⑥居延：县名。在今内蒙古自治区额济纳旗东南，为当时河西地区与漠北的交通要道。⑦祁连山：山名。在今甘肃省酒泉市以南。⑧博望侯：张骞（？—前114年）。汉中成固（今陕西省城固县）人。⑨可：大约。⑩过当（dàng）：杀俘敌人的数目超过了己方伤亡的数目。⑪后：后于；迟于。动词。期：约定的时间。⑫当死：判为死刑。当，判罪。

其秋，单于怒浑邪王、休屠王居西方为汉所杀虏数万人，欲召诛之。浑邪王与休屠王恐，谋降汉，汉使骠骑将军往迎之。浑邪王杀休屠王，并将其众降汉①，凡四万余人，号十万②。于是汉已得浑邪王，则陇西、北地、河西益少胡寇③，徙关东贫民处所夺匈奴河南新秦中以实之④，而减北地以西戍卒半。其明年⑤，匈奴入右北平、定襄各数万骑，杀略千余人而去。

【注释】

①并将（jiàng）：一并率领。②号：号称。③河西：地区名。④关东：地区名。处（chǔ）：居住。新秦中：地区名。即指河南地。在内蒙古自治区河套一带。实：充实。⑤其明年：指元狩三年（前120年）。

其明年春①，汉谋曰"翕侯信为单于计②，居幕北，以为汉兵不能至"。乃粟马③，发十万骑。私负从马凡十四万匹④，粮重不与焉⑤。令大将军青、骠骑将军去病中分军⑥，大将军出定襄，骠骑将军出代，咸约绝幕击匈奴。单于闻之，远其辎重⑦，以精兵待于幕北。与汉大将军接战一日，会暮，大风起，汉兵纵左右翼围单于。单于自度战不能如汉兵⑧，单于遂独身与壮骑数百溃汉围西北遁走。汉兵夜追不得。行斩捕匈奴首虏万九千级⑨，北至阗颜山赵信城而还⑩。

【注释】

①其明年：指元狩四年（前119年）。②计：计谋出谋划策。动词。③粟马：用粟喂马。④私负从马：指志愿携带军需用品参军的骑兵。⑤粮重：运输粮食的车马。与（yù）：计算在其中。⑥中分：对半分。⑦远（yuàn）：运到远方。使动用法。⑧度（duó）：揣度；推测。⑨行斩捕：一边前进，一边斩获。⑩阗（tián）

颜山：一作寘颜山。山名。在今蒙古人民共和国境内杭爱山脉东南。赵信城：匈奴为赵信所筑之城，在阗颜山西。

单于之遁走，其兵往往与汉兵相乱而随单于。单于久不与其大众相得①，其右谷蠡王以为单于死，乃自立为单于。真单于复得其众，而右谷蠡王乃去其单于号，复为右谷蠡王。

【注释】

①相得：相遇。

汉骠骑将军之出代二千余里，与左贤王接战，汉兵得胡首虏凡七万余级，左贤王将皆遁走。骠骑封于狼居胥山①，禅姑衍②，临翰海而还③。

【注释】

①封：在山上筑坛祭天。狼居胥山：山名。②禅：在山上辟场祭地。姑衍：山名。在狼居胥山西北。③翰海：一作瀚海。

是后，匈奴远遁，而幕南无王庭。汉度河自朔方以西至令居①，往往通渠置田，官吏卒五六万人，稍蚕食②，地接匈奴以北③。

【注释】

①度：通“渡”。令（lián）居：县名。②稍：逐渐；慢慢地。③匈奴以北：指匈奴旧地以北。

初，汉两将军大出围单于，所杀虏八九万，而汉士卒物故亦数万①，汉马死者十余万。匈奴虽病②，远去，而汉亦马少，无以复往。匈奴用赵信之计，遣使于汉，好辞请和亲③。天子下其议④，或言和亲，或言遂臣之⑤。丞相长史任敞曰⑥：“匈奴新破，困⑦，宜可使为外臣，朝请于边⑧。”汉使任敞于单于。单于闻敞计，大怒，留之不遣。先是汉亦有所降匈奴使者，单于亦辄留汉使相当⑨。汉方复收士马，会骠骑将军去病死，于是汉久不北击胡。

【注释】

①物故：死亡。②病：困乏；疲惫。③好辞：说好话。④下其议：将其事下交群臣商讨。⑤臣：使之臣服。使动用法。⑥长（zhǎng）史：官名。汉代三公都有长史以为辅佐。相当如今秘书长。⑦困：困窘。⑧朝请（qǐng）：汉制，诸侯王朝见皇帝，在春季叫朝，在秋季叫请。这里泛指朝见。⑨相当：相抵。

数岁，伊稚斜单于立十三年死，子乌维立为单于。是岁，汉元鼎三年也①。

【注释】

①元鼎：汉武帝的第五个年号，前116—前111年。

乌维单于立，而汉天子始出巡郡县。其后，汉方南诛两越①，不击匈奴，匈奴亦不侵入边。

【注释】

①两越：指南越和东越。

乌维单于立三年①，汉已灭南越，遣故太仆贺将万五千骑出九原二千余里②，至浮苴井而还③，不见匈奴一人。汉又遣故从骠侯赵破奴万余骑出令居数千里④，至匈河水而还⑤，亦不见匈奴一人。

【注释】

①时为元鼎六年（前111年）。②太仆：官名。掌皇帝舆马和马政。为九卿之一。贺：公孙贺。九原：县名。在现在的内蒙古自治区包头市西。③浮苴（jū）井：地名。在现在的蒙古人民共和国境内。④赵破奴：九原人。⑤匈河水：水名。即赵信城以西的匈奴河。也可能是今甘肃省境内疏勒河。

是时天子巡边①，至朔方，勒兵十八万骑以见武节②，而使郭吉风告单于③。郭吉既至匈奴，匈奴主客问所使④，郭吉礼卑言好，曰："吾见单于而口言。"单于见吉，吉曰："南越王头已悬于汉北阙⑤。今单于即能前与汉战⑥，天子自将兵待边；单于即不能⑦，即南面而臣于汉⑧。何徒远走，亡匿于幕北寒苦无水草之地，毋为也。"语卒而单于大怒⑨，立斩主客见者，而留郭吉不归，迁之北海上⑩。而单于终不肯为寇于汉边，休养息士马，习射猎，数使使于汉⑪，好辞甘言求请和亲。

【注释】

①事在元封元年（前110年）十月。②勒兵：率领士兵。见（xiàn）武节：显示军威。③风（fěng）告：用含蓄的话劝说、暗示。风，通"讽"。④主客：匈奴官名。主管接待宾客。所使：所肩负的使用。⑤南越王：赵建德。南越相吕嘉所立国王。北阙：未央宫正门。⑥即：如果。假设连词。⑦即：同上。⑧即：则；那就。承接连词。臣：臣服；称臣，动词。⑨卒：完毕；结束。⑩北海：指今西伯利亚贝加尔湖。⑪数（shuò）：屡次。使使：派遣使者。前"使"字，动词。后"使"字，名词。

汉使王乌等窥匈奴①。匈奴法：汉使非去节而以墨黥其面者不得入穹庐②。王乌，北地人，习胡俗③，去其节，黥面，得入穹庐。单于爱之，详许甘言④，为遣其太子入汉为质⑤，以求和亲。

【注释】

①窥：窥探；侦察。②节：符节。使者用作凭证的信物。③习：熟悉。④甘言：好话。⑤质：人质。两国交往，为了保证盟约的履行，派君主亲属或大臣到对方作为抵押品。

汉使杨信于匈奴。是时汉东拔秽貉、朝鲜以为郡①，而西置酒泉郡以鬲绝胡与羌通之路②。汉又西通月氏、大夏③，又以公主妻乌孙王④，以分匈奴西方之援国。又北益广田至眩雷为塞⑤，而匈奴终不敢以为言。是岁，翕侯信死，汉用事者以匈奴为已弱⑥，可臣从也。杨信为人刚直屈强⑦，素非贵臣，单于不亲。单于欲召入，不肯去节，单于乃坐穹庐外见杨信。杨信既见单于，说曰⑧："即欲和亲，以单于太子为质于汉。"单于曰："非故约。故约，汉常遣翁主⑨，给缯絮食物有品⑩，以和亲，而匈奴亦不扰边。今乃欲反古，令吾太子为质，无几矣⑪！"匈奴俗，见汉使非中贵人⑫，其儒先⑬，以为欲说，折其辩⑭；其少年，以为欲刺⑮，折其气。每汉使入匈奴，匈奴辄报偿⑯。汉留匈奴使，匈奴亦留汉使，必得当乃肯止⑰。

【注释】

①当时汉朝灭亡朝鲜后以其地设置了乐浪、玄菟、真番、临屯四郡。②酒泉郡：郡名。地在今甘肃省疏勒河以东、高台县以西。③月氏（zhī）：前177年

以后数年间，月氏遭到匈奴攻击，大部分西迁至今新疆维吾尔自治区伊犁河流域及其以西地区，称大月氏；少数没有西迁者转入今祁连山（南山）与羌人杂居，称小月氏。这里指大月氏。大夏：国名。地在今阿富汗北部。④公主：指汉景帝孙江都王刘建之女刘细君。妻（qì）：以女嫁人。动词。乌孙：部族名。初居敦煌、祁连间，公元前161年前后西迁至今伊犁河和伊塞克湖一带。建都赤谷城。（今中亚之伊塞克湖东南）。⑤眩（xián）雷：地名。在今新疆维吾尔自治区塔城市附近。⑥用事者：执政者；当权者。⑦屈强（juè jiàng）：倔强。屈，通"倔"。⑧说（shuì）：劝说；说服。⑨翁主：汉代诸王的女儿称翁主。⑩品：等级。⑪几（jì）：通"冀"。希望。⑫中贵人：亦称"中贵"。⑬儒先：即儒生。这里指文人学士。⑭折：摧折；压抑。辩：辩说；辩词。⑮刺：刺杀；斥责。⑯报偿：回报；答谢。⑰得当（dāng）：求得对等。

杨信既归，汉使王乌，而单于复謟以甘言①，欲多得汉财物，绐谓王乌曰②："吾欲入汉见天子，面相约为兄弟。"王乌归报汉，汉为单于筑邸于长安③。匈奴曰："非得汉贵人使，吾不与诚语。"匈奴使其贵人至汉，病，汉予药，欲愈之，不幸而死。而汉使路充国佩二千石印绶往使④，因送其丧，厚葬直数千金⑤，曰"此汉贵人也"⑥。单于以为汉杀吾贵使者，乃留路充国不归。诸所言者⑦，单于特空绐王乌⑧，殊无意入汉及遣太子来质⑨。于是匈奴数使奇兵侵犯边。汉乃拜郭昌为拔胡将军⑩，及浞野侯屯朔方以东⑪，备胡。路充国留匈奴三岁，单于死。

【注释】

①謟（chǎn）以甘言：用甜言蜜语来谄媚。謟同"谄"。②绐（dài）：欺哄。③邸：诸侯王或地方高级官吏朝见皇帝时在京城的住所。④二千石（shí）：汉制，除三公以外的高级官吏（内自九卿郎将，外至郡守尉）的俸禄等级。其中又有中二千石、真二千石、二千石（月俸一百二十斛谷）、比二千石之别，月俸自一百八十斛谷至一百斛谷不等。⑤直：通"值"价值。⑥此：指路充国。⑦诸所言者：指单于所说的那些话。⑧特：不过是。⑨殊：非常。副词。⑩郭昌：云中（今内蒙古自治区托克托东北）人。⑪浞野侯：赵破奴后来的封爵。

乌维单于立十岁而死，子乌师庐立为单于，年少，号为儿单于。是岁，元封六年也①。自此之后，单于益西北，左方兵直云中，右方直酒泉、燉煌郡。②。

【注释】

①元封：汉武帝的第六个年号，公元前110—前105年。元封六年相当于前105年。②燉煌郡：郡名。即敦煌郡。

儿单于立，汉使两使者，一吊单于①，一吊右贤王，欲以乖其国②。使者入匈奴，匈奴悉将致单于③。单于怒而尽留汉使。汉使留匈奴者前后十余辈④，而匈奴使来，汉亦辄留相当。

【注释】

①吊：慰问丧家。②乖：不和谐；离间。③致：送达；送交。④辈：批。

是岁①，汉使贰师将军广利西伐大宛②，而令因杅将军敖筑受降城③。其冬，匈奴大雨雪，畜多饥寒死。儿单于年少，好杀伐，国人多不安。左大都尉欲杀单于，使人间告汉曰④："我欲杀单于降汉，汉远，即兵来迎我，我即发。"初，汉闻此言，故筑受降城，犹以为远。

【注释】

①是岁：指武帝太初元年（前104年）。②贰师：大宛城名，这里指用作将军名号。广利：李广利。中山（今河北省定县）人。大宛（yuān）：国名。地在今中亚费尔纳盆地。建都贵山城（今卡散赛）。以产汗血马著名。公元前102年降汉。③因杅（xū）：匈奴地名。此处用作将军名号。敖：公孙敖。受降城：为迎接匈奴贵族投降而筑。④间（jiàn）告：暗中告知。

其明年春①，汉使浞野侯破奴将二万余骑出朔方西北二千余里，期至浚稽山而还②。浞野侯既至期而还，左大都尉欲发而觉③，单于诛之，发左方兵击浞野。浞野侯行捕首虏得数千人。还，未至受降城四百里，匈奴兵八万骑围之。浞野侯夜自出求水，匈奴间捕④，生得浞野侯，因急击其军⑤。军中郭纵为护⑥，维王为渠⑦，相与谋曰⑧，及诸校尉畏亡将军而诛之⑨，莫相劝归，军遂没于匈奴。匈奴儿单于大喜，遂遣奇兵攻受降城。不能下，乃寇入边而去。其明年⑩，单于欲自攻受降城，未至，病死。

【注释】

①其明年：指太初二年（前103年）。②浚稽山：山名。③觉：发觉。被动用法。④间（jiàn）捕：间谍；侦察。⑤因：于是；就。⑥护：护军。秦、汉时代临时设置的调节诸将关系的官员。⑦维王：匈奴浑邪王的外甥，随浑邪王降汉。渠：匈奴降兵的渠帅（首领）。⑧曰：衍文。因下文绝不是引语。⑨校尉：武官名。地位次于将军，可随其职务冠以各种名号。⑩其明年：指太初三年（前102年）。

儿单于立三岁而死。子年少，匈奴乃立其季父——乌维单于弟右贤王呴犁湖为单于①。是岁，太初三年也。

【注释】

①季父：叔父。呴（gōu）犁湖：人名。

呴犁湖单于立，汉使光禄徐自为出五原塞数百里①，远者千余里，筑城鄣列亭至庐朐②，而使游击将军韩说、长平侯卫伉屯其旁③，使强弩都尉路博德筑居延泽上④。

【注释】

①光禄：官名。光禄勋或光禄大夫的简称。五原塞：指五原郡榆林塞。在今陕西省东北角，一说在今内蒙古自治区河套东北岸。②鄣（zhàng）：通"障"小城堡。亭：哨所。庐朐（qú）：山名。指今内蒙古自治区狼山北麓。③韩说：弓高壮侯韩颓当庶孙。击匈奴有功，封龙额侯，后失爵。又以击东越功，封按道侯。官至光禄勋。卫伉（kàng）：卫青子。后坐巫蛊被杀。④路博德：西河平州（今山西省临汾市一带）人。历任右北平太守、卫尉等职，以击匈奴功封符离侯。曾领兵伐破南越。居延泽：古泽名。

其秋，匈奴大入定襄、云中，杀略数千人，败数二千石而去，行破坏光禄所筑城列亭鄣①。又使右贤王入酒泉、张掖②，略数千人。会任文击救③，尽复失所得而去。是岁，贰师将军破大宛，斩其王而还。匈奴欲遮之④，不能至。其冬，欲攻受降城，会单于病死。

【注释】

①城列亭障：应作"城郭列亭"。②张掖：郡名。汉武帝元鼎六年（公元前111年）分武威郡置。治所在觻（lù）得（今甘肃张掖西北）。③任文：汉朝将军。击救：截击匈奴，救脱汉人。④遮：截击；阻击。

呴犁湖单于立一岁死。匈奴乃立其弟左大都尉且鞮侯为单于①。

【注释】

①且鞮：音 jū dī。

汉既诛大宛①，威震外国。天子意欲遂困胡②，乃下诏曰："高皇帝遗朕平城之忧③，高后时单于书绝悖逆④。昔齐襄公复百世之雠⑤，《春秋》大之⑥。"是岁，太初四年也。

【注释】

①诛大宛：太初三年（前102年），汉再攻大宛，大宛贵族杀其王毋寡，降汉。②困：围困。③遗：遗留。④绝：极其。悖逆：背礼忤逆。⑤据《公羊传·庄公四年》载，齐襄公九世祖被纪侯诬陷，被杀于周。公元前690年，襄公灭纪。⑥《春秋》大之：意为《春秋》对此事大加表彰赞美。《春秋》，儒家经典之一，编年体春秋时代史，相传为孔子据鲁国史官所编之《春秋》整理修订而成。

且鞮侯单于既立①，尽归汉使之不降者，路充国等得归。单于初立，恐汉袭之，乃自谓："我儿子②，安敢望汉天子③！汉天子，我丈人行也④。"汉遣中郎将苏武厚币赂遗单于⑤。单于益骄，礼甚倨⑥，非汉所望也。其明年⑦，浞野侯破奴得亡归汉。

【注释】

①自此以下三节，史实错误较多，学者多认为是后人所续。②我儿子：我是小孩子；我是儿辈。③安：怎；怎么。④丈人：对年长者的尊称。⑤中郎将：官名。统领皇帝的侍卫人员而随从左右，有的则统率禁军。苏武（？—前60年）：字子卿，杜陵（今陕西省西安市东南）人。⑥倨（jù）：傲慢。⑦其明年：指武帝天汉元年（前100年）。

其明年①，汉使贰师将军广利以三万骑出酒泉，击右贤王于天山②，得胡首虏万余级而还。匈奴大围贰师将军，几不脱③。汉兵物故什六七④。汉复使因杅将军敖出西河⑤，与强弩都尉会涿涂山⑥，毋所得⑦。又使骑都尉李陵将步骑五千人⑧，出居延北千余里，与单于会，合战，陵所杀伤万余人，兵及食尽⑨，欲解归，匈奴围陵，陵降匈奴，其兵遂没，得还者四百人。单于乃贵陵⑩，以其女妻之。

【注释】

①其明年：指天汉二年（前99年）。②天山：即现在的新疆维吾尔自治区境内的天山。③几（jī）：几乎。④什六七：十分之六七。⑤西河：郡名。地在今内蒙古自治区、山西省、陕西省交界地区。⑥强弩将军：路博德。涿涂（yé）山：一作"涿邪山"在今蒙古人民共和国境满达勒戈壁附近。⑦毋：通"无"。⑧骑都尉：武官名。⑨兵：指兵矢《李将军列传》记为"陵军五千人，兵矢既尽，士死者过半"李陵残余兵士除随降匈奴者外，另有四百人返回汉朝。⑩单于乃贵陵：单于便重用李陵，使之显贵。

后二岁①，复使贰师将军将六万骑、步兵十万，出朔方；强弩都尉路博德将万余人，与贰师会；游击将军说将步骑三万人②，出五原③；因杅将军敖将万骑、步兵三万人④，出雁门。匈奴闻，悉远其累重于余吾水北⑤，而单于以十万骑待水南，与贰师将军接战。贰师乃解而引归，与单于连战十余日。贰师闻其家以巫蛊族灭⑥，因并众降匈奴⑦，得来还千人一两人耳⑧。游击说无所得。因杅敖与左贤王战，不利，引归。是岁⑨，汉兵之出击匈奴者不得言功多少，功不得御⑩。有诏捕太医令随但⑪，言贰师将军家室族灭⑫，使广利得降匈奴。

【注释】

①后二岁：指天汉四年。②说：指韩说。③五原：郡名。地在现在的内蒙古自治区后套至包头市一带。治所在九原（今包头市西北）。④敖：公孙敖。⑤累（lèi）重：拖累笨重之物。余（xú）吾水：水名。⑥巫蛊（gǔ）：古时迷信说法，以为用巫术诅咒及用木偶人埋地下，可以害人，称为"巫蛊"。⑦武帝太始元年（前96年）且鞮侯单于死，子狐鹿姑立为单于。征和三年（前90年）李广利等攻匈奴，听说妻子坐巫蛊被捕，于是深入求功，至燕然山，大败，降匈奴。⑧耳：而已；罢了。语气助词。⑨是岁：应指征和三年。⑩御：抵偿。⑪太医令：官名。西汉太常、少府皆有之。⑫此句前省略了"以其"二字。

太史公曰：孔氏著《春秋》①，隐桓之间则章②，至定哀之际则微③，为其切当世之文而罔褒④，忌讳之辞也⑤。世俗之言匈奴者，患其徼一时之权⑥，而务谄纳其说⑦，以便偏指⑧，不参彼己⑨；将率席中国广大⑩，气奋⑪。人主因以决策⑫，是以建功不深⑬。尧虽贤⑭，兴事业不成，得禹而九州宁⑮。且欲兴圣统⑯，唯在择任将相哉⑰！唯在择任将相哉⑱！

【注释】

①孔氏：孔子（前551—前479年）。名丘，字仲尼。春秋时期鲁国陬（zōu）邑（今山东省曲阜市东南）人。儒家学派的创始人，中国古代伟大的思想家、政治家、教育家。曾任鲁国中都宰、司寇，后周游列国，聚徒讲学，相传曾整理《诗》、《书》等古代文献，删订《春秋》。②隐桓之间：指鲁隐公、鲁桓公时期，是《春秋》记事初期。《春秋》记事起于隐公元年（前722年），桓公则是继隐公之后的鲁君（前711—前694年在位）。章：通"彰"明显；显著。③定哀之际：指鲁定公、鲁哀公时期，是《春秋》记事之末期。鲁定公，公元前509—前495年在位；鲁哀公，公元前494—前468年在位。④切（qiè）：切近；涉及。罔（wǎng）褒：虚美。罔，欺骗；无。⑤忌讳：避忌；顾忌。⑥徼（yāo）：通"邀"，求取。权：权势；功利。⑦务：勉力从事。谄：通"谄"。谄媚：奉承。纳：致送；进献。说：说词（意见、主张等）。⑧偏指：片面的意见；不正的意图。⑨参：考察检验；审察。彼己：指敌我双方的情况。⑩率：通"帅"。席：凭借；依仗。⑪气奋：气壮；气粗。微含贬义。⑫人主：国君（暗指汉武帝）。⑬是以：以是；因此。深：牢固；深远。⑭尧：相传父系氏族社会末期部落联盟领袖。陶唐氏，名放勋。⑮禹：传说中古代部落联盟领袖。姓姒，名文命。原为夏后氏部落领袖。唐尧时，禹父鲧治理洪水失败；虞舜时，禹继续治水，取得了伟大成功。⑯且：发语词。圣统：圣王一脉相承的统系。⑰唯：只；只是。⑱本句重复言之，表示反复强调作者的见解，感慨再三。

卫将军骠骑列传第五十一

　　大将军卫青者①，平阳人也②。其父郑季，为吏③，给事平阳侯家④，与侯妾卫媪通⑤，生青。青同母兄卫长子，而姊卫子夫自平阳公主家得幸天子⑥，故冒姓为卫氏。字仲卿⑦。长子更字长君⑧。长君母号为卫媪。媪长女卫孺，次女少儿，次女即子夫⑨。后子夫男弟步、广，皆冒卫氏。

【注释】

　　①大将军：官名。始于战国，汉代沿置，为将军的最高称号，职掌统兵征战。②平阳：河东郡属县。在现在的山西省临汾市西南。③据《汉书·卫青传》载，郑季当时为平阳县吏。④给（jǐ）事：当差。⑤妾：此处指"小老婆"。媪（ǎo）：也可作妇女的通称。通：私通，通奸。⑥卫子夫（？—前91年）：初为平阳公主家的歌女，后入宫，得到武帝宠爱，生戾太子刘据，因被立为皇后。平阳公主：汉景帝女，武帝同胞姊。幸：宠爱。⑦字：表字；别名。⑧更（gèng）字：另字，又字。⑨次女：此处指第三个女儿。次，其次，下一个。

　　青为侯家人，少时归其父。其父使牧羊，先母之子皆奴畜之①，不以为兄弟数②。青尝从入至甘泉居室③，有一钳徒相青曰④："贵人也，官至封侯。"青笑曰："人奴之生⑤，得毋笞骂即足矣⑥，安得封侯事乎⑦！"

【注释】

　　①先母：嫡母。这里指郑季正妻。奴畜（xù）之：把他当作奴仆。②不以为兄弟数：不把他算入兄弟之数。数，数目。③尝：曾经。从：跟随（他人）。甘泉：宫名。旧址在今陕西省淳化县西北甘泉山。居室：《正义》按谓官署名，武帝改名为"保宫"。④钳徒：受钳刑的犯人。古代刑罚，用铁圈束颈叫钳，剃去头发叫髡（kūn），一般髡、钳并施。相：相面。⑤人奴：人家的奴婢。⑥毋：通"无"。不。笞：用竹板、荆条之类抽打。这里泛指责打。⑦安：怎，怎么；哪里。疑问副词。

　　青壮①，为侯家骑②，从平阳主③。建元二年春④，青姊子夫得入宫幸上⑤。皇后，堂邑大长公主女也⑥，无子，妒。大长公主闻卫子夫幸⑦，有身⑧，妒之，乃使人捕青⑨。青时给事建章⑩，未知名。大长公主执囚青⑪，欲杀之。其友骑郎公孙敖与壮士往篡取之⑫，以故得不死⑬。上闻，乃召青为建章监⑭，侍中⑮，及同母昆弟贵⑯，赏赐数日间累千金⑰。孺为太仆公孙贺妻⑱。少儿故与陈掌通⑲，上召贵掌⑳。公孙敖由此益贵。子夫为夫人㉑。青为大中大夫㉒。

【注释】

①壮：长大。②骑：骑士。③平阳主：即平阳公主。④建元：汉武帝的第一个年号（前140—前135年）。⑤幸上：得到皇上宠爱；服侍皇上。上，指武帝。⑥堂邑大长公主：刘嫖。⑦幸：得宠。⑧有身：怀孕。身，通"娠"。⑨使：派。⑩建章：宫名。⑪执：捕捉；抓获。⑫骑郎：主管御马的郎官，为皇帝侍从官之一种。篡：劫夺。⑬以故：由于这个原因。因此。⑭乃：于是；就。建章监：掌管建章宫事务的长官。⑮侍中：加官名。为列侯以至郎中的加官。侍从皇帝，出入宫廷。⑯昆弟：兄弟。⑰累：累计。⑱孺：即卫孺。太仆：官名。九卿之一。掌管皇帝车马。⑲故：旧，原先。陈掌：汉初名臣陈平曾孙。⑳贵：显贵。使动用法。㉑夫人：国君的小妻。㉒大（tài）中大夫：官名。郎中令属官，掌议论。大，通"太"。

元光五年①，青为车骑将军②，击匈奴，出上谷③；太仆公孙贺为轻车将军④，出云中⑤；大中大夫公孙敖为骑将军，出代郡⑥；卫尉李广为骁骑将军⑦，出雁门⑧：军各万骑⑨。青至茏城⑩，斩首虏数百⑪。骑将军敖亡七千骑⑫；卫尉李广为虏所得⑬，得脱归⑭：皆当斩⑮，赎为庶人⑯。贺亦无功。

【注释】

①元光五年：当为元光六年（前129年）。元光，汉武帝的第二个年号，时为前134年—前129年。②车骑将军：高级将领名号。③上谷：郡名。地在现在的河北省北部，包括今北京市延庆区以西及内长城和昌平区以北。治所在沮阳（今河北怀来县东南）。④轻车将军：与下文的骑将军、骁骑将军都是将军名号。⑤云中：郡名。地在今内蒙古自治区中部土默特右旗至卓资县一带。治所在云中（今托克托县东北）。⑥代郡：郡名。地在今河北省西北部及山西省东北部。治所在代县（今河北省蔚县东北）。⑦卫尉：官名。九卿之一。掌管宫门警卫，统率宫廷警卫部队。李广（？—前119年）：名将。⑧雁门：郡名。地在今山西省西北部及内蒙古自治区中部黄旗海、岱海以南。治所在善无（今山西省右玉县南）。⑨骑（jì）：古代称一人一马为一骑。⑩茏城：一作"龙城"。⑪斩首虏：杀死和生俘。⑫亡：损失。⑬为：被。介词。虏：这里指匈奴。得：捉获。⑭脱归：逃跑归来。⑮当：判罪。⑯庶人：平民。

元朔元年春①，卫夫人有男②，立为皇后。其秋，青为车骑将军，出雁门，三万骑击匈奴，斩首虏数千人。明年，匈奴入杀辽西太守③，虏略渔阳二千余人④，败韩将军军⑤。汉令将军李息击之，出代；令车骑将军青出云中以西至高阙⑥。遂略河南地⑦，至于陇西⑧，捕首虏数千⑨，畜数十万，走白羊、楼烦王⑩。遂以河南地为朔方郡⑪。以三千八百户封青为长平侯⑫。青校尉苏建有功⑬，以千一百户封建为平陵侯⑭。使建筑朔方城。青校尉张次公有功，封为岸头侯⑮。天子曰："匈奴逆天理，乱人伦，暴长虐老⑯，以盗窃为务，行诈诸蛮夷⑰，造谋藉兵⑱，数为边害⑲，故兴师遣将，以征厥罪⑳。《诗》不云乎㉑：'薄伐猃狁㉒，至于太原㉓'，'出车彭彭㉔……城彼朔方㉕'。今车骑将军青度西河至高阙㉖，获首虏二千三百级㉗，车辎畜产毕收为卤㉘，已封为列侯㉙；遂西定河南地，按榆谿旧塞㉚，绝梓领㉛，梁北河㉜，讨蒲泥㉝，破符离㉞，斩轻锐之卒、捕伏听者三千七十一级㉟，执讯获丑㊱，驱马牛羊百有余万㊲，全甲兵而还㊳。益封青三千户㊴。"其明年㊵，匈奴入杀代郡太守友㊶，入略雁门千余人。其明年㊷，匈奴大入代、定襄、上郡㊸，杀略汉数千人。

【注释】

①元朔：汉武帝的第三个年号，前128—前123年。②有男：生了个男孩（即刘据）。③辽西：郡名。太守：郡的最高行政长官。④虏略：掠夺。渔阳：郡名。地在现在的河北省东北部，并及天津市海河以北、北京市怀柔、通州区以东。治所在渔阳（今北京市密云市西南）。⑤韩将军：韩安国（？—前127年）。字长孺，梁国成安（今河南省民权县东北）人。⑥高阙：地名。在今内蒙古自治区杭锦后旗东北。阴山山脉至此中断为一个缺口，望若门阙，故名。⑦河南：地区名。指今内蒙古自治区河套黄河以南地区。⑧陇西：郡名。地在今甘肃省东部。治所在狄道（今临洮县南）。⑨捕首虏：斩杀和俘虏。⑩走：跑；逃离。使动用法。白羊：匈奴别部名。楼烦：部族名。当时分布在今内蒙古鄂尔多斯草原一带。⑪朔方：郡名。地在今内蒙古河套西北部及后套地区。治所在朔方（今杭锦旗北）。⑫长平：县名，在今河南西华县东北。⑬校尉：武官名。⑭平陵：邑名，在今河北大城县东北。⑮岸头：亭名，一说乡名。在现在的山西河津市南。⑯暴长（zhǎng）：欺凌尊长。⑰蛮夷：此处泛指除匈奴外的北方各部族。⑱藉兵：凭借武力。⑲数（shuò）：屡次。⑳厥：其；他的，他们的。代词。㉑《诗》：即《诗经》。中国古代第一部诗歌总集，收录从西周到春秋的诗歌，现存三百零五篇，包括风、雅、颂三部分。㉒薄：句首助词。猃狁（xiǎn yǔn）：一作猃狁。部族名。商周时代分布在今甘肃省、陕西省北部和内蒙古自治区西部。周宣王曾多次出兵征伐之。有人认为猃狁即后来的匈奴。㉓太原：地区名。㉔彭彭（bāng bāng）：象声词，类似今"滂滂"。形容车马众多，军威雄壮。㉕城：筑城。动词。朔方：北方。㉖度：通"渡"。西河：指今宁夏、内蒙古间从南向北的那一段黄河。㉗级：古代指砍下的人头数。㉘辎：辎重，指军用物资。毕：都，全部。卤：通"掳"。掠夺。此处指战利品。㉙列侯：爵位名。秦、汉二十等爵位的最高一级称彻侯，后改称通侯，又称列侯。㉚按：巡行，巡阅。榆谿旧塞（sài）：亦称榆林塞。在今内蒙古自治区河套东北岸。一说在今陕西省东北角。㉛绝：横穿，横越。梓领：山名。今地不详，一说在今陕西横山县西。领，通"岭"。㉜梁：桥梁。此处意为架桥。北河：约指今内蒙古乌加河，古代为黄河正流。㉝讨：讨伐。蒲泥：部族首领名。㉞符离：要塞名。在今内蒙古五原县西北。㉟轻锐：迅捷精锐。伏听者：在暗中隐伏偷听汉军虚实的敌人侦探。㊱执讯获丑：捉到俘虏，加以审讯，因而俘获其族类。丑，丑类，坏家伙。㊲有：用在整数和零数之间，相当于"又"。此处可理解为"余"。㊳甲兵：铠甲和兵器。㊴益：增加。㊵其明年：元朔三年，公元前126年。㊶友：人名。姓共（恭）。㊷其明年：元朔四年，前125年。㊸定襄：郡名。上郡：郡名。地在今陕西省北部及内蒙古自治区乌审旗等境。治所在肤施（今陕西省榆林市榆阳区东南）。

其明年，元朔之五年春，汉令车骑将军青将三万骑①，出高阙；卫尉苏建为游击将军，左内史李沮为强弩将军②，太仆公孙贺为骑将军，代相李蔡为轻车将军③，皆领属车骑将军④，俱出朔方；大行李息、岸头侯张次公为将军⑤，出右北平⑥；咸击匈奴⑦。匈奴右贤王当卫青等兵⑧，以为汉兵不能至此，饮醉。汉兵夜至，围右贤王，右贤王惊，夜逃，独与其爱妾一人、壮骑数百驰，溃围北去。汉轻骑校尉郭成等逐数百里，不及，得右贤裨王十余人、众男女万五千余人、畜数千百万⑨，于是引兵而还。至塞⑩，天子使使者持大将军印，即军中拜车骑将军青为大将军[11]，诸将皆以兵属大将军，大将军立号而归[12]。天子曰："大将军青躬率戎士[13]，师大捷[14]，获匈奴王十有余人，益封青六千户。"而封青子伉为宜春侯、青子不疑为阴安侯、青子登为发干侯[15]。青固谢曰[16]："臣幸得待罪行间[17]，赖陛下神灵[18]，军大捷，皆诸校尉力战之功也。陛下幸已益封臣青[19]。臣青子在襁褓中[20]，未有勤劳[21]，上幸列地封为三侯[22]，非臣待罪行间所以劝士力战之意也[23]。伉等三人何敢受封！"天子曰："我非忘诸校尉功也，今固且图之[24]。"乃诏御史曰[25]："护军都尉公孙敖三从大将军击匈奴[26]，常护军，傅校获王[27]，以千五百户封敖为合骑侯[28]。都尉韩说从大将军出窳浑[29]，至匈奴右贤王庭[30]，为麾下搏战获王[31]，以千三百户封说为龙额侯[32]。骑将军公孙贺从大将军获王，以千三百户封贺为南窌侯[33]。轻车将军李蔡再从大将军获王[34]，以千六百户封蔡为乐安侯[35]。校尉李朔、校尉赵不虞、校尉公孙戎奴各三从大将军获王，以千三百户封朔为涉轵侯[36]，以千三百户封不虞为随成侯[37]，以千三百户封戎奴为从平侯[38]。将军李沮、李息及校尉豆如意有功，赐爵关内侯，食邑各三百户。"其秋，匈奴入代，杀都尉朱英。

【注释】

①将（jiàng）：率领。动词。②左内史：官名。秦设内史掌治京畿地方。③代：汉初封国名。地现在的山西省中北部和河北省西北角。初都代（今河北省蔚县东北），后徙都中都（今山西省平遥县西南）。武帝元鼎三年（前114年）废。相：官名。诸侯王国的最高行政长官，与郡太守地位相当。④领属：归属，隶属。⑤大行：官名。即大行令。九卿之一。管理接待宾客和边地民族事务。⑥右北平：郡名。地在今河北省东北部至辽宁大凌河一带。治所在平刚（今辽宁省凌源市西南）。⑦咸：都，全都。⑧右贤王：匈奴最高统治者称单于（chán yú），其下设左、右贤王（屠耆王）等。当：面对着；抵挡，抵敌。⑨裨（pí）王：小王。千：《汉书》作"十"，当是。⑩塞（sài）：边界上的险要之地。⑪即：就在（某时某地）。拜：封爵或授官。⑫号：名号，官号。⑬躬：亲自。戎士：将士；军队。⑭师：军队。⑮宜春：汉县名，在今河南汝南县西南。发干：县名。在今山东聊城市西南。⑯固谢：坚决推辞；一再推辞。⑰幸：幸运；侥幸。待罪：旧时官吏常怕因失职得罪，因以"待罪"为供职的谦辞，意为听候治罪。行（háng）间：行伍之间；部队之中。⑱赖：仰赖；依靠。陛下：对皇帝的敬称。⑲幸：指对方的某种做法使自己感到幸运。谦敬副词。⑳襁褓（qiǎng bǎo）：背负小孩所用的东西。㉑勤劳：辛劳；功劳。㉒列：通"裂"。分，割。㉓劝：勉励；奖励。㉔固：本来。且：将要，就要，就。图：谋划；考虑。㉕诏：皇帝的命令。此处用作动词。御史：官名。此处指御史府之长官御史大夫或御史中丞。㉖护军都尉：武官名。临时设置负责调节诸将关系的官长。㉗傅校获王：团结、接应将校，俘获匈奴王。㉘合骑：非邑名，以战功为号，有军合车骑之意。㉙都尉：武官名。窳（yǔ）浑：要塞名。其地在朔方郡，今内蒙古自治区杭锦后旗西南。㉚庭：王庭。匈奴单于和贤王、谷蠡王的居处及议事之所。㉛麾（huī）下：将帅的大旗之下。㉜龙额：侯国名。在今河北景县东。额，通"额"。谭其骧《中国历史地图集》注在今山东齐河县西北。㉝南窌（liù）：今地不详。㉞再从：两次跟随。㉟乐安：县名。在今山东博兴县东北。㊱涉轵（zhǐ）：邑名。㊲随成：为封号，非地名。一说在千乘（今山东高青县东北）。㊳从平：为封号，非地名。一说为地名，在乐昌（在今河北大名县南）。

其明年春①，大将军青出定襄，合骑侯敖为中将军，太仆贺为左将军，翕侯赵信为前将军②，卫尉苏建为右将军，郎中令李广为后将军③，右内史李沮为强弩将军，咸属大将军，斩首数千级而还。月余，悉复出定襄击匈奴④，斩首虏万余人。右将军建、前将军信并军三千余骑⑤，独逢单于兵，与战一日余，汉兵且尽。前将军故胡人⑥，降为翕侯⑦，见急，匈奴诱之，遂将其余骑可八百⑧，奔降单于⑨。右将军苏建尽亡其军⑩，独以身得亡去⑪，自归大将军⑫。大将军问其罪正闳、长史安、议郎周霸等⑬："建当云何⑭？"霸曰："自大将军出，未尝斩裨将⑮。今建弃军⑯，可斩以明将军之威⑰。"闳、安曰："不然！《兵法》⑱："小敌之坚，大敌之禽也⑲'，今建以数千当单于数万，力战一日余，士尽，不敢有二心，自归。自归而斩之⑳，是示后无反意也㉑。不当斩。"大将军曰："青幸得以肺腑待罪行间㉒，不患无威，而霸说我以明威㉓，甚失臣意㉔。且使臣职虽当斩将㉕，以臣之尊宠而不敢自擅专诛于境外㉖，而具归天子㉗，天子自裁之㉘，于是以见为人臣不敢专权㉙，不亦可乎？"军吏皆曰："善㉚！"遂囚建诣行在所㉛。入塞罢兵。

【注释】

①元朔六年（公元前123年）春。②翕（xī）：乡名。在现在河南内黄县北。③郎中令：官名。九卿之一。为皇帝侍从、警卫、顾问官员的首长。④悉：全，尽。⑤并军：两军合并。⑥故：原先，从前。⑦降为翕侯：投降汉朝后被封为翕侯。⑧可：大约。⑨奔降：奔往敌方投降。⑩亡：损失。⑪亡去：逃之。⑫自归：归来自首。⑬正：军正，军队法官。闳（hóng）：人名。长（zhǎng）史：官名。安：人名。议郎：官名。郎官之一种。掌议论。⑭云何：（按军法）怎么讲。意为按军法应如何处置。⑮裨（pí）将：副将。⑯弃：损失。⑰明：申明；彰明。动词。⑱《兵法》：指《孙子兵法》。⑲意为小部队再拼死力战，也会被大部队的一方所击败。禽：通"擒"。捉获。⑳而：却。表示轻微的转折。连词。㉑示：表示；暗示。后：指后来者。无：不；不要。反：通"返"。㉒肺腑：此处用以比喻帝王的亲属或姻戚。㉓说（shuì）：劝说；说服。㉔臣意：为臣之意。作为人臣的本分。㉕使：即使；假使。当：管理，主管，主持。㉖自擅：自己独断专行。㉗具归：如实汇报；详细汇报；全部归交。具，都，全部。㉘裁：裁决，处理。㉙于是：由此。㉚善：好，好的。㉛遂：于是。诣（yì）：前往；去到。行在所：皇帝所在的地方。

是岁也①，大将军姊子霍去病年十八②，幸③，为天子侍中。善骑射，再从大将军，受诏与壮士④，为剽姚校尉⑤，与轻勇骑八百直弃大军数百里赴利⑥，斩捕首虏过当⑦。于是天子曰："剽姚校尉去病斩首虏二千二十八级，及相国、当户⑧，斩单于大父行籍若侯产⑨，生捕季父罗姑比⑩，再冠军，以千六百户封去病为冠军侯⑪。上谷太守郝贤四从大将军，捕斩首虏二千余人，以千一百户封贤为众利侯。"是岁，失两将军军⑫，亡翕侯，军功不多，故大将军不益封。右将军建至，天子不诛，赦其罪，赎为庶人。

【注释】

①也：句末语气词。②大将军姊子霍去病：霍去病是卫青姐姐卫少儿与平阳县吏霍仲孺私通所生子。③幸：受宠。④与：给予。⑤剽（piào）姚：雄健敏捷的意思。⑥直弃：径直离弃；一直抛下。赴利：趋利；奔赴有利之处，夺取战功。⑦过当：有两解。一、以少数兵力杀俘大量敌人；二、比较少的伤亡杀俘较多的

敌人。⑧相国：匈奴官名。⑨大父行（háng）：祖父辈的人。大父，祖父，外祖父。行，辈分。产：人名。⑩季父：叔父。罗姑比：人名。⑪冠军：县名。故城在今河南邓州市西北。因霍去病功冠诸军，封于此，故名。⑫两将军：指赵信、苏建。

大将军既还，赐千金。是时王夫人方幸于上①，宁乘说大将军曰："将军所以功未甚多，身食万户②，三子皆为侯者③，徒以皇后故也④。今王夫人幸而宗族未富贵，愿将军奉所赐千金为王夫人亲寿⑤。"大将军乃以五百金为寿。天子闻之，问大将军，大将军以实言，上乃拜宁乘为东海都尉⑥。

【注释】

①王夫人：汉武帝的宠姬。②食万户：享受封邑万户。③者：用在主语（"将军……为侯"是全句的主语）的后面，引出原因。代词。④徒：只；仅。故：缘故，原因。⑤愿：希望。动词。奉：捧着；献。亲：父母。寿：祝寿。⑥东海：郡名。

张骞从大将军①，以尝使大夏②，留匈奴中久，导军③，知善水草处，军得以无饥渴，因前使绝国功④，封骞博望侯⑤。

【注释】

①张骞（？—前114年）：汉中成固（今陕西省城固县）人。②大夏：中亚古国名。音译巴克特里亚，地在现在阿富汗北部。③导军：给军队做向导。④因：沿袭。此处可理解为"再加上……"。绝国：非常遥远的国家。⑤博望：为封号，非地名，取广博瞻望之义。

冠军侯去病既侯三岁①，元狩二年春②，以冠军侯去病为骠骑将军③，将万骑出陇西，有功。天子曰："骠骑将军率戎士逾乌盭④，讨遬濮⑤，涉狐奴⑥，历五王国，辎重人众慑慴者弗取⑦，冀获单于子⑧。转战六日，过焉支山千有余里⑨，合短兵⑩，杀折兰王⑪，斩卢胡王⑫，诛全甲⑬，执浑邪王子及相国、都尉⑭，首虏八千余级，收休屠祭天金人⑮，益封去病二千户。"

【注释】

①侯：封侯。被动用法。②元狩：汉武帝的第四个年号，公元前122—前117年。③骠（piào）骑将军：品秩同大将军，与三公同位。④逾：越过。乌盭：山名。在今甘肃省兰州市东北。⑤遬濮：匈奴部落名。遬，通"速"。⑥涉：渡过。狐奴：河名。即今庄浪河，在甘肃兰州市西。⑦慑慴（shè zhé）：恐惧，畏服。弗取：不掠取。⑧冀：希望。⑨焉支山：山名。在今甘肃省永昌县西、山丹县东南。⑩合短兵：用短兵器交战。⑪折兰：国名。一说为匈奴国中姓。⑫卢胡：国名。⑬全甲：国名。或说指全副武装，全军。⑭浑邪（yé）王：匈奴西部地区的重要首领之一。治觻（lù）得（今甘肃张掖市西北）。⑮休屠（chú）：休屠王。匈奴西部地区的重要首领之一。所领地在今甘肃民勤县北。后被浑邪王所杀。

其夏，骠骑将军与合骑侯敖俱出北地①，异道②；博望侯张骞、郎中令李广俱出右北平，异道：皆击匈奴。郎中令将四千骑先至，博望侯将万骑在后至。匈奴左贤王将数万骑围郎中令③，郎中令与战二日，死者过半，所杀亦过当。博望侯至，匈奴兵引去。博望侯坐行留④，当斩，赎为庶人。而骠骑将军出北地，已遂深入⑤，与合骑侯失道⑥，不相得⑦，骠骑将军逾居延至祁连山⑧，捕首虏甚多。天子曰：

"骠骑将军逾居延，遂过小月氏⑨，攻祁连山，得酋涂王⑩，以众降者二千五百人，斩首虏三万二百级，获五王、五王母，单于阏氏、王子五十九人⑪，相国、将军、当户、都尉六十三人，师大率减什三⑫。益封去病五千户。赐校尉从至小月氏爵左庶长⑬。鹰击司马破奴再从骠骑将军斩遫濮王⑭，捕稽沮王⑮；千骑将得王、王母各一人⑯，王子以下四十一人，捕虏三千三百三十人；前行捕虏千四百人⑰。以千五百户封破奴为从骠侯。校尉句王高不识从骠骑将军捕呼于屠王王子以下十一人⑱，捕虏千七百六十八人，以千一百户封不识为宜冠侯。校尉仆多有功⑲，封为煇渠侯。"合骑侯敖坐行留不与骠骑会，当斩，赎为庶人。诸宿将所将士马兵亦不如骠骑⑳，骠骑所将常选㉑。然亦敢深入，常与壮骑先其大将军，军亦有天幸㉒，未尝困绝也。然而诸宿将常坐留落不遇㉓。由此骠骑日以亲贵，比大将军㉔。

【注释】

①北地：郡名。地在现在甘肃省东北角、宁夏回族自治区东部。②异道：兵分两路。③左贤王：匈奴东部地区王。④坐：由于。特指办罪的原由。行留：行动迟缓。⑤已遂：已经进一步。⑥与：以，由于。失道：迷路；两军相失于道途。⑦不相得：相互间没有遇到。⑧居延：泽名。即今内蒙古自治区额济纳旗北的夏顺诺尔与苏古诺尔湖。唐以后通称居延海。后淤积成二湖。祁连山：山名。在今甘肃省酒泉市南。与焉支山同为匈奴西部重要活动地带。⑨小月氏（zhī）：部族名。分布在今甘肃省西部祁连山地区。汉文帝时，匈奴攻月氏，西迁者称大月氏，入祁连山者称小月氏。⑩酋涂王：匈奴的一个小王。⑪阏氏（yān zhī）：匈奴君主单于的正妻。⑫大率（shuài）：大约，大概。什三：十分之三。⑬校尉从至小月氏：指跟随霍去病打到小月氏的那些校尉。"从至小月氏（者）"是"校尉"的后置定语。左庶长：爵位名。⑭鹰击司马：汉制，大将军下设司马，主管兵事，类似今之参谋长。鹰击司马即此职（后文即省称"司马"）。破奴：赵破奴。遫濮王：匈奴小王。⑮稽沮（jī jǔ）王：匈奴小王。⑯千骑将：武官名。当是鹰击司马的部属。⑰前行：先锋部队；先锋官。⑱句（gōu）王高不识：句王，匈奴小王号。⑲仆多：人名。⑳宿（sù）将：经历多而又老练的指挥官。㉑常选：经常挑选的精兵。㉒天幸：天赐良机。㉓留落不遇：行军迟留落后而不遇良机。㉔比：比照；并列。

其秋，单于怒浑邪王居西方数为汉所破，亡数万人，以骠骑之兵也①。单于怒，欲召诛浑邪王。浑邪王与休屠王等谋欲降汉，使人先要边②。是时大行李息将城河上③，得浑邪王使，即驰传以闻④。天子闻之，于是恐其以诈降而袭边，乃令骠骑将军将兵往迎之。骠骑既渡河，与浑邪王众相望。浑邪王裨将见汉军，而多欲不降者，颇遁去⑤。骠骑乃驰入，与浑邪王相见，斩其欲亡者八千人，遂独遣浑邪王乘传先诣行在所⑥，尽将其众渡河，降者数万，号称十万。既至长安⑦，天子所以赏赐者数十巨万⑧。封浑邪王万户，为漯阴侯⑨。封其裨王呼毒尼为下摩侯⑩，鹰庇为煇渠侯⑪，禽梨为河綦侯⑫，大当户铜离为常乐侯⑬。于是天子嘉骠骑之功曰⑭："骠骑将军去病率师攻匈奴西域王浑邪，王及厥众萌咸相犇⑮，率以军粮接食⑯，并将控弦万有余人⑰，诛猲犷⑱，获首虏八千余级，降异国之王三十二人，战士不离伤⑲，十万之众咸怀集服⑳，仍与之劳㉑，爰及河塞㉒，庶几无患㉓，幸既永绥矣㉔。以千七百户益封骠骑将军。"减陇西、北平地、上郡戍卒之半，以宽天下之繇㉕。

【注释】

①以：由于。介词。②使人先要（yāo）边：派人先到边境上等候，遮留汉人（约定浑邪王想投降之事）。要，通"邀"，中途阻拦，遮留。③城：筑城。用作动词。④驰传（zhuàn）：四马中足的传车。传，驿站或驿站的专用车马。闻：传报；向上级报告。⑤颇遁去：纷纷逃走。⑥乘传（zhuàn）：驾乘传车。⑦长安：西汉都城，在今陕西省西安市西北，周围二十五公里。⑧所以赏赐者：所用赏赐之物（金钱等）。巨万：万万。形容数目字极大。⑨漯（tà）阴：县名，在今山东禹城市东。⑩呼毒尼：人名。下摩：《建元以来侯者年表》作"下麾"，乡名，在今山西临猗县。⑪鹰庇：人名。煇渠：乡名，在今河南鲁山县。⑫禽梨：人名。河綦（qí）：地名，属济南郡，其它不详。⑬大当户：匈奴官名。铜离：人名。⑭嘉：表彰；嘉奖。⑮厥：其。众萌：部众。萌，通"氓"（méng），民众。犇：通"奔"。投奔（汉朝）。⑯率（shuài）：一概，全都。接食（sì）：接济供养。食，供养。⑰并将（jiàng）：同时率领。控弦：开弓。借指弓箭兵或一般士兵。⑱猇狷（xiāo hàn）：骁勇凶悍。⑲离伤：受伤。离，通"罹"，遭遇。⑳怀：归向。服：服从。㉑仍与：频繁出动（军队）。与，当作"兴"。㉒爰（yuán）：乃；于是。及：到。至于。河塞：泛指黄河上游的边塞地区。㉓庶几（jī）：几乎；也许可以。㉔幸：幸运。绥：安定；安抚。㉕宽：放宽；减轻。

居顷之①，乃分徙降者边五郡故塞外②，而皆在河南，因其故俗③，为属国④。其明年，匈奴入右北平、定襄，杀略汉千余人。

【注释】

①居顷之：过了不久。②边五郡：指陇西、北地、上郡、朔方、云中五个边郡。边，沿边，边疆。③因：依照；沿袭。④为属国：当时分为五属国，各设都尉监护之。

其明年，天子与诸将议曰："翕侯赵信为单于画计①，常以为汉兵不能度幕轻留②，今大发士卒，其势必得所欲③。"是岁，元狩四年也④。

【注释】

①画计：谋划。②幕（mò）：通"漠"。沙漠。轻留：轻易久留。③势：势必；趋势，结果。④元狩四年：公元前119年。

元狩四年春，上令大将军青、骠骑将军去病将各五万骑，步兵转者踵军数十万①，而敢力战深入之士皆属骠骑。骠骑始为出定襄，当单于。捕虏言单于东②，乃更令骠骑出代郡③，令大将军出定襄。郎中令为前将军④，太仆为左将军⑤，主爵赵食其为右将军⑥，平阳侯襄为后将军⑦，皆属大将军。兵即度幕，人马凡五万骑，与骠骑等咸击匈奴单于。赵信为单于谋曰："汉兵既度幕，人马罢⑧，匈奴可坐收虏耳⑨。"乃悉远北其辎重⑩，皆以精兵待幕北。而适值大将军军出塞千余里，见单于兵陈而待⑪，于是大将军令武刚车自环为营⑫，而纵五千骑往当匈奴。匈奴亦纵可万骑。会日且入⑬，大风起，沙砾击面，两军不相见，汉益纵左右翼绕单于⑭。单于视汉兵多，而士马尚强，战而匈奴不利，薄莫⑮，单于遂乘六骡⑯，壮骑可数百，直冒汉围西北驰去。时已昏，汉、匈奴相纷挐⑰，杀伤大当⑱。汉军左校捕虏言单于未昏而去⑲，汉军因发轻骑夜追之，大将军军因随其后⑳。匈奴兵亦散走。迟明㉑，行二百余里，不得单于，颇捕斩首虏万余级，遂至寘颜山赵信城㉒，得匈奴积粟食军㉓，军留一日而还，悉烧其城余粟以归㉔。

【注释】

①转者：转运军需物资的士兵人佚。踵：跟随。②捕虏：被捉到的敌人。③更（gēng）令：改令，重新下令。④郎中令：当时李广任此职。⑤太仆：当时公孙贺任此职。⑥主爵：官名。即主爵都尉。掌封爵事宜。⑦襄：曹襄。⑧罢（pí）：通"疲"。⑨坐：坐着；没有费什么力气。耳：表示肯定、决定的句末语气词。⑩远北：远远地移运到北方。⑪陈（zhèn）：通"阵"。排列阵势。布阵。⑫犀武刚车：一种有防护设施的战车。⑬会：恰巧，正好。⑭益：更加。副词。⑮薄莫（mù）：天快黑的时候。薄，迫近，临近。莫，通"暮"，日落之时。⑯六骡：六匹骡子驾着的车。⑰纷挐（ná）：扭打，揪打。挐，牵引，纷乱。⑱大当：大致相当；数目很多而又大致相等。⑲左校：左翼部队。校，军营；军队编制单位。⑳因：于是就。㉑迟（zhì）明：接近天亮的时候。㉒寘（tián）颜山：山名。今祁连山。赵信城：匈奴给赵信修筑的一座城堡。㉓食（sì）：供养。㉔以：用法相当于"而"。连词。

大将军之与单于会也①，而前将军广、右将军食其军别从东道，或失道，后击单于。大将军引还过幕南，乃得前将军、右将军②。大将军欲使使归报③，令长史簿责前将军广④，广自杀。右将军至，下吏⑤，赎为庶人。大将军军入塞，凡斩捕首虏万九千级。

【注释】

①会：会战。会战之时。②乃：才，这才。③使使（shǐ shì）：派遣使者。④簿责：根据文书所列罪状审问。⑤下吏：交给司法官吏审问治罪。

是时，匈奴众失单于十余日，右谷蠡王闻之①，自立为单于。单于后得其众，右王乃去单于之号。

【注释】

①谷蠡（lù lí）王：匈奴官名。

骠骑将军亦将五万骑，车重与大将军军等①，而无裨将。悉以李敢等为大校②，当裨将，出代、右北平千余里，直左方兵③，所斩捕功已多大将军。军既还，天子曰："骠骑将军去病率师，躬将所获荤粥之士④，约轻赍⑤，绝大幕⑥，涉获章渠⑦，以诛比车耆⑧，转击左大将⑨，斩获旗鼓。历涉离侯⑩，济弓闾⑪，获屯头王、韩王等三人⑫，将军、相国、当户、都尉八十三人。封狼居胥山⑬，禅于姑衍⑭，登临翰海⑮。执卤获丑七万有四百四十三级⑯，师率减什三，取食于敌，迢行殊远而粮不绝⑰。以五千八百户益封骠骑将军。右北平太守路博德属骠骑将军，会与城⑱，不失期⑲，从至梼余山⑳，斩首捕虏二千七百级，以千六百户封博德为符离侯㉑。北地都尉邢山从骠骑将军获王㉒，以千二百户封山为义阳侯㉓。故归义因淳王复陆支、楼专王伊即靬皆从骠骑将军有功㉔，以千三百户封复陆支为壮侯㉕，以千八百户封伊即靬为众利侯㉖。从骠侯破奴、昌武侯安稽从骠骑有功㉗，益封各三百户。校尉敢得旗鼓，为关内侯，食邑二百户。校尉自为爵大庶长㉘。"军吏卒为官、赏赐甚多。而大将军不得益封，军吏卒皆无封侯者。

【注释】

①车重：军需车辆；辎重。等：相等，相同。②李敢：李广少子。大校：校尉。③直：通"值"。面对着；当。左方兵：指当时匈奴的左方军队，即左贤王所统

率的军队。匈奴左方诸将居于东方，面对汉朝上谷郡以东地区。④躬将（jiàng）：亲自带领。荤粥（xūnyù）：匈奴古称。士：战士，士兵。⑤约：捆缚；备办；携带。轻：少量。此处指军用物资。⑥绝：横越；度过。⑦涉：渡水。获章渠：水名。一说获作"俘获"解，章渠为单于近臣名。⑧以：而，进而。连词。⑨大将：匈奴高级武官名。分为左、右。⑩历涉：经过；度越。离侯：山名。在漠北。⑪济：渡。犂屯头王：匈奴王号。韩王：匈奴王号。⑬封：在山上筑坛祭天的活动。狼居胥山：山名。约在现在的蒙古人民共和国乌兰巴托东。⑭禅（shàn）：在山上辟场祭地的活动。姑衍：山名。在狼居胥山西北山麓。⑮登临：登上海边的山岭以望海。翰海：一作瀚海。⑯卤：通"掳"，掠取。⑰逴（chuò）：远。殊：极，非常。⑱会：会兵。与（yú）城：地名。《汉书》作"兴城"⑲期：约定的日期。⑳梼余（táo tú）山：山名。㉑符离：县名。旧城在今安徽宿州市东北。㉒邢山：人名。一作"卫山"。㉓义阳：乡名，故城在今河南桐柏县东。㉔归义：归服汉朝，深明大义。因淳王：匈奴王号。复陆支：人名。楼专王：匈奴王号。伊即靬（靬）：人名。㉕壮：当从《汉表》作"杜"。邑名，旧城在今河北吴桥县南。㉖众利：邑名，故城在今山东诸城市西北。㉗昌武：邑名，故城在今河南舞阳县。安稽：人名。姓赵。故匈奴王。㉘自为：人名。姓徐。大庶长：爵位名。秦汉二十等爵中的第十八级，次于关内侯。

　　两军之出塞，塞阅官及私马凡十四万匹①，而复入塞者不满三万匹②。乃益置大司马位③，大将军、骠骑将军皆为大司马。定令，令骠骑将军秩禄与大将军等④。自是之后，大将军青日退，而骠骑日益贵。举大将军故人门下多去事骠骑⑤，辄得官爵⑥，唯任安不肯⑦。

【注释】
　　①塞：指守卫边塞的官吏等人。阅：检阅；查数。②复入塞者：归来时入塞的官、私马匹。③益置：添设。大司马：武官名。④秩：官吏的品级。禄：俸禄。⑤举：举凡，所有。故人：老朋友。门下：门客。去：离开。指离开大将军。事：服事；侍奉。⑥辄：总是；就。⑦任安：荥阳（今河南省荥阳市东北）人。

　　骠骑将军为人少言不泄①，有气敢任②。天子尝欲教之孙、吴兵法③，对曰："顾方略何如耳④，不至学古兵法⑤。"天子为治第⑥，令骠骑视之，对曰："匈奴未灭，无以家为也⑦。"由此上益重爱之。然少而侍中，贵，不省士⑧。其从军⑨，天子为遣太官赍数十乘⑩，既还，重车余弃粱肉⑪，而士有饥者。其在塞外，卒乏粮⑫，或不能自振⑬，而骠骑尚穿域蹋鞠⑭。事多类此。大将军为人仁善退让，以和柔自媚于上，然天下未有称也⑮。

【注释】
　　①不泄：胆气内聚，不露声色；不泄露。②气：气魄；意气。敢任：敢作敢为。③孙、吴兵法：指春秋时期军事家孙武和战国时代军事家吴起的军事理论。④顾：视，看。方略：计谋，谋略，战略。耳：表示肯定的语气词。⑤不至：不必。⑥治：修治；建造。第：府第。⑦无：不。以：用。家为：为家。⑧省（xǐng）：照顾，关心。士：士兵；车兵。⑨从军：参军，当兵。⑩太官：官名。主管膳食。赍（jī）：送物给人。乘（shèng）：古代一车四马叫"一乘"。⑪重车：装用军需物资的车辆。粱肉：精美的食物。泛指米和肉。粱，粟的优良品种的统称。犇卒：步兵；士兵。⑬或：有的人。虚指代词。振：起立行动。⑭穿域：画地为球场，

穿凿四周以定其区域。即修筑球场。⑮称：称道；赞扬。

骠骑将军自四年军后三年①，元狩六年而卒②。天子悼之，发属国玄甲军③，陈自长安至茂陵④，为冢象祁连山⑤。谥之⑥，并武与广地曰景桓侯⑦。子嬗代侯⑧。嬗少，字子侯，上爱之，幸其壮而将之⑨。居六岁，元封元年⑩，嬗卒，谥哀侯。无子，绝，国除⑪。

【注释】

①四年军：元狩四年率军出征。军，军事行动。②元狩六年：公元前 117 年。③发：调发；派遣。玄甲军：铁甲军。④陈（zhèn）：通"阵"。茂陵：陵名；县名。建元二年（前 139 年）武帝在槐里县（今陕西省兴平市东南）茂乡筑茂陵，并置茂陵县，治所在今兴平市东北。⑤冢（zhǒng）：高大的坟墓；坟墓。象祁连山：霍去病的墓在茂陵东北，与卫青墓并列，侧观都作山峰形。象，模拟。⑥谥（shì）之：给他制定谥号。予或褒或贬的称号，称为"谥"或"谥号"。谥在此处用作动词，意为制定谥号。⑦景桓：根据谥法规定，"布义行刚曰景"，"辟土服远曰桓"。⑧嬗（音 shàn）代侯：继承侯爵。⑨幸：希望，指望。将：任为将军。使动用法。⑩元封：汉武帝的第六个年号，前 110—前 105 年。⑪国除：封国被废除。霍去病的侯国在南阳郡（治所在宛县，即今河南省南阳市）。

自骠骑将军死后，大将军长子宜春侯伉坐法失侯①。后五岁②，伉弟二人——阴安侯不疑及发干侯登皆坐酎金失侯③。失侯后二岁，冠军侯国除。其后四年④，大将军青卒，谥为烈侯。子伉代为长平侯⑤。

【注释】

①坐法：犯法。②后五岁：时为元鼎五年，即公元前 112 年。③酎（zhuó）金：汉代宗庙举行祭祀时，国王和列侯进献的助祭金。④其后四年：时为武帝元封五年，即公元前 106 年。⑤据《汉书·外戚恩泽侯表》，卫伉于太初元年（前 104 年）继为长平侯。

自大将军围单于之后，十四年而卒。竟不复击匈奴者①，以汉马少，而方南诛两越②，东伐朝鲜③，击羌、西南夷④，以故久不伐胡。

【注释】

①竟：始终。者：放在主语后面，引出原因。代词。②方：正在。诛：讨伐；惩罚。③朝鲜：国名。指卫氏朝鲜。西汉初，燕人卫满所建，地在今朝鲜半岛北部，都王险城（今平壤）。元封三年（前 108 年）夏，汉灭朝鲜，以其地置乐浪等四郡。④羌：部族名。

大将军以其得尚平阳长公主故①，长平侯伉代侯。六岁，坐法失侯②。

【注释】

①平阳侯曹寿有"恶疾"在身，武帝乃命卫青娶平阳公主为妻。②据《汉书·外戚恩泽侯表》，卫伉因"阑入宫"之罪而被判"完城旦春"之刑（刑期四年，男筑城，女春米），被废除爵位。

左方两大将军及诸裨将名①。

最大将军青②，凡七出击匈奴③，斩捕首虏五万余级。一与单于战④，收河南地，遂置朔方郡，再益封⑤，凡万一千八百户⑥。封三子为侯，侯千三百户。并之，万五千七百户⑦。其校尉裨将以从大将军侯者九人⑧。其裨将及校尉已为将者十四人。为裨将者曰李广，自有传。无传者曰：

【注释】

①左方：左列。过去文字自右向左竖写，"左方"有如今天所说的"下列"、"下述"。以下概述卫、霍二人的战功并附各部将的传说。两大将军：指卫青、霍去病。②最：总计。③凡七出击匈奴：元光五年出上谷，元朔元年出雁门，元朔二年出云中，元朔五年出高阙，元朔六年二月出定襄，同年四月再出定襄，元狩四年三出定襄。④一：一次。与单于战：在元狩四年春。⑤再益封：两次增加封户。⑥凡万一千八百户：这里计算封户有出入。据前文所载，元朔二年"以三千八百户封青为长平侯"，同年"益封青三千户"，元朔五年"益封青六千户"，三次共封一万二千八百户。又，《汉书》本传记为"万六千三百户"。⑦万五千七百户：应为一万六千七百户。又，《汉书》本传记为"二万二百户"。⑧侯者九人：封侯者实有十一人，即公孙贺、公孙敖、公孙戎奴、李蔡、张次公、苏建、张骞、韩说、李朔、郝贤、赵不虞。

将军公孙贺。贺，义渠人①，其先胡种②。贺父浑邪，景帝时为平曲侯，坐法失侯。贺，武帝为太子时舍人③。武帝立八岁，以太仆为轻车将军，军马邑④。后四岁，以轻车将军出云中。后五岁，以骑将军从大将军有功，封为南窌侯。后一岁，以左将军再从大将军出定襄，无功。后四岁，以坐酎金失侯。后八岁，以浮沮将军出五原二千余里⑤，无功。后八岁，以太仆为丞相⑥，封葛绎侯⑦。贺七为将军，出击匈奴，无大功，而再侯，为丞相。坐子敬声与阳石公主奸⑧，为巫蛊⑨，族灭⑩，无后。

【注释】

①义渠：县名。②先：祖先，先人。③舍人：家臣。汉制，皇后、太子、公主的属官也有舍人。④马邑：县名。治今山西省朔县。⑤浮沮（jū）：匈奴地名。此处用作将军名号。五原：郡名。⑥丞相：官名。有时称"相国""相邦"。秦汉时为最高官职，辅佐皇帝，管理全国政务。⑦葛绎：不详所在。今江苏邳州市有葛峄山，未知孰是。⑧敬声：时任太仆。阳石公主：武帝女，卫皇后所生。与公孙敬声（卫皇后姊卫孺所生）私通。⑨巫蛊（gǔ）：古时迷信，以为用巫术诅咒及用木偶人埋地下，可以害人，称为"巫蛊"。⑩族灭：或称"族"。古时一种消灭罪人及其家族的酷刑，即所谓"满门抄斩"。又有所谓"灭三族""灭九族"之说。

将军李息，郁郅人①。事景帝②。至武帝立八岁，为材官将军，军马邑；后六岁，为将军，出代；后三岁，为将军，从大将军出朔方：皆无功③。凡三为将军，其后常为大行。

【注释】

①郁郅：县名。在今甘肃省庆阳市。②景帝（前188—前141年）：汉景帝刘启。前157—前141年在位。③皆无功：这里与前文所记有误。前文载，元朔五年李息从卫青出兵，与李沮、豆如意"有功，赐爵关内侯，食邑各三百户"。

将军公孙敖，义渠人。以郎事武帝①。武帝立十二岁，为骑将军，出代，亡卒七千人，当斩，赎为庶人。后五岁，以校尉从大将军有功，封为合骑侯。后一岁，以中将军从大将军，再出定襄，无功。后二岁，以将军出北地，后骠骑期，

当斩，赎为庶人。后二岁，以校尉从大将军，无功。后十四岁，以因杅将军筑受降城②。七岁③，复以因杅将军再出击匈奴，

至余吾④，亡士卒多，下吏⑤，当斩，诈死，亡居民间五六岁⑥。后发觉，复系⑦。坐妻为巫蛊，族。凡四为将军，出击匈奴，一侯。

【注释】

①郎：帝王侍从官的通称。②因杅（yú）：匈奴地名。用作将军名号。筑受降城：匈奴儿单于好杀伐，其左大都督欲杀之，派人暗中向汉朝报告，想让汉朝发兵迎接他。③七岁：据上下文及同类句型当作"后七岁"。④余（xú）吾：水名。即今蒙古人民共和国境内之土拉河。⑤下吏：交官吏审判。梁玉绳曰：此下后人所续，盖败余吾，在天汉四年，巫蛊起于征和元年。且敖自余吾还腰斩，非先曾亡居民间，而后坐巫蛊族也。"七岁"至"族"四十四字当削。⑥亡居：逃匿。⑦系：缚；拘囚。

将军李沮，云中人。事景帝。武帝立十七岁，以左内史为强弩将军。后一岁，复为强弩将军。

将军李蔡，成纪人也①。事孝文帝、景帝、武帝②。以轻车将军从大将军有功，封为乐安侯。已为丞相③，坐法死④。

【注释】

①成纪：县名。在今甘肃省秦安县北。②孝文帝（前202—前157年）：汉文帝刘恒。前180—前157年在位。③已：随后；立即。④坐法死：元狩五年（前118年）三月，李蔡因犯盗卖坟地及侵占景帝陵园墓道外地之罪，自杀。

将军张次公，河东人①。以校尉从卫将军青有功，封为岸头侯。其后太后崩②，为将军，军北军③。后一岁④，为将军，从大将军。再为将军，坐法失侯⑤。次公父隆，轻车武射也⑥。以善射，景帝幸近之也。

【注释】

①河东：郡名。地在现在山西省西南部。治所在安邑（今夏县西北）。②太后：即皇太后。崩：古代帝、后死称崩。③北军：汉代守卫京师的军队，因驻在长安城内北部，故称北军。④后一岁：王太后死于元朔三年（前126年）六月，"后一岁"应为元朔四年。⑤据《汉书·景武昭宣元成功臣表》载，元狩元年（前122年），张次公因犯有与淮南王刘安女通奸及受贿罪，被免失侯。⑥轻车：驾轻车作战的士兵。武射：武勇善射之士。

将军苏建，杜陵人①。以校尉从卫将军青，有功，为平陵侯，以将军筑朔方。后四岁，为游击将军，从大将军出朔方。后一岁。以右将军再从大将军出定襄，亡翕侯，失军，当斩，赎为庶人。其后为代郡太守。卒，冢在大犹乡②。

【注释】

①杜陵：县名。在今陕西省西安市东南。②大犹乡：乡名。属阳陵县（在今陕西省高陵县西南）。

将军赵信，以匈奴相国降，为翕侯。武帝立十七岁①，为前将军，与单于战，败，降匈奴。

【注释】

①十七岁：根据前文和《汉书》同传当作"十八年"。

将军张骞，以使通大夏①，还，为校尉。从大将军有功，封为博望侯。三岁，为将军，出右北平，失期，当斩，赎为庶人。其后使通乌孙②，为大行而卒，冢在汉中③。

【注释】

①张骞第一次通西域，开始于建元二年（前139年），至元朔三年（前126年）方归汉。②事在元狩四年（前119年），至元鼎二年（前115年）归来。是为张骞第二次通西域。乌孙：部族名。③汉中：郡名。地在今陕西省南部、湖北省西北角。治所在西城（今陕西省安康县西北）。张骞墓在今陕西省城固县张家村。

将军赵食其，祋祤人也①。武帝立二十二岁，以主爵为右将军，从大将军出定襄，迷失道，当斩，赎为庶人。

【注释】

①祋祤（duìxǔ）：县名。在今陕西省铜川市耀州区。

将军曹襄，以平阳侯为后将军，从大将军出定襄。襄，曹参孙也①。

【注释】

①曹参（？—前190年）：沛县（今江苏省沛县）人。

将军韩说，弓高侯庶孙也①。以校尉从大将军有功，为龙额侯②。坐酎金失侯③。元鼎六年，以待诏为横海将军④，击东越有功，为按道侯。以太初三年为游击将军⑤，屯于五原外列城⑥。为光禄勋⑦，掘蛊太子宫，卫太子杀之⑧。

【注释】

①弓高侯：韩颓当。②事在元朔五年（前124年）。③事在元鼎五年（前112年）。④待诏：候补官员。原意为待皇帝之命以言事。⑤太初：汉武帝的第七个年号，前104—前101年。⑥五原外列城：指五原塞外的远近相连的城堡亭障。⑦光禄勋：官名。⑧卫太子：汉武帝太子刘据。因为他是卫皇后所生，故称。去世后谥为戾太子。

将军郭昌，云中人也。以校尉从大将军。元封四年，以太中大夫为拔胡将军①，屯朔方。还击昆明②，毋功，夺印③。

【注释】

①太中大夫：官名。属郎中令，掌议论。②昆明：西南夷部族名。③夺印：失去官印，即被罢官。

将军荀彘，太原广武人①。以御见②，侍中；为校尉，数从大将军。以元封三年为左将军击朝鲜，毋功。以捕楼船将军坐法死③。

【注释】

①太原：郡名。地在今山西省中部。治所在晋阳（今太原市西南）。广武：县名。②以御见：以善于驾车求见皇帝。③坐法死：荀彘率军进攻朝鲜时，与奉

命从海路进攻朝鲜的楼船将军杨仆发生矛盾，汉武帝派济南太守公孙遂前去处理。公孙遂听信荀彘的片面意见，下令逮捕杨仆，合并其军。后来武帝处死了公孙遂；朝鲜平定后，又杀荀彘。

最骠骑将军去病，凡六出击匈奴[1]，其四出以将军[2]，斩捕首虏十一万余级。及浑邪王以众降数万，遂开河西酒泉之地[3]，西方益少胡寇。四益封，凡万五千一百户[4]。其校吏有功为侯者凡六人[5]，而后为将军二人[6]。

【注释】

[1]凡六出击匈奴：元朔六年二月、四月两次出定襄，元狩二年三月出陇西，同年夏季出北地，同年秋季渡黄河，元狩四年春季出代郡。[2]前两次以剽姚校尉从卫青出征，其余四次以骠骑将军出击。[3]河西：地区名。酒泉：郡名。元狩二年以原匈奴昆邪王地置，治所在禄福（今甘肃省酒泉市）。[4]凡万五千一百户：此数字与前文所记有出入。霍去病初封一千六百户，元狩二年以后四次增封计一万四千五百户，合计总数为一万六千一百户。又，《汉书》本传记为“凡万七千七百户”。[5]凡六人：实为七人。即赵破奴、高不识、仆多、路博德、邢山、复陆支、伊即轩。[6]后为将军二人：指路博德、赵破奴。

将军路博德，平州人[1]。以右北平太守从骠骑将军有功，为符离侯。骠骑死后，博德以卫尉为伏波将军，伐破南越，益封。其后坐法失侯[2]。为强弩都尉，屯居延[3]，卒。

【注释】

[1]平州：县名。即平周。在今山西省介休市西。[2]坐法失侯：太初元年（前104年）路博德因犯“见知子犯逆不道罪”，丢掉侯爵。[3]居延：边塞名。一名遮虏障。太初三年，路博德在居延泽边筑塞，以阻断匈奴入侵河西的通路。遗址在今内蒙古自治区额济纳旗境，称“居延烽燧遗址”。

将军赵破奴，故九原人。尝亡入匈奴，已而归汉[1]，为骠骑将军司马，出北地时有功，封为从骠侯。坐酎金失侯。后一岁，为匈河将军，攻胡至匈河水[2]，无功。后二岁[3]，击虏楼兰王[4]，复封为浞野侯。后六岁[5]，为浚稽将军[6]，将二万骑击匈奴左贤王，左贤王与战，兵八万骑围破奴，破奴生为虏所得，遂没其军。居匈奴中十岁[7]，复与其太子安国亡入汉。后坐巫蛊，族。

【注释】

[1]已而：随即；不久。[2]匈河水：水名。[3]后二岁：赵破奴为匈河将军出击匈奴是在元鼎六年（前111年），掳楼兰王是在元封三年（前108年），前后相距已过二年。[4]楼兰：西域国名。后改名鄯善。在今新疆维吾尔自治区罗布泊西。[5]后六岁：赵破奴封浞野侯是在元封三年（前108年）春，为浚稽将军出击匈奴是在太初二年（前103年），前后相距实际仅五年多。[6]浚稽：匈奴地区山名。在今蒙古人民共和国杭爱山南。此处用作将军名号。[7]十岁：《集解》引徐广曰：“以太初二年入匈奴，天汉元年亡归，涉四年”。则“十”当作“四”。

自卫氏兴，大将军青首封，其后枝属为五侯[1]。凡二十四岁而五侯尽夺[2]，卫氏无为侯者。

【注释】

[1]枝属：子孙亲属。[2]此处是从卫青儿子封侯时算起直至天汉元年卫伉失侯

止，即公元前 124—前 100 年，凡二十四年。

太史公曰：苏建语余曰①："吾尝责大将军至尊重而天下之贤大夫毋称焉②，愿将军观古名将所招选择贤者③，勉之哉。大将军谢曰④：'自魏其、武安之厚宾客⑤，天子常切齿⑥。彼亲附士大夫，招贤绌不肖者⑦，人主之柄也⑧。人臣奉法遵职而已，何与招士⑨！'"骠骑亦放此意⑩。其为将如此。

【注释】

①语：告诉。②大夫：古时对官僚阶层的泛称，有时也包括还没有做官的读书人。毋：不。③观：看看；观察；借鉴。④谢：推辞；谢绝。⑤魏其（jī）：魏其侯窦婴（？—前 131 年）。字王孙，观津（今河北省衡水市东）人。武安：武安侯田蚡（？—前 131 年）。长陵（今陕西省咸阳市东北）人。武帝母王太后同母弟。武帝初，封武安侯，历任太尉、丞相，骄横专断。详见《魏其武安侯列传》。厚：厚待。优待；深结。⑥切齿：咬紧牙齿。表示愤恨已极。⑦绌（chù）：通"黜"，贬退；废免。不肖：品行不好。⑧柄：权柄；权力。⑨与（yù）：参与。⑩放（fǎng）：通"仿"，仿效；依照。

平津侯主父列传第五十二

丞相公孙弘者①，齐菑川国薛县人也②，字季③。少时为薛狱吏④，有罪，免⑤。家贫，牧豕海上⑥。年四十余，乃学《春秋》杂说⑦。养后母孝谨。

【注释】

①丞相：官名。战国始设，也称相邦。②齐：指汉初齐国旧地，即今山东省大部分地区。菑川国：封国名。地在今山东省淄博、潍坊两市间。建都剧县（今寿光市南）。薛县：县名。③字：表字；别名。④狱吏：管理监狱的官吏。⑤免：被罢免。⑥海上：海边。⑦乃：这才；才。《春秋》：儒家经典之一。

建元元年①，天子初即位②，招贤良文学之士③。是时弘年六十④，征以贤良为博士⑤。使匈奴⑥，还报⑦，不合上意⑧，上怒，以为不能⑨，弘乃病免归⑩。

【注释】

①建元：汉武帝的第一个年号，也是我国历史上封建皇帝所建的第一个年号。②天子：这里指汉武帝刘彻（前 156—前 87 年）。武帝于景帝后元三年（前 141 年）正月即位，次年为建元元年。③建元元年十月，武帝亲自考试贤良方正直言极谏之士，问以古今治道，应对者百余人，董仲舒上天人三策。④是时弘年六十：由此可以推知他生于汉高帝八年（前 199 年）。是时，此时，这时。⑤征以贤良为博士：应皇帝征召，由贤良而为博士。征，召，征召。以，凭借……身份。介词。

博士，学官名。属于太常，掌古今史事顾问和书籍典守。⑥使（shǐ）：出使。匈奴：部族名。又称胡。战国时活动于燕、赵、秦以北地区。秦汉之际，冒顿单于统一各部，势力强盛，统治了大漠南北地区。汉初，经常南下侵扰；武帝时，曾多次进行反击，其势渐衰。⑦还（huán）报：归来汇报。⑧上：皇上。此处指汉武帝。⑨不能：无能；没本事。⑩乃：于是；就。病免归：借口有病，辞官回家。

元光五年①，有诏征文学②，菑川国复推上公孙弘③。弘让谢国人曰④："臣已尝西应命⑤，以不能罢归，愿更推选⑥。"国人固推弘⑦，弘至太常⑧。太常令所征儒士各对策⑨，百余人，弘第居下⑩。策奏⑪，天子擢弘对为第一⑫。召入见，状貌甚丽，拜为博士⑬。是时通西南夷道⑭，置郡⑮，巴、蜀民苦之⑯，诏使弘视之⑰。还奏事，盛毁西南夷无所用⑱，上不听⑲。

【注释】

①元光：汉武帝的第二个年号，前134—前129年。元光五年，公元前130年。②诏：皇帝的命令或文告；皇帝下命令。③推上：推荐。④让谢：辞让谢绝。⑤臣：古人表示谦虚的自称。已尝：已经。已，已经。尝，曾经。⑥愿：希望。动词。更（gēng）：改；另外。⑦固：坚决。⑧太常：官名。九卿之一。掌宗庙礼仪，兼掌选试博士。⑨对策：应考者回答皇帝所问关于治国的策略。⑩第：等第；名次。⑪策奏：对策文章呈进御前。⑫擢（zhuó）：选拔；提拔。对：对策文章。⑬拜：授予官职或爵位。⑭西南夷：汉代对分布在今甘肃省南部、四川省西部、南部和云南省、贵州省一带各部族的总称。⑮郡：指犍为郡。地在今四川省、贵州省、云南省交界地区。治所在僰县（今贵州遵义市西），后移治广南（今四川省筠连县境）、鄨道（今四川省宜宾市西南）、武阳（今四川省彭山县东）。⑯巴：郡名。地在四川省东部。⑰视：视察。⑱盛毁：极力诋毁。⑲听：听从；接受。

弘为人恢奇多闻①，常称以为人主病不广大②，人臣病不俭节③。弘为布被④，食不重肉⑤。后母死，服丧三年⑥。每朝会议，开陈其端⑦，令人主自择⑧，不肯面折庭争⑨。于是天子察其行敦厚⑩，辩论有余⑪，习文法吏事⑫，而又缘饰以儒术⑬，上大说之⑭。二岁中，至左内史⑮。弘奏事，有不可⑯，不庭辩之。尝与主爵都尉汲黯请间⑰，汲黯先发之⑱，弘推其后⑲，天子常说，所言皆听，以此日益亲贵。尝与公卿约议⑳，至上前，皆倍其约以顺上旨㉑。汲黯庭诘弘曰㉒："齐人多诈而无情实㉓，始与臣等建此议，今皆倍之，不忠。"上问弘，弘谢曰㉔："夫知臣者以臣为忠㉕，不知臣者以臣为不忠。"上然弘言㉖。左右幸臣每毁弘㉗，上益厚遇之㉘。

【注释】

①恢奇：杰出；不普通。多闻：见多识广。②称：声称；说。人主：国君。病：忧虑；患苦；毛病。③俭节：犹言节俭。④为：制作；使用。⑤重（chóng）肉：两种肉食。⑥服丧：守孝。⑦陈：陈述；说。端：头；头绪。⑧令：使；让。⑨面折庭争：当面反驳，当庭争辩。折，驳斥对方使之屈服。庭，通"廷"，朝廷。⑩察：观察；觉察，看到；仔细看。⑪辩论：指言谈。⑫习：熟悉；通晓。文法：文书法令。吏事：公务。指一般官吏的办事程序和守则等。⑬缘（yuán）饰：犹言文饰。为某些言论、措施找出处，找根据。儒术：儒家的学术思想和政治主张。⑭说（yuè）：喜欢；高兴。⑮至：指官职升迁到。左内史：官名。秦设内史掌

治京师。⑯不可：指皇帝不同意。⑰主爵都尉：秦有主爵中尉。汉沿设，景帝时改称主爵都尉，掌有关封爵之事。武帝后期改称右扶风，与左冯翊、京兆尹合称三辅。汲黯（？—前112年）：字长孺，濮阳（今河南省濮阳市西南）人。曾任东海太守，继为主爵都尉。好黄老之术，常直言进谏。后出为淮阳太守。请间（jiàn）：先后间隔着觐见皇帝；请求皇帝单独接见。⑱发之：将事情提出。⑲推：推究；推求。⑳公卿：三公九卿。这里泛指朝廷大臣。约议：事前约定某项建议。㉑倍：通"背"。违背。上旨：皇上的意图。㉒庭诘：在朝廷上当面责问。㉓齐人：指公孙弘。㉔谢：谢罪；道歉。㉕夫（fú）：发语词。㉖然：认为对（同意）。意动用法。㉗左右幸臣：皇帝身边的宠臣。每：经常。毁：诽谤；诋毁。㉘益：更；更加。厚遇：优待。

元朔三年①，张欧免②，以弘为御史大夫③。是时通西南夷，东置沧海④，北筑朔方之郡⑤。弘数谏⑥，以为罢敝中国以奉无用之地⑦，愿罢之⑧。于是天子乃使朱买臣等难弘置朔方之便⑨。发十策，弘不得一。弘乃谢曰："山东鄙人⑩，不知其便若是⑪，愿罢西南夷、沧海而专奉朔方。"上乃许之⑫。

【注释】
①元朔：汉武帝的第三个年号，前128—前123年。②张欧：字叔。当时任御史大夫。③御史大夫：官名。秦、汉三公之一，位次丞相，掌监察、执法、兼管重要图籍文书。④沧海：郡名。一作"苍海"。地在今朝鲜半岛中部。⑤朔方：郡名。地在今内蒙古自治区河套西北部和后套地区。⑥数（shuò）：屡次。谏：规劝君主、尊长或朋友，使之改过。⑦罢敝：疲惫衰败。使动用法。罢，通"疲"。中国：指中原或汉朝。奉：供给；供养。⑧罢：停止。⑨朱买臣：字翁子，吴县（今江苏省苏州市）人。历任中大夫、会稽太守、主爵都尉。后被杀。便：方便；便利；有利。⑩山东：地区名。鄙人：鄙俗的人。常用作自谦辞。⑪若是：如此。犇乃：才；这才。

汲黯曰："弘位在三公①，奉禄甚多②，然为布被，此诈也。"上问弘。弘谢曰："有之。夫九卿与臣善者无过黯③，然今日庭诘弘，诚中弘之病④。夫以三公为布被，诚饰诈欲以钓名⑤。且臣闻管仲相齐⑥，有三归⑦，侈拟于君⑧，桓公以霸⑨，亦上僭于君⑩；晏婴相景公⑪，食不重肉，妾不衣丝⑫，齐国亦治，此下比于民⑬。今臣弘位为御史大夫，而为布被，自九卿以下至于小吏，无差⑭，诚如汲黯言。且无汲黯忠⑮，陛下安得闻此言⑯？"天子以为谦让，愈益厚之。卒以弘为丞相⑰，封平津侯⑱。

【注释】
①三公：西汉时期以丞相（后改为大司徒）、太尉（后改为大司马）、御史大夫（后改为大司空）合称三公，为共同负责全国军政的最高长官。②奉禄：官吏的薪给。奉，通"俸"。汉代三公每月俸额各为三百五十斛谷。③九卿：秦、汉时代以奉常（后改为太常）、郎中令（后改为光禄勋）、卫尉、太仆、廷尉、典客（后改为大鸿胪）、宗正、治粟内史（后改为大司农）、少府为九卿，实即中央各行政机关的总称。④诚：的确；确实。中（zhòng）：符合；切中。病：毛病。⑤饰诈：虚伪欺诈。钓名：沽名钓誉。⑥且：发语词。闻：听说。古人常用以引经据典，微有自谦意味。管仲（？—前645年）：管夷吾，字仲，颍上（颍水之滨）人。春秋时期著名的政治家。被齐桓公任为卿，大力

进行改革，使齐国富兵强，称霸诸侯。⑦三归：有多种解释。一、采邑名；二、台名；三、储藏金银的府库；四、市场交易税归于国君的部分；五、娶了三姓女子；六、有三处家庭。⑧拟：比拟；类似。⑨桓公（？—前643年）：齐桓公姜小白，前685—前643年在位。⑩亦：《史记会注考证》认为当作"此"。僭（jiàn）：僭越。指下级冒用上级的名义、礼仪或器物。⑪晏婴（？—前500年）：字平仲，夷维（今山东省高密县）人。景公：姜杵臼。前547—前490年在位。⑫妾：小老婆。衣（yì）：穿着。动词。丝：丝织品。⑬比：比拟；接近。⑭无差：没有区别；差异。⑮且：况且；如果。⑯陛下：对帝王的尊称。安得：怎能；哪能。⑰卒：终于。以弘为丞相：事在元朔五年（前124年）十一月。⑱平津：乡名。当时属高成县。在今河北盐山县南。

弘为人意忌①，外宽内深。诸尝与弘有郤者②，虽详与善③，阴报其祸④。杀主父偃，徙董仲舒于胶西⑤，皆弘之力也⑥。食一肉脱粟之饭⑦，故人、所善宾客⑧，仰衣食⑨，弘奉禄皆以给之⑩，家无所余。士亦以此贤之⑪。

【注释】

①意忌：猜疑妒忌。意，疑。②郤（xì）：通"隙"。嫌隙；仇怨。③详（yáng）：通"佯"。假装。④阴报其祸：暗中用灾祸来报复他。⑤董仲舒（前179—前104年）：广川（今河北省枣强县东）人。著名哲学家。⑥皆弘之力也：意思是说上述二人的被杀或被徙，都是公孙弘起的坏作用造成的。有关主父偃被杀事详见后文。⑦脱粟：仅仅脱去谷皮的糙米。⑧故人：老朋友；老熟人。宾客：贵族官僚所供养的食客。⑨仰：仰赖；依靠。⑩给（jǐ）：供给；供应。⑪贤：贤德。意动用法。

淮南、衡山谋反①，治党与方急②。弘病甚，自以为无功而封，位至丞相，宜佐明主填抚国家③，使人由臣子之道④。今诸侯有畔逆之计⑤，此皆宰相奉职不称⑥，恐窃病死，无以塞责，乃上书曰："臣闻天下之通道五⑦，所以行之者三⑧。曰君臣、父子、兄弟、夫妇、长幼之序——此五者，天下之通道也；智、仁、勇——此三者，天下之通德⑨，所以行之者也。故曰'力行近乎仁⑩，好问近乎智，知耻近乎勇⑪'。知此三者，则知所以自治⑫；知所以自治，然后知所以治人。天下未有不能自治而能治人者也，此百世不易之道也⑬。今陛下躬行大孝⑭，鉴三王⑮，建周道⑯，兼文武⑰，厉贤予禄⑱，量能授官⑲。今臣弘罢驽之质⑳，无汗马之劳㉑，陛下过意擢臣弘卒伍之中㉒，封为列侯㉓，致位三公㉔。臣弘行能不足以称㉕，素有负薪之病㉖，恐先狗马填沟壑㉗，终无以报德塞责。愿归侯印，乞骸骨㉘，避贤者路㉙。"天子报曰㉚："古者赏有功，褒有德，守成尚文㉛，遭遇右武㉜，未有易此者也。朕宿昔庶几获承尊位㉝，惧不能宁，惟所与共为治者，君宜知之㉞。盖君子善善恶恶㉟，君若谨行，常在朕躬㊱。君不幸罹霜露之病㊲，何恙不已㊳，乃上书归侯㊴，乞骸骨，是章朕之不德也㊵。今事少闲㊶，君其省思虑㊷，一精神㊸，辅以医药。"因赐告牛酒杂帛㊹。居数月㊺，病有瘳㊻，视事㊼。

【注释】

①淮南、衡山谋反：汉武帝元狩元年（前122年）春，淮南王刘安、衡山王刘赐谋反，事泄自杀，牵连被杀者有数万人。淮南，封国名。地在今安徽省中部。建都六县（今六安市北），旋移都寿春（今寿县）。②治：追究，惩处。党与：朋党。指为达到某种私利私欲而结成一个集团的人们。③填（zhèn）抚：安抚。

填，通"镇"。安定。动词。④由：经由；遵循。⑤畔逆：造反；叛乱。畔，通"叛"。⑥宰相：封建时代对君主负责总揽政务的最高长官。⑦天下之通道五至然后知所以治人句：本出于《礼记·中庸》，个别文字有出入。通道，常道。《中庸》原作"达道"。⑧所以：用以。⑨通德：常德。《中庸》原作"达德"。⑩故曰：《中庸》作"（孔）子曰"。乎：于，介词。⑪以上三句，《中庸》作"好学近乎知（智），力行近乎仁，知耻近乎勇"。⑫所以：怎样。自治：自我约束；自我修养。《中庸》作"修身"。⑬易：改变。⑭躬行：身体力行；亲自实践。⑮鉴：借鉴。⑯周道：周朝的治国原则。周，朝代名。⑰文：周文王姬昌。商末周族领袖，商纣王时封为西伯。在位期间，国势强盛，征服不少小国，建都丰邑（今西安市长安区西南）。为灭商建周奠定了基础。武：周武王姬发。继承其父文王遗志，伐纣灭商，建立周朝。史称文王笃行仁义，敬老爱幼，礼贤下士，而武王善继父业，发扬光大，皆被奉为"圣人"、"圣王"。⑱厉：通"励"，勉励；激励。禄：俸禄。⑲量（liàng）：估量；按照。⑳罢（pí）驽：低能庸劣。罢，通"疲"。无能。驽，劣马，引申为才能低下。质：素质。㉑汗马之劳：本指战功。此处泛指功劳。㉒过意：格外降恩；特意。卒伍：古代军队编制，一百人为一卒，五人为一伍。后泛指军队或士兵。此处指平民。㉓列侯：爵位名。秦汉二十等爵的最高一级（二十级）。㉔致：给予。㉕行（xìng）能：品行及才能。称（chèn）：相称；相当。㉖负薪之病：自称有病的婉转说法。意思是背柴劳累，体力尚未恢复。这是将自己放在卑贱地位的谦抑之辞。㉗先狗马填沟壑（hè）：自称朝不保夕、随时都会死去的婉转说法。意思是先于狗马一类短命贱物而亡。这是把自己放在极卑贱地位的谦抑之辞。填沟壑，尸体被扔进山沟，转指死亡。㉘乞骸骨：封建时代官员因年老自请退休的婉辞。骸骨，老骨头；尸骨。㉙避：让开；躲开。㉚报：答复。㉛守成：保持前人的成业。㉜遭遇：意谓遭遇祸乱。右，古代尊崇右，引申为尊重、崇尚。㉝朕（znèn）：古人自称之词。秦始皇以后专用作皇帝自称。宿昔：过去；从前。庶几（jǐ）：侥幸；勉强。自谦之辞。尊位：至尊之位，指皇位。㉞君：对人的敬称。㉟盖：发语词。君子：指道德高尚的人。善善：赞许善良。前"善"字，赞许，以为善。恶（wù）恶：憎恶丑恶。㊱朕躬：我自己；我本人。㊲罹：遭遇。霜露之病：犹言风寒之病。意思是一般的病。㊳恙：忧虑；担忧。㊴乃：竟；竟然。㊵章：彰明；显扬。㊶少：稍微。㊷其：应当。祈使副词，表示劝告、命令。㊸一：专一。使动用法。㊹因：于是；就。赐告：古代官吏休假称"告"，假期已满而赐予续假称为"赐告"。㊺居：（时间）过了。㊻病有瘳（chōu）：病愈。㊼视事：办公。

元狩二年①，弘病，竟以丞相终②。子度嗣为平津侯③。度为山阳太守十余岁④，坐法失侯⑤。

【注释】

①元狩：汉武帝的第四个年号，前122—前117年。②竟：终于，最后。终：卒，指死亡。③嗣：承袭；继承。④山阳：郡名。地在山东省西南部。太守：本为战国时郡守的尊称。⑤坐法：由于犯法。坐，指办罪的因由。

主父偃者，齐临菑人也①。学长短纵横之术②，晚乃学《易》《春秋》、百家言③。游齐诸生间④，莫能厚遇也⑤。齐诸儒生相与排摈⑥，不容于齐。家贫，假贷无所得⑦，乃北游燕、赵、中山⑧，皆莫能厚遇，为客甚困。孝武元光元年中⑨，以为诸侯莫足游者⑩，乃西入关见卫将军⑪。卫将军数言上，上不召。资用乏⑫，留久，诸公宾客多厌之⑬，乃上书阙下⑭。朝奏，暮召入见。所言九事，其八事为律令⑮，一事谏伐匈奴。其辞曰：

【注释】

①临菑：县名。又称临淄、临甾。在今山东省淄博市东北。②长短纵横之术：往来游说、纵横捭阖（bǎi hé）之术，即纵横家之术。③晚：晚年。乃，才。《易》：即《周易》，又称《易经》。儒家经典之一。相传为周代人所作。内容包括《经》《传》两部分，通过八卦形式预测自然界与人类社会之变化，具有唯物主义因素和朴素辩证法观点。百家言：诸子百家（战国以来形成的各种学术流派）的学说。④诸生：在学的众弟子；许多的儒生。⑤莫：没有谁。无指代词。⑥相与：共同；一起。排摈（bìn）：排斥摈弃。⑦假贷：借贷。⑧燕（yān）：封国名。地在今北京市以南一带。都蓟县（今北京城西南隅）。赵：封国名。地在今河北省西南部。都邯郸（今邯郸市）。中山：封国名。⑨孝武：指汉武帝。按孝武为汉武帝谥号，此非司马迁语。⑩诸侯：指齐、燕、赵、中山等国王。⑪西入关：指前往都城长安。关，指函谷关，故址在今河南省灵宝市东北。卫将军：卫青（？—前106年）。字仲卿，河东平阳（今山西省临汾市西南）人。⑫资用：指金钱衣物等。乏：缺乏。⑬诸公：泛指达官贵人。⑭阙下：宫门之下。借指皇帝。阙，古代宫殿门前两旁的高建筑物。⑮律令：法令。

臣闻明主不恶切谏以博观①，忠臣不敢避重诛以直谏②，是故事无遗策而功流万世③。今臣不敢隐忠避死以效愚计④，愿陛下幸赦而少察之⑤。

【注释】

①切（qiè）：恳切；深切。博观：广见。②重诛：严厉的惩罚。③是故：由于这个原因；因此。遗策：失策；失计。④效：奉献；献出。愚计：笨拙的想法和不高明的建议。自谦之辞。⑤幸：谦敬副词。

《司马法》曰①："国虽大，好战必亡；天下虽平，忘战必危。"天下既平，天子大凯②；春蒐秋狝③，诸侯春振旅④，秋治兵⑤，所以不忘战也⑥。且夫怒者逆德也⑦，兵者凶器也⑧，争者末节也⑨。古之人君一怒必伏尸流血⑩，故圣王重行之⑪。夫务战胜穷武事者，未有不悔者也。昔秦皇帝任战胜之威⑫，蚕食天下⑬，并吞战国⑭，海内为一，功齐三代⑭。务胜不休，欲攻匈奴，李斯谏曰⑮："不可。夫匈奴无城郭之居⑯，委积之守⑰，迁徙鸟举⑱，难得而制也⑲。轻兵深入，粮食必绝；踵粮以行⑳，重不及事。得其地不足以为利也，遇其民不可役而守也㉑。胜必杀之，非民父母也。靡弊中国㉒，快心匈奴㉓，非长策也㉔。"秦皇帝不听，遂使蒙恬将兵攻胡㉕，辟地千里，以河为境㉖。地固泽卤㉗，不生五谷。然后发天下丁男以守北河㉘。暴兵露师十有余年㉙，死者不可胜数，终不能逾河而北㉚。是岂人众不足㉛、兵革不备哉㉜？其势不可也㉝。又使天下蜚刍挽粟㉞，起于黄、腄、琅邪负海之郡㉟，转输北河㊱，率三十钟而致一石㊲。男子疾耕不足于粮饷㊳，女子纺绩不足于帷幕㊴。百姓靡敝㊵，孤寡老弱不能相养，道路死者相望㊶，盖天下始畔秦也㊷。

【注释】

①《司马法》：古兵书。战国时期齐威王命大夫整理古司马兵法，同时将春

秋齐大夫田穰苴（官司马）的兵法附于其中，称为《司马穰苴兵法》。②大凯：周王班师整军所奏之乐。③蒐（sōu）：古时春天打猎之称。狝（xiǎn）：古时秋天打猎之称。④振旅：整顿军队。⑤治兵：操练军队。⑥所以：用以；（这是）用来。⑦且夫（fú）：句首表示更进一层发议论的语气词。逆德：悖逆的行为。⑧兵：兵器。又指军队、战争。凶器：不祥之物。指兵器。⑨争：争斗。⑩伏尸流血：指杀人。伏，倒伏；倒下。⑪圣王：圣明的君王。重：难；碍难；慎重。⑫秦皇帝：秦始皇嬴政（前259—前210年）秦王朝的建立者。前246—前210年在位。任：凭借。⑬战国：指互相争战的各国。⑭齐：等同。三代：指夏、商、周三朝。⑮李斯（？—前208年）：上蔡（今河南省上蔡县西南）人。灭三族。详见《李斯列传》。⑯城郭：内城和外城。泛指城市。居：居处；住所。⑰委积：积聚。守：看守；保管。⑱乌举：比喻往来飘忽不定。⑲制：控制；制服。⑳踵：接；接运。以：用同"而"。连词。㉑遇：对待；对付。役：役使；驱使。㉒靡弊：虚耗疲惫。㉓快心：快意。㉔长策：良策。㉕蒙恬：秦朝名将。将（jiàng）：统率；率领。㉖河：古代黄河的专名。㉗固：本来。泽卤：土地含盐碱成分过多，不宜耕种。㉘丁男：成年的男子。北河：古时黄河从今内蒙古自治区磴口县以下，分为南北二支，北支约当今乌加河，当时为黄河正流，对南支而言，称为北河。㉙暴（pù）兵露师：将军队置于露天之下，遭受日晒雨雪风霜之苦。十有（yòu）余年：十余年。前215年蒙恬率军伐匈奴，前210年蒙恬死后中原大乱，戍边士卒"皆复去"。（《匈奴列传》），先后尚不足十年。有，通"又"。用在整数和零数之间。㉚逾：越过；渡过。北：北进。动词。㉛岂：难道。㉜兵革：泛指军事装备。兵，兵器。革，皮革制成的甲胄。㉝势：客观形势。㉞蜚刍挽粟：急速运输粮草。蜚，通"飞"。刍，牲畜吃的草。挽，牵引；拉。粟，泛指粮食。㉟黄：县名。在今山东省黄县东。腄（zhuī）：县名。在今山东省威海市文登区西。琅邪（láng yá）：郡名，县名。郡在今山东半岛东南部，县在今山东省胶南市境。秦代郡治在琅邪县，西汉移治东武（今诸城市）。负海：临海。负，背靠着。㊱转输：辗转运输。㊲率（shuài）：一致；一般。约略计算用语。三十钟而致一石（shí）：发运三十钟才能运到一石。石，容量单位，十斗为一石，亦即一斛（约合今34.25公升）。㊳疾：急切从事。㊴纺绩：纺丝绩麻。帷幕：军中的帐幕。㊵靡敝：同"靡弊"。㊶相望：此处可以理解为"相连"。㊷盖：承接连词。始：方；方才。

　　及至高皇帝定天下①，略地于边②，闻匈奴聚于代谷之外而欲击之③。御史成进谏曰④："不可。夫匈奴之性，兽聚而鸟散，从之如搏影⑤。今以陛下盛德攻匈奴，臣窃危之⑥。"高帝不听，遂北至于代谷，果有平城之围⑦。高皇帝盖悔之甚⑧，乃使刘敬往结和亲之约⑨，然后天下忘干戈之事⑩。故《兵法》曰⑪："兴师十万，日费千金。"夫秦常积众暴兵数十万人，虽有覆军杀将、系虏单于之功⑫，亦适足以结怨深雠⑬，不足以偿天下之费。夫上虚府库⑭，下敝百姓，甘心于外国，非完事也⑮。夫匈奴难得而制，非一世也。行盗侵驱，所以为业也，天性固然⑯。上及虞、夏、殷、周⑰，固弗程督⑱，禽兽畜之⑲，不属为人⑳。夫上不观虞、夏、殷、周之统㉑，而下循近世之失㉒，此臣之所大忧，百姓之所疾苦也。且夫兵久则变生㉓，事苦则虑易㉔。乃使边境之民靡弊愁苦而有离心，将吏相疑而外市㉕，故尉佗、章邯得以成其私也㉖。夫秦政之所以不行者，权分乎二子㉗，此得失之效也㉘。故《周书》曰㉙："安危在出令，存亡在所用㉚。愿陛下详察之，少加意而熟虑焉㉛。"

【注释】

①及至：等到。高皇帝：即汉高帝刘邦（前256年或前247—前195年）。西汉王朝的建立者，前202—前195年在位。字季，沛县（今江苏省沛县）人。②略：攻夺；占领。③代谷：指代郡的山谷地带。代郡在今山西省东北部、河北省西北部，治所在代县（今河北省蔚县东北）。④御史：官名。秦以前本为史官。汉有侍御史、符玺御史、治书御史、监军御史等，职位各不相同。成：人名。⑤从：跟随；追赶。搏影：捕捉影子。⑥窃：暗地里；私自。谦敬副词。危：认为危险。意动用法。⑦平城之围：汉高帝七年（前200年）十月，刘邦进击匈奴至平城，被围于平城东白登山七日。平城，县名。在今山西省大同市东北。⑧盖：大概；似乎。推原副词。⑨刘敬：即娄敬。和亲：封建王朝以公主、皇族女儿等嫁给边疆部族统治者，结亲和好。少数民族统治集团间有时也有相似情况。⑩干戈之事：指战争之事。干戈，泛指兵器。⑪《兵法》：指《孙子兵法》。中国古代军事名著和现存最早的兵书。春秋末年兵家孙武著。引文出于该书《用间》篇。⑫覆：覆灭。使动用法。系房：俘虏。动词。系，绑缚。单于（chán yú）：匈奴最高统治者的称号。⑬适：正好；恰好。深仇：加深仇恨。深，加深。动词。⑭虚：空虚。使动用法。府库：官府储藏财物、武器之所。⑮完事：完美之事。⑯固然：本来就是这样。⑰虞：有虞氏。传说中远古部落名。居于蒲坂（今山西省永济市西蒲州镇），舜为其领袖。夏：夏后氏。⑱弗：不。程：征收赋税。督：监督；责罚。⑲畜（xù）：畜养。⑳属：归属。㉑观：观察；借鉴。统：传统；经验。㉒循：沿袭。㉓兵久：出兵在外时间长；战争时间长。变：变乱。㉔虑易：思想有变化。㉕外市：勾结外人；里通外国。㉖尉佗（tuō）：即赵佗。真定（今河北省正定县）人。汉高帝时，受封为南越王。景帝时附于汉。章邯：秦朝将领。㉗二子：指尉佗、章邯。㉘效：效验；证明。㉙《周书》：指《逸周书》。周代史书。其中多数为战国时人拟周代诰誓词命之作。㉚引文本于《周书·王佩解》："存亡在所用，离合在出命。"㉛焉：表示决定的语气词。

是时赵人徐乐、齐人严安俱上书言世务①，各一事。徐乐曰：

【注释】

①徐乐：无终（今天津市蓟县）人先为郎中，后拜为中大夫。严安：临菑（今山东淄博市东北）人。本名庄安。世务：当世政务。

臣闻天下之患在于土崩①，不在于瓦解②，古今一也③。何谓土崩？秦之末世是也④。陈涉无千乘之尊⑤，尺土之地，身非王公大人名族之后，无乡曲之誉⑥，非有孔、墨、曾子之贤⑦，陶朱、猗顿之富也⑧，然起穷巷，奋棘矜⑨，偏袒大呼而天下从风⑩，此其故何也？由民困而主不恤⑪，下怨而上不知，俗已乱而政不修，此三者陈涉之所以为资也⑫。是之谓土崩。故曰天下之患在于土崩。何谓瓦解？吴、楚、齐、赵之兵是也⑬。七国谋为大逆⑭，号皆称万乘之君⑮，带甲数十万⑯，威足以严其境内⑰，财足以劝其士民⑱，然不能西攘尺寸之地而身为禽于中原者⑲，此其故何也？非权轻于匹夫而兵弱于陈涉也⑳，当是之时，先帝之德泽未衰而安土乐俗之民众㉑，故诸侯无境外之助㉒。此之谓瓦解。故曰天下之患不在瓦解。由是观之，天下诚有土崩之势㉓，虽布衣穷处之士或首恶而危海内㉔，陈涉是也，况三晋之君或存乎㉕！天下虽未有大治也，诚能无土崩之势，虽有强国劲兵不得旋踵而身为禽矣㉖，吴、楚、齐、赵是也，况群臣百姓能为乱乎哉！此二体者㉗，安危之明要也²⁸，贤主所留意而深察也。

【注释】

①土崩：土层崩塌。这里用来比喻社会下层人民造反。②瓦解：瓦片分解。③一：一样；一个道理。④是也：就是如此。⑤陈涉（？—前208年）：陈胜，字涉，阳城（今河南省登封市东南）人，雇农出身。千乘（shèng）：指大国诸侯。古代一车四马为一乘，诸侯大国地方百里，能出兵车千乘，称千乘之国。⑥乡曲：乡里。也指穷乡僻壤。誉：名誉；称誉。⑦孔：孔子（前551—前479年）。名丘，字仲尼，春秋时鲁国陬邑（今山东省曲阜市东南）人。墨：墨子（约前468—前376年）。名翟，战国时宋国（一说鲁国）人。古代杰出的思想家、政治家，墨家学派的创始人。著有《墨子》五十三篇。曾子（前505—前436年）：曾参（shēn）。字子舆，春秋末南武城（今山东省费县）人。⑧陶朱：即范蠡。字少伯，楚国宛（今河南省南阳市）人，春秋末越国大夫。猗顿：战国时大商人。以经营河东盐池致巨富。又曾经营珠宝，以善于辨别宝玉著称。⑨奋：举起。棘矜（qín）：泛指兵器。棘，通"戟"，古代的一种兵器。矜，矛柄，戟柄。秦时销毁兵器，故陈涉起义时只能用戟柄作兵器。⑩偏袒：袒露一臂。古人表示愤怒、振奋的一种动作。从风：响应。从，随从。风，喻指势头、潮流。⑪恤：体恤；怜悯。⑫资：凭借。⑬吴、楚、齐、赵之兵：指汉景帝时吴楚七国的叛乱。⑭大逆：在封建社会中，凡反抗封建秩序、特别是触犯统治者本身利益的行为，统称为"大逆"。⑮万乘：万辆兵车。⑯带甲：武装士兵。⑰严：严明；整饬。动词。⑱劝：劝勉；奖励。⑲攘（ráng）：抢；夺取。禽：通"擒"。中原：借指朝廷。⑳匹夫：一个平常人。㉑先帝：死去的皇帝。指汉高帝、文帝等。众：众多。㉒境外：指王国封地之外。㉓诚：如果；果真。㉔布衣穷处：穿着粗布衣服、住在偏僻穷困地方。或：有人；有的。虚指代词。危：危害。㉕况：况且；何况。三晋：战国初，晋国的韩、赵、魏三卿瓜分晋国，各自立国，成为诸侯。故韩、赵、魏三国有"三晋"之称。㉖劲（jìng）兵：强大的军队。旋踵：把脚后跟转过来。比喻时间极短。㉗二体：两个主要方面。㉘明要：犹言枢纽、关键。

间者关东五谷不登^①，年岁未复^②，民多穷困，重之以边境之事^③，推数循理而观之^④，则民且有不安其处者矣^⑤。不安，故易动；易动者，土崩之势也。故贤主独观万化之原，明于安危之机^⑥，修之庙堂之上^⑦，而销未形之患^⑧。其要^⑨，期使天下无土崩之势而已矣。故虽有强国劲兵，陛下逐走兽，射蜚鸟，弘游燕之囿^⑩，淫纵恣之观^⑪，极驰骋之乐^⑫，自若也^⑬。金石丝竹之声不绝于耳^⑭，帷帐之私、俳优侏儒之笑不乏于前^⑮，而天下无宿忧^⑯。名何必汤、武^⑰，俗何必成、康^⑱！虽然^⑲，臣窃以为陛下天然之圣，宽仁之资，而诚以天下为务^⑳，则汤、武之名不难侔^㉑，而成、康之俗可复兴也。此二体者立，然后处尊安之实，扬名广誉于当世，亲天下而服四夷^㉒，余恩遗德为数世隆^㉓，南面负扆摄袂而揖王公^㉔，此陛下之所服也^㉕。臣闻图王不成^㉖，其敝足以安^㉗。安则陛下何求而不得，何为而不成，何征而不服乎哉！

【注释】

①间（jiān）者：近来。关东：秦、汉两朝定都今陕西，所以称函谷关或潼关以东地区为关东。登：庄稼成熟。②年岁：年景；年成。③重：加重；加上。边境之事：指边境地区的军事行动。④推：探究；推求。循理：顺着事理。⑤且：

将；将要。处（chǔ）：处境。⑥机：关键。⑦修：研究；治理。庙堂：指朝廷。⑧销：通"消"。消弭；消除。⑨要：大要。⑩弘：扩大。游燕：游玩宴饮。燕，通"宴"。圃：畜养禽兽的园地。泛指游乐场所。⑪淫：无节制；过分。纵恣：纵情恣欲。观：观赏；欣赏。⑫极：穷极；穷尽。⑬自若：像平常的样子；安然自得。⑭金石丝竹：泛指乐器。金，指钟；石，指磬；丝，指弦乐器；竹，指管乐器。⑮帷帐之私：指密室中的男女情爱。俳（pái）优：演出滑稽杂耍的艺人。侏儒：身材异常矮小的人。⑯宿忧：积久的忧愁。⑰汤：商汤。商朝的建立者。武：周武王。⑱俗：社会风气。成：周成王姬诵。武王之子。康：周康王姬钊。成王之子。在位时继续推行成王的政策，周朝的统治得到进一步加强。成、康两王统治时期史称"成康之治"。⑲虽然：虽然如此；然而。⑳务：事业。㉑侔（móu）：齐等；等同。㉒服：顺服；降服。使动用法。四夷：泛指四方各部族。㉓隆：隆盛；兴盛。㉔南面：面向南方。负：背靠着。摄：整理。袂（mèi）：袖子。王公：泛指高级贵族大臣。㉕服：事；做（的事情）。㉖王：王业。㉗敝：指某种做法最不成功的结果。

严安上书曰：

臣闻周有天下，其治三百余岁，成、康其隆也，刑错四十余年而不用①；及其衰也，亦三百余岁，故五伯更起②。五伯者，常佐天子兴利除害，诛暴禁邪，匡正海内，以尊天子。五伯既没③，贤圣莫续④，天子孤弱，号令不行。诸侯恣行，强陵弱⑤，众暴寡⑥，田常篡齐⑦，六卿分晋⑧，并为战国，此民之始苦也。于是强国务攻，弱国备守，合从连横⑨，驰车击毂⑩，介胄生虮虱⑪，民无所告诉⑫。

【注释】

①刑错：又作"刑措"。谓无人犯法，刑法搁置不用。错，通"措"。搁置。②五伯（bà）：春秋时期先后称霸的五个诸侯，即齐桓公、晋文公、楚庄王、吴王阖闾、越王勾践。更（gēng）起：迭起；相继兴起。③没（mò）：消失；死亡。④莫续：无人继起。⑤陵：侵犯；欺侮。⑥暴：欺凌；损害。⑦田常篡齐：田常篡夺了齐国的大权。田常，又名恒，即田成子、陈成子。⑧六卿分晋：韩、赵、魏、智、范、中行氏六卿瓜分了晋国。⑨合从（zōng）连横：战国时期，弱国联合进攻强国，称合众；弱国随从强国进攻其他弱国，称为连横。⑩驰车击毂（gǔ）：形容众多车马奔驰，往来相击相撞。毂，车轮中心的圆木，用以插轴。⑪介胄生虮虱：士兵的盔甲长满虮虱。介，铠甲。胄，头盔。⑫告诉：诉说；诉苦。

及至秦王①，蚕食天下，并吞战国，称号曰皇帝，主海内之政②，坏诸侯之城③，销其兵④，铸以为钟虡⑤，示不复用。元元黎民得免于战国⑥，逢明天子，人人自以为更生⑦。向使秦缓其刑罚⑧，薄赋敛⑨，省繇役⑩，贵仁义⑪，贱权利⑫，上笃厚⑬，下智巧⑭，变风易俗，化于海内，则世必安矣。秦不行是风而修其故俗，为智巧权利者进⑮，笃厚忠信者退⑯，法严政峻⑰，谄谀者众，日闻其美，意广心轶⑱。欲肆威海外，乃使蒙恬将兵以北攻胡，辟地进境⑲，戍于北河，蜚刍挽粟以随其后。又使尉屠睢将楼船之士南攻百越⑳，使监禄凿渠运粮㉑，深入越，越人遁逃。旷日持久，粮食绝乏，越人击之，秦兵大败。秦乃使尉佗将卒以戍越㉒。当是时，秦祸北构于胡㉓，南挂于越㉔，宿兵无用之地㉕，进而不得退。行十余年㉖，丁男被甲㉗，丁女转输㉘，苦不聊生，自经于道树㉙，死者相望。及秦皇帝崩㉚，天下大叛。陈胜、吴广举陈㉛，武臣、张耳举赵㉜，项梁举吴㉝，田儋举齐㉞，景驹举郎㉟，周市举魏㊱，韩广举燕㊲，穷山通谷豪士并起㊳，不可胜载也㊴。然皆非公侯之后，非长官之吏也。无尺寸之势，起闾巷㊵，杖棘矜㊶，应时而皆动，不谋而俱起，不约而同会，壤长地进㊷，至于霸王㊸，时教使然也㊹。秦贵为天子，富有天下，灭世绝祀者㊺，穷兵之祸也㊻。故周失之弱，秦失之强，不变之患也。

【注释】

①秦王：即秦始皇。②主：主管。③坏：毁坏；拆毁。动词。④销：销毁；熔化金属。⑤虡（jù）：钟、磬悬架两侧的柱（悬挂的横梁称为笋）。⑥元元黎民：善良的百姓。⑦更（gēng）生：重新获得生命。获得新生。⑧向使：假如。⑨薄：减少；减轻。使动用法。赋敛（liǎn）：赋税。⑩繇（yáo）役：劳役。繇，通"徭"。⑪贵：重视；崇尚。⑫贱：鄙视；轻视。⑬上：通"尚"。崇尚；尊重。⑭下：低下；轻贱。意动用法。⑮进：进用；升官。⑯退：（被）斥退。⑰峻：严厉。⑱意广心轶（yì）：踌躇满志，野心膨胀，贪婪无厌。轶，通"佚"。⑲辟地进境：开辟疆土，推进边界。⑳尉：武官名。屠睢（suī）：人名。楼船之士：水兵。百越：即越。部族名。当时分布于长江中下游以南地区。㉑监录：又称史录。监，秦朝监郡的御史。录，人名。他曾在今广西壮族自治区兴安县附近开凿运河，沟通湘、漓二水，后世称为灵渠。㉒尉佗将卒以戍越：率领士卒戍守越地的本是南海郡尉任嚣，赵佗是他的部下。㉓构：构成；造成；酿成。㉔挂：挂碍；牵绊。㉕宿兵：驻兵。㉖行：运行；延续。㉗被（pī）甲：身穿铠甲。指当兵打仗。被，通"披"。㉘丁女：成年女子。㉙自经：上吊自杀。道树：路旁的树木。㉚崩：帝王死亡。㉛吴广：阳夏（jiǎ，今河南省太康县）人。贫苦农民出身。举：攻克；占领。陈：县名。治今河南省淮阳县。㉜武臣：陈县人。陈胜部将。曾率军攻赵，进占邯郸（今河北省邯郸市西南），自立为赵王。张耳：大梁（今河南省开封市）人。战国末为魏国外黄（今河南省民权县西北）令。㉝项梁：下相（今江苏省宿迁县西南）人。楚国贵族出身。秦末响应陈胜起义，在吴起兵。后任陈胜的上柱国，率军渡江西进。陈胜失败后，他立楚怀王孙熊心为王，而自号武信君。后战死于定陶（今山东省定陶县西北）。吴：县名。在今江苏省苏州市。㉞田儋（dān）：狄县（今山东省高青县东南）人。战国末齐国贵族。陈胜起义后，他乘乱杀害狄县令起事，自立为齐王，略定齐地。后被秦将章邯攻杀。齐：泛指战国时齐国旧地。㉟景驹：战国末楚国贵族。郢（yǐng）：这里指战国时楚的都城郢，亦即鄢郢，在今湖北省江陵县东北。㊱周市（fú）：战国末魏国人。陈胜部将。㊲韩广：秦末家居赵地。燕：泛指战国时燕国旧地。㊳穷山通谷：所有的山谷。形容遍及天下各地。穷，尽。㊴胜（shēng）尽。载（zǎi）：记载。㊵闾巷：街巷；乡里。㊶杖：持；拿着。动词。㊷壤长地进：指通过征战，逐渐扩大地盘。㊸霸王：称霸称王。为诸侯盟长谓之霸，一统天下谓之王。㊹时教：当时的政教。使然："使之然"之省。㊺此句前省略了转折连词"而"。世，后代。祀，祭祀，香火。㊻穷兵：穷兵黩武。

今欲招南夷①，朝夜郎②，降羌、僰③，略濊州④，建城邑，深入匈奴，燔其茏城⑤，议者美之⑥。此人臣之利也，非天下之长策也。今中国无狗吠之惊，而外累于远方之备，靡敝国家，非所以子民也⑦。行无穷之欲，甘心快意，结怨于匈奴，非所以安边也。祸结而不解，兵休而复起，近者愁苦，远者惊骇，非所以持久也。今天下锻甲砥剑⑧，桥箭累弦⑨，转输运粮，未见休时，此天下之所共忧也。夫兵久而变起，事烦而虑生。今外郡之地或几千里⑩，列城数十，形束壤制⑪，旁胁诸侯⑫，非公室之利也⑬。上观齐、晋之所以亡者，公室卑削⑭，六卿大盛也⑮；下观秦之所以灭者，严法刻深，欲大无穷也。今郡守之权^⑯，非特六卿之重也^⑰；地几千里，非特间巷之资也；甲兵器械，非特棘矜之用也^⑱：以遭万世之变^⑲，则不可称讳也^⑳。

【注释】

①南夷：指分布在今云南省、贵州省和四川省南部的各部族。②朝：朝拜。使动用法。夜郎：部族名。③降：降服。羌：部族名。僰（bó）：部族名。居住在今云南省东部和四川省南部。④涉（huì）州：地区名。秽、貊人居地。泛指今东北地区至朝鲜半岛一带。⑤燔（fán）：焚烧。⑥美：赞美。动词。⑦子：养育；爱抚。以动用法。⑧锻甲：锤打铠甲。砥：磨刀石。引申为磨、磨砺。⑨桥（jiǎo）箭：矫正箭杆。桥，通"矫"。累（lěi）弦：积聚弓弦。⑩几（jī）：几乎；将近。⑪形束壤制：大郡的山川形势和土地范围足以控制郡内百姓。⑫旁胁诸侯：胁迫附近的诸侯王。⑬公室：原指诸侯的家族或政权，此处指朝廷。⑭卑削：衰弱。⑮六卿：概指晋国的六卿和齐国的田氏等私家。大（tài）：通"太"。⑯郡守：郡的最高行政长官。⑰非特：不仅；不只。⑱用：效用。⑲遭：遭逢。这是"天下之变"的委婉说法。⑳称讳：讳言；为讳。

书奏天子，天子召见三人，谓曰："公等皆安在^①？何相见之晚也！"于是上乃拜主父偃、徐乐、严安为郎中^②。偃数见，上疏言事^③，诏拜偃为谒者^④，迁为中大夫^⑤。一岁中四迁偃。

【注释】

①安在：在哪里。安，疑问代词作宾语，前置。②郎中：官名。管理宫廷的车、骑、门户，并内充侍卫，外从征战。③疏（shù）：奏章；奏本。④谒者：官名。⑤迁：调任；提升。中大夫：官名。掌议论，备顾问，隶属郎中令。

偃说上曰^①："古者诸侯不过百里，强弱之形易制^②。今诸侯或连城数十，地方千里，缓则骄奢易为淫乱^③，急则阻其强而合从以逆京师^④。今以法割削之，则逆节萌起^⑤，前日晁错是也^⑥。今诸侯子弟或十数^⑦，而適嗣代立^⑧，馀虽骨肉，无尺寸地封，则仁孝之道不宣^⑨。愿陛下令诸侯得推恩分子弟^⑩，以地侯之^⑪。彼人人喜得所愿，上以德施，实分其国，不削而稍弱矣^⑫。"于是上从其计。又说上曰："茂陵初立^⑬，天下豪桀并兼之家、乱众之民^⑭，皆可徙茂陵，内实京师，外销奸猾，此所谓不诛而害除。"上又从其计。

【注释】

①说（shuì）：劝说；说服。②形：形势；局势。③缓：指平常时期。④急：指非常时期。阻：依仗。合从（zōng）：泛称联合起来。逆：背叛；抗拒。京师：首都。借指朝廷。⑤逆节：叛乱的事端。⑥前日：从前；昔日。晁错（前200—前154年）：颍川郡（今河南省中南部）人。文帝时，任太子家令等职。⑦数（shǔ）：计；计算。⑧適（dí）嗣：嫡长子。適，通"嫡"。正妻所生的儿子，有时专指正妻所生的长子。代立：世代继立。⑨宣：显示；流传；宣扬。⑩得：可以。推恩：推爱；施恩惠给他人；推广恩德。⑪侯：封侯。动词。⑫稍：逐渐。弱：削弱。⑬茂陵：陵名、县名。⑭豪桀（jié）：指豪强。桀，通"杰"。

尊立卫皇后^①，及发燕王定国阴事^②，盖偃有功焉^③。大臣皆畏其口，赂遗累千金^④。人或说偃曰："太横矣！"主父曰："臣结发游学四十余年^⑤，身不得遂^⑥，亲不以为子^⑦，昆弟不收^⑧，宾客弃我^⑨，我厄日久矣^⑩。且丈夫生不五鼎食^⑪，死即五鼎烹耳^⑫！吾日暮途远^⑬，故倒行暴施之^⑭。"

【注释】

①卫皇后（？—前91年）：汉武帝皇后卫子夫。②发：揭发；告发。燕王定国：刘定国。承袭祖爵为燕王。阴事：隐私；暗中干的坏事。③盖：承接连词。④赂遗（wèi）：贿赂和赠送。累（lěi）：累计。金：汉代以黄金一斤（合今258.25克）为一金。⑤臣：古人表示谦卑的自称。结发：古代男孩成年（二十岁）时结发为髻。借指年轻的时候。⑥遂：顺利；成功。⑦亲：父母。⑧昆弟：兄弟。⑨宾客：泛指朋友。⑩厄：穷困。⑪五鼎食：古代诸侯宴会时列五鼎肉菜而食，鼎内分盛牛、羊、猪、鱼、鹿肉。鼎，古代炊器、礼器，陶制或铜、铁制。也用作烹人（将人煮死）的刑具。⑫五鼎烹：指用鼎镬将人煮死的酷刑。⑬日暮途远：借喻年老而要做的事情还很多，或要达到的目标还很远。⑭倒行暴施：不遵循常理而又急促地做事。

偃盛言朔方地肥饶^①，外阻河^②，蒙恬城之以逐匈奴^③，内省转输戍漕^④，广中国^⑤，灭胡之本也。上览其说，下公卿议^⑥，皆言不便。公孙弘曰："秦时常发三十万众筑北河^⑦，终不可就，已而弃之^⑧。"主父偃盛言其便，上竟用主父计^⑨，立朔方郡^⑩。

【注释】

①盛言：大讲。②阻：凭借。③城：筑城。动词。④漕：漕运。⑤广：扩大。动词。⑥下：下交。⑦常：通"尝"，曾经。⑧已而：不久；随即。⑨竟：终于。⑩事在元朔二年（前127年）。

元朔二年，主父言齐王内淫佚行僻^①，上拜主父为齐相^②。至齐，遍召昆弟宾客，散五百金予之，数之曰^③："始吾贫时，昆弟不我衣食^④，宾客不我内门^⑤；今吾相齐^⑥，诸君迎我或千里。吾与诸君绝矣^⑦，毋复入偃之门^⑧！"乃使人以王与姊奸事动王^⑨，王以为终不得脱罪，恐效燕王论死^⑩，乃自杀。有司以闻^⑪。

【注释】

①齐王：刘次景。内：宫内。指私生活。淫佚：荒淫放荡。僻：邪僻。②相：诸侯王国的最高行政长官，职位相当于郡太守。③数（shǔ）：列举过失而指责。泛指责备。④不我衣食（sì）：不给我吃穿。否定句中宾语"我"被置于动词"衣食"之前。⑤不我内（nà）门：即"不内我（于）门"。不让我进门。内，通"纳"。接纳，收容。⑥相：任相。动词。⑦绝：绝交。⑧毋（wú）：莫；不要。⑨动：触动；惊动。⑩效：象；类似。论死：判为死罪。论，定罪。⑪有司：古代设官分职，各有专司，因称官吏为"有司"。

主父始为布衣时^①，尝游燕、赵，及其贵，发燕事。赵王恐其为国患^②，欲上书言其阴事，为偃居中^③，不敢发。及为齐相，出关，即使人上书，告言主父偃受诸侯金，以故诸侯子弟多以得封者^④。及齐王自杀，上闻大怒，以为主父劫其王令自杀^⑤，乃征下吏治^⑥。主父服受诸侯金^⑦，实不劫王令自杀。上欲勿诛，是时公孙弘为御史大夫，乃言曰："齐王自杀无后，国除为郡，入汉。主父偃本首恶，陛下不诛主父偃，无以谢天下。"乃遂族主父偃^⑧。

【注释】

①布衣：借指平民。②赵王：刘彭祖。汉景帝子。初封广川王，后徙封赵王。③为：因为。居中：身在朝中。④以故：由于这个缘故。⑤劫：威逼；挟制。令：

使；让。⑥征下吏治：（把主父偃）召回，交给法官治罪。⑦服：服罪；承认。⑧族：灭族。古代的一种酷刑，一人有罪，诛杀其家族。

主父偃方贵幸时①，宾客以千数。及其族死，无一人收者②，唯独泿虚孔车收葬之③。天子后闻之，以为孔车长者也④。

【注释】

①贵幸：地位显贵并得到皇帝宠爱。②收：收葬尸骨。③泿（xiáo）：县名。在今安徽省固镇县东。孔车：人名。④长（zhǎng）者：有德行的人；忠厚的人。

太史公曰：公孙弘行义虽脩①，然亦遇时。汉兴八十余年矣，上方乡文学②，招俊乂③，以广儒墨④，弘为举首⑤。主父偃当路⑥，诸公皆誉之⑦，及名败身诛，士争言其恶。悲夫⑧！

【注释】

①脩：善；美好。②乡（xiàng）：通"向"。倾向；注重。③俊乂（yì）：才能出众的优秀人才。④广：推广；宣扬。儒墨：儒家和墨家。⑤举首：选举出来的魁首。指对策第一。⑥当路：担任要职，掌握大权。⑦诸公：指朝廷大臣。⑧悲夫（fū）：可悲啊。有两层含义：一是感叹主父偃的遭遇；二是讥讽某些人的随风转舵。

太皇太后诏大司徒、大司空①："盖闻治国之道，富民为始②；富民之要③，在于节俭。《孝经》曰④：'安上治民，莫善于礼。' '礼，与奢也宁俭⑤。'昔者管仲相齐桓⑥，霸诸侯，有九合一匡之功⑦，而仲尼谓之不知礼⑧，以其奢泰侈拟于君故也⑨。夏禹卑宫室⑩，恶衣服⑪，后圣不循⑫。由此言之，治之盛也，德优矣，莫高于俭。俭化俗民，则尊卑之序得，而骨肉之恩亲，争讼之原息。斯乃家给人足⑬、刑错之本也欤⑭？可不务哉⑮！夫三公者，百寮之率⑯，万民之表也⑰。未有树直表而得曲影者也。孔子不云乎⑱：'子率而正⑲，孰敢不正⑳！' '举善而教不能，则劝㉑。'维汉兴以来㉒，股肱宰臣身行俭约㉓，轻财重义，较然著明㉔，未有若故丞相平津侯公孙弘者也。位在丞相而为布被，脱粟之饭，不过一肉。故人、所善宾客皆分奉禄以给之，无有所余。诚内自克约而外从制㉕。汲黯诘之，乃闻于朝，此可谓减于制度而可施行者也㉖。德优则行，否则止㉗，与内奢泰而外为诡服以钓虚誉者殊科㉘。以病乞骸骨，孝武皇帝即制曰㉙：'赏有功，褒有德，善善恶恶，君宜知之。其省思虑，存精神，辅以医药㉚。'赐告治病，牛酒杂帛。居数月，有瘳，视事。至元狩二年，竟以善终于相位。夫知臣莫若君，此其效也㉛。弘子度嗣爵，后为山阳太守，坐法失侯。夫表德章义㉜，所以率俗厉化㉝，圣王之制，不易之道也。其赐弘后子孙之次当为后者爵关内侯㉞，食邑三百户㉟，征诣公车㊱，上名尚书㊲，朕亲临拜焉㊳。"

【注释】

①这是汉平帝元始中（公元3年前后）王元后的诏书，后人附录于此。她经历元、成、哀、平四帝直至王莽数朝，平帝时临朝，委实权于侄子王莽。大司徒，官名。丞相的改称。②治国之道，富民为始：语本于《管子·治国》："凡治国之道，必先富民，民富则易治也，民贫则难治也。"③要：大要；关键。④《孝经》：儒家经典之一。⑤礼与奢也宁俭：就礼节礼仪来说，与其奢侈，毋宁节俭。⑥昔者：从前。齐桓：齐桓公。⑦九合一匡之功：多次会合诸侯和匡正天下的功劳。

语本《论语·宪问》："子曰：'桓公九合诸侯，不以兵车，管仲之力'。""子曰：'管仲相桓公，霸诸侯，一匡天下，民到于今受其赐。'"九，泛指多数、多次。⑧仲尼：孔子字。⑨孔子批评管仲僭礼行为如"树塞门""有反坫""有三归"等，见《论语·八佾》。泰，过分。⑩夏禹：亦称大禹。一说名文命。⑪恶：粗劣。使动用法。⑫后圣：指后来的国君。⑬斯：这；这个。⑭本：根本；基础。欤：表示疑问、感叹的语气词。⑮可不：能不；怎能不。务：致力于；尽力做。⑯百寮之率：百官之长。寮，通"僚"。率，又作"帅"。主将，借指首长。⑰表：表率；标帜。⑱云：说。⑲引语本于《论语·颜渊》："季康子问政于孔子。孔子对曰：'政者，正也。子帅以正，孰敢不正！'"子，对男子的美称（古时也用于称呼女子）。⑳孰：谁；哪个人。㉑引语本于《论语·为政》："季康子问使民敬、忠以劝如之何。子曰：'临之以庄则敬，教慈则忠，举善而教不能，则劝。'"举，选拔；褒扬。善，善者，善良、贤明的人。不能，不能者，德行差的人。劝，努力；劝勉。㉒维：发语词。㉓股肱（gōng）宰臣：比喻帝王左右得力的宰辅大臣。股肱，大腿和胳膊。㉔较然著明：非常明显。指表现突出。㉕诚：确实，的确。克约：克制约束。从制：遵依制度。㉖减于制度：比制度规定的标准低。根据礼制规定，达官贵人地位尊贵，衣服等也有法定等级标准。㉗止：止；不（可）做。㉘王莽当时假装恭俭，以钓虚誉。㉙制：帝王的命令。《秦始皇本纪》："命为制，令为诏。"此处用作动词，意为下令。㉚以上数句系引用武帝之诏语而字句有变化，参见前文。㉛效：效验；证明。㉜表：表扬。章：通"彰"。表彰。㉝率：引导；带领。厉：激励；勉励。化：风化；教化。㉞其：句中语气词，表示期望或命令（及揣测、反问等）。这里可解为"兹令""请"。关内侯：秦汉二十等爵的第十九等，仅次于最高级的彻侯（通侯）。一般无封国，居于京城或京郊。㉟食邑：又称采（cài）邑。诸侯盛行于周代。㊱诣（yì）：前往；去到。公车：官名、官署名。属卫尉。其办公官署亦称"公车"。㊲上名：提名上报。尚书：官名。战国始设，或称掌书。㊳拜：授予官爵。

　　班固称曰①：公孙弘、卜式②、兒宽皆以鸿渐之翼困于燕雀③，远迹羊豕之间④，非遇其时，焉能致此位乎⑤？是时汉兴六十余载⑥，海内乂安⑦，府库充实，而四夷未宾⑧，制度多阙⑨。上方欲用文武⑩，求之如弗及⑪。始以蒲轮迎枚生⑫，见主父而叹息⑬。群臣慕向⑭，异人并出⑮。卜式试于刍牧⑯，弘羊擢于贾竖⑰，卫青奋于奴仆⑱，日磾出于降虏⑲，斯亦曩时版筑饭牛之朋矣⑳。汉之得人，于兹为盛㉑：儒雅则公孙弘、董仲舒、兒宽；笃行则石建㉒、石庆㉓；质直则汲黯、卜式；推贤则韩安国㉔、郑当时㉕；定令则赵禹㉖、张汤㉗；文章则司马迁㉘、相如㉙；滑稽则东方朔㉚、枚皋㉛；应对则严助㉜、朱买臣㉝；历数则唐都㉞、落下闳㉟；协律则李延年㊱；运筹则桑弘羊；奉使则张骞㊲、苏武㊳；将帅则卫青、霍去病；受遗则霍光㊴、金日磾。其余不可胜纪㊵。是以兴造功业㊶，制度遗文㊷，后世莫及。孝宣承统㊸，纂修洪业㊹，亦讲论《六艺》㊺，招选茂异㊻，而萧望之㊼、梁丘贺㊽、夏侯胜㊾、韦玄成㊿、严彭祖[51]、尹更始以儒术进[52]；刘向[53]、王褒以文章显[54]；将相则张安世[55]、赵充国[56]、魏相[57]、邴吉[58]、于定国[59]、杜延年[60]；治民则黄霸[61]、王成[62]、龚遂[63]、郑弘[64]、邵信臣[65]、韩延寿[66]、尹翁归[67]、赵广汉之属[68]。皆有功迹见述于后[69]，累其名臣[70]，亦其次也[71]。

【注释】

①班固（公元 32—92 年）：东汉史学家、文学家。字孟坚，扶风安陵（今陕西咸阳东北）人。称曰：《汉书》纪、传的结尾部分有"赞曰"二字，大体上相当于作者的总评语。②卜式：西汉河南人。畜牧主出身。屡以家财资助政府，武帝任为中郎，后封关内侯，官御史大夫。以反对盐铁专卖，不久被贬为太子太傅。③兒（ní）宽（？—前 103 年）：西汉于剩（今山东高青北）人。治《尚书》，为孔安国弟子。元鼎四年（公元前 113 年），任左内史，劝农业，缓刑罚，开凿六辅渠。后任御史大夫，与司马迁等共同制定"太初历"。《汉书·艺文志》儒家有《兒宽》九篇，今有辑本。鸿渐之翼：鸿雁飞升之翼（翅膀），比喻才能非凡。燕雀：泛指小鸟，或专指花雀（又称花鸡）。比喻才干庸劣之辈。④远远混迹于猪羊群里。意为在远方放牧猪羊。公孙弘曾牧猪海滨，卜式在河南曾入山牧羊多年。⑤焉能：岂能，怎能，哪里能够。致此位：得到这种官位（公卿之位）。致，取得，得到。⑥汉兴六十余载：指汉王刘邦元年（前 206 年）至汉武帝即位之年（前 141 年），其间六十余年。⑦义（yì）安：安定。义，安定；治理。⑧四夷：四方蛮夷部族。宾：宾服。服从，归顺。⑨阙（què）：通"缺"，缺点，错误；空缺，亏损。此处可理解为"不健全"。⑩上：皇上，指武帝。文武：有文、武特长的人才。⑪求之如弗及：搜求他们，好像害怕赶不上似的。⑫蒲轮：以蒲裹轮的车子。取其动行时震动小，常用于封禅或迎接贤士。武帝建元元年（公元前 140 年），"遣使者安车（一马拉，可以坐乘的小车）蒲轮，束帛加璧，征鲁申公。"枚生：即枚乘（？—前 140 年）。西汉辞赋家。字叔，淮阴（今属江苏）人。初为吴王刘濞郎中，劝吴王勿谋反，不听，遂去为梁孝王客。⑬前文主父偃及徐乐、严安上书后，武帝召见三人，谓曰："公等皆安在？何相见之晚也！"此即所谓"见主父而叹息"。叹息，此处用其引申义，意为赞叹，赞许。⑭群臣：《汉书》及它本《史记》作"群士"。慕向：美慕向往。向，趋向，奔向。⑮异人：有特异才干的人。⑯卜式试于刍牧：指卜式自牧羊者而被用为朝臣。⑰弘羊：即桑弘羊（前 152—前 80 年）。西汉政治家。洛阳（今河南洛阳东北）人。出身商人家庭。武帝时任治粟都尉（又名搜粟都尉，掌军粮），领大司农（九卿之一，掌租税钱谷盐铁和国家财政收支）。擢（zhuó）于贾（gǔ）竖：从商人小子提拔上来。擢，提拔，选拔。贾，商人。竖，竖子，对人的蔑称。西汉时实行"重农抑商"（"重本抑末"）政策，商人社会地位不高，高帝时已规定商人不准穿线织品和细葛衣服，不准乘车骑马，不准携带兵器，不准做官，加倍缴纳人口税，等等。故商人常被蔑称为"贾竖"。⑱卫青（？—前 106 年）：见前文"卫将军"条注。奋于奴仆：从奴仆提拔上来。奋，鸟类展翅，引申为举起来。⑲金日磾，日磾读 mì dī，（前 134—前 86 年），字翁叔。降（xiáng）虏：投降过来的俘虏。归降之虏。⑳曩（nǎng）时：以往，从前。版筑：筑土墙。用两版相夹，装满泥土，以杵层层筑实，即成一版高的墙。后泛指土木营造之事。饭牛：喂牛。春秋时卫国人宁戚有天才而不被用，从事贸易。某日，他宿于齐都东门外，桓公夜出，碰见他正在喂牛，一边唱着歌，桓公知其贤，举用为客卿（见《离骚》王逸注）。又，春秋时虞国大夫百里奚（百里侯），虞亡时为晋所俘，以陪嫁之臣送入秦国，乃以喂牛之说求取秦穆公之了解重视，后走往楚国，被穆公用五张牡黑羊皮赎回，任为大夫，称为五羖大夫，与蹇叔、由余等辅佐穆公建立霸业。朋：伦匹，同类。㉑于兹为盛：在这个时期为多。兹，

这，此，这里。指示代词。㉒笃行：诚心诚意地做事。石建（？—前122年）：温县（今河南温县东）人。万石君石奋长子。㉓石庆（？—前103年）：石奋少子。武帝初任内史，迁太仆（九卿之一，掌皇帝舆马和马政），曾为皇帝驾车，帝问车前几马，他用马鞭子数了一遍才回答说"六马"。出为齐相，"齐国大治"。入为太子太傅，迁御史大夫。元鼎五年（前112年）升为丞相，在位九年，无甚建树。㉔推贤：推荐贤能者。韩安国（？—前127年）：梁国成安（今河南民权县东北）人，字长孺。㉕郑当时：字庄，陈县（今河南淮阳县）人。其父为项羽之将，死于文帝时。㉖定令：制定法令。赵禹：斄（tái）（今陕西武功西）人。景帝时，在京师诸官府为吏。武帝时，任御史，迁太中大夫。元光五年（前130年），奉诏与张汤编订律令。一度罢官，起任廷尉（九卿之一，掌刑狱）等职。晚年徙为燕相，数年后免归。他居官不受请托，执法酷急，后稍缓。㉗张汤（？—前115年）：杜陵（今陕西西安东南）人。武帝时历任廷尉、御史大夫等官，是武帝推行一系列重大政策的主要助手之一。建议铸造白金及五铢钱，支持盐铁官营政策，制订打击富商大贾的告缗令，并与赵禹共订诸律令。后自杀。撰有《越宫律》二十七篇。㉘文章：文辞。司马迁（约前145或前135—约前92年）：西汉史学家、文学家和思想家。㉙相如：司马相如（前179—前117年）。西汉辞赋家。字长卿，蜀郡成都（今属四川）人。景帝时，为武骑常侍。武帝时，以所作《子虚赋》等为帝所赏识，任郎官，曾奉使西南，后为孝文园令。其辞赋有明人所辑《司马文园集》。详见《司马相如列传》。㉚滑（gǔ）稽：盛酒器，能不断地往外流酒。因用以比喻人能言善辩，语言流畅无滞竭。一说，滑，乱的意思；稽，同的意思。谓"辩捷之人，言非若是，说是若非，能乱异同。"（见《滑稽列传》的《索隐》）。现在一般用为使人发笑的意思。东方朔（前154—前93年）：西汉文学家。平原厌次（今山东惠民）人，字曼倩。武帝时，为太中大夫。性诙谐滑稽，善辞赋。《汉书·艺文志》杂家有《东方朔》三十篇，今散佚。㉛枚皋：西汉辞赋家。字少孺，淮阴（今属江苏）人。枚乘之子。㉜严助（？—前122年）：本姓庄，避东汉明帝讳，改为"严"。会稽郡吴（今属江苏）人。武帝时，以贤良对策合帝意，被擢为中大夫。奉命发会稽兵攻闽越以救东瓯，未至而闽越引兵罢；又奉命喻南越王，王遣太子入朝。后出为会稽太守，归朝留为侍中。因与淮南王刘安交结，被牵连受刑死。他善应对，有辩才，又长于文辞，曾作赋数十篇。㉝朱买臣：见前公孙弘传注。㉞历数：天文历算之学。唐都：西汉天文历法学家。㉟落下闳：姓落下，名闳，字长公，巴郡阆中（今属四川）人。精通天文，擅长历算。武帝时，征为太史待诏。与司马迁、邓平、唐都等共创《太初历》，分司运算转历。又造浑仪，以观天象。㊱协律：校正乐律。李延年（？—约前87年）：汉代著名音乐大师。中山（郡治今河北定县）人。乐工出身，父母兄弟亦均为乐工。善歌，又善造新声。武帝时，任协律都尉（掌协调乐律）。㊲张骞（？—前114年）：汉中成固（今陕西城固）人。官大行，封博望侯。武帝初，奉命出使大月氏，相约夹攻匈奴。他翻越葱岭（今帕米尔高原），亲历中亚许多国家和地区。来往途中被匈奴扣留凡十一年。元狩四年（前119年），又奉使乌孙，并遣副使出使大宛、康居、大夏、安息等地。㊳苏武（？—前60年）：杜陵（今陕西西安东南）人，字子卿。天汉元年（前100年），奉使匈奴，被扣。威武不屈，誓死不降，被匈奴单于放于北海（今贝加尔湖）边牧羊。㊴卫青：见前主父偃传"卫将军"

条注。㊵霍去病（公元前140—前117年）：西汉名将。河东平阳（今山西临汾西南）人。官至骠骑将军，封冠军侯。㊶受遗：接受遗命，辅佐新主。霍光（？—前68年）：西汉大臣。字子孟，河东平阳（今山西临汾西南）人。霍去病异母弟。武帝时，为奉车都尉。昭帝年幼即位，他与桑弘羊等同受武帝遗诏辅政。任大司马大将军，封博陆侯。昭帝死，迎立昌邑王为帝，旋即废之，又迎立宣帝。前后执政二十年间，轻徭薄赋，注意发展生产。㊷纪：通"记"。记载。㊸是以："以是"之倒置，以是之故，由于这样，所以。兴造功业：犹言干功立业，创立功业。㊹遗文：遗留下来的文辞或文物。㊺孝宣：汉宣帝刘询（前91—前49年）。武帝曾孙，幼年避祸，生长民间。昭帝死，他为霍光所立，前74—前49年在位，号称"中兴"。承统：继承大统，即继承帝位。㊻纂（zuǎn）：通"缵"。继承。脩：通"修"。治理。洪业：指汉朝的大业。㊼六艺：即六经。包括《礼》《乐》《书》《诗》《易》《春秋》等六种儒家经典。㊽茂异：才干非凡的人才，即优秀人才。东汉时为避光武帝刘秀讳，改秀才为茂才。㊾萧望才（？—前47年）：西汉大臣。字长倩，东海兰陵（今山东苍山西南）人，徙杜陵（今陕西西安东南）。㊿梁丘贺：西汉今文易学"梁丘学"的开创者。字长翁，琅邪诸（今山东诸城）人。从京房学《易》，又学《易》于田王孙。51夏侯胜：西汉今文尚书学"大夏侯学"的开创者。字长公，东平（今山东汶上附近）人。官长信少府、太子太傅。从夏侯始昌学今文《尚书》，又从欧阳生问学，称"大夏侯"（夏侯建称"小夏侯"）。宣帝时，立为博士。以阴阳灾异推论时政得失。著作已佚。52韦玄成（？—前36年）：字少翁，鲁国邹（今山东邹县东南）人。53严彭祖：西汉公羊春秋严氏学的创立者。字公子，东海下邳（今江苏邳州市西南）人。54尹更始：经学家。字翁君，汝南（郡治在上蔡，今河南上蔡西南）人。从大儒蔡千秋学《谷梁春秋》。宣帝时，为议郎，参加议经大会。后为谏大夫、长乐户将，又受《春秋左氏传》，传子咸及翟方进、房凤。55刘向（约前77—前6年）：经学家、目录学家、文学家。本名更生，字子政，沛（今江苏沛县）人。汉皇族楚元王刘交四世孙。治《春秋穀梁传》。曾任谏大夫、宗正（九卿之一，掌皇族事务）等。用阴阳灾异推论时政得失，屡奏劾外戚专权。成帝时，任光禄大夫，终中垒校尉。56王褒：辞赋家。字子渊，蜀资中（今四川资阳）人。宣帝时，为谏大夫。以辞赋著称。又有《僮约》一篇，从一个侧面反映出当时奴隶所受之苦。明人辑有《王谏议集》。57张安世（？—前62年）：西汉名臣。字子孺，杜陵（今陕西西安东南）人。张汤子。58赵充国（前137—前52年）：西汉大将。字翁孙，陇西上邽（今甘肃天水西南）人。熟悉匈奴和羌族情况。59魏相（？—前59年）：西汉大臣。字弱翁，济阴定陶（今山东定陶西北）人，徙平陵（今陕西咸阳西北）。60邴吉（？—前55年）：一作"丙吉"。字少卿，鲁国（今山东曲阜）人。本为鲁狱吏，累迁廷尉监，治巫蛊狱，曾救护皇曾孙（宣帝）。后任大将军霍光长史，建议迎立宣帝。封博阳侯，任丞相。61于定国（？—前40年）：东海郯（今山东郯城县西南）人，字曼倩。初为狱史、郡决曹。宣帝时，任廷尉。决狱审慎，能"决疑平法"。后为丞相，封西平侯。62杜延年（？—前52年）：字幼公，南阳杜衍（在今河南南阳市西南）人。御史大夫杜周少子。明法律。昭帝时，以校尉击益州蛮夷，还为谏大夫。告发上官桀、盖主、燕王等合谋叛乱事，封建平侯，擢太仆右曹给事中。宣帝即位，以定策功益封。后出为北地、西河太守，入为御史大夫。63黄霸（？—前51年）：西汉名臣。字次公，淮阳阳夏（今河南太康）人。宣帝时，任扬州刺史、颍川太守。为政外宽内明。后为御史大夫、丞相，封建成侯。后世把他与龚遂作为循吏的典型，合称"龚黄"。㉔王成（？—约前67年）：籍贯不详。为胶东国相，治有政声。地节三年（前67年），宣帝下诏褒奖，封爵关内侯。后有言其虚报治绩者。㉕龚遂：山阳南平阳（今山东邹县）人，字少卿。初为昌邑王刘贺郎中令，勇于谏诤。㉖郑弘（？—前37年）：泰山郡刚（在今山东宁阳东北）人，字稚卿。㉗邵信臣："邵"一作"召"。字翁卿，九江寿春（今安徽寿县）人。元帝时，历任零陵、南阳太守。㉘韩延寿（？—前57年）：字长公，杜陵（今陕西西安东南）人。少为郡文学。后任颍川、东郡太守，治甚有名。继为左冯翊。后遭诬劾，为宣帝所杀。㉙尹翁归（？—前62年）：字子兄，河东平阳（今山西临汾市西南）人，徙杜陵。㉚赵广汉（？—前65年）：字子都，涿郡蠡吾（今河北博野西南）人。少为郡吏、州从事。宣帝时，任颍川太守，诛杀豪强原氏、褚氏等。之属：之类。《汉书》在此前尚列有严延年、张敞二人。㉛见述于后：为后世所称道。《汉书》作"见述于世"。见，相当于"被"。被动用法。㉜累其名臣：同武帝时期那些名臣比较起来。㉝亦其次也：只是比他们（指武帝时的那些名臣）差一些。

南越列传第五十三

　　南越王尉佗者①，真定人也②，姓赵氏。秦时已并天下③，略定杨越④，置桂林⑤、南海⑥、象郡⑦，以谪徙民⑧，与越杂处十三岁⑨。佗，秦时用为南海龙川令⑩。至二世时⑪，南海尉任嚣病且死⑫，召龙川令赵佗语曰⑬："闻陈胜等作乱⑭，秦为无道，天下苦之⑮，项羽⑯、刘季⑰、陈胜、吴广等⑱，州郡各共兴军聚众⑲，虎争天下⑳，中国扰乱，未知所安㉑，豪杰畔秦相立㉒。南海僻远㉓，吾恐盗兵侵地至此㉔，吾欲兴兵绝新道㉕，自备，待诸侯变，会病甚㉖。且番禺负山险㉗，阻南海㉘，东西数千里，颇有中国人相辅，此亦一州之主也，可以立国。郡中长吏无足与言者㉙，故召公告之。"即被佗书㉚，行南海尉事㉛。嚣死，佗即移檄告横浦㉜、阳山㉝、湟谿关曰㉞："盗兵且至㉟，急绝道聚兵自守㊱！"因稍以法诛秦所置长吏，以其党为假守㊲。秦已破灭，佗即击并桂林、象郡，自立为南越武王㊳。

【注释】

　　①南越，亦作"南粤"。本为族名，指古代南方越人的一支。赵佗建国于其地，以"南越"为号，故又为国名。越人是古代分布在长江中下游以南广大地区的民族，部落众多，有"百越"（"百粤"）之称。长于水上航行和金属冶炼。后渐与汉及其他民族融合，其中另有一部分与之壮、黎、傣诸族有密切的渊源关系。南越在百越中居地偏南，主要在今两广地区，南及今越南中、北部，北及湖南南部和贵州南部。尉：郡尉。秦汉时期官名，掌佐郡守典武职甲卒，为一郡最高军事长官。汉景帝中元二年（前148年），更名都尉。郭嵩焘《史

记札记》谓秦时"盖凡蛮夷属部置尉，典兵以镇守之，不设（郡）守，初定桂林、南海、象郡，而任嚣为南海尉，即其例也"。此说可信。佗（tuō）：一作"他"。赵佗曾任秦南海尉（详后），故当时一般称之为尉佗。②真定：县名，治所在今河北石家庄市东北。③秦：国名、朝代名。④略定：攻取并且平定。平定。杨越：一作"扬越"。因越人分布在古"九州"之一的扬州地区（今中国东南部），故名。⑤秦始皇三十三年（前214年），征发诸尝逋（bū）亡人（逃亡者）、赘婿、商人为兵，略取南越陆梁地，置桂林、南海、象郡，并以谪徙民五十万人戍守五岭（越城、萌渚、骑田、大庚、都庞五岭。一说有揭阳而无都庞），与越人杂处。桂林，郡名，治所在今广西桂平西南，辖境约当今广西都阳山、大明山以东，九万大山、越城岭以南地区及广东肇庆市至茂名市一带。汉武帝时改置郁林郡。⑥南海：郡名（参见前注）。治所在番禺（今广东广州市）。辖境相当今广东瀹江、大罗山以南，珠江三角洲及绥江流域以东。秦、汉之际地入南越，武帝灭南越后复置于元鼎六年（前111年）。⑦象郡：郡名（参见注⑤）。治所在象林（今越南潍川南茶荛），辖境约当今广西西部、越南北部和中部地区，汉改名日南郡。一说治所在临尘（今广西崇左市境），辖境约当今广西西部、广东西南部和贵州南部一带。元凤五年（前76年）废。⑧谪（zhé）徙民：被判罪而加迁徙的百姓。⑨十三岁：《集解》引徐广曰："秦并天下（前221年）至二世元年（前209年）十三年。并天下八岁（前214年）乃平越地，至二世元年六年耳。""十三年"也可能指秦始皇三十三年（前214年）平南越至汉高帝五年（前202年）西汉王朝正式立国，令亡民各归家、复故爵田宅。⑩龙川：县名，今广东龙川县西北。令：县令。一县的行政长官。秦汉以后，人口万户以上的县，其长官称令，万户以下者称长。⑪二世：秦二世胡亥（前230—前207年），姓嬴，秦始皇少子，秦朝第二代皇帝，前210—前207年在位。统治期间，继续大修阿房宫和驰道，赋役有增无减，不久即爆发陈胜、吴广领导的农民大起义。后为宦官赵高逼迫自杀。⑫任，音rén。嚣，音áo。且，将，将要。⑬语（yù）曰：告诉（他）说。语，告诉。曰，说。⑭陈胜（？—前208年）：秦末农民起义领袖。字涉，阳城（今河南登封市东南）人。雇农出身。秦二世元年（前209年），与吴广在蕲县大泽乡（今安徽宿州市东南刘村集）发动同往渔阳（治今北京市密云县西南）屯戍卒九百人起义。起义军迅速发展到数万人，并在陈县（今河南淮阳县）建立楚政权，他被推为王，派兵攻取赵魏等地，又派主力军攻关中。秦军围陈，他率军奋战失利，退至下城父（今安徽涡阳县东南），为其车夫庄贾杀害。作乱：犯上作乱，指造反。⑮苦之：以之为苦，即被其所苦。⑯项羽（前232—前202年）：秦末农民起义军领袖。名籍，字羽，下相（今江苏宿迁市西南）人。楚国旧贵族出身。⑰刘季（前256或前247—前195年）：即汉高祖刘邦。西汉王朝的建立者。名邦，字季，沛县（今江苏沛县）人。曾任泗水亭长。⑱吴广（？—前208年）：秦末农民起义领袖（参见"陈胜"条注）。字叔，阳夏（jiǎ，今河南太康）人。贫苦农民出身。⑲州：地方行政区划名。秦、汉以前虽有"九州""十二州"说，但皆为传说中的地方行政区制度。至汉武帝时，始于京师地区外分境内为十三州，置刺史巡视州内。当时州只是监察区，东汉晚年始成为郡之上的一级行政区划。此处用"州"字，可能系司马迁以当时之称记秦末之事。郡：春秋至隋唐时的地方行政区划名。秦统一后，分全国为三十六郡，后增至四十余郡；有守、尉、监御史，分管一郡之政治、军事、监察诸事。郡之下设县。⑳虎争天下：比喻像老虎争夺食物那样凶猛地争夺天下。㉑安：安定，安定下来。㉒畔：通"叛"。叛乱，背叛。《史记会注考证》说："'闻陈胜等'以下五十字，辞意重复，《汉书》修为'闻陈胜等作乱，豪杰叛秦相立，十二字。"㉓僻远：偏僻遥远。㉔盗兵：强盗（盗贼）的军队。这是对反秦义军的诬蔑称呼。㉕新道：指秦朝开辟的通往南越故地的道路。㉖会：正好，恰巧；不巧。㉗且：句首语气助词。犹"夫"。番禺（pān yú）：县名，今属广东（在广州市附近）。这里泛指南海郡及"南越"地区（从下文"东西数千里"可知）。负：背靠着。山：指"五岭"等。㉘阻：仗恃，倚仗。这里指"濒临"。南海：海名，即今中国南海。㉙长（zhǎng）吏：地位较高的官吏。也指地位较高的县级官吏。无足与言者：没有谁值得我同他说话。㉚即被佗书：就颁给赵佗有关文书。《索隐》引服虔云："嚣诈作诏书，使（赵佗）为南海尉。"据此则本句意为任嚣即将赵佗加于假造的诏书之上（诏书上写着命赵佗行郡尉事一类内容）。被，加，及，加于……之上。㉛行（xíng）：代行。㉜移檄（xí）：传递檄文。移，传递文书。横浦：关名。在今广东省南雄市东北。㉝阳山：关名。在今广东阳山县东北。㉞湟谿关：秦置。故址在今广东英德市西南连江（古湟水，一作洭水）注入北江处。一说在今广东连水西北。㉟且至：将到，快来了。㊱急：赶快，火速。绝道：指断绝秦时所辟通南越的道路。参见前文"新道"条注。㊲《索隐》案："谓他立其所亲党为郡县之职或假守。"假守，代理郡守。《汉书》作"守假"，与此义有异。㊳事在汉王刘邦元年〔公元前206年〕。

　　高帝已定天下①，为中国劳苦②，故释佗弗诛③。汉十一年④，遣陆贾因立佗为南越王⑤，与剖符通使⑥，和集百越⑦，毋为南边患害⑧。与长沙接境⑨。

【注释】

　　①高帝：汉高帝刘邦。见前文"刘季"条注。已定天下：已经平定天下。②为（wèi）：因为。介词。③释：放下（不管），放开，弃置。弗诛：不予讨伐。弗，不。副词。诛，讨伐；杀死，引申为铲除。④事在汉高帝十一年（前196年）五月。⑤陆贾：汉初政论家、辞赋家。因：因袭。时赵佗已自立为南越武王，汉朝立其为南越王，等于追认既成事实。⑥与："与之"（同他）之省。剖符：古代帝王分封诸侯或功臣，把符节剖分为二，双方各持其半，作为信守的约证，谓之"剖符"。符，朝廷传达命令或征调兵将的一种凭证，以金或玉、铜、竹、木制成，双方各执其半，合之以验真假。⑦和集百越：协调安定百越。意思是使百越和睦安定。和，和睦，协调。集，通"辑"，安定。百越，见前文"南越"条注。⑧南边：指汉朝南部边境。⑨长沙：原为秦朝所置郡。治所在临湘（今湖南长沙市），辖境相当今湖南东部、南部和广西全州、广东连州市、阳山等地。西汉改为国。

　　高后时①，有司请禁南越关市铁器②。佗曰："高帝立我，通使物③，今高后听谗臣④，别异蛮夷⑤，隔绝器物⑥，此必长沙王计也⑦，欲倚中国，击灭南越而并王之⑧，自为功也⑨。"于是佗乃自尊号为南越武帝⑩，发兵攻长沙边邑⑪，败数县而去焉。高后遣将军隆虑侯灶往击之⑫，会暑湿⑬，士卒大疫⑭，兵不能逾岭⑮。岁余，高后崩⑯，即罢兵。佗因此以兵威边⑰，财物赂遗闽越⑱、西瓯⑲、骆⑳，役属焉㉑，东西万余里。乃乘黄屋左纛㉒，称制㉓，与中国侔㉔。

【注释】

　　①高后（前241—前180年）：即吕后。汉高帝皇后，名雉，字娥姁。②事在高后四年（前184年）。有司，古代设官分职，各有专司，因称官吏为"有

司"。关市，汉朝在边关所设与其他民族进行贸易的集市。此处意为在关市上买（铁器）。市，兼作"市场"与"买"两用。③使物：使者及货物。④听谗臣：听从谗臣之言。⑤别异蛮夷：歧视蛮夷，把它与"华夏"区别开来。对蛮夷另眼相看（贬义），即视蛮夷为异己物、异类。蛮夷，我国古代对少数民族的称呼。此处指南越。⑥隔绝：断绝。此处指不卖给。器物：器具用物。⑦长沙王：长沙国王吴右（恭王，一作"共王"），前186—前178年在王位。公元前202年，高帝徙衡山王吴芮为长沙王，吴右是其曾孙。⑧攻灭南越，一并统治之。王（wàng），称王，统治天下。用作动词。⑨自为功：为自己建立功业。⑩事在高后五年（公元前183年）春。尊，尊奉。⑪边邑：边境城镇。⑫事在高后七年（公元前181年）九月。隆虑，县名，在今河南林县，因县西隆虑山得名。灶：周灶（？—前163年）。⑬会暑湿：赶上酷暑阴雨天气。会，正好，恰巧，碰上，遇上。⑭大疫：大病。指得病的人很多且病得厉害。⑮岭：《索隐》案，此岭即阳山岭。阳山岭系南岭的一部分。⑯高后八年（前180年）七月，吕后死。距发兵攻南越的时间（高后七年九月）不到一年，上文说"岁余"，不确。⑰因此：趁此机会。因，趁。威边：扬威于边境。⑱此句前省"以"字。赂遗（wèi），赂赠，赂赂。闽越，古族名，指古代越人的一支，秦汉时分布在今福建北部、浙江南部的部分地区。秦以其地为闽中郡。其首领无诸传为越王勾践后裔，汉初封为闽越王，治东冶（今福州市）。后分为繇与东越两部。⑲西瓯：亦越人之一支，秦汉时主要分布在岭南广大地区。与今壮族有密切的渊源关系。一说即骆越，梁顾野王《舆地志》："交趾，周时为骆越，秦时为西瓯。"颜师古亦认为西瓯即骆越。⑳骆：骆越。古越人之一支，为百越的西方部分。秦汉时主要分布在今广东、广西及越南北部。与今壮、黎等族有密切的渊源关系。㉑役属：奴役并使之归属（于南越）。㉒黄屋：古代帝王所乘车上以黄缯为里的车盖。因亦即指帝王车。左纛（dào）：纛是古时帝王车舆上的装饰物，用牦牛尾或雉尾制成，因设在车衡的左边，故称"左纛"。㉓称制：自称皇帝发号施令。㉔侔（móu）：相等，等同。此处可理解为"平起平坐"。

　　及孝文帝元年①，初镇抚天下，使告诸侯四夷从代来即位意②，喻盛德焉③。乃为佗亲冢在真定④，置守邑⑤，岁时奉祀⑥。召其从昆弟⑦，尊官厚赐宠之⑧。诏丞相陈平等举可使南越者⑨，平言好畤陆贾⑩，先帝时习使南越⑪。乃召贾以为太中大夫⑫，往使⑬，因让佗自立为帝⑭，曾无一介之使报者⑮。陆贾至南越，王甚恐，为书谢⑯，称曰："蛮夷大长老夫臣佗⑰：前日高后隔异南越⑱，窃疑长沙王谗臣，又遥闻高后尽诛佗宗族，掘烧先人冢，以故自弃⑲，犯长沙边境。且南方卑湿⑳，蛮夷中间㉑，其东闽越千人众，号称王；其西瓯骆裸国㉒，亦称王。老臣妄窃帝号㉓，聊以自娱，岂敢以闻天王哉㉔！"乃顿首谢㉕，愿长为藩臣㉖，奉贡职㉗。于是乃下令国中曰："吾闻两雄不俱立，两贤不并世㉘。皇帝，贤天子也。自今以后，去帝制黄屋左纛。"陆贾还报㉙，孝文帝大说㉚。遂至孝景时㉛，称臣，使人朝请㉜。然南越其居国窃如故号名㉝，其使天子㉞，称王朝命如诸侯㉟。至建元四年卒㊱。

【注释】

　　①孝文帝：汉文帝刘恒（前202—前157年），高帝子。西汉著名皇帝，前180—前157年在位。元年：汉文帝前元元年，前179年。②使：派遣使者。代：代国，汉初同姓诸侯国之一，置于高帝六年（前201年），有云中、雁门、代三

郡五十三县地，都代县（今河北蔚县东北）。十一年去云中郡，益太原郡，并徙都中都（今山西平遥县西南），一说徙都晋阳（今太原市西南）。辖境约当今山西离石、灵石、昔阳以北和河北蔚县、阳原、怀安等地。武帝元鼎三年（前114年）废。意：意图。此处可活解为"打算"。③喻：告诉，使人知道。晓喻（谕）。④亲冢（zhǒng）：父母的坟墓。⑤置守邑：设守墓的民居。⑥岁时奉祀：过年过节，随时祭祀。奉，敬辞。⑦从昆弟：堂兄弟，兄弟。⑧此句意思是以尊贵的官职和丰厚的赏赐来表示他们的宠爱。⑨诏：下诏。皇帝下命令。陈平（？—前178年）：阳武（今河南原阳东南）人。秦末先后在魏王咎、项羽处任职，归刘邦后任护军中尉，为汉王重要谋士之一。举：荐举。⑩好畤（zhì）：县名，治所在今陕西乾县东。⑪先帝：先代皇帝。此指汉高帝。习使：熟悉出使（南越之事）。⑫太中大夫：官名。属郎中令，掌议论。⑬往使：前往出使。⑭因：趁着。介词。此处可理解为"趁与赵王见面时"。让：责备。⑮连一个来报告的使者都没有。曾，副词，用来加强语气。一介，犹一个，含有藐小、微贱的意味。⑯为书谢：写信谢罪。⑰本句系赵佗信开头语之省写。《汉书》作"……昧死再拜上书皇帝陛下"。大长（zhǎng）：大君长。老夫：年老男子的自称。⑱隔异：隔绝并视为异类。略如"歧视"。⑲以故自弃：因此自暴自弃。⑳卑湿：低下潮湿。㉑中间：当中。《汉书》作"中"。㉒瓯骆裸国：瓯骆裸体之国。瓯骆，泛指瓯越、骆越一类。㉓妄窃：妄自窃取。㉔闻：使上级听见，报告上级。天王：对汉皇帝的尊称。哉：句末语气词。㉕顿首谢：磕头谢罪。㉖藩臣：藩属之臣，属国之臣。藩，属地，属国。㉗奉贡职：遵从进贡之职。奉，遵从，遵守。贡，贡纳，进贡。㉘并世：并世而存，同时并立。㉙还（huán）报：归来报告。㉚大说（yuè）：大喜。㉛遂至：于是到。孝景：汉景帝刘启（前188—前141年），文帝子，前157—前141年在位。㉜朝请：朝见天子。古代诸侯朝见天子，春日朝，秋日请。㉝居国：在其国内。统治其国。故号名：原先的帝号等名称。㉞使天子：到天子这里来出使。出使天子居处。㉟称王：自称为王（不称帝）。朝命：指接受天子的命令。㊱建元：汉武帝的第一个年号（前140—前135年），也是整个中国封建社会的第一个年号（此前无所谓年号）。建元四年，公元前137年。

佗孙胡为南越王。此时闽越王郢兴兵击南越边邑①，胡使人上书曰："两越俱为藩臣②，毋得擅兴兵相攻击。今闽越兴兵侵臣，臣不敢兴兵，唯天子诏之③。"于是天子多南越义④，守职约，为兴师⑤，遣两将军往讨闽越⑥。兵未逾岭，闽越王弟馀善杀郢以降⑦，于是罢兵。

【注释】

①此时：指武帝建元六年（前135年）。《汉书》作"立三年"。郢：闽越王，其先无诸相传为勾践后，姓驺氏（一说姓骆）。②两越：指南越、闽越。③唯：句首语气词，表示希望。诏之：下诏指示之。④多：称赞，赞许。⑤为：替，给。⑥两将军：建元六年八月，武帝遣大行王恢复豫章、大农令韩安国出会稽，往击闽越。王、韩均为将军。⑦馀善（？—前110年）：闽越王郢之弟。杀郢后，不听新王（越繇王丑）节制，谋自立为王，汉封其为东越王，与丑并处。元鼎六年（前111年）反汉，自立为武帝。汉武帝遣将往讨。元封元年（前110年）十月，被越繇王居股等杀死。东越降汉，汉徙其民江淮间。

天子使庄助往谕意南越王①，胡顿首曰："天子乃为臣兴兵讨闽越②，死无以报德！"遣太子婴齐入宿卫③。谓助曰："国新被寇④，使者行矣⑤。胡方日夜装入见天子⑥。"助去后，其大臣谏胡曰⑦："汉兴兵诛郢，亦行以惊动南越⑧。且先王昔言，事天子期无失礼⑨，要之不可以说好语入见⑩。入见则不得复归，亡国之势也⑪。"于是胡称病，竟不入见⑫。后十余岁，胡实病甚，太子婴齐请归。胡薨⑬，谥为文王⑭。

【注释】

①庄助（？—前122年）：后世避东汉明帝讳，改"庄"为"严"。会稽郡吴（今属江苏）人。谕意：说明有关意图，使对方知道。谕与"喻"通，意为告诉，使人明白。②乃：竟，竟然。此处表示出乎自己的预料，超过自己的希望，含有感激的意味。③太子：帝王儿子中已确定继承帝位或王位者。④被：蒙受，遭受。寇：骚扰，侵犯，寇掠；盗匪。指闽越的侵扰。⑤矣：句末语气词。⑥方：正在。副词。日夜装：日夜整装。⑦谏：规劝，劝说，使改正错误。⑧此句意为同时也来威吓南越。⑨事：奉事。期：要求。无：通"毋"，不，不要。⑩要之：总之。说（yuè）好语入见：听了好话感到高兴，入朝见天子。⑪势：指危险的趋势。⑫竟：终于，始终。⑬薨（hōng）：古称诸侯或有爵位的大官死亡。⑭谥（shì）：古代帝王、贵族或其他有地位者死后被加给的有褒贬意义的称号。

婴齐代立，即藏其先武帝玺①。婴齐其入宿卫在长安时②，取邯郸樛氏女③，生子兴④。及即位，上书请立樛氏女为后，兴为嗣⑤。汉数使使者风谕婴齐⑥，婴齐尚乐擅杀生自恣⑦，惧入见，要用汉法⑧，比内诸侯⑨，固称病⑩，遂不入见。遣子次公入宿卫。婴齐薨，谥为明王。

【注释】

①先：先人，先祖。②长安：西汉都城。高帝七年（公元前200年）二月徙都于此，惠帝时筑就，故城在今陕西西安市西北，周围二十五公里。其后有许多朝代都于长安。③取：娶妻。后世写作"娶"。邯郸：古都邑、郡县名。樛（jiū）：姓。《汉书》作"摎"，二字通。④兴：《集解》徐广曰："兴，一作'典'。"⑤嗣：继承人。⑥风（fěng）谕：用含蓄的话暗示或劝告，使之明白。风，通"讽"，用含蓄语言去暗示或劝告。⑦尚：还，仍然。擅杀生：独揽生杀予夺之权。擅，独揽，引申为自作主张。杀生，指让人死或活。⑧要（yāo）用汉法：被挟持强迫使用汉朝的法度。要，要挟，威胁。⑨比内诸侯：比拟于内地的诸侯，即像内地诸侯一样对待。比，比拟，认为和……一样。⑩固称病：坚持着推说有病。固，坚持；固执，顽固。

太子兴代立，其母为太后①。太后自未为婴齐姬时②，尝与霸陵人安国少季通③。及婴齐薨后，元鼎四年④，汉使安国少季往谕王、王太后以入朝，比内诸侯；令辩士谏大夫终军等宣其辞⑤，勇士魏臣等辅其缺⑥，卫尉路博德将兵屯桂阳⑦，待使者。王年少，太后中国人也，尝与安国少季通，其使复私焉⑧。国人颇知之，多不附太后⑨。太后恐乱起，亦欲倚汉威，数劝王及群臣求内属⑩。即因使者上书⑪，请比内诸侯，三岁一朝，除边关⑫。于是天子许之，赐其丞相吕嘉银印，及内史⑬、中尉⑭、大傅印⑮，余得自置⑯；除其故黥劓刑⑰，用汉法，比内诸侯。使者皆留填抚之⑱。王、王太后饬治行装重赍⑲，为入朝具⑳。

【注释】

①太后：帝王的母亲称太后。汉代诸侯王之母亦称太后，以后一般专用为帝

母之称，也称皇太后。②姬：古代称妾为姬。③尝：曾，曾经。安国少季：姓安国，名少季。通：私通，通奸。④元鼎：汉武帝的第五个年号（前116—前111年）。元鼎四年，公元前113年。⑤辩士：能言善辩之士。谏大夫：郎中令（即光禄勋）属官，秩比八百石，无一定员额，掌议论。东汉设"谏议大夫"。终军（？—前112年）：济南（今属山东）人，字子云。⑥辅其缺：补其不足。《集解》引徐广曰：一作"决"。《汉书》即作"决"，颜师古注："助令决策也。"亦通。⑦卫尉：官名。汉时为九卿之一，掌宫门警卫，主南军。景帝时曾改称中大夫令，旋复旧名。路博德：西河郡平州（《汉书·地理志》作"平周"，故城在今山西介休市西）人。将（jiàng）：带兵。屯：屯驻，驻扎。桂阳：郡名。治所在郴县（今湖南郴州市）。辖境约当今湖南耒阳以南的耒水、春陵水流域，北至洣水入湘处附近，南包广东英德以北的北江流域。⑧其使：他（指安国少季）这次出使前来。复私焉：又私通（通奸）了。⑨附：依附。⑩内属：内归汉朝隶属。⑪因：趁着。⑫除：撤除。⑬内史：官名。汉内史一为掌治京师（后分为左右），一为诸侯王、侯国内掌民政之官。此与后者相当。⑭中尉：官名。⑮大傅：即太傅。大，通"太"。官名，一为辅佐君主之官（位次太师），多为大官加衔，无实权；一为辅导太子之官，西汉时称为太子太傅。⑯余得自置：其余的官职可以由南越王自己设置，汉朝不另颁给官印。⑰黥（qíng）：古代刑罚之一种，用刀刺刻犯人面额并涂以墨，亦称墨刑。劓（yì）：古代刑罚之一种，割去犯人的鼻子。⑱填（zhèn）抚：镇抚，安抚。安定。⑲饬（chì）治：整治。重赍（zī资）：贵重礼物。⑳为入朝具：为入朝做准备。具，准备，备办。

　　其相吕嘉年长矣①，相三王②，宗族官仕为长吏者七十余人③，男尽尚王女④，女尽嫁王子兄弟宗室，及苍梧秦王有连⑤。其居国中甚重⑥，越人信之，多为耳目者，得众心愈于王。王之上书⑦数谏止王⑧，王弗听。有畔心⑨，数称病不见汉使者。使者皆注意嘉，势未能诛⑩。王、王太后亦恐嘉等先事发⑪，乃置酒，介汉使者权⑫，谋诛嘉等。使者皆东乡⑬，太后南乡，王北乡，相嘉、大臣皆西乡，侍坐饮⑭。嘉弟为将，将卒居宫外⑮。酒行⑯，太后谓嘉曰："南越内属，国之利也，而相君苦不便者⑰，何也？"以激怒使者。使者狐疑相杖⑱，遂莫敢发。嘉见耳目非是⑲，即起而出。太后怒，欲铍嘉以矛⑳，王止太后。嘉遂出，分其弟兵就舍㉑，称病，不肯见王及使者。乃阴与大臣作乱。王素无意诛嘉㉒，嘉知之，以故数月不发。太后有淫行，国人不附，欲独诛嘉等，力又不能㉓。

【注释】

　　①年长（zhǎng）矣：年纪大了，年老了。②相三王：先后辅佐三代王。先后担任三代王的丞相。相，丞相，相国；辅佐。三王，指文王赵胡、明王婴齐及当时的南越王赵兴。③官仕：当官。④尚：仰攀婚姻。特指娶公主为妻。⑤及：与，和。连词。苍梧秦王：居于苍梧地方（今两广邻近地区并及湖南一小部分）的越人之王，姓赵名光，详见后文。⑥居国中：犹言在国内。甚重（zhòng）：甚有权威。权力甚重。⑦王之上书：王上书。"之"置于主、谓语之间，起取消句子独立性的作用，是一种特殊用法，可不译，但它仍相当于现代汉语中的"的"字。本句与下句连起来应理解为吕嘉对王上书这件事多次加以劝阻。⑧数（shuò朔）：屡次。谏止王：劝阻王。劝王不要那样做。⑨畔：通"叛"。⑩势未能诛：为形势所决定，未能杀他。⑪先事发：事先发难。⑫介：通过；仗恃。⑬乡（xiàng）：通"向"。面对着，面向。下数"乡"字同。⑭侍：侍候陪伴。⑮将（jiàng）卒：带兵。统

率部卒。⑯酒行：正喝着酒。⑰相君：对丞相的尊称。苦：恨，遗憾。不便：不好。⑱相杖：相持。此处有"面面相觑"的意味。⑲耳目非是：指当时在场的侍者不同往常。《汉书》颜师古注："异于常也。"⑳鏦（cōng）：用矛戟冲刺。以矛：用矛。矛。㉑分其弟兵就舍：《索隐》案："谓分取其兵也。"意思是吕嘉分取其弟之兵作护卫回家。就舍，回家。就，趋向，回归。舍，指吕嘉的府第。㉒素：向来，从来。㉓力又不能：力量又不足，不能行诛嘉之事。

天子闻嘉不听王，王、王太后弱孤不能制①，使者怯无决②。又以为王、王太后已附汉，独吕嘉为乱，不足以兴兵，欲使庄参以二千人往使③。参曰："以好往④，数人足矣；以武往⑤，二千人无足以为也⑥。"辞不可⑦，天子罢参也⑧。郏壮士故济北相韩千秋奋曰⑨："以区区之越，又有王、太后应⑩，独相吕嘉为害，愿得勇士二百人，必斩嘉以报！"于是天子遣千秋与王太后弟樛乐将二千人往⑪，入越境。吕嘉等乃遂反，下令国中曰："王年少。太后，中国人也，又与使者乱⑫，专欲内属，尽持先王宝器入献天子以自媚⑬；多从人，行至长安，虏卖以为僮仆。取自脱一时之利⑭，无顾赵氏社稷，为万世虑计之意⑮。"乃与其弟将卒攻杀王⑯、太后及汉使者⑰。遣人告苍梧秦王及其诸郡县，立明王长男越妻子术阳侯建德为王⑱。而韩千秋兵入，破数小邑。其后，越直开道给食⑲，未至番禺四十里，越以兵击千秋等，遂灭之。使人函封汉使者节置塞上⑳，好为谩辞谢罪，发兵守要害处。于是天子曰："韩千秋虽无成功，亦军锋之冠㉑！"封其子延年为成安侯㉒。樛乐，其姊为王太后，首愿属汉，封其子广德为龙亢侯㉓。乃下赦曰㉔："天子微㉕，诸侯力政㉖，讥臣不讨贼㉗。今吕嘉、建德等反，自立晏如㉘。令罪人及江淮以南楼船十万师往讨之㉙。"

【注释】

①弱孤：犹孤弱。制：制服，制裁；控制。②无决：不能决断。无，通"毋"，不。③庄参：人名。④以好往：（如果）为友好前往。以，为了。表示目的。下"以"字同。⑤以武往：（倘若）为打仗而去的。⑥无足以为：不足以有所为。意思是干不了什么。⑦辞不可：推辞不干。辞以不可。⑧罢参：指不叫庄参前往。罢，停止。《汉书》作"罢参兵"。⑨郏（jiá）：邑名，在今河南郏县。济北：郡、国名。文帝前元元年（公元前 179 年）始置国，次年为刘兴居元年，公元前 177 年国除为郡。相：汉代诸侯王置相国，后改称相，权位相当于郡太守。奋：奋然。⑩应：内应。⑪千秋：《集解》引徐广曰：千秋"为校尉"。⑫乱：淫乱。指太后与安国少季通奸。⑬宝器：指宗庙重器及玺等；泛指各种珍贵器物。⑭自脱：自我脱逃。⑮没有考虑赵氏国家利益和为子孙万世着想之意。⑯将（jiàng）卒：带兵，率领兵士。⑰事在元鼎五年（公元前 112 年）春。⑱长（zhǎng）男：长子。越妻子：南越籍妻（明王婴齐的原配）所生的儿子。特此标明以别于樛氏。《汉书》越作"粤"。术阳侯：《集解》引徐广曰："元鼎四年，以南越王（赵兴）兄越封高昌侯。"《索隐》韦昭云"汉所封"。《汉书·景武昭宣元成功臣表》载术阳侯建德"以南越王兄越高昌侯侯"，封于元鼎五年三月，后四年"坐使南海逆不道，诛"。⑲直开道给（jǐ）食：径直让开道路，供给饮食。《汉书》颜师古注："纵之令深入，然后诛灭之。"⑳函封：用匣子封装。函，匣子。节：符节，系用作凭证之物。塞上：边塞之上。《索隐》案："《南康记》以为大庾名塞上也。"㉑军锋：作战或行军时的先头部队。㉒成安侯：食邑在郏。㉓龙亢侯：

食邑在谯国（在今安徽亳县）。脱"亢"字。㉔下赦：下赦诏。颁布特赦诏令。㉕微：衰微。力量微弱。㉖诸侯力政：诸侯大力（互相）攻打。政，通"征"。征伐。《汉书》颜师古注："力政谓以兵力相加也。"㉗讥臣不讨贼：讥刺人臣不讨伐反叛之贼。《汉书》颜注："讥臣不讨贼者，《春秋》之义。"《春秋》记述在天子衰微之世，诸侯互相攻伐，其意在于讥刺臣下不为君讨贼。㉘晏如：心安理得的样子。晏，平定，平静。如，形容词词尾，表示"……的样子"。㉙楼船：水军，水兵。汉朝根据各个地方的特点训练各个兵种，江、淮以南各郡编练水军，称"楼船"。《集解》引应劭曰："时欲击越，非水不至，故作大船。船上施楼，故号曰'楼船'也。"师：部队，军队。

元鼎五年秋[①]，卫尉路博德为伏波将军，出桂阳，下汇水[②]；主爵都尉杨仆为楼船将军[③]，出豫章[④]，下横浦；故归义越侯二人为戈船[⑤]、下厉将军[⑥]，出零陵[⑦]，或下离水[⑧]，或抵苍梧；使驰义侯因巴蜀罪人[⑨]，发夜郎兵[⑩]，下牂柯江[⑪]：咸会番禺[⑫]。

【注释】

①元鼎五年：公元前112年。②汇水：一作"洭水"。③主爵都尉：官名。秦朝有主爵中尉，汉景帝时改称主爵都尉，掌有关封爵之事。武帝太初元年（公元前104年）改称右扶风，为三辅之一。杨仆，宜阳（今属河南）人。④豫章：郡名。治所在南昌（今江西南昌市），辖境相当今江西省地。⑤归义越侯二人：归降汉朝后受封为侯的两个南越人。一名严，一名甲。归义，归于大义，投归大义，指归降汉朝。戈船：将军名号。《集解》案引张晏曰："越人于水中负人船，又有蛟龙之害，故置戈于船下，因以为名也。"《史记会注考证》引刘攽曰："船下安戈，既难措置，又不能行。"《集解》引瓒曰："伍子胥书有戈船，以载干戈，因谓之戈船也。"此说可从。⑥下厉：《集解》引徐广曰："厉，一作濑。"《汉书》即作"濑"。将军名号。⑦零陵：县名，治所在今广西全州西南。又为郡名，元鼎六年（前111年）分桂阳郡置，治所在零陵，辖境相当今湖南邵阳以南的资水上游、衡阳道县之间的湘江潇水流域和广西桂林市、永福以东，阳朔以北地。此指零陵县。⑧或：有的。其中一个人。离水：即今漓水，一称漓江。在广西东北部，为桂江上游。⑨驰义侯：《集解》引徐广曰："驰义侯，越人也，名遗。"因：凭借，依仗。巴：郡名。战国秦于古代巴国地置。治所在江州（今重庆市北嘉陵江北岸，三国蜀汉移治今重庆市区，后世改垫江、巴县）。辖境相当今四川旺苍、西充、永川、綦江以东地区。⑩夜郎：古代西南地区民族名、国名，中心区在今贵州遵义、桐梓一带。是汉代西南夷中最大者，其活动范围除今贵州西、北部外，并包括云南东北、四川南部及广西北部部分地区。汉初与南越、巴、蜀有贸易关系，汉武帝元鼎六年于其地置牂柯郡。⑪牂（zāng）柯江：古水名。或作牂牁江、牂柯水。⑫咸：都，全都。会：会师。

元鼎六年冬，楼船将军将精卒先陷寻陕[①]，破石门[②]，得越船粟，因推而前[③]，挫越锋[④]，以数万人待伏波[⑤]。伏波将军将罪人，道远，会期后[⑥]，与楼船会乃有千余人，遂俱进。楼船居前，至番禺。建德、嘉皆城守[⑦]。楼船自择便处，居东南面；伏波居西北面。会暮[⑧]，楼船攻败越人，纵火烧城。越素闻伏波名，日暮，不知其兵多少。伏波乃为营[⑨]，遣使者招降者，赐印，复纵令相招[⑩]。楼船力攻烧敌，反驱而入伏波营中。犁旦[⑪]，城中皆降伏波。吕嘉、建德已夜与其属数百人亡入海，以船西去。⑫。伏波又因问所得降者贵人，以知吕嘉所之⑬，遣人追之。以其故校尉司马苏弘得建德⑭，封为海常侯⑮；越郎都稽得嘉⑯，封为临蔡侯⑰。

【注释】

①寻陕（xiá）：《考证》引丁谦曰："寻陕（狭、峡的异体字），即浈阳峡，在韶州英德市（今广东英德）南。"陕，通"狭""峡"。与"陕"（shǎn）有别（一作"陕"，一作"陕"）。②石门：山名，在今广州市西北。③因：于是。推而前：向前推进。④挫越锋：挫败南越的先头部队。挫败南越的兵锋。⑤伏波："伏波将军"之省。下同。下文"楼船"，为"楼船将军"之省。⑥会期后：不巧误了军期。⑦城守：据城防守。⑧会暮：赶上天黑之时。正当天黑时。⑨为营：扎下营寨。⑩复纵令相招：又把他们放出，让他们去招降南越将士。⑪犁旦：犹黎明。犁，通"黎"。比及。旦，早晨，天明。⑫以船西去：乘船西去。以，用。⑬以：得以。所之：犹所向。之，到……去。⑭故校尉司马：原先为南越校尉而现为汉军司马。⑮《汉书·功臣表》载，苏弘以伏波司马得南越王赵建德，被封为海常侯。《集解》引徐广曰：海常侯食邑"在东莱"。《通鉴》胡三省注云当食邑琅邪郡。⑯越郎：南越的郎官。郎是皇帝侍从官之通称，西汉有侍郎、议郎、中郎、郎中等，均隶属郎中令（光禄勋），无定员，掌守门户、出充车骑等。南越官制仿汉，其郎亦略同于汉之郎官。都稽：人名。南越之郎官。《汉书·功臣表》作"孙都"。⑰临蔡侯食邑在河内郡。

苍梧王赵光者，越王同姓，闻汉兵至，及越揭阳令定自定属汉①；越桂林监居翁谕瓯骆属汉②：皆得为侯③。戈船、下厉将军兵及驰义侯所发夜郎兵未下，南越已平矣④。遂为九郡⑤。伏波将军益封⑥。楼船将军兵以陷坚为将梁侯⑦。

【注释】

①及：与，同，和。揭阳：县名，今属东广。令：县令，一县之行政长官。汉制，大县万户以上者其长官称县令，万户以下者称县长。定：该县令之名。《汉书》本传作"史定"。②越桂林监居翁：《集解》引《汉书音义》曰："桂林郡中监，姓居名翁也。"《汉书》本传注引服虔曰："桂林部监也。姓居名翁。"桂林盖为南越所属之一部，非郡名，而其地曾为秦之桂林郡。监，本秦所置郡官之一，即监御史，掌监郡。此为南越所置地方官。③据《汉书》载，赵光受封为随桃侯，揭阳令史定为安道侯，越将毕取为瞭（liǎo）侯，"粤桂林监居翁谕告瓯骆四十余万口降，为湘城侯"。④南越被平于元鼎六年冬。⑤九郡：南海（郡治在番禺，今广州市）、苍梧（郡治在广信，今广西梧州市）、郁林（郡治在布山，今广西桂平西故城）、合浦（郡治在合浦，今广西合浦县东北）、交趾（郡治在赢桿，今越南河内市西北）、九真（郡治胥浦，在今越南清化省东山县阳舍村）、日南（郡治在西卷，今越南广治省广治河与甘露河合流处）、珠崖（一作珠崖，郡治在瞫都，今海南省琼山东南）、儋耳（郡治在今海南省儋州市西北）。⑥益封：增封，指增加食邑户数。益，增。⑦兵以陷坚：《汉书》作"以推锋陷坚"。此说是。陷坚：克坚，摧垮敌人中坚力量。将梁：乡名。

自尉佗初王后①，五世九十三岁而国亡焉。

【注释】

①初王（wàng）：始称王。

太史公曰：尉佗之王[1]，本由任嚣。遭汉初定[2]，列为诸侯。隆虑离湿疫[3]，佗得以益骄。瓯骆相攻，南越动摇。汉兵临境，婴齐入朝。其后亡国，征自樛女[4]；吕嘉小忠[5]，令佗无后[6]。楼船从欲[7]，怠傲失惑[8]；伏波困穷[9]智虑愈殖[10]，因祸为福[11]。成败之转[12]，譬若纠墨[13]。

【注释】

①尉佗之王：南海尉赵佗称王。之，见前"王之上书"条注。王，见上文"初王"条注。②遭汉初定：时逢汉朝刚刚平定天下。③隆虑：指隆虑侯周灶。离：通"罹"。遭遇。多用于遭到不幸的场合。湿疫：天气湿热，瘟疫大作。参考前文"暑湿""大疫"条注。④征自樛女：其预兆始自樛氏之女被婴齐所娶并被立为后。⑤小忠：小小的忠心和行动。指吕嘉反对樛后淫乱、反对南越比内诸侯之事。其反对南越内属，是忠于南越武、文、明几代先王（他们均不肯内属）的举动。这是囿于南越的狭猛立场，故谓之"小忠"。⑥令佗无后：使赵佗断了后继之主。⑦楼船从（zòng纵）欲：楼船将军杨仆纵其所欲。从，通"纵"，放纵。⑧怠傲失惑：怠惰骄傲，失于昏惑。失，又通"泆"（yì），意为"放荡"。⑨困穷：古人所谓"穷"，一般指不得志，走投无路；而"贫"则指缺乏衣食钱财，生活贫困。困穷连用，也含有"贫穷"的意思，这里主要是指困迫不得志，参见下"因祸为福"条注。⑩愈殖：愈益增长。殖，繁殖，引申为增加、增长。⑪因祸为福：由灾祸转为幸福。因，由。⑫转：转换，转变。⑬譬若纠墨：并上句可有两解：从积极方面来理解，意思是成败的转机，譬如像木匠矫正墨线那样，矫正好了则转败为成、"因祸为福"，否则转成为败、因福为祸。前者如伏波将军之事，后者如楼船将军之事。如作此理解，则"纠"用"纠正""矫正"义。墨，指木匠用的墨线。《书·冏命》："绳愆纠谬。"孔颖达疏："绳谓弹正，纠谓发举。有愆过则弹正之，有错谬则发举之。"此例可做参考。从消极方面来理解，意思是祸福成败转换不定，好像粗细绳子缠绕在一起那样。如作此理解，则"纠"用"三股绳索"本义及引申义"缠绕""纠缠"。贾谊《鵩鸟赋》："夫祸之与福兮，何异纠纆（mò墨。绳子）。"此例亦可作参考。

东越列传第五十四

闽越王无诸及越东海王摇者[1]，其先皆越王句践之后也[2]，姓驺氏[3]。秦已并天下[4]，皆废为君长[5]，以其地为闽中郡[6]。及诸侯畔秦[7]，无诸、摇率越归鄱阳令吴芮[8]，所谓"鄱君"者也[9]，从诸侯灭秦。当是之时[10]，项籍主命[11]，弗王[12]，以故不附楚[13]。汉击项籍[14]，无诸、摇率越人佐汉[15]。汉五年[16]，复立无诸为闽越王，王闽中故地[17]，都东冶[18]。孝惠三年[19]，举高帝时越功[20]，曰闽君摇功多，其民便附[21]，乃立摇为东海王[22]，都东瓯[23]，世俗号为"东瓯王"。

【注释】

①闽越：古族名，是古代越人的一支，秦汉时分布在今福建北部和浙江南部的部分地区。后来情况如本传所述。《集解》引韦昭曰：闽为"东越之别名"。东海：今浙江南部滨海地区。②先：先人，祖先。越：古国名。亦称于越。姒（sì）姓。传说中始祖为夏代少康的庶子无余，建都会稽（今浙江绍兴市）。春秋后期常与吴国相战，至句践时灭吴称霸。疆域有今江苏北部运河以东、江苏南部、安徽南部、江西东部和浙江北部地。战国时国力衰弱，公元前306年为楚所灭。句（gōu）践（？—前465年）：春秋战国之际越国君。越王允常之子，又称菼执。前497—前465年在位。③驺（zōu）氏：《集解》引徐广曰："驺，一作'骆'。"陈直《史记新证》按："驺为齐大姓，不闻在闽越。传文为'骆'字之误无疑。"④秦：国名、朝代名。⑤君长（zhǎng）：指少数民族地区的统治者、头领。⑥闽中郡：秦朝置，治所在东冶县（今福建福州市）。辖境相当今福建省和浙江省宁海以及宁海以南的灵江、瓯江、飞云江流域。秦末废。⑦及：等到。诸侯畔秦：指秦末陈胜、吴广起义以后，原六国旧贵族纷纷起兵反秦。畔，通"叛"，背叛，反叛。⑧率越：率领越民。归：投归，归附。鄱（pó）阳：县名。秦置番县，西汉改名番阳，东汉始作"鄱阳"。治所在今江西波阳东北。令：县令。一县之长。秦制人口在万户以上的县设县令，不满万户者设县长。吴芮（ruì。？—前202年）：汉初诸侯王。初为秦番阳令，被称为"番君"。秦末率越人起兵，并派部将领兵从刘邦入关。项羽大封诸侯王时，他被封为衡山王。汉朝建立后，改封长沙王。⑨所谓"鄱君"者也：（他）也就是被称作"番君"的那个人。⑩当是之时：当时。在那个时候。⑪项籍（前232—前202年）：秦末农民起义军领袖。名籍，字羽，下相（今江苏宿迁市西南）人。楚国旧贵族出身。⑫弗王：不封无诸、摇为王。⑬以故：以是之故。由于这个缘故。因此。附：依附。靠拢。楚：古国名。芈（mǐ）姓。始祖鬻熊。西周时立国于荆山一带，常与周作战，被称为荆蛮。后建都于郢（今湖北江陵西北纪南城）。公元前209年，楚旧贵族项梁起兵；第二年，项梁等立楚怀王孙熊心为王（仍号楚怀王），都于盱眙（xū yí，今属江苏），后迁至彭城（今江苏徐州市）。秦亡后，项羽尊怀王为义帝（后杀之），自立为西楚霸王，又封十八诸侯。在前206—前202年的楚汉战争中，楚政权为汉所灭。这里即指以项羽为首的楚政权。⑭汉：项羽大封诸侯王时，刘邦被封为汉王，占有汉中、巴蜀之地。⑮佐：帮助。⑯汉五年：汉王刘邦五年（当年二月刘邦称帝），公元前202年。⑰王：统治。在某地区内为王。用作动词。故地：旧地。原来的地盘。⑱东冶：今福建福州市。⑲孝惠：即汉惠帝刘盈（前210—前188年）。刘邦嫡长子。⑳举：提出，举出，列举。高帝：即汉高帝（高祖）刘邦（前256或前247—前195年）。名邦，字季，沛县（今属江苏）人。㉑便（pián）：安逸，安宁。附：归附。㉒乃：于是，就。㉓东瓯：在今浙江东南部瓯江北岸永嘉县境。

后数世，至孝景三年①，吴王濞反②，欲从闽越③，闽越未肯行④，独东瓯从吴。及吴破⑤，东瓯受汉购⑥，杀吴王丹徒⑦。以故皆得不诛⑧，归国⑨。

【注释】

①孝景：即汉景帝刘启（前188—前141年）。西汉皇帝，前157—前141年在位。②吴：汉初同姓诸侯王国之一。高帝六年（前201年），"以故

东阳郡、鄣郡、吴郡五十三县立刘贾为荆王"(《汉书·高帝纪》)。十二年(前195年),高帝封刘濞(bì)为吴王,统治原荆王三郡五十三县。都广陵(今江苏扬州市西北),辖境约当今江苏及浙江、安徽之一部分地区。濞:刘濞(前215—前154年),刘邦侄。封吴王,沛(今属江苏)人。③从闽越:使闽越跟从。《汉书》颜师古注:"招粤(越)令从也。"从,使……跟从。使动用法。下"从"字作"跟从""追随"解。④行:随行;做。⑤吴破:吴国破灭,指吴王濞兵败。事在汉景帝三年(前154年)二月。⑥购:重赏征求,重金收买。⑦此句"丹徒"前省"于"字。⑧诛:责问。引申为惩罚。又,征讨;杀死。⑨归国:指东瓯王等回归其本国境。

吴王子子驹亡走闽越①,怨东瓯杀其父,常劝闽越击东瓯。至建元三年②,闽越发兵围东瓯。东瓯食尽,困③,且降④,乃使人告急天子⑤。天子问太尉田蚡⑥,蚡对曰:"越人相攻击,固其常⑦,又数反覆⑧,不足以烦中国往救也⑨。自秦时弃弗属⑩。"于是中大夫庄助诘蚡曰⑪:"特患力弗能救⑫,德弗能覆⑬;诚能⑭,何故弃之?且秦举咸阳而弃之⑮,何乃越也⑯!今小国以穷困来告急天子⑰,天子弗振⑱,彼当安所告愬⑲?又何以子万国乎⑳?"上曰㉑:"太尉未足与计㉒。吾初即位,不欲出虎符发兵郡国㉓。"乃遣庄助以节发兵会稽㉔。会稽太守欲距不为发兵㉕,助乃斩一司马㉖,谕意指㉗,遂发兵浮海救东瓯㉘。未至,闽越引兵而去㉙。东瓯请举国徙中国㉚,乃悉举众来㉛,处江淮之间㉜。

【注释】

①亡走闽越:逃跑到闽越。亡,逃亡。走,跑,奔趋。古代"走"字与今"走"字义异,今所谓"走",古代曰"行"。②建元:汉武帝的第一个年号,前140—前135年。中国封建王朝之有年号,始自建元。建元三年,前138年。③困:困窘,困迫;被困。④且降:将要投降。⑤乃:才,这才;于是,就。使人:派人。告急天子:向天子告急。天子,古代统治者谓其政权受自天命,所以国王或皇帝为天帝之子,称"天子"。此处指汉武帝。⑥太尉:官名。田蚡(?—前131年):长陵(今陕西咸阳东北)人。景帝王皇后同母异父弟。武帝初,封武安侯,任太尉,后任丞相。推崇儒术,骄横专断。⑦固:固然;本来。常:常事;平常之事。⑧数(shuò):屡次,多次。反覆:叛服无常。⑨不足以:不值得。足,满,够。中国:所指不一:指京师;指华夏族、汉族地区,因华夏族、汉族多建都黄河南、北,故称其地为"中国",与"中土""中原""中州""中夏""中华"含义同;后来把黄河下游,甚至将其所统辖的地区包括不属于黄河流域之地,也统称为"中国";19世纪中叶以来,始专指我国全境,不作他用。⑩弃:抛弃,扔开。⑪中大夫:官名。郎中令(武帝时改称光禄勋。九卿之一)的属官,掌议论,秩比二千石。武帝太初元年(前104年)改称光禄大夫。庄助(?—前122年):《汉书》为避东汉明帝刘庄讳改作"严助"。会稽郡吴(今江苏苏州市)人。诘(jié):追问,质问。⑫特患力弗能救:怕只怕力小不能援救。特,只,仅,独,不过。患,怕。⑬覆:覆盖。此处意为"荫庇""庇护""覆育"。⑭诚:果真,如果。表示假设。⑮举咸阳而弃之:连咸阳在内全都丢掉了。指秦朝丢失天下而亡国。举,全。此处略当于"连……全都……"。咸阳,秦朝国都,在今陕西咸阳市东北二十里。⑯何乃越也:怎么仅仅是丢弃了百越呢。何止(丢弃)百越呢。⑰小国:指东瓯。以:因,因为。

穷困：走投无路。被逼无奈。古代缺乏衣食钱财一般谓“贫”，不得志、无出路谓之“穷”，穷困连用虽亦包含“贫穷”之意，但往往用来强调没有出路的困迫情景。⑱振：救济，援救；挽救，拯救。⑲当：应，应当。安所告愬（sù）：到哪里诉苦告急。安，哪里；什么地方。所，处，处所。愬，通“诉”。诉说，诉苦。⑳何以：凭什么；怎能。子：用如动词，义与“爱护”“养育”相近。万国：泛指天下四方，犹“万邦”。万，泛指多数。乎：句末语气词，表示疑问或反问，相当于“吗”“呢”。㉑上：皇上。这里指武帝。㉒未足：不值得，够不上。与计：在一起议论、计划（大事）。㉓虎符：中国古代调兵用的凭证，用铜铸成虎形，分两半，右半存朝廷，左半给统兵将帅。调动军队时须持符验证。发兵郡国：从郡国发兵。调遣郡国军队。㉔以节：持符节，用符节。节，符节，古代派遣使者或调兵时用作凭证之物。以竹、木、玉或铜等制成，刻有文字，分成两半，一半存朝廷，一半给外任官员或出征将帅。会（kuài）稽：郡名。治所在吴县（今江苏苏州市）。㉕太守：郡太守。本为战国时郡守的尊称，汉景帝时改郡守为太守。为一郡的最高行政长官。距：通“拒”。抵御，抗拒。为：给，替。㉖司马：郡尉（景帝时改称郡都尉）属官，掌领兵、军需。㉗谕：晓谕。告诉，使人知道。意指：意图，意思。㉘浮海：乘船跨海（东海）。㉙引兵：率军。去：离去，离开。㉚举国：全国。指全部族人。㉛悉：全部，尽，都。㉜处：居。江淮之间：《考证》引丁谦曰：“江淮间，盖扬州、淮安等地。”约在长江、淮河下游地区，今江苏及安徽部分地区。《集解》引徐广曰：“年表云东瓯王广武侯望率其众四万余人来降，家庐江郡。”

至建元六年[①]，闽越击南越[②]。南越守天子约[③]，不敢擅发兵击而以闻[④]。上遣大行王恢出豫章[⑤]，大农韩安国出会稽[⑥]，皆为将军[⑦]。兵未逾岭[⑧]，闽越王郢发兵距险[⑨]。其弟馀善乃与相[⑩]、宗族谋曰：“王以擅发兵击南越，不请[⑪]，故天子兵来诛[⑫]。今汉兵众强，今即幸胜之[⑬]，后来益多[⑭]，终灭国而止。今杀王以谢天子[⑮]。天子听[⑯]，罢兵，固一国完[⑰]；不听，乃力战；不胜，即亡入海[⑱]。”皆曰“善”[⑲]。即鏦杀王[⑳]，使使奉其头致大行[㉑]。大行曰：“所为来者诛王[㉒]。今王头至，谢罪，不战而耘，利莫大焉[㉓]。”乃以便宜案兵告大农军[㉔]，而使使奉王头驰报天子。诏罢两将兵[㉕]，曰：“郢等首恶[㉖]，独无诸孙繇君丑不与谋焉[㉗]。”乃使郎中将立丑为越繇王[㉘]，奉闽越先祭祀[㉙]。

【注释】

①建元六年：相当于公元前135年。②南越：越，亦作“粤”。古族名、国名。古代南方越人的一支，在百越中居地偏南，故名。多数分布在今两广地区，南及今越南中、北部，北及湖南南部和贵州南部部分地区。③守：遵守，恪守。约：约束。④以闻：以其事报告朝廷。闻，特指报告上级，使上级听见。⑤大行：官名，掌接待宾客。王恢（？—前133年）：燕国（都蓟，今北京市西南隅）人。豫章：郡名。楚汉之际置。治所在南昌（今市）。武帝元狩二年（前121年）以后辖境相当今江西省地。⑥大农：即大农令。官名，掌钱谷金帛等事，为九卿之一。原名治粟内史。汉景帝时改称大农令，武帝太初元年（前104年）更名大司农。韩安国（？—前127年）：梁国成安（今河南临汝）人，字长孺。⑦将军：武官之高级官号。汉代将军不常设。大将军、骠骑将军、车骑将军和卫将军是武职中职位最高者，相当于公。前、后、左、右将军地位稍次，其余多为杂号将军。

⑧逾：越过。岭：阳山岭（今南岭之一部分）。⑨距险：在险要之地抵御。距，通"拒"。⑩相：闽越的相，相当于汉朝的丞相（相国），为百官之长。⑪不请：不向天子请示。⑫诛：讨伐。⑬即：即使。幸：侥幸。⑭后来益多：后面跟着要来的汉兵会更多。⑮以谢天子：以向天子谢罪。⑯听：听从，接受。⑰固一国完：就保全闽越一国。⑱即亡入海：就逃入大海。亡，逃亡。⑲善：应答之词，表示赞同，相当于"好"。⑳鈋（cōng）：铁柄小矛；用矛戟冲刺。㉑使使：派使者。奉：双手捧着。引申为"进献""送"。致：送达。大行：指王恢。㉒所为来者诛王：我们前来的目的是为了惩罚闽越王。㉓焉：语气词。相当于"啊""呀"之类。㉔便宜：不须请示灵活处理。案兵：止兵，停止军事行动。案，止住。又写作"按"。大农军：指韩安国的军队。㉕诏：皇帝的命令，皇帝下命令，犹"下诏"。㉖首恶：首先作恶；首要作恶分子。㉗丑：人名。与（yù）：参加，参与。㉘郎中将：官名，隶属郎中令（光禄勋），有车、户、骑三将，秩皆比千石。为皇帝侍从官——郎（掌守门户，出充车骑）之一种。㉙奉：奉事，侍奉。先：先人。

　　馀善已杀郢，威行于国，国民多属①，窃自立为王②。繇王不能矫其众持正③。天子闻之，为馀善不足复兴师④，曰："馀善数与郢谋乱⑤，而后首诛郢，师得不劳⑥。"因立馀善为东越王⑦，与繇王并处。

【注释】

　　①属：归属。②窃：偷偷地，暗中。③不能矫其众持正：不能纠正其部众过失使之持正不邪。④为：认为。不足：不值得。兴师：犹"兴兵"。字同。⑤数（shuò）：屡次。⑥劳：费力，引申为"劳累""疲劳"。⑦因：于是，就。

　　至元鼎五年①，南越反，东越王馀善上书②，请以卒八千人从楼船将军击吕嘉等③。兵至揭扬④，以海风波为解⑤，不行⑥，持两端⑦，阴使南越⑧。及汉破番禺⑨，不至。是时楼船将军杨仆使使上书，愿便引兵击东越⑩。上曰士卒劳倦⑪，不许，罢兵，令诸校屯豫章梅领待命⑫。

【注释】

　　①元鼎：汉武帝的第五个年号，前116—前111年。②上书：给皇帝或其他地位高的人写信（多陈述政治见解）。③从：跟随。楼船将军：指杨仆。以"楼船"冠于"将军"之上，是临时性的将军名号，非常设官职。杨仆，宜阳（今属河南）人。武帝时，由御史渐迁为主爵都尉，平南越时为楼船将军，以功封为将梁侯。又与王温舒击破东越。后与荀彘攻打朝鲜，朝鲜降，他归朝时以罪被免官。吕嘉（？—前111年）：南越相，先后担任文王赵胡、明王赵婴齐及赵兴的相，权倾内外。④揭扬：地名，《汉书》作"揭阳"。汉置县（今属广东省），其西北有揭阳岭，为福建通广东必经之地。⑤风波：犹"风浪"。解：解释。此处指找借口。⑥不行：不进，不往前行。指按兵不动。⑦持两端：采取骑墙态度。两面。⑧阴使南越：私下派人到南越勾搭。⑨事在元鼎六年（前111年）冬。番（pān）禺：县名，今属广东，在广州市南。⑩便：相当于"就"，"就便"。《汉书》作"请"。⑪上曰：《汉书》作"上以"。⑫校：军营之称。军队的一部称一校。屯：屯驻，驻扎。梅领：即大庾岭。在今广东与江西两省交界处。领，通"岭"。

　　元鼎六年秋①，馀善闻楼船请诛之②，汉兵临境，且往③，乃遂反，发兵距汉道④。号将军驺力等为"吞汉将军"⑤，入白沙⑥、武林⑦、梅岭，杀汉三校尉⑧。是时汉使大农张成⑨、故山州侯齿将屯⑩，弗敢击，却就便处⑪，皆坐畏懦诛⑫。

【注释】

　　①元鼎六年：前111年。②楼船：指楼船将军杨仆。③且往：将要到来。往，到……去。④汉道：汉兵将要路过的道路。⑤号：给……加官号。用作动词。⑥白沙：地名，在今江西南昌市东北，因其地沙白如雪得名。⑦武林：地名，在今江西余干县东北的武陵山。⑧校尉：军官名。⑨大农：大农令，见前注。⑩齿：刘齿（？—前111年），城阳共王刘喜之子，元朔四年（前125年）封山州侯，元鼎五年（前112年）坐酎金免侯。⑪却：退却，退。就便处：趋就方便之处。就，趋向，靠近。便处，指安全地带。⑫坐：因犯某罪或错误。又，入罪，定罪。畏懦：怯懦畏敌，像"贪生怕死"。

　　馀善刻"武帝"玺自立①，诈其民②，为妄言③。天子遣横海将军韩说出句章④，浮海从东方往；楼船将军杨仆出武林；中尉王温舒出梅岭⑤；越侯为戈船、下濑将军⑥，出若邪⑦、白沙。元封元年冬⑧，咸入东越⑨。东越素发兵距险，使徇北将军守武林⑩，败楼船军数校尉，杀长吏⑪。楼船将军〔率〕钱唐辕终古斩徇北将军⑫，为御儿侯⑬。自兵未往⑭。

【注释】

　　①玺：印。秦以后专指皇帝的印章。②诈：欺诈。动词。③为妄言：散布荒谬的言论。史书一般是用"妄言"略去不便载录的那些攻击皇帝或朝廷的话。④韩说（？—前91年）：弓高侯韩颓（tuí）当（原匈奴相国，降汉后封侯）之庶孙。句（gōu）章：县名，治所在今浙江余姚东南。⑤中尉：武官名。王温舒（？—前104年）：阳陵（今陕西高陵西南）人。⑥越侯：归降汉朝后受封为侯的两个南越人，一名严，一名甲。他们在这次出征中，分别担任戈船将军、下濑（一作"下厉"）将军。戈船，以其船载干戈而得名。⑦若邪（yé）：一作"若耶"，又作"如邪"。⑧元封：汉武帝的第六个年号，前110—前105年。元封元年，前110年。⑨咸：都，全部。⑩徇北将军：东越将军号。⑪长（zhǎng）吏：地位较高的官吏，也指地位较高的县级官吏。⑫卒：士卒。原文作"率"，兹从《汉书》改。钱唐：县名，治所在今浙江杭州市西灵隐山麓。隋移今杭州市。唐为避国号，始在"唐"旁加"土"为"钱塘"。1912年，与仁和县并为杭县。西汉时为会稽郡西部都尉治所。辕终古：姓辕，名终古。辕，《汉书》作"栒"。⑬御儿：《汉书》作"语儿"，又作"藜儿""蓹儿"。其地在今浙江桐乡西南。⑭自兵未往：指楼船将军杨仆未亲自率兵前往讨敌。

　　故越衍侯吴阳前在汉①，汉使归谕馀善，馀善弗听。及横海将军先至，越衍侯吴阳以其邑七百人反②，攻越军于汉阳③，从建成侯敖与其率从繇王居股谋曰④："馀善首恶，劫守吾属⑤。今汉兵至，众强⑥，计杀馀善，自归诸将，傥幸得脱⑦。"乃遂俱杀馀善，以其众降横海将军。故封繇王居股为东成侯⑧，万户⑨；封建成侯敖为开陵侯⑩；封越衍侯吴阳为北石侯⑪；封横海将军说为按道侯；封横海校尉福为缭嫈侯⑫。福者，成阳共王子⑬，故为海常侯⑭，坐法失侯。旧从军无功⑮，以宗室故侯。诸将皆无成功，莫封⑯。东越将多军⑰，汉兵至，弃其军降，封为无锡侯⑱。

【注释】

①故越衍侯吴阳：原东越衍侯吴阳。②邑：指吴阳的封邑。反：反抗。指抗击馀善。③汉阳：故城名，在今福建浦城北。④从：当从《汉书》改作"及"。和，与。敖：人名。东越臣。率：通"帅"。指东越王所部各渠帅。从：跟随，跟。居股（？—前90年）：盖前代繇王丑之子。后坐卫太子（即戾太子刘据）举兵谋反，被腰斩。⑤劫守：威胁，挟持。吾属：我辈，我们部属。⑥众强：人多势强。⑦傥（tǎng）幸：或许能侥幸……。傥，通"倘"。或许。得脱：得以脱身不死。得免于难。⑧东成：《汉书·功臣表》作"东城"。⑨万户：食邑万户。⑩开陵：临淮郡属县，当在今安徽境。《汉书·功臣表》载，开陵侯食邑二千户。⑪北石：地名。《汉书》作"卯石"，《汉书·功臣表》作"外石"。郭嵩焘《史记札记》认为当是"羊石"（在北海郡）。⑫缭嫈（yīng）：县名。当在今江西境。一说在现在的山东境。⑬成阳共王：即刘喜（？—前144年）。汉初诸侯王齐悼惠王刘肥孙，城阳景王刘章（原封朱虚侯）子。⑭故：原先。⑮旧：以前。《史记会注考证》说，官本《史记》舊（旧的繁体字）写作"奮"（奋的繁体字）。用"奋"比"旧"要好。⑯莫封：没有谁受封为侯。⑰多军：人名，姓多名军。⑱无锡：县名，在今江苏无锡市。当时属会稽郡。

于是天子曰："东越狭多阻①，闽越悍②，数反覆③。"诏军吏皆将其民徙处江淮间。东越地遂虚④。

【注释】

①狭多阻：指地势狭隘多险要之处。②悍：强悍，凶悍。③数（shuò）反覆：犹叛服无常。④《史记会注考证》引中井积德的意见说，本段前一"东越"盖指东瓯之地，东瓯已于建元三年徙江淮间，其地入闽越；后一"东越"是兼闽越、东瓯旧地而言。

太史公曰：越虽蛮夷，其先岂尝有大功德于民哉，何其久也！历数代常为君王，句践一称伯①。然馀善至大逆②，灭国迁众③。其先苗裔繇王居股等犹尚封为万户侯，由此知越世世为公侯矣④。盖禹之余烈也⑤。

【注释】

①伯（bà）：通"霸"。春秋时诸侯的盟主；称霸（做诸侯的盟主）。②至：乃至于，竟至于。大逆：封建社会中凡反抗、扰乱封建秩序，特别是触犯封建统治者本身利益的，统称为"大逆"。③灭国迁众：国家被灭亡，部众被迁徙。④公：封建五等爵位的第一等。馀善及其以前的东越首领多被中央王朝封为王，约相当于公爵。侯：封建五等爵位的第二等。⑤禹：相传为古代部落联盟酋长。姒姓，亦称夏禹、大禹、戎禹。原为夏部落首领，后以治洪水之功被舜选为继承人。其子启建立夏朝。余烈：遗留的功业。烈，功业，事业。

朝鲜列传第五十五

　　朝鲜王满者①，故燕人也②。自始全燕时③，尝略属真番④、朝鲜，为置吏⑤，筑鄣塞⑥。秦灭燕⑦，属辽东外徼⑧。汉兴⑨，为其远难守⑩，复修辽东故塞⑪，至浿水为界⑫，属燕。燕王卢绾反⑬，入匈奴⑭；满亡命⑮，聚党千余人⑯，魋结蛮夷服而东走出塞⑰，渡浿水，居秦故空地上下鄣⑱，稍役属真番⑲、朝鲜蛮夷及故燕、齐亡命者王之⑳，都王险㉑。

【注释】

　　①朝鲜：族名、国名。古时朝鲜人主要居住在今朝鲜半岛，最早的居民大概是从北面大陆迁来的，属于蒙古人种，善种稻、捕鱼、制盐等，而其中的高句丽人又以能歌善舞著名。习惯上称朝鲜北部由中国移民建立的早期政权为古朝鲜。7世纪新罗统一朝鲜。10世纪高丽王朝建立。14世纪末李氏王朝建立后改国号曰"朝鲜"。满：即卫满。燕人。秦末汉初，率移民入据朝鲜，驱逐箕氏势力，旧王箕准奔马韩。汉惠帝元年（前194年），卫满称王。卫氏朝鲜（前194—前108年）的统治区域三要在今平壤一带。者：用在主语后面引出判断的代词。②故：原来。燕（yān）：本作匽、郾。公元前11世纪西周分封的诸侯国。姬姓。在今河北北部和辽宁西端，都蓟（今北京城西南隅）。开国君主是召公奭。战国时为七雄之一，向东北扩充。也：句末语气词，表示判断或肯定。③自始全燕时：《索隐》释为自"六国燕方全盛之时"。④尝：曾经。略属：攻夺并使之隶属。真番（pān）：《史记会注考证》引丁谦曰："真番，本朝鲜附属番部，七国时为燕所略"；汉武帝元封三年（前108年）置为郡，治所在霅（zhà）县（在今朝鲜礼成江、汉江之间）。⑤为（wèi）：介词。给，替。置吏：设置官吏。⑥鄣（zhàng）：同"障"。秦、汉时边塞上险要处作防御用的城堡。塞（sài）：关塞，要塞。指边界上的险要处。"塞"字前略去"于"字。⑦秦：国名、朝代名。⑧辽东：郡、国名。战国时燕始置郡，治所在襄平（今辽宁辽阳市），辖境相当今辽宁大凌河以东。至西晋时改为国。外徼（jiào）：犹"外边""边外""界外""外界"。徼，边界。⑨汉：朝代名。我国历史上强盛的封建王朝。⑩为（wèi）：介词。因为。⑪复：重新。辽东故塞：指战国燕及秦朝所修边塞城堡。⑫浿（pèi）水：古水名。⑬燕：西汉诸侯王国。楚汉之际，项羽于前206年封臧荼为燕王，都蓟（今北京城西南隅），辖境较战国燕全盛时为小，至前203年臧荼谋反被汉诛灭。次年立卢绾为燕王，至前196年卢绾反，降匈奴。次年立刘建为燕王。文帝初，以刘泽为燕王，至前128年燕王定国犯罪自杀，国除为郡。十年后复置国。卢绾（前247—前193年，一作前256—前193年）：汉初诸侯王。⑭汉

高帝十年（前197年），赵相国陈豨反，高帝自将击之。翌年，陈豨败，高帝发现了卢绾的问题，绾（当时亦参加击陈豨之役）不敢应召。十二年（前195年）二月，樊哙奉命击卢绾，绾与宫人家属及数千骑兵避居长城下候伺。四月，高帝死，绾于是率其众亡入匈奴。匈奴，古族名，亦称胡。⑮亡命：逃亡，流亡。⑯党：集团；亲族。⑰魋（zhuī）结：同"椎结"。指为髻一撮，以椎结之。或以为发髻下粗上细，形状如椎。亦作"椎髻"。古代少数民族多有此习俗。蛮夷服：穿着蛮夷的衣服。蛮，古代一般指南方少数民族。夷，古代一般指东方的少数民族。蛮夷连用泛指华夏族、汉族以外的兄弟民族。东：向东。走：跑，奔。塞：指前文"辽东故塞"。⑱上下鄣：《索隐》案："《地理志》乐浪有云鄣。"可能指修筑在高低两处的城堡。⑲稍：渐渐，慢慢地。役属：奴役并使之隶属于自己。⑳齐：古国名。亡命者：逃亡者，流亡者。王（wàng）：称王，统治天下；以王的身份统治某一地区。㉑王险：王险城，公元前2世纪古朝鲜的都城，在今朝鲜平壤市。

会孝惠①、高后时天下初定②，辽东太守即约满为外臣③，保塞外蛮夷，无使盗边④；诸蛮夷君长欲入见天子⑤，勿得禁止⑥。以闻⑦，上许之⑧，以故满得兵威财物⑨，侵降其旁小邑⑩，真番、临屯皆来服属⑪，方数千里⑫。

【注释】

①会：适逢，恰好，正好。副词。孝惠：即汉惠帝刘盈（前210—前188年）。刘邦嫡长子，继为皇帝，前195—前188年在位。统治期间，实权由其母吕后操纵。汉朝统治者提倡孝道，故前、后汉第二代以后的皇帝谥号均冠"孝"字。②高后：即吕后（前241—前180年）。汉高帝皇后，名雉，字娥姁。③太守：官名。郡的最高行政长官。本为战国时郡守的尊称，汉景帝时改郡守为郡太守。约：约定。经过协商而确定。外臣：指藩属国的君主。④无：通"毋"，不，不要。盗边：侵扰攻掠边境。⑤天子：古代帝王之代称。⑥勿得：不得，不可。⑦以闻：把有关事情奏闻天子。⑧上：特指帝王。⑨以故：以是之故。由于这个缘故，因此。得：得到，能够获得。⑩侵降（xiáng）：侵占其地，降伏其人。降，使……投降。使动用法。小邑：指小部落。邑，国都，引申为国。此意义在《书》《诗》《左传》等先秦典籍中常见，后世罕用。又，人民聚居之地，引申为城镇。⑪临屯：朝鲜半岛东朝鲜湾北岸和西南岸的部落，即涉（秽）人部落。⑫方数千里：纵横几千里。

传子至孙右渠①，所诱汉亡人滋多②，又未尝入见③；真番旁众国欲上书见天子④，又拥阏不通⑤。元封二年⑥，汉使涉何谯谕右渠⑦，终不肯奉诏⑧。何去至界上⑨，临浿水，使御刺杀送何者朝鲜裨王长⑩，即渡⑪，驰入塞⑫，遂归报天子曰"杀朝鲜将"⑬。上为其名美⑭，即不诘⑮，拜何为辽东东部都尉⑯。朝鲜怨何，发兵袭攻杀何。

【注释】

①传子至孙：卫满传王位于其子，再传至其孙。右渠：卫满孙之名。诱：引诱。亡人：流亡百姓。滋多：更多，越来越多。滋，益，更加。副词。③入见：入朝拜见天子。④旁众国：附近许多小国。上书：给地位高的人写信（多陈述政治见解或提出某种要求）。⑤拥阏（è）：堵塞。拥，通"壅"，阻塞。阏，堵塞。⑥元封：汉武帝的第六个年号，元封二年，前109年。⑦使：派遣。涉何：人名。

谯（qiào）：同"诮"。责备，诮谶。谕：晓谕，使之明白。⑧奉诏：接受皇帝的命令。⑨去：离开。指离开王险城返回汉朝。界上：边界上。⑩御：驾车的人，即车夫。禅（pí）王长：一个名叫长的禅王。禅王，小王。⑪即渡：（杀了禅王长以后）立即渡过蓿水。⑫驰入塞：驱马飞奔，进入塞内。驰，使劲赶马；车马飞跑。⑬归报：回来报告。天子：指汉武帝刘彻（前156—前87年）。汉景帝子。前140—前87年在位。⑭上为其名美：皇上因为涉何有杀将之美名。⑮即：就。诘：责问，追问。引申为查问，查办。⑯拜：授予官职。任命。辽东东部都尉：在辽东郡之下增设的长官，主要目的是为加强军事力量。武次县，在今辽宁沈阳市东。都尉：官名，掌管一郡之军事。汉景帝时改郡尉为都尉。此处是掌管辽东郡东部地区军事的长官。

天子募罪人击朝鲜①。其秋②，遣楼船将军杨仆从齐浮渤海③，兵五万人，左将军荀彘出辽东④，讨右渠⑤。右渠发兵距险⑥。左将军卒正多率辽东兵先纵⑦，败散，多还走⑧，坐法斩⑨。楼船将军将齐兵七千人先至王险⑩。右渠城守⑪，窥知楼船军少⑫，即出城击楼船，楼船军败散走。将军杨仆失其众⑬，遁山中十余日⑭，稍求收散卒⑮，复聚。左将军击朝鲜浿水西军⑯，未能破自前⑰。

【注释】

①募罪人击朝鲜：募集犯罪（可能系死罪以下）的人，赦其罪，让他们从军攻击朝鲜。击，攻打。②其秋：元封二年秋。③楼船：汉代依据各地的地方特点训练军队，江淮以南各郡多编练水军兵种，称楼船。将军：高级武官之称。杨仆：宜阳（今属河南）人。浮：渡，乘船航渡。渤海：今勃海并及今黄海。④左将军：将军名号。参见前文"将军"条注。荀彘（？—前108年）：太原郡广武（今山西代县西南）人。⑤讨：讨伐。⑥距险：在险要之地抵抗。距，通"拒"，抵御，对抗。⑦卒正：中级军官之称，为军吏之长。多：该卒正之名。纵：纵击，进击敌军。⑧还（huán）走：往回跑。⑨坐法斩：因触犯军法而被斩首。坐，因犯……罪或错误。⑩将（jiàng）：率领。齐兵：从齐国征发的兵。⑪城守：据城防守，即守城。⑫窥知：探知。窥，观察，侦探。楼船：指楼船将军杨仆。下同。⑬失其众：丢弃了他的部众。⑭遁：逃。⑮稍：渐渐，慢慢地。求，寻找，寻求。⑯朝鲜浿水西军：驻防在浿水之西的朝鲜军队。⑰未能破自前：未能从前方攻破朝鲜军。

天子为两将未有利①，乃使卫山因兵威往谕右渠②。右渠见使者，顿首谢③："愿降，恐两将诈杀臣④。今见信节⑤，请服降⑥。"遣太子入谢⑦，献马五千匹，及馈军粮⑧。人众万余持兵⑨，方渡浿水⑩，使者及左将军疑其为变，谓太子已服降，宜命人毋持兵⑪。太子亦疑使者、左将军诈杀之，遂不渡浿水，复引归⑫。山还报天子，天子诛山⑬。

【注释】

①为：因为。②乃：于是，便。卫山：人名。因，凭藉，借着。③顿首：磕头。谢：谢罪。④诈杀臣：用欺骗手段杀害我。臣，秦汉以前在一般人面前表示谦卑也可以自称为臣。⑤信节：真实的符节。信，真实可信的。节，符节。古时使者所持以为凭证之物。⑥请：请允许。服降：犹降服。⑦太子：帝王儿子中已确定将来继承帝位或王位者（一般多为嫡长子）。入谢：入朝谢罪。⑧馈（kuì）：馈赠，以食物送人。⑨持兵：手执武器。兵，武器。⑩方：正在，正当……时。

⑪宜：应当，应该。毋（wú）：别，不要。表示禁止。⑫复引归：又率众返回。
⑬诛：杀死。

左将军破浿水上军①，乃前②，至城下③，围其西北。楼船亦往会④，居城南。右渠遂坚守城，数月未能下⑤。

【注释】

①上：岸上。②乃前：这才向前推进。乃，才，这才。③城下：王险城下。④往会：前往会师。⑤下：攻克。

左将军素侍中①，幸②；将燕代卒③，悍④，乘胜⑤，军多骄。楼船将齐卒，入海，固已多败亡⑥；其先与右渠战，困辱亡卒⑦，卒皆恐，将心惭⑧，其围右渠，常持和节⑨。左将军急击之，朝鲜大臣乃阴间使人私约降楼船⑩，往来言⑪，尚未肯决⑫。左将军数与楼船期战⑬，楼船欲急就其约⑭，不会；左将军亦使人求间郤降下朝鲜⑯，朝鲜不肯，心附楼船⑰：以故两将不相能⑱。左将军心意楼船前有失军罪⑲，今与朝鲜私善而又不降，疑其有反计，未敢发⑳。

【注释】

①素：一向，向来。侍中：在皇宫里侍奉天子。"侍中"加给列侯、将军、卿、大夫、将、都尉、尚书、太医、太官令至郎中，无一定员额，多至数十人。据《后汉书·百官志》："侍中，比二千石。本注曰：无员。掌侍左右，赞导众事，顾问应对。法驾出，则多识者一人参乘，余皆骑在乘舆车后。"②幸：宠幸，宠爱。③将（jiàng）：统领，率领。代：古国名，在今河北蔚县，公元前476年为赵襄子所灭。④悍：凶悍难制；强悍。⑤乘胜：凭借胜利。乘，趁着，凭借。⑥固：本来。⑦困辱：被困受辱。亡卒：损失兵士。⑧将：将官，指杨仆及其部将。⑨和节：和指讲和不战，节指虽战而有节制。⑩阴间：私下。暗中偷偷地。⑪往来言：指朝鲜大臣派出的使者在双方之间往来传话、讲条件等等。⑫尚未肯决：意为还没有决定下来。⑬期战：约定一起同敌军开战。⑭急就其约：赶快实现他与朝鲜大臣之间约定的有关事宜（即后者向前者投降之事）。就，完成，实现，达到。约，约定的事情。⑮不会：不去与左将军会合。⑯求间郤（xì）：寻找机会，钻空子。郤，通"隙"。⑰《史记会注考证》引王念孙曰："'朝鲜'二字，蒙上文而衍。此言楼船不会左将军，左将军亦不肯心附楼船，故曰两将军不相能，非谓朝鲜不肯心附楼船也。"⑱不相能：相互不和，闹不团结。⑲意：怀疑；心想，忖度。⑳发：告发；发作；发难。

天子曰："将率不能前①，及使卫山谕降右渠②，右渠遣太子③，山使不能刬决④，与左将军计相误⑤，卒沮约⑥。今两将围城，又乖异⑦，以故久不决⑧。"使济南太守公孙遂往正之⑨，有便宜得以从事⑩。遂至，左将军曰："朝鲜当下久矣⑪，不下者有状⑫。"言楼船数期不会，具以素所意告遂，曰："今如此不取⑬，恐为大害，非独楼船，又且与朝鲜共灭吾军⑭。"遂亦以为然⑮，而以节召楼船将军入左将军营"计事"⑯，即命左将军麾下执捕楼船将军⑰，并其军⑱。以报天子⑲，天子诛遂。

【注释】

①将率：将帅。率，主将，又写作"帅"。②待到派卫山晓谕右渠，劝他投降。及，中华书局标点本改为"乃"，非是。③遣太子：派太子入朝。④卫山作为天

史记

朝鲜列传第五十五

1151

子使者却不能专断。剚，同"专"。专断，独自处理、决定事情。⑤这句是说卫山跟左将军怀疑是朝鲜王太子中途变卦，要求对方不持兵器，结果造成太子不肯入朝，卫、荀二人都有严重过失。⑥卒：终于。沮（jǔ）：败坏，毁坏。⑦乖异：关系不好，意见相异。不能同心协力。乖，违背，不协调。⑧决：解决。⑨济南：郡、国名。⑩有便宜得以从事：有好处可以自行处理。便宜，利益；不须请示灵活处理。从事，办理事情。本句的完整说法应是"有便宜得以便宜从事"。⑪当下久矣：早该攻下啦。久矣，很久了。矣，句末语气词，表示感叹。⑫不下者有状：之所以没有攻下，那是有原因的。状，情况。⑬取：指拿问（杨仆）。⑭且：而且；将要，将。⑮以为然：认为对。认为是这样。⑯而：连词，表示前后句（或词组）之间的并列、相承、转折等关系。⑰麾（huī）下：将帅的部下。执捕：抓了起来。逮捕。执，捉拿。⑱并：并吞，并合。⑲以报天子：将此事上报天子。

　　左将军已并两军，即急击朝鲜。朝鲜相路人①、相韩阴②、尼谿相参③、将军王唊相与谋曰④："始欲降楼船，楼船今执⑤，独左将军并将⑥，战益急，恐不能与战⑦，王又不肯降。"阴、唊、路人皆亡降汉⑧。路人道死⑨。元封三年夏⑩，尼谿相参乃使人杀朝鲜王右渠，来降。王险城未下，故右渠之大臣成巳又反⑪，复攻吏⑫。左将军使右渠子长降⑬、相路人之子最告谕其民⑭，诛成巳，以故遂定朝鲜，为四郡⑮。封参为漕清侯⑯，阴为荻苴侯⑰，唊为平州侯⑱，长降为几侯⑲。最以父死颇有功⑳，为温阳侯㉑。

【注释】

①相：官名，为百官之长。朝鲜的相，犹汉之相国（丞相）。路人；人名。②韩阴：人名。《汉书》作"韩陶"。《通鉴》从《史记》。③尼谿（xī）：当是朝鲜某小国名。参：人名。④王唊（jiá，又音qiǎn）：人名。⑤今执：现在被抓了起来。⑥并将（jiàng）：并两军而统率之。⑦不能与战：不能同他打下去。⑧亡降汉：逃奔到汉军那里投降。⑨道死：死在路上。⑩元封三年：公元前108年。⑪故右渠之大臣，原右渠的大臣。成巳（sì）：人名。⑫吏：指朝鲜那些不跟着成巳反叛的官吏。⑬长降：人名。《史记·建元以来侯者年表》作"张路（gě）"。⑭最：人名。⑮四郡：乐浪、临屯、玄菟、真番四郡。⑯漕（huà，又音huò）清：县名，属齐。在今山东临淄县西。⑰荻苴（jū）：县名，属渤海。在今山东庆云县东。⑱平州：县名。属梁父。在今山东莱芜市西。⑲几：乡名。今河北大名县东。一说在今河北大名县东南。⑳父死颇有功：指最的父亲路人首谋归降汉朝而半途身死，很有功劳。㉑温阳：当作"涅阳"。县名，在今河南镇平县南。

　　左将军征至①，坐争功相嫉②，乖计③，弃市④。楼船将军亦坐兵至洌口⑤，当待左将军⑥，擅先纵⑦，失亡多⑧，当诛⑨，赎为庶人。

【注释】

①征：召，征召。特指君召臣。②相嫉：互相嫉妒。对人猜疑嫉妒。③乖计：违背军事谋略、计划。④弃市：在闹市执行死刑，并将犯人尸体暴露街头。⑤洌口：县名。一作"列口"。在朝鲜大同江口。⑥当待：应当等候。⑦擅先纵：擅自抢先进击敌军。⑧失亡多：死亡和丢失的兵士多。⑨当（dàng）：判罪。

　　太史公曰：右渠负固①，国以绝祀②。涉河诬功③，为兵发首④。楼船将狭⑤，及难离咎⑥；悔失番禺⑦，乃反见疑⑧。荀彘争劳，与遂皆诛⑨。两军俱辱⑩，将率莫侯矣⑪!

【注释】

①负固：仗恃险固，犹"负险"。负，依仗。②此指朝鲜国家因而灭亡。以，因，因而。绝祀，犹"断绝香火"，指没有后代能祭祀祖先，即国破、家亡。③诬功：骗取功劳。指涉何以刺杀护送自己出境的朝鲜裨王、谎称"杀朝鲜将"的手段骗得辽东东部都尉事。诬，欺骗，言语不真实。④为兵发首：成为汉武帝发兵攻打朝鲜的发端。首，开头。⑤将狭：《集解》引徐广曰："将（jiàng）狭，言其所将卒狭少。"⑥及难：遇到危难。及，赶上；至，引申为涉及、牵扯。离：通"罹"，遭遇。咎：灾祸；罪过，过失。⑦悔失番（pān）禺：后悔当年攻番禺时失去单独立功机会。⑧乃反见疑：却反被人怀疑。指杨仆约降朝鲜大臣而被荀彘怀疑他想造反。乃，却，竟然。见，被，表示被动。⑨遂：人名。指公孙遂。⑩辱：遭受耻辱。⑪莫侯：没有人受封为侯。莫，谁，什么人。

西南夷列传第五十六

　　西南夷君长以什数①，夜郎最大②；其西靡莫之属以什数③，滇最大④；自滇以北君长以什数⑤，邛都最大⑥：此皆魋结⑦，耕田，有邑聚⑧。其外西自同师以东⑨，北至楪榆⑩，名为巂、昆明⑪，皆编发⑫，随畜迁徙⑬，毋常处⑭，毋君长，地方可数千里⑮。自巂以东北，君长以什数，徙、筰都最大⑯：自筰以东北⑰，君长以什数，冉駹最大⑱。其俗或土箸⑲，或移徙，在蜀之西⑳，自冉駹以东北，君长以什数，白马最大㉑，皆氐类也㉒。此皆巴、蜀西南外蛮夷也㉓。

【注释】

　　①西南夷：泛指西南各少数民族。君长：长帅。什：与"十"通。数词。数（shǔ）：计算；统计。动词。②夜郎：古夷国。当现在的今贵州西部及北部，并包括今云南东北部、四川南部及广西西北部部分地区。③其：它的。代夜郎。代词。靡（mí）莫：即"靡莫之夷"。④滇（diān）：古夷国。当在今云南昆明市一带。⑤自：从。以：往。⑥邛（qióng）都：即"邛都之夷"。当在今四川省西昌市以南的雅砻江与金沙江之间。⑦魋结（zhuī jì）：同"椎髻"。把头发结成椎形的髻。⑧邑：小城镇。聚：村落。⑨同师：古邑名。⑩楪（yè）榆：即"叶榆"。古县名。在今云南大理县北洱海西岸。始置于西汉元封二年（前109年）。⑪巂（xī）：古夷族。昆明：古夷族。大约活动在云南洱海以南保山县至楚雄县一带。⑫编（biàn）：通"辫"。⑬畜：畜群。徙（xǐ）：迁移。⑭毋（wú）：无。常处：固定的住所。⑮方：方圆；周围。可：大约。副词。数（shù）：几；好几。数词。⑯徙（xǐ）：古夷国。筰（zuó）都：即"筰都夷"。古夷国。当在今四川乐山、汉源、石棉、越西县和小里藏族自治县一带。⑰筰：筰都。⑱冉駹（rǎn máng）：即"冉夷"

和"騅夷"。属古羌族。⑲俗：风俗；习俗。或：有的。虚指代词。土箸（zhù）：《汉书·西南夷传》作"土著"。古代称游牧民族定居某地不再迁徙的为"土著"。箸，通"著"。⑳蜀：郡名。治成都（今四川成都市）。㉑白马：古氐族。分布在今甘肃西河、成县至武都、文县、康县一带。㉒氐（dī）类：氐族的同类。㉓巴：郡名。治江州（今四川重庆市北嘉陵江北岸）。辖境相当于今四川旺苍、阆中、合州、永川市以东地区。蛮：我国古代统治阶级对南部少数民族的统称。

始楚威王时①，使将军庄蹻将兵循江上②，略巴蜀、黔中以西③。庄蹻者，故楚庄王苗裔也④。涩至滇池⑤，地方三百里，旁平地，肥饶数千里，以兵威定属楚⑥。欲归报⑦，会秦击夺楚巴、黔中郡⑧，道塞不通⑨，因还⑩，以其众王滇⑪，变服⑫，从其俗⑬，以长之⑭。秦时常頞略通五尺道⑮，诸此国颇置吏焉⑯。十余岁⑰，秦灭。及汉兴⑱，皆弃此国而开蜀故徼⑲。巴、蜀民或窃出商贾⑳，取其筰马、僰僮、髦牛㉑，以此巴、蜀殷富㉒。

【注释】

①始：当初。时间名词。楚威王：前339—前329年在位。据《史记志疑》，此处的楚威王应当为楚顷襄王（前298—前263年）。②使：派遣。庄蹻（jué）：详下文。循江上：顺着长江而上。江，指长江。③略：夺取。黔（qián）中：郡名。战国时楚置。后入秦国。秦治临沅（今湖南常德市）。辖境相当今湖南沅水、澧水流域、湖北清江流域以及四川黔江流域与贵州东北部地区。④故：从前。楚庄王：春秋时楚国国君。前613—前591年在位。苗裔：后代。⑤滇（diān）池：在今云南昆明市南。⑥以兵威定属楚：意为依借军队的威势平定了那里，使它隶属楚国。楚：春秋战国时南方诸侯国。⑦归报：回去报告。⑧会：恰巧；适逢。秦：战国七雄之一。⑨塞：阻塞。⑩因：于是；就。还：返回。⑪众：军队。王（wàng）滇：王于滇。在滇称王。王：称王，名词作动词。⑫服：服饰。⑬从：跟随。⑭以：而。长（zhǎng）之：为之长。即做了滇的长帅。⑮秦：秦朝。常頞（ān）：秦将，其余不详。略：稍微；大略。副词。通：开通；开辟。五尺道：古道路名。⑯据《史记会注考证》，"诸此国"疑当作"此诸国"。诸：各个。形容词。此，这里。颇：略微；稍微。副词。置吏：设置官吏。焉（yān）：兼词。相当于"于之"。即"到那里"。⑰十余岁：十多年。⑱及：到。汉兴：汉王朝建立。⑲弃：舍弃。而：连词。表顺承关系。开：王念孙曰："开"字当依《汉书》作"关"。关即塞，此处作意动词。开蜀故徼（jiào）：意为把蜀郡原来的边界当作关。徼：边界。⑳或：有的人。虚指代词。出：出关。商贾（gǔ）：古代把运货贩卖的叫"商"，囤积营利的叫"贾"。此处作动词。㉑取：拿。其：那里。指示代词。筰马：筰都的马匹。僰（bó）：即"僰夷"。古夷族。分布在今四川南部和云南东北部。僮（tóng）：古称奴婢为"僮"。㉒以此：因此。殷（yīn）富：人口繁多，生活富裕。

建元六年①，大行王恢击东越②，东越杀王郢以报③。恢因兵威使番阳令唐蒙风指晓南越④。南越食蒙蜀枸酱⑤，蒙问所从来⑥，曰"道西北牂柯⑦，牂柯江广数里，出番禺城下⑧"。蒙归至长安⑨，问蜀贾人，贾人曰："独蜀出枸酱⑩，多持窃出市夜郎⑪。夜郎者，临牂柯江，江广百余步，足以行船⑫。南越以财物役属夜郎⑬，西至同师，然亦不能臣使也⑭"。蒙乃上书说上曰⑮："南越王黄屋左纛⑯，地东西万余里，名为外臣⑰，实一州主也⑱。今以长沙、豫章往⑲，水道多绝⑳，难行。窃闻夜郎所有精兵㉑，可得十余万㉒，浮船牂柯江㉓，出其不意，此制越一奇也㉔。诚以汉之彊㉕，巴、蜀之饶㉖，通夜郎道，为置吏㉗，易甚。"上许之㉘。乃拜蒙为郎中将㉙，将千人㉚，食重万余人㉛，从巴蜀筰关入㉜，遂见夜郎侯多同㉝。蒙厚赐㉞，喻以威德㉟，约为置吏㊱，使其子为令㊲。夜郎旁小邑皆贪汉缯帛㊳，以为汉道险㊴，终不能有也㊵，乃且听蒙约㊶。还报，乃以为犍为郡㊷。发巴、蜀卒治道㊸，自僰道指牂柯江㊹。蜀人司马相如亦言西夷邛、筰可置郡㊺。使相如以郎中将往喻㊻，皆如南夷㊼，为置一都尉㊽，十余县，属蜀。

【注释】

①建元：汉武帝刘彻即位后的第一个年号。建元六年为公元前135年。②大行：即"大行令"。秦时称典客，汉沿之。景帝刘启时改为大行令。武帝太初元年（前104年）又改称大鸿胪。主要执掌外交及少数民族事务，为"九卿"之一。王恢：后于元光二年（前133年）主张发动对匈奴战争，因谋泄无功，畏罪自杀。汉武帝元封三年（前108年）助赵破奴攻楼兰有功而被封为浩侯的王恢是另一个人。东越：又称"东粤"或"闽越"。③王：指闽越王。郢：闽越王名。④因：乘……。番（pō）阳令：番阳县令。番阳：治所在今江西鄱阳县东北。风（fěng）：通"讽"用含蓄的话暗示或劝告。指：通"旨"意见；意图。晓：告知。南越：又称"南粤"。为古时南方越人的一支。⑤食蒙蜀枸酱：意为拿蜀地的枸酱给唐蒙吃。枸酱：用枸的果实制作的酱酢枸，又名枸椇、枳椇。落叶乔木，其果实圆而小，有肉质之柄乃花梗所成，味甘可食，俗名鸡距子或木蜜。⑥所从来：从哪里来的。⑦道：由。牂柯（zāng kē）：古水名。或作牂柯江、牂柯水。⑧番（pān）禺：古县名。治所在今广东广州市。⑨长安：西汉都城。今陕西西安市西北。⑩独：只；仅仅。出：出产。⑪多：指示代词，代指多数人。持：拿着。市夜郎：市于夜郎。即和夜郎做交易。⑫足：可。能愿动词。⑬役属夜郎：意为使夜郎归附。役：服役。属（shǔ）：隶属。"役""属"均为使动词。⑭然：然而转接连词亦：也是。副词。"不"与存在动词"无"通，意为没有。不能臣使：没有能够像对待臣国那样使唤它此处省略了宾语"之""臣"为名词状语。⑮乃：于是。说（shuì）：说服对方使之按自己的意图行事叫"说"上：皇上。此处指汉武帝。⑯南越王：当时是赵佗之孙赵胡。黄屋：因古代帝王乘舆的车盖是用黄缯子作衬里的，故以"黄屋"指帝王乘坐的车。左纛（dào）：古时帝王乘舆上的装饰物。用牦牛尾或雉尾制成。因设在车衡的左边，故称左纛。"黄屋""左纛"在此处均作动词，意为乘着黄屋，饰着左纛。⑰名：名义。外臣：即藩臣。⑱一州主：一州之主。⑲以：从。与"由"通。长沙：封国名。豫章：郡名。楚汉之际置，治南昌（今江西南昌市），辖境相当于今江西省。往：去。动词。⑳水道：水路。多绝：多数断绝。㉑窃：谦辞。私下；私自。㉒可得：可能有。㉓浮船牂柯江：意为乘船沿牂柯江而下。㉔制：控制；制服。越：南越。㉕诚：假设；如果；果真。假设连词。彊：同"强"。㉖饶：富足；富饶。㉗为（wèi）：给。㉘许：答应；允许。㉙拜：用一定的礼节授给官职。郎中将：《华阳国志》作"中郎将"。汉代皇帝的警卫官。出为车骑，是仅次于将军的称号。属郎中令。㉚将（jiàng）：带兵。㉛食重万余人：指携带粮食辎重的一万多人。㉜巴蜀筰关：即巴符关。《汉书·西南夷传》无"蜀"字。王念孙曰："巴筰关本作巴符关。"在今四川合江县。因当时关在符县，地属巴夷，故称巴符关。入：指进入夜郎。㉝夜郎侯：夜郎的长帅。多同：夜郎侯名。㉞厚赐，优厚赏赐。㉟喻：通"谕"。上对下、尊对卑的告知。威德：威势和恩德。此处指利害关系。㊱约：约言。㊲其：他的。代指夜郎侯，

代词。令：官职。相当于汉朝的县令。㊳旁：旁边。小邑：小国。贪：贪图。缯帛（bó）：丝织品的总称。㊴以为：心里认为。险：艰险；险阻。㊵终：与"卒"通。相当于"终于""究竟"。有：占有。动词。㊶乃：于是；就。且：姑且；暂且。听：接受；听从。约：约定的事；盟约。㊷以为："以之为"的省语。犍（jiān）为郡：初治鳖县（今贵州遵义市西），后移治僰道（今四川宜宾市西南安边镇）。㊸发：征集；征调。卒：步兵。治：治理；整理。㊹僰道：县名。治今四川宜宾市西南安边镇。指：指向；向一定的目标前进。㊺司马相如：字长卿。西汉辞赋家，蜀郡人。㊻以：郎中将：据《司巴相如列传》为"中郎将"。往：前往；去。㊼如：同。㊽都尉：辅佐郡守并掌管全郡军事的武官。

当是时①，巴、蜀四郡通西南夷道②，戍转相馕③。数岁，道不通，士罢饿离湿，死者甚众④；西南夷又数反⑤，发兵兴击⑥，耗费无功⑦。上患之⑧，使公孙弘往视问焉⑨。还对⑩，言其不便⑪。及弘为御史大夫⑫，是时方筑朔方以据河逐胡⑬，弘因数言西南夷害⑭，可且罢⑮，专力事匈奴⑯。上罢西夷⑰，独置南夷夜郎两县一都尉⑱，稍令犍为自葆就⑲。

【注释】

①当是时：在这个时候。②巴、蜀四郡：指巴、蜀、汉中（治今陕西汉中市）、广汉（治今四川金堂县东）四郡。③戍：《汉书·西南夷传》作"载"。馕（xiǎng）：同"饷"。军粮。④罢（pí）：通"疲"。疲劳；疲乏。遭受。《汉书·西南夷传》作"罢饿馁，离暑湿。"众：多。⑤数（shuò）：屡次；多次。⑥兴：发动。⑦耗（hào）：通"耗"。消耗。功：成效。⑧患：忧虑。之：代词。代指发巴、蜀四郡通西南夷道这件事。⑨公孙弘：复姓公孙；名弘。往：到……去。视问：察看了解。焉：兼词。相当于"于之"，即"到那里"。⑩还：回来。对：下对上的回答。⑪不便：意为对国家不利。便：便利；有利。⑫御史大夫：官名。⑬是时：这时。方：正。筑朔方：修筑朔方的城墙。朔方：郡名。西汉元朔二年（前127年）置。治朔方（在今内蒙古自治区杭锦旗北）。据：依靠；凭借。河：河水。即黄河。逐胡：驱逐匈奴。胡：古代对地方少数民族的统称，秦汉时多指匈奴。⑭因：趁机。数言西南夷害：意为多次述说开通西南夷所带来的害处。⑮且罢：暂停。且，暂且。⑯专力：集中精力。事：对待；对付。动词。⑰罢西夷：意为撤销了司马相如在西夷所置的一都尉、十余县。⑱独置：只设置。⑲就：成。

及元狩元年①，博望侯张骞使大夏来②，言居大夏时见蜀布、邛竹杖③，使问所从来④。曰："从东南身毒国⑤，可数千里⑥，得蜀贾人市⑦。"或闻邛西可二千里有身毒国⑧。骞因盛言大夏在汉西南⑨，慕中国⑩，患匈奴隔其道⑪，诚通蜀⑫，身毒国道便近⑬，有利无害⑭。于是天子乃令王然于、柏始昌、吕越人等⑮，使间出西夷西⑯，指求身毒国⑰。至滇，滇王尝羌乃留⑱，为求道西十余辈⑲。岁余，皆闭昆明⑳，莫能通身毒国。

【注释】

①元狩：汉武帝即位后第四个年号。元狩元年为公元前122年。②博望侯：张骞的封号。③居：在。蜀布：蜀地出产的细布。邛竹杖：邛，山名。即今邛崃山，位于四川西部，岷江与大渡河间。邛竹，是邛山出产的竹。该竹节高，实中，可以为杖。④使问：让人询问。⑤身毒（本读作 yān dú，为古印度的音译，据本传索引，身读为 juān）：古国名。又写作"天毒""乾毒""天竺"。均为古代

译音。在今印度和巴基斯坦一带。⑥可：大约。⑦市：买。⑧或：又。邛西：邛菜山西面。⑨盛：极；大。⑩慕：羡慕。中国：此处指汉民族居住的黄河中下游地区，与"中土""中原""中华"等含义相似，而与现时专指我国全部领土的"中国"不同。⑪患：担忧。隔其道：阻塞他们的通道。⑫诚：假如；如果。通：开通蜀地的道路。⑬道：取道，动词。⑭指对汉朝而言。⑮天子：古时称皇上为天子。⑯使间出西夷西：意为让打探小路，从西夷的西面出发。间：间隙；空隙。西夷西：据《汉书·张骞传》，当指駹、筰、徙、邛、僰等地。⑰指：通"旨"。意图。求：寻求；寻找。⑱尝羌：滇王名。乃留："乃留之"的省语。意为便留下他们。⑲为求道西：意为为他们寻找向西去的道路。十余辈：十多个人。按"为求道西十余辈"句颇费解。据《汉书·西南夷传》天子乃令王然于、柏始昌、吕越人等十余辈，间出西夷西，指求身毒国。至滇，滇王当羌乃留为求道。⑳皆闭昆明：意为道路全被昆明夷阻拦，不得通过。闭：关闭；阻塞。

滇王与汉使者言曰："汉孰与我大①？"及夜郎侯亦然②。以道不通故③，各自以为一州主，不知汉广大④。使者还，因盛言滇大国⑤，足事亲附⑥。天子注意焉⑦。

【注释】

①汉孰与我大：意为汉朝与我们滇国相比哪个大。②亦然：也是这样。③以：因为。④广大：疆域辽阔，势力强大。⑤滇大国：意为滇是个大国。⑥足事亲附：可专事招来，使无亲附。⑦注意：专心留意。

及至南越反①，上使驰义侯因犍为发南夷兵②。且兰君恐远行③，旁国虏其老弱④，乃与其众反⑤，杀使者及犍为太守⑥。汉乃发巴、蜀罪人尝击南越者八校尉击破之⑦。会越已破，汉八校尉不下⑧，即引兵还⑨，行诛头兰⑩。头兰，常隔滇道者也⑪。已平头兰⑫，遂平南夷为牂柯郡⑬。夜郎侯始倚南越⑭，南越已灭，会还诛反者，夜郎遂入朝⑮。上以为夜郎王⑯。

【注释】

①南越反：指南越丞相吕嘉叛乱。②驰义侯：越人，名遗。因：通过……介词。犍为：犍为郡。南夷：《汉书·西南夷传》作"夜郎"。③且（jú）兰君：且兰的长帅。且兰：古夷国。位于今贵州贵定县东北。④虏：把人抢走。⑤众：指军队。⑥使者：指宣诏南夷的汉朝使者。太守：官名。本为战国时郡守的尊称。⑦罪人：犯罪之人。汉代曾多次赦免罪犯，令其从军。尝：《汉书》作"当"。以"当"为妥，本当。之：代词。代指且兰。⑧不下：不下牂柯江。即没有按预定部署沿牂柯江而下。⑨引：率领。⑩行诛（zhū）：乘行军之便惩罚。头兰：古夷国。当在滇国以北。⑪常：常常；经常。⑫已平：平定完毕。⑬为：作为。牂柯郡：治且兰（在今贵州省贵定县东；一说在今凯里市西北）。⑭始：当初；开始的时候。倚（yǐ）：倚仗；凭借。⑮入朝：入京朝见皇上。即归附汉朝。⑯以为："以之为"的省语。以为夜郎王，即封他为夜郎王。

南越破后，及汉诛且兰、邛君①，并杀筰侯②，冉駹皆振恐③，请臣置吏④。乃以邛都为越巂郡⑤，筰都为沈犁郡⑥，冉、駹为汶山郡⑦，广汉西白马为武都郡⑧。

【注释】

①邛君：邛都夷长帅。②并：一并；一起。筰侯：筰都夷长帅。③冉駹：冉夷和駹夷。振：通"震"。震动。④请臣：请求成为汉朝的臣国。⑤以邛都为越

嶲（xī）郡：意为把邛都夷居住的地区作为越嶲郡。越嶲郡：治邛都（在今四川西昌市东南）。⑥沈犁郡："犁"一作"黎"。治筰（在今四川汉源县东北）。武帝天汉四年（前97年）废⑦汶山郡：治汶江（在今四川茂汶羌族自治县北）。宣帝地第三年（前67年）省，并入蜀郡。汶，通"岷"。⑧广汉：郡名。武都郡：治武都（在今甘肃西和县西南）。辖境相当今甘肃武都、成县、徽县、西和、两当、康县及陕西凤县、略阳县等地。

上使王然于以越破及诛南夷兵威风喻滇王入朝[1]。滇王者，其众数万人[2]，其旁东北有劳寖、靡莫[3]，皆同姓相扶[4]，未肯听[5]。劳寖、靡莫数侵犯使者吏卒[6]。元封二年[7]，天子发巴、蜀兵击灭劳寖、靡莫，以兵临滇[8]。滇王始首善[9]，以故弗诛[10]。滇王离难西南夷[11]，举国降[12]，请置吏入朝。于是以为益州郡[13]，赐滇王王印[14]，复长其民[15]。

【注释】

①使：令。以：拿。越破：南越灭亡。风喻：暗示，启发。风，通"讽"。喻，通"谕"。上对下，尊对卑的告知。②众：这里指军队。③劳浸（jìn）：《汉书·西南夷传》作"劳深"。当在今云南陆良县一带。④皆同姓：指都与滇王同姓。扶：依仗。⑤未：不。⑥数（shuò）：与"屡"通。侵犯：欺负、触犯。⑦元封：汉武帝第六个年号。元封二年为公元前109年。⑧临：靠近。⑨始首善：当初本有善意。首：本。⑩以故：因此；由此故。弗诛：不诛之。相当于"不……之"。⑪离难西南夷：此句颇费解。据《史记会注考证》"西南夷"三字，涉下文而衍。⑫举：全。⑬益州郡：治滇池（在今云南晋宁县东）。辖境相当于今中缅边境高黎贡山以东，云南洱海以西及姚安、元谋县、昆明市东川区以南，曲靖、宜良、华宁县以西，哀牢山以北地区。⑭据云南省博物馆发掘报告："滇王之印"已于新中国建立后在云南省晋宁县石寨山考古发掘中出土。⑮复：又；依旧。长（zhǎng）：统治；管理。

西南夷君长以百数，独夜郎、滇受王印[1]。滇小邑[2]，最宠焉[3]。

【注释】

①受：承受。②邑：国。③宠：宠爱。焉：语气词。

太史公曰[1]：楚之先岂有天禄哉[2]？在周为文王师[3]，封楚[4]。及周之衰[5]，地称五千里[6]。秦灭诸侯[7]，唯楚苗裔尚有滇王。汉诛西南夷，国多灭矣，唯滇复为宠王[8]。然南夷之端[9]，见枸酱番禺[10]，大夏杖邛竹[11]。西夷后揃[12]，剽分二方[13]，卒为七郡[14]。

【注释】

①太史公：当时人尊称太史令为太史公，司马迁曾任太史令，遂以此自称。②先：祖先。岂。难道。反诘副词。天禄：旧谓上天赐予的禄位。③在周为文王师：意为在周的时候做过文王的师傅。按：据《史记·楚世家》：楚国的祖先芈季连之孙曾经"事文王"。文王：商末周族的领袖。姬姓，名昌。商纣时为西伯，亦称伯昌，曾被商纣囚禁于羑里（今河南汤阴县北）。④封楚：封于楚。⑤衰：衰落；衰败。⑥称：号称。动词。⑦诸侯：这里指韩、赵、魏、燕、齐、楚六国国君。⑧复：再；又。⑨此句据文义，这里的"南夷"及下句的"西夷"均疑为"西南夷"。⑩见枸酱番禺：即在番禺见到枸酱。⑪大夏杖邛竹：即在大夏见到

邛竹杖。⑫揃（jiǎn）：分割。⑬剽（piáo）：削；分。⑭卒：最终；终于。七郡：
犍为郡、牂柯郡、越巂郡、益州郡、武都郡、沈犁郡、汶山郡。

司马相如列传第五十七

　　司马相如者，蜀郡成都人也①，字长卿。少时好读书②，学击剑③，故其亲名
之曰犬子④。相如既学⑤，慕蔺相如之为人⑥，更名相如⑦。以赀为郎⑧，事孝景帝⑨，
为武骑常侍⑩，非其好也⑪。会景帝不好辞赋⑫，是时梁孝王来朝⑬，从游说之士
齐人邹阳、淮阴枚乘、吴庄忌夫子之徒⑭，相如见而说之⑮，因病免⑯，客游梁⑰。
梁孝王令与诸生同舍⑱，相如得与诸生游，士居数岁，乃著《子虚之赋》⑲。

【注释】

　　①蜀郡：战国秦置。西汉辖境相当今四川松潘以南，北川、彭县、洪雅以西、峨边、
石棉以北，邛崃山、大渡河以东，以及大渡河与雅砻江之间康定以南、冕宁以北地。
治所在成都（今四川成都市）。②少（shào）：少年；青年。好（hào）：喜爱。
③击剑：颜师古注：“击剑者，以剑遥击而中之，非斩剑也。”④亲：父母。犬子：
司马相如初名。⑤既学：学业完成。《蜀志》秦宓云：“文翁遣相如东受七经，
还教吏民。”当指此事。⑥蔺（lìn）相如：战国时赵国大臣。⑦更：改。⑧赀（zī）：
同“资”。资财；钱财。郎：郎官。古时对帝王侍从官的通称。⑨事：侍奉。孝
景帝：汉景帝刘启。文帝刘恒子。前157—前141年在位。⑩武骑（jì）常侍：郎
官加封的官衔。职责是“常侍从、格猛兽”。秩禄八百石（据《史记·李将军列
传》）。⑪好（hào）：爱好；喜爱。⑫会：副词。与“适”通。辞赋：文体名。
⑬是时：这时候。梁孝王：刘武。汉文帝次子，景帝刘启弟。封于梁，国在今河南、
安徽交界地区，建都睢阳（今河南商丘市南）。来朝：指来京朝见皇帝。事当在
梁孝王二十九年，即汉景帝前七年（前150年）。⑭游说（shuì）之士：指到处游
说，凭借陈说形势，献计献策，以求取高官厚禄的策士。齐：郡名。治所在临淄（今
山东淄博市东北）。辖境相当今淄博市及广饶、临朐等县地。邹阳：西汉文学家。
初从吴王刘濞，劝吴王勿反，吴王不听。后去为梁孝王客。所作散文，尚有战国
游士纵横善辩之风。淮阴：县名。在今江苏淮安市淮阴区西南。枚乘：西汉辞赋家。
初为吴王刘濞郎中，吴王欲反，上书劝阻，吴王不听，遂去为梁孝王客。吴：县名。
在今江苏苏州。庄忌：西汉辞赋家。为梁孝王门客。有辞赋二十四篇。⑮说（yuè）：
同“悦”。喜欢。之：第三人称代词，指代邹相之徒。⑯因：趁着。免：免去；去掉。
此处指免去了武骑常侍的职务。⑰客游梁：指旅居梁国，做梁王的门客。⑱诸生：
谓许多儒生。同舍：住在一起。⑲《子虚之赋》：即《子虚赋》。

　　会梁孝王卒，相如归①，而家贫，无以自业②。素与临邛令王吉相善③，吉曰：“长
卿久宦游不遂④，而来过我⑤。”于是相如往，舍都亭⑥。临邛令缪为恭敬⑦，日
往朝相如⑧。相如初尚见之，后称病⑨，使从者谢吉⑩，吉愈益谨肃⑪。临邛中多富

人⑫，而卓王孙家僮八百人⑬，程郑亦数百人⑭，二人乃相谓曰⑮："令有贵客⑯，为具召之⑰。"并召令⑱。令既至⑲，卓氏客以百数⑳。至日中㉑，谒司马长卿㉒，长卿谢病不能往㉓，令邛令不敢尝食㉔，自往迎相如㉕，相如不得已，彊往㉖，一坐尽倾㉗。酒酣㉘，临邛令前奏琴曰㉙："窃闻长卿好之㉚，愿以自娱㉛。"相如辞谢㉜，为鼓一再行㉝。是时卓王孙有女文君新寡㉞，好音㉟，故相如缪与令相重㊱，而以琴心挑之㊲。相如之临邛㊳，从车骑㊴，雍容闲雅甚都㊵；及饮卓氏㊶，弄琴㊷，文君窃从户窥之㊸，心悦而好之㊹，恐不得当也㊺。既罢㊻，相如乃使人重赐文君侍者通殷勤㊼。文君夜亡奔相如㊽，相如乃与驰归㊾。家居徒四壁立㊿。卓王孙大怒曰："女至不材51，我不忍杀，不分一钱也52。"人或谓王孙53，王孙终不听。文君久之不乐54，曰："长卿第俱如临邛55，从昆弟假贷犹足为生56，何至自苦如此57！"相如与俱之临邛，尽卖其车骑，买一酒舍酤酒58，而令文君当炉59。相如身自著犊鼻裈60，与保庸杂作61，涤器于市中62。卓王孙闻而耻之63，为杜门不出64。昆弟诸公更谓王孙曰65："有一男两女，所不足者非财也66。今文君已失身于司马长卿67，长卿故倦游68，虽贫，其人材足依也69，且又令客，独奈何相辱如此70！"卓王孙不得已，分予文君僮百人，钱百万，及其嫁时衣被财物。文君乃与相如归成都，买田宅，为富人71。

【注释】

①归：返回。指回到家中。②无以自业：没有什么用来作为自己的职业。③素：向来；一向临邛（qióng）：古县名。治所在今四川邛崃市。令：县令。④官游：旧谓在外求官或做官。遂：通，达。⑤而：你。第二人称代词。与"尔"通。过：访；探望。⑥舍：居住。使动用法。都亭：汉代乡村每十里一亭，设亭长，管治安，招待旅客，治理民事。设于城内，城厢的称"都亭"。设于城门的称"门亭"。⑦缪（miù）：通"谬"。诈，假装。⑧日：每天。朝：拜访。⑨称病：声称有病。⑩谢：辞去；辞别。⑪愈益：更加。谨肃，谨慎恭敬。⑫临邛中：谓临邛城内。⑬而：承接连词。卓王孙：卓，姓；王孙，名。家僮：古时私家所属的奴隶。⑭程郑：人姓名。秦灭六国，由山东迁居临邛，亦靠冶铁致富。⑮乃：于是，就。时间副词。相（xiāng）谓：互相告诉对方。⑯令：县令。⑰为（wèi）具召之：准备酒食宴请他。⑱并：一起，一并。⑲既至：已经来到。⑳以百数：以百为单位计算。意为有几百。㉑日中：中午。㉒谒（yè）：请。㉓谢病：托言有病。㉔尝食：尝一尝饭食。㉕自：亲自。㉖彊（qiǎng）：通"强"，勉强。㉗一坐尽倾：满座的人都钦佩他的风采。㉘酣（hān，旧读hán）：饮酒畅快尽兴。㉙前：向前。动词。奏：进；奉献。㉚窃：私自；私下。谦辞。好（hào）之：喜爱它。㉛愿以自娱：希望用它来使自己快乐快乐。㉜辞谢：推谢。㉝为（wèi）：给。鼓：弹奏。一再行：一两曲。再，二。行，乐曲。㉞新寡：刚死了丈夫。㉟好（hào）音：喜爱音乐。㊱故：因此；所以。重（zhòng）：敬重。㊲以琴心挑（tiǎo）之：用琴声的音乐语言挑逗她。㊳之：往。动词。㊴车骑（jì）：车马。㊵雍容：形容态度大方，从容不迫闲雅：亦作"娴雅"，从容大方。闲，通"闲"。㊶及：及至。介词。饮卓氏：在卓氏家中饮酒。㊷弄（nòng，旧读lòng）：玩弄。㊸窃从户窥（kuī）之：偷偷从门缝中看他。户，单扇门曰户。双扇门曰门。㊹悦而好之：指喜爱其人和琴声。㊺恐不得当：担心不能相配。当，对偶。㊻既罢：指鼓琴结束。㊼通殷勤：传达恩切深厚的情意，即传达私衷。㊽亡：逃跑。奔：旧时把男女不依照礼教的规定而相结合称"奔"。㊾驰：使劲赶马。㊿家居：家中。徒四壁立：谓空无别物，唯有四壁植立而已。51至不材：不成材到了极点。52一钱：一个钱。53人或：有的人。54久之：长时间。乐（lè）：快乐。55第：但，只。如：往。56昆弟：兄和弟，也包括近房和远房的弟兄。假：借。犹足为生：也足以生活。

57何至：何至于。58酒舍：酒店。酤（gū）酒：卖酒。59当炉：主持酒铺卖酒。炉，又作"垆"，四围泥土，中置酒瓮热酒。当，主持。60犊鼻裈（kūn）：王先谦《汉书补注》谓如今之围裙，但以蔽前，又系于后。盖因其形如犊鼻，故名。按陈直《史记新证》，罗布淖尔烽火台遗址曾出土一件，精短便于操作。61保庸：奴婢。一说为雇工，佣人。杂作：共同操作。62涤（dí）器：洗涤酒器。63耻：耻辱，羞耻。意动用法。64杜门不出：闭门不出。65诸公：指临邛的年长者和长辈。66财：钱财。67失身：谓失去贞操。68故：本来。通"因"。倦游：厌倦宦游。69其：那个。远指代词。代指司马相如。70独：偏偏。奈何：为什么。71为：成为。

居久之①，蜀人杨得意为狗监②，侍上③。上读《子虚赋》而善之④，曰："朕独不得与此人同时哉⑤！"得意曰："臣邑人司马相如自言为此赋⑥。"上惊，乃召问相如⑦。相如曰："有是⑧。然此乃诸侯之事，未足观也⑨。请为天子游猎赋⑩，赋成奏之⑪。"上许⑫，令尚书给笔札⑬。相如以"子虚"，虚言也⑭，为楚称⑮；"乌有先生"者，乌有此事也⑯，为齐难⑰；"无是公"者，无是人也⑱，明天子之义⑲。故空藉此三人为辞⑳，以推天子诸侯之苑囿㉑。其卒章归之于节俭㉒，因以风谏㉓。奏之天子，天子大说㉔。其辞曰㉕：

【注释】

①居久之：过了好久。②狗监：主管猎犬的小吏。秩位低于令丞。③上：皇上。此处指汉武帝刘彻。④善之：认为它好。善，意动用法。⑤朕（zhèn）：秦代以后专为皇帝自称。哉：语气词。表示感叹。⑥臣：官吏、百姓对君主的自称。邑人：同乡。⑦召：呼唤使来。⑧有是：有这个事。是：指示代词。指代作《子虚赋》事。⑨未足观：不值得看。足，满，可。⑩请：意为允许我。为：作。⑪奏：进献。之：语气词。⑫许：答应；允许。⑬尚书：官名。始于战国。秦为少府属官。札：书写用的小而薄的木简。按：因当时尚未用纸，故给札用以书写。⑭虚：空。⑮为楚称：称说楚国之美。称，述，言。⑯乌：那。⑰为齐难：替齐诘难楚国。⑱是：这个。⑲明天子之义：阐明做天子的道理，如后文所说"登明堂，坐清庙，恣群臣，奏得失"之类。⑳藉：凭借；假借。㉑以：而。连词。推：推想；推求。苑囿（yuàn yòu）：养禽兽植树木的地方。㉒卒章：文章结束。㉓风（fěng）：通"讽"。用含蓄的话暗示或劝告。谏（jiàn）：规劝君主、尊长或朋友。使之改正错误和过失。㉔说（yuè）：高兴。同"悦"。㉕其：他的。过了很长时间，蜀郡人杨得意担任狗监，侍奉皇上。有一天，皇上读到《子虚赋》，以为它不错，说："我偏偏不能和这个人同时代呵！"

楚使子虚使于齐①，齐王悉发境内之士②，备车骑之众③，与使者出田④。田罢，子虚过诧乌有先生⑤，而无是公在焉⑥。坐定，乌有先生问曰："今日田乐乎？"子虚曰："乐。""获多乎⑦？"曰："少。""然则何乐⑧？"曰："仆乐齐王之欲夸仆以车骑之众⑨，而仆对以云梦之事也。⑩"曰："可得闻乎⑪？"

【注释】

①楚：战国七雄之一。使使（shǐ shǐ）：第一个"使"指派遣，第二个"使"指使者。子虚：作品中虚构的人物。齐：战国七雄之一。②悉：全；都。士：兵士。③备：完全；齐全。④田：通"畋"。打猎。《昭明文选》作"畋"。⑤诧：夸耀。乌有先生：虚构的人物。乌有，何有，意即没有。⑥无是公：虚构的人物。意即

没有这个人。⑦获：猎得禽兽。⑧然则："……这样……那么……。"⑨夸：夸耀。仆（pú）："僕"的简写。古人对自己的谦称。多用于男子。⑩对：回答。云梦：楚国著名的大沼泽地，相传在今湖北安陆市南。本为二泽，跨长江两岸，江北为"云"，江南为"梦"，纵横八九百里，后世淤塞。⑪可得闻乎：可以说给我听么。

子虚曰："可。"王驾车千乘①，选徒万骑②，田于海滨。列卒满泽③，罘罔弥山④，掩兔辚鹿⑤，射麋脚麟⑥，骛于盐浦⑦，割鲜染轮⑧。射中获多⑨，矜而自功⑩。顾谓仆曰⑪：'楚亦有平原广泽游猎之地饶乐若此者乎⑫？楚王之猎何与寡人⑬？'仆下车对曰：'臣，楚国之鄙人也⑭，幸得宿卫十有余年⑮，时从出游⑯，游于后园⑰，览于有无⑱，然犹未能遍睹也⑲，又恶足以言其外泽者乎⑳！'齐王曰：'虽然㉑略以子之所闻见而言之㉒。'

【注释】

①乘（shèng）：量词。②选徒：经过选择的精锐士卒。骑（jì）：一人一马的合称。③列：排列。泽：聚水的洼地。④罘（fú）：捕兔的网。罔：捕鱼的网。弥：满，遍。⑤掩（yǎn）：罩住。辚：轮子。用作动词。意为因车轮驰逐而被碾轧。⑥麋（mí）：麋鹿，俗称"四不像"。脚：小腿。用作动词，指抓住麟的腿。麟：此处当指大雄鹿。⑦骛（wù）：纵横奔驰。盐浦：海边的盐滩。⑧鲜：指禽兽的生肉。一说为捕得的鱼类。染轮：血染车轮。⑨中（zhòng）：击中目标。⑩矜（jīn）：妄自尊大。自功：夸耀自己的功劳。⑪顾：回头看。⑫饶：富足；多。若此：像这样。⑬何与寡人：意为和寡人比起来，哪个更有乐趣。与，如。寡人：古代帝王或诸侯对下的自称。⑭鄙人：小人，低贱的人。自称谦辞。鄙：小。⑮宿卫：在宫禁中值宿警卫。十有余年：十多年。有：又。余：多。⑯时：时时；时常。⑰后园：即"内苑"。与下文"外泽"相对。⑱览于有无：意为跑马看花，匆匆浏览，以致景物有的看见了，有的未留神就未看见。览：见，看。⑲遍睹（dǔ）：全都看遍。⑳恶（wū）足以：怎么够得上。外：指"后园"之外。㉑虽然：即使这样。㉒略：大概；大致。子：古代对男子的尊称。相当于"您"。

仆对曰："唯唯①"。臣闻楚有七泽，尝见其一，未睹其余也。臣之所见，盖特其小小者耳②，名曰云梦。云梦者，方九百里③，其中有山焉④。其山则盘纡弗郁⑤，隆崇崒崒⑥，岑岩参差⑦，日月蔽亏⑧；交错纠纷⑨，上干青云⑩；罢池陂陁⑪，下属江河⑫。其土则丹青赭垩⑬，雌黄白坿⑭，锡碧金银⑮，众色炫耀⑯，照烂龙鳞⑰。其石则赤玉玫瑰⑱，琳瑉琨珸⑲，瑊玏玄厉⑳，瑌石武夫㉑。其东则有蕙圃衡兰㉒，芷若射干㉓，穹穷昌蒲㉔，江离麋芜㉕，诸蔗猼且㉖。其南则有平原广泽，登降陁靡㉗，案衍坛曼㉘，缘以大江㉙，限以巫山㉚。其高燥则生葳蔚苞荔㉛，薛莎青薠㉜。其卑湿则生藏莨蒹葭㉝，东蔷雕胡㉞，莲藕菰芦㉟，菴䕅轩芋㊱，众物居之，不可胜图㊲。其西则有涌泉清池，激水推移㊳；外发芙蓉菱华㊴，内隐巨石白沙㊵。其中则有神龟蛟鼍㊶，玳瑁鳖鼋㊷。其北则有阴林巨树㊸，楩枏豫章㊹，桂椒木兰㊺，櫱离朱杨㊻，樝梸梬栗㊼，桔柚芬芳。其上则有赤猿蠝蝚㊽，鵷雏孔鸾㊾，腾远射干㊿。其下则有白虎玄豹㉜，蟃蜒貙犴㊾，兕象野犀，穷奇獌狿㊿。

【注释】

①唯唯：恭敬地答应。②盖：大概，可能。特：只。③方：纵横。④中：中间。焉：语气词。仅表叙述。⑤盘纡（yū）：迂回曲折。弗（fú）郁：山势曲折阴幽的样子。⑥隆崇：山势高耸的样子。崒崒（lù zú）：山势高峻的样子。⑦岑（cén）岩：山

势高峻的样子。参差（cēn cī）：高低不齐的样子。⑧蔽：全隐。亏：半缺。⑨交错：交叉错杂。⑩干：冒犯；触到。⑪罢池（pí tuó）、陂陀（pō tuó）：均为倾斜而下的样子。⑫属（zhǔ）：连接。⑬丹：朱砂。青：青雘（huò），赤石脂之类的东西，古代以为好颜料。赭（zhě）：赤土。⑭雌黄：矿物名，三硫化二砷，橙黄色，可制作颜料。白坿（fù）：白石英。⑮锡：银白色的金属。碧：青白色的玉石。⑯炫（xuàn）耀：光彩夺目。⑰照烂龙鳞：彩色照耀，像龙鳞那样灿烂。⑱赤玉：红色的玉石。玫瑰：一种紫色的宝石。⑲琳：青碧色的美玉。琘（mín）：一种次于玉的美石。琨珸（kūn wú）：本是山名，出美石，因亦以名其山之石。亦作“昆吾”。⑳瑊玏（jiān lè）：似玉的美石。玄厉：可以琢磨的黑石。㉑瑌（ruǎn）：似玉的美石。《汉书》本传作“碝”。《昭明文选》作“礝”。武夫：赤地白纹的美石。㉒蕙：蕙草，一种香草。蕙圃：这里指长有蕙草的花圃。衡：杜衡，香草名。兰：秋兰。㉓芷：白芷。若：杜若。均为香草名。射干：多年生草本植物。可供观赏，亦可入药。《汉书》《昭明文选》均无此二字。㉔穹穷（qiōng qióng）：香草名，根可入药。菖蒲：多年生草本植物，叶似剑，根茎可作香料，也可入药。㉕江离：水草名，生在海湾浅水中，可用来制造琼脂。蘪芜（mí wú）：蕲芷。亦为香草。㉖诸蔗：甘蔗。《汉书》本传作“诸柘”。猼且（pó jū）：芭蕉。《汉书》本传作“巴且”。㉗登降：登高降下。这里指地势高低不平。陁（yī）靡：山势斜长绵延的样子。㉘案衍：地势低下的样子。坛曼：平坦的样子。㉙大江：长江。㉚限：界限。巫山：指云梦泽中的巫山。一名阳台山。㉛燥：干。葴（zhēn）：马蓝。薪（sī）：一种像燕麦的草。《汉书》本传作“菥”。《说文》无“薪”字。苞：草名，即席草，可制席子和草鞋。荔（lì）：草名，即荔挺。又名马䪹。形似蒲而小，其根可制刷子。㉜薛：草名，即藾蒿。莎（suō）：草名，即莎草。块根叫香附子，可入药。青薠（fān）：草名，似莎而大。㉝卑湿：地势低下而潮湿。藏（zàng）、莨（làng）：均为草名，郭璞说是喂马用。蒹（jiān）：没有长穗的荻。葭（jiā）：没有长出穗的芦苇。㉞东蔷（qiáng）：草名，似蓬草，子如葵籽，可食。雕胡：即菰米，茭白尖头的圆颗，可煮食。这里泛指茭白。㉟菰（gū）芦：即葫芦。亦作“扈鲁”。㊱菴蔄（ān lǘ）：草名，状如蒿艾，子可入药。轩芋：即莸草，是一种臭草。㊲胜（shēng）：尽。图：画。㊳激水：激荡的水波。推移：流动。㊴外：指水面。发：花开；开放。芙蓉：指水芙蓉，即荷花。菱华：即菱花，即菱花。果实即茭角。华，通“花”。㊵内：指水中。㊶蛟：鳄鱼一类的动物，传说属龙一类。鼍（tuó）：亦称“鼍龙”，即“扬子鳄”，俗称“猪婆龙”。㊷玳瑁（dài mào）一种生性强暴的海生动物，形状像龟，甲壳可制装饰品。鼋（yuán）：形似鳖而大。㊸阴林：森林。㊹楩（pián）：即黄楩木。柟（nán）：即楠木。豫：枕木。章：樟木。楩、枏、豫、章皆乔木。㊺桂椒、木兰：均为珍贵树木。㊻蘗（bò）：即黄蘗，落叶乔木，茎可制黄色颜料，树皮可入药。离：山梨。朱杨：即柽柳。㊼樝（zhā）：“楂”的本字，即山楂。梸：梨。梬（yǐng）栗：一种枣名，形似柿而小，古称羊枣，楔枣，今称黑枣。㊽柚：柚子。㊾蠼蝚（jué róu）：猕猴，也即母猴。㊿鹓雏（yuān chú）：传说中与凤凰同类的鸟。孔：孔雀。鸾（luán）：传说中凤凰一类的鸟。51腾远：《焦氏笔乘》疑即“腾猿”。射（yè）干：一种似狐而小能够上树的动物。52玄：带赤的黑色。53蟃蜒（màn yán）：似狸，长百寻，是一种形体较大的野兽。貙（chū）：一种似狸而大的野兽。一说虎之大者为貙。犴（àn）：一种似狐而小的野兽。54兕（sì）：雌性的犀牛。穷奇：身有猬毛，音如嗥狗，可食人。蟃蜒（màn yán）：巨兽名，长百寻（一寻为八尺）。

于是乃使专诸之伦①，手格此兽②。楚王乃驾驯驳之驷③，乘雕玉之舆④，靡鱼须之桡旃⑤，曳明月之珠旗⑥，建干将之雄戟⑦，左乌嗥之雕弓⑧，右夏服之劲箭⑨；阳子骖乘⑩，纤阿为御⑪；案节未舒⑫，即陵狡兽⑬，轥邛邛⑭，蹴距虚⑮，轶野马而辕騊駼⑯，乘遗风而射游骐⑰；倏眒凄浰⑱，雷动熛至⑲，星流霆击⑳，弓不虚发，中必决眦㉑，洞胸达腋㉒，绝乎心系㉓，获若雨兽㉔，掩草蔽地㉕。于是楚王乃弭节裴回㉖，翱翔容与㉗，览乎阴林，观壮士之暴怒，与猛兽之恐惧，徼䜭受诎㉘，殚睹众物之变态㉙。

【注释】

①专诸：春秋时刺客。伦：类。②格：格杀；打死。③驯：驯服，训练使马服从。驳：马毛色不纯。驷：同驾一辆车的四匹马。④雕玉之舆（yú）：用雕刻的玉装饰的车。⑤靡：通"麾（huī）"。挥动。按：麾，本作"摩"。鱼须：鲸鱼口中之须。桡旃（náo zhān）：曲柄旗。因用鱼须作的旗杆柔韧易桡（弯曲），故曰桡旗。⑥曳（yè）：悬挂；摇动。明月：即明月珠。⑦建：高举。干将：春秋时吴国的著名制剑师。雄戟：指锋利的戟。戟：古代由矛演化而来的长柄兵器。⑧乌嗥：古代良弓名。雕：饰画。⑨夏：夏羿。古代擅长射箭的人。服：同"箙（fú）"。盛箭器。劲：强；坚强有力。⑩阳子：春秋时秦国人，名孙阳，字伯乐，擅长相马。骖乘（cān shèng）：陪乘，也指陪乘的人。古代乘车时，尊者居左，驾车人居中，右边一人乘于车上以防倾侧，即为骖乘。⑪纤阿（xiān ē）：美女姣好貌。御：此处指驾车的人。⑫案节：马行走缓慢而有节奏。案，通"按"。未舒：指未有尽情驰骋。⑬即：即已；已经。陵：欺凌。这里是践踏的意思。狡：狡猾。⑭轥：轥轹。车轮碾过。邛邛：《汉书》本传、《昭明文选》作蛩蛩（qióng qióng）。古代传说中的异兽，其状如马，善于奔走。⑮蹴（cù）：踩；踏。距虚：野兽，似骡而小善于奔走。⑯轶（yì）：突击；侵凌。辕（wèi）：车轴末端，这里用作动词，意为用车轴头冲撞。騊駼（táo tú）：即"陶駼"，相传是产于东海的野兽，其状如马。⑰遗风：千里马名。骐（qí）：青黑色有如棋盘格子纹的马。⑱倏眒（shū shēn）凄浰（lì）：都是动作迅速的样子。倏（shū）：通"倏"。极快地。⑲雷：像打雷一样。熛（biāo）：同"飙"，狂风；暴风。像暴风一样。⑳星：像流星一样。霆（tíng）：雷，疾雷。㉑中（zhòng）：射中。决：裂。眦（zì）：眼眶。㉒洞：用作动词。穿成洞。腋：同"腋"。胳肢窝。㉓绝：断。㉔雨：下雨。㉕掩（yǎn）：掩盖；遮掩。㉖弭（mǐ）节裴回：按辔徐行。裴回：即"徘徊"，忘返流连。㉗翱翔：振动翅膀飞翔。容与：逍遥自在的样子。㉘徼（yāo）：拦截。䜭（jí）：极度疲倦。受：收拾。诎（qū）：同"屈"。这里是力尽的意思。㉙殚（dàn）：尽。变态：指富有变化的各种神态。

于是郑女曼姬①，被阿锡②，揄纻缟③，杂纤罗④，重雾縠⑤；襞积褰绉⑥，纡徐委曲⑦，郁桡谿谷⑧；衯衯裶裶⑨，扬袘戌削⑩，蜚纤垂髾⑪；扶舆猗靡⑫，噏呷萃蔡⑬，下摩兰蕙⑭，上拂羽盖⑮，错翡翠之威蕤⑯，缪绕玉绥⑰；缥乎忽忽⑱，若神仙之仿佛⑲。

【注释】

①郑女：郑国的女子。郑国在今河南省。曼姬：美女。曼，柔美，细美。②被（pī）：通"披"。阿：古代一种轻细的丝织品。锡：通"缌"。一种细布。

③揄（yú）：牵引；挥动。紵（zhù）：苎（zhù）麻织成的布。缟（gǎo）：一种白色的丝织品。④杂：各种颜色相配合。⑤雾縠（hú）轻薄如雾的绉纱一类的丝织物。⑥襞（bì）积：衣服上的褶子。褰（qiān）绉：缩皱的样子。⑦纤徐：缓步的样子。委曲：曲折不顺。⑧郁桡：深曲的样子。⑨衯衯（fēn fēn）裶裶（féi féi）：衣服长而美好的样子。⑩扬：扬起；抬起。袘（yì）：衣下缘边。戍削：谓衣服剪裁合身，整齐刻画。⑪蜚：通"飞"，这里意思是飘扬。纤：《汉书》本传作"襳"。髾（sào）：古时妇女上衣上的装饰，形如燕尾。⑫扶舆猗（yǐ）靡：形容扶着车舆，婉顺地相随。《汉书》本传"舆"作"舆"。⑬翕呷（xì xiá）：衣裳张起的样子。萃蔡：通"綷縩"。衣服摩擦的声音。⑭摩：通"磨"。物体相摩擦。兰蕙：泛指地上的香草。⑮拂：拂拭；轻轻擦过。羽盖：用羽毛装饰的车篷。⑯错：交错夹杂。翡翠：鸟名。有蓝色和绿色的羽毛，可作装饰品。威蕤（ruí）：盛多的样子。⑰缪：通"缭"。缭绕，如同说"缠绕"。玉绥：用玉装饰的，挽以上车的绳。⑱缥：若隐若现的样子。忽忽：飘忽不定的样子。⑲仿佛：看不真切。

于是乃相与獠于蕙圃①，嫚珊勃窣上金隄②，揜翡翠③，射鵕鸃④，微矰出⑤，纤缴施⑥，弋白鹄⑦，连驾鹅⑧，双鸧下⑨，玄鹤加⑩，怠而后发⑪，游于清池⑫；浮文鹢⑬，杨桂枻⑭，张翠帷，建羽盖，罔玳瑁⑮，钓紫贝⑯；摐金鼓⑰，吹鸣籁⑱，榜人歌⑲，声流喝⑳，水虫骇，波鸿沸㉑，涌泉起，奔扬会㉒，礧石相击㉓，硠硠磕磕㉔，若雷霆之声，闻乎数百里之外㉕。

【注释】

①相与：共同。指众女与楚王在一起。獠（liáo）：打猎。②嫚（pán）珊勃窣（sù）：形容走在金隄上时伛身摇摆的样子。金隄：堤的美称。③揜：通"掩"。此处作罩住解，指用网捕取。④鵕鸃（jùn yí）：即锦鸡。⑤微：小。矰（zēng）：用丝绳系住用来射飞鸟的短箭。⑥纤：细小。缴（zhuó）：拴在箭上的生丝绳。施：放射。⑦弋（yì）：用带绳子的箭射鸟。白鹄（hú）：即天鹅。⑧连：指用矰射中后，用绳牵连而下。驾鹅：野鹅。⑨鸧（cāng）：即鸧鸹（guā），似雁而黑。⑩玄鹤：传说鹤千岁化为苍，又千岁变为黑，谓之玄鹤。加：指中箭。⑪怠：倦。⑫清池：指云梦西边的涌泉清池。⑬浮：指划船。鹢（yī）：水鸟。⑭桂枻（yì）：用桂木制成的船桨。⑮罔：通"网"。⑯钓：钓取。紫贝：紫地黑纹的贝壳。⑰摐（chuāng）：撞；敲击。金：即"钲"（zhēng），似钟而狭长有柄，似铃而无舌，打击作声。在战场上作指挥信号，鸣金表示退却或收兵。⑱籁（lài）：箫。⑲榜人：船夫。⑳喝（yè）：声音幽咽、噎塞。㉑鸿：大。㉒奔扬：指奔腾激扬的波涛。㉓礧（lèi）石：滚动的石头。㉔硠硠（láng láng）磕磕（kē kē）：众石相击发出的声音。㉕按：据《史记会注考证》引曾国藩语：以上与众女猎于蕙圃，游于清池，即上文东有蕙圃，西有清池也。

"将息獠者①，击灵鼓②，起烽燧③，车案行④，骑就队⑤，纚乎淫淫⑥，班乎裔裔⑦。于是楚王乃登阳云之台⑧，泊乎无为⑨，澹乎自持⑩，勺药之和具而后御之⑪。不若大王终日驰骋而不下舆，脟割轮淬⑫，自以为娱。臣窃观之，齐殆不如⑬。于是王默然无以应仆也⑭。"

【注释】

①将息獠者：意为将要停止打猎的时候。獠（liáo），猎。②灵鼓：一种六面鼓。

③起烽燧（suì）：点起火把。烽燧：即烽火，这里指火把。④案行：依次序行列而行。⑤就队：归队。⑥绌（shǐ）：群行貌。淫淫：增进貌，众多的样子。⑦班：依次相连。裔裔（yì yì）：流动的样子。⑧阳云之台：又叫阳台，在巫山之下。⑨泊（bó）：恬静；安静。⑩澹（dàn）：安静。⑪勺药：即芍药。古人以为有"安和五脏"和"辟毒气"的作用，因而用它作调料。和：指调和好的食品。御：古时对帝王所作所为所用的专称，这里指吃。⑫脟（luán）：通"脔"。切成小块的肉。脟割：就是一块一块地割。轮淬（cuī）：搵（wèn）染车轮。淬：搵染。⑬齐：指齐王。不如：指不如楚王。⑭无以应：没有什么话来回答。按：据《史记会注考证》引曾国藩语曰：以上息猎。

　　乌有先生曰："是何言之过也①！足下不远千里②，来况齐国③，王悉发境内之士，而备车骑之众，以出田④，乃欲勤力致获⑤，以娱左右也⑥，何名为夸哉！问楚地之有无者⑦，愿闻大国之风烈⑧，先生之余论也⑨。今足下不称楚王之德厚，而盛推云梦以为高⑩，奢言淫乐而显侈靡⑪，窃为足下不取也。必若所言⑫，固非楚国之美也⑬。有而言之，是章君之恶⑭；无而言之，是害足下之信⑮。章君之恶而伤私义⑯，二者无一可⑰，而先生行之，必且轻于齐而累于楚矣⑱。且齐东巨海⑲，南有琅邪⑳，观乎成山㉑，射乎之罘㉒，浮勃澥㉓，游孟诸㉔，邪与肃慎为邻㉕，右以汤谷为界㉖，秋田乎青丘㉗，傍偟乎海外㉘，吞若云梦者八九㉙，其于胸中曾不蒂芥㉚。若乃俶傥瑰伟㉛，异方殊类㉜，珍怪鸟兽，万端鳞萃㉝，充牣其中者㉞，不可胜记，禹不能名㉟，契不能计㊱。然在诸侯之位，不敢言游戏之乐，苑囿之大；先生又见客㊲，是以王辞而不能复㊳，何为无用应哉㊴！"

【注释】

　　①过：过分；太甚。②足下：敬辞。称对方。③况：通"访"，临访；访问。④以：而，连词。⑤勤（lù）力：并力，合力。勤：通"戮"。致获：猎得禽兽。⑥娱：快乐。使动用法。左右：敬辞。⑦按：齐王畋罢曾问子虚说"楚亦有平原广泽游猎之地饶乐若此乎？"此处当指此事。⑧风烈：教化与功业。⑨余论：美论，对别人言论的敬辞。⑩高：高论。⑪奢：豪奢，阔。⑫若：如。⑬美：美事。⑭章：通"彰"，宣扬。⑮害：损害。信：信誉。⑯伤私义：损害自己的道德准则。⑰二者：二个。者：代词。可：合宜；适合。⑱且，将要。轻于齐而累于楚：意为在德行上减轻齐国的负担而牵累楚国。⑲陼（zhǔ）：通"渚"。水中的小块陆地；小洲。巨：大。⑳琅邪（láng yá）：山名，在今山东胶南市南海滨。一曰台名。㉑观：观赏。成山：在今山东荣成县东北。㉒之罘（fú）：山名，在今山东福山县东北。㉓浮：行船。勃澥（xiè）：渤海。一说海旁曰渤，断水渭澥。勃：通"渤"。㉔孟诸：古代泽薮名。在今河南商丘市东北，虞城县西北。今已淤塞。㉕邪：同"斜"，侧翼。肃慎：古国名，在今吉林省东北。㉖汤（yáng）谷：即旸谷。地名。㉗田：同"畋"。打猎。青丘：海外国名。据说在大海以东三百里。㉘傍偟：通"彷徨"。徘徊，自由地漫步。㉙吞：这里有包含在内的意思。若：像。八九：八九个。㉚曾（zēng）：竟。蒂芥：一作"芥蒂"。细小的梗塞物。这里用作动词。㉛若乃：至于。俶傥（tì tǎng）：通"倜傥"。不同寻常。瑰（guī）伟：奇伟；卓异。㉜异方：奇异的地方。殊类：特殊的种类。㉝万端：形容头绪极多而纷繁。鳞萃（cuì）：比喻多的像鱼鳞一样地聚集在一起。萃：通"崒"。聚集的意思。㉞充牣（rèn）：充满。牣，通"牣"。满的意思。㉟禹：相传尧时曾任司空之职，善辨九州土地、

山川、草木，禽兽。名：叫出名称来。㊱契（xiè）：《汉书》本传、《昭明文选》作"禼（xiè）"。商代始祖名。计：计算。㊲见客：被当作客人。见，被。被当作。㊳是以：即"以是"。因此。王辞而不复：谓齐王推辞而不回答。㊴何为：为何。无用应：《汉书》本传、《昭明文选》作"无以应"。即没有什么话来回答。

无是公听然而笑曰①："楚则失矣②，齐亦未为得也。夫使诸侯纳贡者③，非为财币，所以述职也④；封疆画界者⑤，非为守御，所以禁淫也⑥，今齐列为东藩⑦，而外私肃慎⑧，捐国逾限⑨，越海而田⑩，其于义故未可也⑪。且二君之论，不务明君臣之义而正诸侯之礼⑫，徒事争游猎之乐⑬苑囿之大，欲以奢侈相胜，荒淫相越⑭，此不可以扬名发誉⑮，而适足以贬君自损也⑯。且夫齐楚之事又焉足道邪⑰！君未睹夫巨丽也⑱，独不闻天子之上林乎⑲？"

【注释】

①听（yín）然：张口笑的样子。②则：与"因"通。③纳贡：交纳贡物。④述职：诸侯向天子陈述履行职务的情况。⑤封疆画界：划定疆域界限。⑥禁：禁绝。⑦东藩：东方屏藩之国。古时称诸侯国为藩，因它对中央起屏藩作用。⑧而：可是，然而。外私肃慎：外面和肃慎私下往来。私：私通。⑨捐国：舍弃本国。捐：弃。这里是离开的意思。逾限：指超越国境。⑩越海而田：指《子虚赋》中所谓"秋田乎青丘"之事。⑪其：与"殆"通。语气副词。可：合宜；适合。⑫务：致力，从事。⑬徒：白白地。⑭越：超出；超过。⑮发：显露，表现。⑯适足：正可。贬君：贬低君王的声誉。⑰焉：何。⑱夫（fú）：那个，指示代词。⑲独：难道，岂。上林：苑名。

左苍梧，右西极①，丹水更其南②，紫渊径其北③；终始霸、浐④，出入泾、渭⑤；酆、鄗、潦、潏⑥，纡馀委蛇⑦，经营乎其内⑧，荡荡兮八川分流⑨，相背而异态⑩。东西南北，驰骛往来⑪，出乎椒丘之阙⑫，行乎洲淤之浦⑬，径乎桂林之中⑭，过乎泱莽之野⑮。汩乎浑流⑯，顺阿而下⑰，赴隘陕之口⑱。触穹石⑲，激堆埼⑳，沸乎暴怒㉑，汹涌滂湃㉒，滭弗宓汩㉓，偪侧泌㵢㉔，横流逆折㉕，转腾潎冽㉖，澎濞沆瀣㉗，穹隆云挠㉘，蜿灗胶戾㉙，逾波趋浥㉚，莅莅下濑㉛。批岩冲壅㉜，奔扬滞沛㉝，临坻注壑㉞，瀺灂霣坠㉟，湛湛隐隐㊱，砰磅訇礚㊲。潏潏淈淈㊳，湁潗鼎沸㊴，驰波跳沫㊵，汩漂漂疾㊶，悠远长怀㊷，寂漻无声㊸，肆乎永归㊹。然后灏溔潢漾㊺，安翔徐徊，翯乎滈滈㊻，东注大湖㊼，衍溢陂池㊽。于是乎蛟龙赤螭㊾，鰽鳙鰬魠㊿，鰅鳙鳊魠㉛，禺禺鱋鲥㉜，捷鳍掉尾㉝，振鳞奋翼㉞，潜处于深岩；鱼、鳖讙声㉟，万物众伙㊱，明月、珠子㊲，玓瓅江靡㊳，蜀石、黄碝㊴，水玉磊砢㊵，磷磷烂烂㊶，采色澔旰㊷，丛积乎其中。鸿、鹄、鹔、鸨㊸，䴏鹅、鸀䴖㊹，鵁鶄、鸀目㊺，烦鹜、鷛𪄗㊻，䴙䴘、鹬鹕㊼，群浮乎其上。汎淫泛滥㊽，随风澹淡㊾，与波摇荡，掩薄草渚㊿，唼喋菁、藻㉛，咀嚼菱、藕㉜。

【注释】

①左：指东方，右指西方。苍梧、西极，均为上林苑边上的小地名。②丹水：水名。发源于陕西商县西北冢岭山，东南流入河南省。更（gēng）：经历。③紫渊：渊名。在长安北。径：经过。④终始：作动词用，指霸、浐两水始终流在苑中。霸、浐：两水名。发源于陕西蓝田县，向北合流后入渭水。⑤出入：指泾、渭两水从苑外流入苑中，又出苑而去。泾、渭：即今之泾河、渭河，皆发源于甘肃省。⑥酆（fēng）：水名。鄗（hào）：水名。发源于今陕西西安市长安区南，向北流入渭水。（后来其下流淤塞，不通渭水）。潦（lào）：一作"涝"水名，发源于陕西户县南，

向北流入渭水。潏（jué）：水名。⑦纡馀委蛇（yí）：水流曲折宛转的样子。⑧经营：周旋的意思。其内：指上林苑内。⑨荡荡：广大的样子。八川：指上文的霸、浐、泾、渭、酆、鄗、潦、潏八水。⑩异态：指变态不同。⑪驰骛：水流交错。⑫椒丘：长着椒木的小山。阙（què）：豁口；空隙。⑬淤（yū）：洲名。浦（pǔ）：水边。⑭桂林：桂树之林。⑮泱莽（yāng mǎng）：广大没有边际的意思。⑯汩（gǔ）：水流急盛的样子。浑（hún）：《汉书》本传、《昭明文选》作"混"。指水势盛大。⑰阿（ē）：大土山。⑱隘陕（ài xiá）：即狭隘；狭窄。陕：《汉书》本传、《昭明文选》作"狭"。⑲触：碰撞。穹石：指大石。⑳激：水势受阻后腾涌或飞溅。堆：沙堆。埼（qí）：曲岸头。一说堆埼指堆起的。㉑沸（fèi）：水涌起的样子。㉒滂濞（pāng fèi）：水向堤岸溢出的样子。《汉书》本传、《昭明文选》作"彭湃"。波浪相击荡的意思。㉓沜浡（bì bō）：水盛出的样子。滵汩（mì gǔ）：水疾流的样子。《汉书》本传、《昭明文选》作"滵汩"。㉔湢（bì）测：水势盛疾的样子。《汉书》本传、《昭明文选》作"偪测"。泌瀄（bì jié）：水相激击的样子。㉕横（hèng）流：水行不由河道。逆折：回旋。㉖潎洌（piè liè）：水流轻疾的样子。㉗滂濞（pāng pī）：同"澎湃"。沆瀣（hàng xiè）：徐流。《汉书》本传、《昭明文选》作"沆溉"。按"沆瀣"本意为夜间的露水气。㉘穹隆：水势高起的样子。云挠：形容水势回旋曲折，像云一样屈曲。挠：弯曲。㉙蜿灗（shàn）：犹"宛转"。形容水流屈曲盘旋。胶戾（lì）：回旋曲折。㉚逾波：后波逾越前波。趋浥（yà）：输入于渊。浥，坑洼之地，深渊。㉛莅莅（lì lì）：水流声。《汉书》本传、《昭明文选》作"溢溢"。濑（lài）：从沙石上流过的急水。㉜批：反击。堓（yán）：山崖。《汉书》本传、《昭明文选》作"岩"。壅：曲堤。《汉书》本传、《昭明文选》作"拥"。㉝犇（bēn）扬：奔腾高扬。犇，通"奔"。滞沛：水奔腾涌流不可阻挡的样子。㉞坻（chí）：水中的小洲或高地。壑：坑谷；深沟。㉟瀺灂（chán zhuó）：小水声。霣（yǔn）：通"陨"。坠落。㊱湛（chén）湛：水深的样子。隐隐：盛大的样子。㊲砰磅（pēng páng）、訇礚（hōng kē）：均为水流盛起的声音。㊳滀滀（yù yù）、湢湢（gǔ gǔ）：均为水微转细涌的样子。㊴滵漃（chì jí）：水沸腾的样子。㊵驰波：水波急驰。跳沫：白沫跳起。㊶汩㴔（gǔ xī）：水流急转的样子。漂疾：水流迅疾的样子。㊷悠远：放散的样子。怀：来。㊸寂漻（liáo）：寂静。通"寂寥"。㊹肆：不受拘束，放纵。㊺浩溔（yǎo）潢（huǎng）漾：均为水无边无际的样子。㊻霩（hùo）：水光。滈滈（hào hào）：水发白光。㊼大湖：泛指巨泽。㊽衍溢：水满而溢出。陂（pí）池：江边小水。按：据《史记会注考证》引曾国藩语：以上，水。《子虚赋》言水始终，不外有力、自然两义。"触穹石"四句，言水之盛怒有力；"沜浡"五句，极言其有力；"穹隆"四句，言其自然；"批岩"二句，言其有力；"临坻"二句，言其自然；"沉沉"二句言其有力；"滀滀"二句，言其自然；"驰波"十句，皆言其自然。脉络极分明也。㊾蛟：龙无角曰蛟。螭（chī）：似龙，无角。㊿鮔鳍（gèng méng）：鱼名。蝛（jiàn）离：鱼名。一说谓龙之无角者。[51]鰅（yú）：鱼名。皮有文采，又名斑鱼，皮可制革。鳙（yōng）：鱼名。形似鲢鱼而黑。鳂（qián）：鱼名。形似鳝。鮀（tuō）：鱼名。一名黄颊，颊黄口大。[52]禺禺：鱼名皮有毛，黄地黑纹。鱸（xū）：即比目鱼。魶（nà）：即鲵，俗名娃娃鱼。《汉书》本传、《昭明文选》"鱸魶"作"鮢鰡"。[53]揵（qián）：扬举。鳍（qí）：鱼背上鬣。擢（zhuō）：摇动。[54]振：抖动。奋：举起。[55]讙（huān）：通"欢"，此处是惊呼的意思。[56]伙：多。[57]明月：指明月珠，一说指水上明月。珠子：指小珠。

一说指珍珠蚌。⑤玓瓅（dì lì）：珠光照耀的样子。江靡：江边。⑤蜀石：次于玉的美石。黄碝（ruǎn）：一种黄色的次于玉的美石。⑥水玉：水精。即水精石。磊砢（kē）：众多貌。⑥磷磷烂烂：玉石色泽灿烂的样子。⑥皜旰（hào hàn）：玉石光彩交相辉映的样子。⑥鸿：大雁。鹄：黄鹄。天鹅。鹔（sù）：即鹔鹴。形似雁，长颈，毛呈绿色。鸨（bǎo）：鸟名。似雁而无后趾。⑥䴔鹅：即野鹅。鸀鳿（zhú yù）：水鸟名，似鸭而大，长颈赤目，毛呈紫绀色。《汉书》本传、《昭明文选》作"属玉"。⑥鵁鶄（jiāo jīng）：即"鸡鹭"。水鸟名。形似凫，脚高，有红毛冠。䴋（xuán）目：水鸟名。大于鹭而尾短，羽毛呈红白色。《汉书》本传、《昭明文选》作"旋目"。⑥烦鹜（wù）：水鸟名。凫：似鸭而小。鹔鷞（yóng qú）：水鸟名。形似凫，灰色而鸡足。俗名水鸡。《汉书》本传、《昭明文选》作"庸渠"。⑥䴅鹚（zhēn sī）：水鸟名。毛呈黑苍色，似鱼虎。《汉书》本传、《昭明文学》作"箴疵"。鵁：即鱼鵁。鸬：即鸬鹚，俗名水老鸭。《汉书》本传、《昭明文选》作"卢"。⑥汎（féng）淫泛滥：任凭风波漂浮的样子。⑥澹淡：漂动的样子。⑦掩薄草渚：《汉书》本传作"奄薄"水渚。掩：遮蔽；遮盖。薄：集。⑦唼喋（shà dié）：衔食。菁（jīng）、藻：均为小草。⑦咀嚼：细细咬嚼。

于是乎崇山笼嵏①，崔巍嵯峨②，深林钜木③，崭岩参嵯④，九嵏、巀薛⑤，南山峨峨⑥，岩阤甗锜⑦，摧崣崛崎⑧，振溪通谷⑨，蹇产沟渎⑩，谽閜豁閜⑪，阜陵别岛⑫，崴磈嵔瘣⑬，丘虚崛𡼏⑭，隐辚郁𡾋⑮，登降施靡⑯，陂池貏豸⑰，沇溶淫鬻⑱，散涣夷陆⑲，亭皋千里⑳，靡不被筑㉑，掩以绿蕙㉒，被以江离㉓，糅以蘼芜㉔，杂以流夷㉕，尃结缕㉖，欑戾莎㉗，揭车、衡、兰㉘，藁本、射干㉙，茈姜、襄荷㉚，葴、橙、若、荪㉛，鲜枝、黄砾㉜，蒋、茅、青薠㉝，布濩闳泽㉞，延曼太原㉟，丽靡广衍㊱，应风披靡㊲，吐芳扬烈㊳，郁郁斐斐㊴，众香发越㊵，肸蚃布写㊶，晻暧苾勃㊷。

【注释】

①笼嵏（lóng zōng）：高峻的样子。②崔巍（cuī wéi）、嵯峨（cuó é）：均为高峻的样子。③钜：通"巨"。大的意思。④崭（zhǎn）岩：山势险峻。参嵯（cēn cī）：不齐的样子。⑤九嵏（zōng）：山名。在今陕西省礼泉县东北。巀薛（jié niè）：山名。在陕西三原县西北。⑥南山：即终南山。峨峨：高峻的样子。⑦阤（yǐ）：倾斜。一说为崖际。甗（yǎn）：通"巘"。指上下大中间小的山。锜（qí）：上大下小有足的锅，此处亦比喻山势上大下小。⑧摧崣（cuī wěi）：通"崔巍"。高峻貌。崛崎（jué qí）：崎岖不平。⑨振溪：指水破取溪道。⑩蹇（jiǎn）产：屈折。渎（dú）：小沟渠。⑪谽閜（hān xià）：谷空貌。山深的样子。通"谽呀"。《汉书》本传作"谽呀"。豁閜（xià）：空虚广大。《昭明文选》作"豁閜"。⑫阜陵：大的土山。阜，大。陵，土山。别，离。岛：水中的山。⑬崴磈（wēi kuǐ）：嵔瘣（wèi guī）：均为高峻的样子。⑭虚：通"墟"。大丘。崛𡼏（jué lěi）：土墩和高地凸凹不平的样子。《汉书》本传、《昭明文选》作"掘礨"。⑮隐辚、郁𡾋（lǔ）：与"崛𡼏"同义。⑯登降：登高下降。这里指地势高低。施靡：通"陀靡"。山势绵延的样子。⑰陂池（pō tuó）：倾斜不平的样子。貏豸（bēi zhì）：山势渐平的样子。⑱沇（yǔn）溶：水流溢盛的样子。淫鬻（yù）：水流溪谷之间。⑲散涣：水泛滥。夷陆：平地。⑳亭：平。皋：水旁地。㉑靡不：没有不。被筑：被捣实。筑：捣实。按：据《史记会注考证》引曾国藩语：以上山。㉒掩：覆盖。蕙：香草。㉓被：覆盖。江离：香草名。㉔糅（róu）：混杂。

蘪芜：香草名。即蕲芷。㉕杂：混杂。流夷：香草名。㉖尃（bù）：古"布"字。结缕：草名。形似的茅，蔓联而生。㉗欑（cuán）：丛聚。戾（lì）：曲。莎：莎草。即香附子草。㉘揭车：香草名。一名乞舆。衡、兰：杜衡和秋兰，均为香草名。㉙藁（gǎo）本、射干：都为香草名。㉚茈（zì）姜：子姜。即生姜。襄（ráng）荷：即阳藿。㉛葴（zhēn）：草名。即寒浆草。橙：《汉书》本传、《昭明文选》作"持"。符，鬼目也。若：杜若。荪：香草名。㉜鲜枝：香草名。可染赤色。黄砾：香草名。可染黄色。㉝蒋：即菰蒲草。俗称茭白。芋（zhù）：草名。又称三菱草。青蘋（fán）：草名。似莎而大。㉞布濩（hù）：散布。布濩也作"布護"。闳泽：大泽。闳，通"宏"。㉟延曼：蔓延。太原：广大的原野。㊱丽靡：相连不绝。广衍：广为延展。㊲披靡：草木随风偃倒。㊳扬烈：散发浓烈的香气。㊴郁郁斐斐（fěi fěi）：香气四散。《汉书》本传、《昭明文选》作"郁郁菲菲"。㊵发越：散播；激扬。㊶肸蚃（xī xiǎng）：分布散布。引申为盛的样子。写：宣泄。与"泻"通。㊷晻暧（àn ài）、苾（bì）勃：均形容香气浓烈散发。《汉书》本传、《昭明文选》作"晻薆咇茀"。

于是乎周览泛观，瞋盼轧沕①，芒芒恍忽②，视之无端③，察之无崖④。日出东沼⑤，入于西陂⑥，其南则隆冬生长，踊水跃波⑦；兽则牏、旄、獏、犛⑧，沉牛、麈、麋⑨，赤首、圜题⑩，穷奇、象、犀⑪。其北则盛夏含冻裂地，涉冰揭河⑫；兽则麒麟、角端⑬，騊駼、橐、驼⑭，蛩、驒、騱⑮，駃、騠、驴、骡⑯。

【注释】

①瞋（chēn）盼（pàn）：张大眼睛看。瞋，张大眼睛。盼，看。轧沕（yà mī）：缜密。《汉书》本传、《昭明文选》作"轧芴"。②芒芒：通"茫茫"渺茫；模糊不清。恍忽：通"恍惚"。隐隐约约，不可辨认。③端：头；头绪。④崖：《汉书》本传、《昭明文选》作"涯"边际。⑤东沼：上林苑东边的沼池。⑥西陂：池名，在上林苑西边。⑦此句说上林苑南边温暖，到了隆冬天最冷时，仍然生长草木，水不结冰。⑧牏（yōng）：犂牛。是一种颈上有肉堆的野牛。又叫犨牛。獏（mú）：《汉书》本传、《昭明文选》作"貘"。一种似熊的兽。犛（máo）：即牦牛，黑色。⑨沉牛：水牛。因能沉没水中，故名。麈（zhǔ）：兽名。似鹿而大，雄青黑，雌色褐。麋：即麋鹿。⑩赤首、圜（yuán）题：均为南方兽名。圜，通"圆"。题，头额。二兽都是以其特征得名。⑪穷奇：传说中的兽名。状似牛而猬毛，鸣声如狗嗥，能食人。象：大象。犀：犀牛。⑫揭：提起衣赏过河。⑬麒麟：传说中瑞兽名。雄曰麒，雌曰麟。角端（duān）：兽名，善走。似猪，鼻上端生一角，可以制弓。⑭騊駼（táo tú）：兽名。形似马。橐（tuó）驼：即骆驼。⑮蛩（qióng）蛩：传说中的异兽。状似马。驒（tuó）：有鳞状黑斑纹的青毛马。騱（xī）：前足全白的马。驒騱（diān xī）：师古注云驱驢类。状如马，前足似鹿，后足似兔。⑯駃騠（jué tí）：良马名。